Pia Andreatta
Ohne Absicht schuldig

Therapie & Beratung

Pia Andreatta

Ohne Absicht schuldig

Psychische und soziale Folgen nicht intendierter
Verletzung oder Tötung anderer

Psychosozial-Verlag

Bibliografische Information der Deutschen Nationalbibliothek
Die Deutsche Nationalbibliothek verzeichnet diese Publikation in der Deutschen
Nationalbibliografie; detaillierte bibliografische Daten sind im Internet über
http://dnb.d-nb.de abrufbar.

Originalausgabe
© 2015 Psychosozial-Verlag
Walltorstr. 10, D-35390 Gießen
Fon: 06 41 - 96 99 78 - 18; Fax: 06 41 - 96 99 78 - 19
E-Mail: info@psychosozial-verlag.de
www.psychosozial-verlag.de
Alle Rechte vorbehalten. Kein Teil des Werkes darf in irgendeiner Form (durch Fotografie,
Mikrofilm oder andere Verfahren) ohne schriftliche Genehmigung des Verlages reproduziert
oder unter Verwendung elektronischer Systeme verarbeitet, vervielfältigt oder verbreitet werden.
Umschlagabbildung: Paul Klee: »Physiognomischer Blitz«, 1927
Umschlaggestaltung nach Entwürfen von Hanspeter Ludwig, Wetzlar
Innenlayout: Hanspeter Ludwig, Wetzlar
www.imaginary-world.de
Satz: metiTEC-Software, me-ti GmbH, Berlin
Druck: Majuskel Medienproduktion GmbH, Wetzlar
www.majuskel.de
ISBN 978-3-8379-2511-1

Inhalt

	Einleitung	11
	Zu diesem Buch	14
	Wenn (Mit-)VerursacherInnen erzählen ...	17
1	**Trauma**	**19**
1.1	Der Begriff des Traumas: Kulturgeschichte und Entwicklungen	19
1.2	Traumatische Psychodynamik: Was bedeutet »Trauma«?	24
1.2.1	Vom Neurosen- zum Trauma-Paradigma: handlungstheoretisches Konzept	25
1.2.2	Die traumatische Situation: Definition von Trauma	29
1.3	Erschütterung von Selbst- und Weltverständnis durch Trauma	31
1.4	Die traumatische Erfahrung: Reaktionen und Folgen	34
1.4.1	Der biphasische Verlauf: Konfrontation versus Vermeidung	36
1.4.2	Traumadiagnosen: Störung versus Reaktion	39
1.5	Der Tod anderer: Unfälle und ihre Fakten	40
1.6	Die Situation des/der UnfallverursacherIn: menschliches Versagen?	43
1.7	Die psychischen Folgen von traumatisierenden Unfällen	46
1.8	Zur psychischen Verarbeitung traumatisierender Unfälle	50
1.8.1	Anpassungserschwernisse: Bewertungen und Schuld	52
1.8.2	Protektive und Resilienzfaktoren	54

2	**Schuld**	57
2.1	**Begriffe von Schuld**	58
2.2	**Das subjektive Erleben der Schuld**	64
2.3	**Von der Schuld zum Schuld*gefühl***	66
2.3.1	Theoretische Positionen zum Schuldgefühl	66
2.3.2	Zur Genese des Schuldgefühls: entwicklungspsychologische Aspekte	71
	Die Entwicklung der Moral	71
	Initiative versus Schuldgefühl: der Ansatz von Erikson	73
	Psychoanalytische Formulierungen des Schuldgefühls	74
2.3.3	Zur Unterscheidung von Schuldgefühlen	76
2.4	**Abwehr und Anerkennung der Schuld**	78
2.5	**Juristische Aspekte der Schuld: Fahrlässigkeit**	82

3	**Die Verflechtung von Schuld und Trauma**	87
3.1	**Schuldgefühle zur Wiederherstellung des Kontrollgefühls**	88
3.1.1	Entstehung der Schuldgefühle nach Trauma: eine Akkommodationsleistung	89
3.1.2	Die logischen Fehler des Schuldgefühls	91
3.2	**Stellvertretende bzw. übernommene Schuld**	93
3.2.1	Die Schuld von TäterInnen wird zum Schuld*gefühl* der Opfer	93
3.2.2	Überlebensschuld und Schuldgefühle durch Verlust	95
3.2.3	Exkurs: Philosophische Theorie über die Meta-Emotion Überlebensschuld	97
3.3	**Theoretische Verankerung der Trauma-Schuld: einige Überlegungen**	99

4	**Verantwortung, Handlung und Verursachung**	103
4.1	**Vor-Befunde zu traumatischer Schuld und Verantwortung**	104
4.1.1	Forschungsergebnisse zu »Schuld bei traumatisierenden Ereignissen«	104
4.1.2	Unschärfen in Konstrukten: Kritische Betrachtung der Ergebnisse	108
4.2	**Verantwortung in Gegenüberstellung zu Schuld**	111
4.2.1	Der Begriff der Verantwortung	111

4.2.2	Attribution: Die Zuschreibung von Ursache und Verantwortung	115
4.2.3	Die Rolle der Attribution für Anpassung: Wozu wird »verantwortet«?	118
4.3	Handlung und die Rolle der Absicht	120
4.4	**Die subjektive Wahrnehmung von Schuld in der Verursachung**	123
4.5	Die Reduktion von Verantwortung: Vermeidbarkeit und Rechtfertigung	128
4.6	Handlungsfolgen-Verantwortung im Hinblick auf Verursachung	132
	Exkurs: Verursachung in Anbetracht von Fehlerketten	135
4.7	**Soziale Zuschreibung und Opferentwertung: Sündenbock und Stigma**	137
5	**Ent-Schuldigung? Konflikt und Intervention**	**141**
5.1	Intraindividueller Konflikt: Anpassung an die traumatische Erfahrung	141
5.2	**Interpersoneller Konflikt: Hinterbliebene und Opfer**	145
5.2.1	Die Situation der Opfer und Hinterbliebenen	146
5.2.2	Projekt: Opfer von fremdverschuldeten Unfällen	148
5.3	Über Entschuldigung, Wiedergutmachung, Initiativen und Versöhnung	154
5.4	**Psychosoziale Intervention**	160
5.4.1	Akutintervention	160
5.4.2	Mittelfristige Intervention und Intervention der Interaktion	163
5.4.3	Interventionen bei »Schuld« – Herausforderung für BeraterInnen	167
	Projekt: HelferInnen intervenieren bei (Mit-)VerursacherInnen	169
6	**(Mit-)VerursacherInnen erzählen …**	**173**
6.1	**Fragen des Forschungsprojektes**	173
6.2	**Wahl der sozialwissenschaftlichen Erhebungs- und Auswertungsmethode**	175
6.3	**Die Teilnehmenden: Geschichten der (Mit-)Verursachenden**	176

6.3.1	Die Ereignisse – oder »individuellen Katastrophen« – der (Mit-)VerursacherInnen	177
6.3.2	Die 25 Interviews – ein Überblick	185
6.4	**Die Aporie traumatischer Schuld: … aus den Gesprächen »extrahiert«**	188
6.4.1	»Schock« und »Trauma« durch den Tod oder die Verletzung anderer	189
6.4.2	Die Qualen des Schulderlebens	195
6.4.3	»Schuld erfordert Bestrafung«: Die subjektive Straferwartung	203
6.4.4	Bilder, die das Sprechen über Schuld evoziert: Kain, wo ist dein Bruder Abel?	206
6.4.5	Die psychodynamische Abwehr der Schuld: verdrängt, verleugnet, projiziert …	214
	Vordergründig narzisstische Thematik und aggressive Abwehr	214
	Verleugnung der Situation und Verleugnung der Folgen: »Frei von Schuld«	216
	Verschiebung	217
	Rationalisierung	219
	Intellektualisierung	219
	Projektion von Schuld: »Beschuldigung anderer«	220
	Ungeschehenmachen oder »die überstürzte Progression«	221
	Verdrängung im engeren Sinne	222
	Zusammenfassung der Abwehrmechanismen	222
6.4.6	Warum? Attribution, Opferentwertung oder: »Das Finden von Erklärungen«	224
6.4.7	Argumentationen und »Narrationen« über Verantwortung und Rechtfertigung	232
6.4.8	Die soziale Bedeutung der Schuld: Stigmatisierung und soziales Interesse	244
6.4.9	»Angeklagt«: Die Justiz und ihre Bedeutung für VerursacherInnen	246
6.4.10	Hinwendung zu den Opfern: Kommunikation und Beziehung	248
6.4.11	Ausgleich, Wiedergutmachung und das »(Ver-)Geben und Nehmen«	255

6.4.12 Zeit und Ritual: Integration, Wachstum oder
»keinen Abschluss finden«   259

7   **»Letzte« Ergebnisse: neuer Theoriebezug und Konfliktmediation**   271
7.1   **Die »Theorie« zur Trauma-Schuld**   271
7.1.1   Von der Traumadynamik zur Schulddynamik   272
    Traumatisches Situationsthema der Trauma-Schuld-Erfahrung   273
    Von der Trauma- zur Schulddynamik: unterbrochene versus blockierte Handlung   276
7.1.2   Der Bruch (der Identität) in der Trauma-Schuld-Erfahrung   281
7.1.3   Trauma-Schuld theoretisch erweitert auf Basis von Handlung   283
7.2   **Modell der Konfliktregelung zwischen VerursacherIn und Opfer**   285
7.2.1   VerursacherIn: Einschätzung der Situation und psychosoziale Bedürfnisse   289
7.2.2   Überlebende und Hinterbliebene: Einflussfaktoren und Bedürfnisse   291
7.2.3   Die Konfrontation zweier »Parteien«: Kommunikation und Kompensation   293
    Welche Form soll die »Konfrontation« haben?   293
    Wer möchte das Treffen? Was ist die Motivation und das Ziel?   294
    »Kontraindikationen« und dringliche Indikation für ein Treffen   295
    Wann ist der beste Zeitpunkt für ein Treffen?   296
    Individuelle versus komplexe Schadensereignisse   297
    Setting und Elemente der Gesprächsführung   298
    Symbolische Wiedergutmachung   301

Literatur   303

Danksagung   315

Einleitung

In meiner mehrjährigen praktischen wie forschenden Tätigkeit zur Akuttraumatisierung finden sich, gesammelt in Jahren, traumatische Ereignisse, die mit Schuld und Schuldvorwürfen einhergehen. Es sind besonders die Menschen und Geschichten aus der psychosozialen Akut- und Notfallversorgung, welche das Thema der Verursachung des Todes oder schwerer Verletzung anderer eröffnet haben. Besonders in der akuten Situation ist neben der Erschütterung durch die Traumatisierung selbst die Belastung durch die Schuldthematik groß, wenngleich zu so einem Zeitpunkt subjektiv keineswegs auszudifferenzieren ist, was Schuld und Verantwortung in weiterer Folge bedeuten. Ereignisse wie Unfälle, welche den Tod anderer zur Folge haben, sind in jedem Fall gravierend und für ein verursachendes, mitverursachendes oder wie immer »mitwirkendes« Individuum häufig ein schwerer Schlag und lebensverändernd. Dies gilt ungeachtet der juristischen Schuld, denn tatsächliche Verantwortung und subjektives Schuldempfinden sind für jenes Individuum nur schwer voneinander zu trennen.

Es sind drei – sehr unterschiedliche – Ereignisse und Kontexte aus der Praxis, die ich exemplarisch herausgreifen möchte: Im ersten Fall – einem Verkehrsunfall durch eine Berufsfahrerin – wird ein Kind von deren Fahrzeug erfasst und verunglückt tödlich. Die Lenkerin hat sich an alle Verkehrsregeln gehalten, dennoch kam es in einer unübersichtlichen Verkehrssituation zum tragischen Unfall. In der akuten psychosozialen Unterstützung der Lenkerin schildert sie, sich die Unfallursache einfach nicht erklären zu können. Sie ist erschüttert vom Tod des Kindes und von der Tatsache, diesen Tod – ihr unerklärlich – mitverursacht zu haben. Die Konfrontation mit den Eltern des Kindes, die mediale Berichterstattung und die juristischen Schritte stehen ihr noch bevor. Jahre später treffe ich sie (wieder) für ein Forschungsinterview und es wird ersichtlich, wie schwer die

Thematik der Schuld auf ihr lastet. Nichts, so gibt sie nach Jahren an, ist seit diesem Unfall mehr so, wie es war.

Im zweiten Fall zeigt sich eine völlig andere Situation in fast »umgekehrter« Art. Er handelt von einer Mutter, deren jugendliche Tochter Opfer eines Verkehrsunfalls ist. Ein junger Mann rast mit überhöhter Geschwindigkeit in eine Gruppe von Menschen, welche am Straßenrand stehen; mehrere von ihnen sterben am Unfallort. Ein Mädchen überlebt schwer verletzt. Nach Wochen im Koma stabilisiert sich ihr Zustand und bei der Mutter, welche viele Tage und Nächte an ihrer Seite verbringt, tritt eine erste Erholung ein. Völlig unerwartet kommt der Unfallverursacher ins Krankenhaus, er stellt sich nicht vor und will sich unter einem Vorwand vergewissern, dass es »nicht so schlimm ist, was passiert ist« (Aussage der Mutter). In keiner Weise zeigt er eine wirkliche Anteilnahme oder Bedauern über die Situation. Die Mutter – welche bislang als Angehörige der einzig Überlebenden eher noch von »Glück« sprach – ist durch diese Konfrontation sehr verstört. Ab diesem Zeitpunkt zeigen sich bei ihr – erstmals – die Symptome der Posttraumatischen Belastungsreaktion. Später formuliert sie, dass sie und sogar die Eltern der Verstorbenen die Bereitschaft hatten, dem Verursacher zu vergeben. Sie nannte es eine Form von Verständnis, dass es sich bei allen Beteiligten um junge Leute handelt und niemand wissen kann, ob nicht auch eine/r von ihren Jugendlichen so ein Ereignis im Sinne der Verursachung passiert. Auffallend ist, dass sich die »Belastungsstörung« der Mutter nicht durch das Bangen und die anhaltende Anspannung über Monate als eine Form der Erschöpfungsreaktion einstellt, sondern dass diese vielmehr durch die unerwartete Konfrontation mit dem Verursacher, seinem Bagatellisierungsversuch und dem völligen Fehlen einer Bereitschaft der Anerkennung von Anteilen von Verantwortung ausgelöst wird.

Drittens möchte ich kein Einzelereignis, sondern eine Gruppe von Ereignissen erläutern. Diese betreffen die Situation von EntscheidungsträgerInnen, von LeiterInnen, von Berufs wegen Verantwortlichen und FührerInnen von Freizeitgruppen. Allen ist gemeinsam, dass sie mitunter eine bedeutende Entscheidung treffen müssen, ohne deren Folgen absehen zu können. Medienberichte nach Unfallereignissen oder Katastrophen eröffnen nicht selten mit der Frage: »Wer trägt die Schuld am Unglück von …?« und in die Leerstelle sind dann Worte einzusetzen wie Zugunglück, Lawinenkatastrophe, Busunglück usw. Recherchiert man international bekanntgewordene Unglücke, zeigt sich rasch, was sich jeder/m PraktikerIn in der Akutversorgung darstellt: die »Suche nach dem/der Schuldigen«. Dazu eine Auswahl an Medieninformationen:

Im österreichischen Kaprun sterben am 11. November 2000 155 Menschen, nachdem in einem im Tunnel befindlichen Zug ein Brand wegen eines technischen Defekts ausgebrochen ist. Ein Medienbericht in ORF-Online vom 19. Februar 2004, mit »Ein langer Prozess«[1] tituliert, fasst die rechtliche Situation zusammen. Daraus entnehme ich Auszüge: Als am 18. Juni 2002 der Prozess begann, mussten drei führende Mitarbeiter der Kapruner Gletscherbahnen, drei Beamte des für Seilbahnen zuständigen Verkehrsministeriums, Vertreter der Prüfstellen sowie technische Angestellte der Liefer- und Konstruktionsfirmen auf der Anklagebank Platz nehmen. Die Anklage lautet auf »fahrlässige Herbeiführung einer Feuersbrunst« beziehungsweise »fahrlässige Gemeingefährdung«. [...] Die Staatsanwältin [...] sieht die Schuld bei den 15 Angeklagten als erwiesen an. [...] Die Hinterbliebenen der 155 Opfer erwarten das Urteil [...]: Sie wollen die Schuldigen am Tod ihrer Verwandten gefunden wissen. Der Richter formuliert später zu seinem »Freispruch« [bei der Urteilsverkündung am 19. Februar 2004]: »Nur Menschen, aber nicht Firmen können schuldig sein«.

Am 4. Dezember 1999 sterben in der Arena am Bergisel bei Innsbruck bei einer Sport- und Freizeitveranstaltung fünf Menschen. Es kam durch einen großen Menschenansturm zu einem Gedränge und zu »Massen-Panik«: Ausgänge und Absperrungen haben nicht standgehalten. Die Sicherheitsvorkehrungen der Veranstalter werden als mangelhaft und die Logistik und Infrastruktur als überlastet kritisiert. Vorarlberg Online[2] und News.at[3] schreiben am 11. November 2002 fast wortgleich: »Urteil im Bergisel-Drama: Das Gericht sieht im Fall des Bergisel-Unglücks die Schuld bei Stadt und Land.« Mit anderen Worten, schuldig werden Städte und Länder und doch nicht nur Menschen, wie dies noch im vorhergehenden Bericht beschrieben ist.

Aus all diesen Ereignissen und Katastrophen wird die Suche nach dem/der Schuldigen deutlich, die Frage der Verursachung des Todes anderer oder der Verursachung schweren Schadens stellt sich ganz unmittelbar und oft »lautstark«. Es wird bei dieser Suche alltagspsychologisch vorgegangen: Schuld wird zugeschrieben, Sündenböcke werden identifiziert und auf den Gedanken der Verkettung

---

1 Bericht von Hermann Kollinger aus dem Jahr 2004 mit dem Hinweis, dass diese Reportage auch im Buch »Hilfe, die ans Limit geht«, gedruckt ist. Abzurufen unter: http://www.fireworld.at/cms/review.php?id=3 (Zugriff am 02.01.2014).
2 Diese Information ist abzurufen unter: http://www.vol.at/urteil-im-bergisel-prozess/vol-migrate-120213 (Zugriff am 03.01.2014).
3 Diese Information ist abzurufen unter: http://www.news.at/a/bergisel-drama-gericht-schuld-stadt-land-44809 (Zugriff am 03.01.2014).

von Fehlern als Ursache von unglücklichen Umständen meist verzichtet. Dabei bleibt unklar, ob nun nur Menschen oder doch auch Städte (Dörfer, Länder) »schuld« am Tod anderer sind.

Die Verknüpfung von Trauma und Schuld als Gegenstand der Forschung ist bislang – wenn überhaupt – nur unter bestimmten Perspektiven erfolgt: Entweder ist die Entstehung von Schuldgefühlen von Traumaopfern fokussiert, denen nun wirklich keinerlei Verursachung vorzuwerfen wäre: Schuldgefühle der Opfer infolge von Missbrauch und Überlebensschuld oder Schuldgefühle als akute Reaktionen nach plötzlichen Todesfällen und Verlusten. Oder die Verknüpfung der Themenbereiche um Schuld und Trauma rückt in den Mittelpunkt: Sie findet sich in der Beschreibung von Verbrechen, so bei Verbrechen an der Menschheit und Menschlichkeit wie z. B. der systematischen Verfolgung oder Tötung von Menschen. Dies beträfe dann die Forschung zur Delinquenz. Aus den letztgenannten Forschungen wiederum ist bekannt, dass Schuld nicht mit Schuldempfinden und Schuldgefühlen einhergehen muss.

Was überwiegend aussteht, ist die Frage nach der Verursachung des Todes, schwerer Verletzung anderer oder eines großen Schadens. Wenn hier von Verursachung gesprochen wird, ist die Absichtslosigkeit, die Nicht-Intention dieses Ereignisses oder der Ereignisfolge gegeben. Geschieht ein tödlicher Verkehrsunfall, hat sich die Person zwar zur Teilnahme am Straßenverkehr entschieden, aber nicht dafür, einem Menschen das Leben zu nehmen. Für die Absichtslosigkeit prägte Müller-Cyran (2006) den Terminus »schuldlos schuldig werden«. Dies wiederum bedeutet nicht, dass im strafrechtlichen Sinne nicht ein Tatbestand wie der der Fahrlässigkeit vorgeworfen wird oder einer Person auch die Inkaufnahme wahrscheinlicher Folgen unterstellt werden muss.

Zu diesem Buch

Der Fokus dieser Arbeit liegt auf einer spezifischen Form der Verknüpfung von Trauma und Schuld. Sie widmet sich dem/der VerursacherIn des Todes oder schwerwiegender Verletzung einer oder mehrerer anderer Personen. Genauer werden das Erleben und die kurz- wie langfristigen Prozesse des »Lebens mit dieser Situation«, der traumatischen Schuld der Verursachung, in den Blick genommen. Der Versuch einer theoretischen Begründung für »Trauma-Schuld« soll unternommen sowie ein Modell des Konfliktverständnisses und der Konfliktmediation für die Praxis entwickelt werden.

Zunächst möchte ich auf die Schreibweise »(Mit-)Verursachung« hinweisen. Die Kausalität eines Ereignisses ist meist komplex und kann aus mehreren Perspektiven betrachtet werden. Es gibt nicht einfach »die Verursachung« eines Unfalles, sondern meist eine ganze Reihe von Faktoren und Determinanten, welche ursächlich sind und darüber hinaus auch noch in einer besonderen Verknüpfung zueinander stehen. Ein Mensch kann insofern vermutlich nur »mit dabei« sein. Der zweite Grund dieser Schreibweise liegt in der Tatsache, dass die Verursachung zwar v. a. rechtlich untersucht wird, aber im Rahmen dieser Arbeit Personen untersucht und befragt werden, deren juristische Schuld- oder Freisprüche teilweise noch in der Zukunft liegen. Strafrechtliche Fragen zu beantworten und gerichtliche Prozesse abzuschließen dauert mitunter viele Jahre.

Eine weitere Schreibweise möchte ich erläutern: die Berücksichtigung der geschlechtsspezifischen Formulierung. Es sollen insgesamt Männer und Frauen gleichermaßen angesprochen werden und durch die Wahl der Schreibweise mit Binnen-I soll das je andere Geschlecht ausdrücklich mit benannt werden, z. B.: der/die GesprächspartnerIn.

Vorerst wird – und somit zum Aufbau – die Literatur zur Thematik beschrieben. Trauma, Schuld und Verantwortung als wesentliche Schlüsselkonzepte werden vorgestellt. In der Reihenfolge der einzelnen Kapitel dieser Arbeit wird dem Trauma zunächst im ersten Kapitel Raum geboten. Mit Trauma sind (Mit-)Verursachende in zweifacher Hinsicht konfrontiert. Zum einen sind sie häufig selbst Opfer eines traumatisierenden Unfalles, zum anderen kann die Konfrontation mit dem Tod anderer traumatische Wirkung haben. Es wird ein kurzer Abriss über die geschichtliche Entwicklung des Traumabegriffs gegeben. Die Merkmale traumatischer Situationen werden beschrieben, das Gefühl des Kontrollverlusts herausgearbeitet und beschrieben, wie darauf Individuen reagieren. Die spezifische Situation der Verursachung des Todes oder schwerer Verletzung wird vorgestellt. Traumatisierungen führen zur Erschütterung des Selbst- und Weltverständnisses. Diese Erfahrung ist anhaltend und kann langfristig zu entsprechender Schwierigkeit in der Anpassung an das Geschehen führen. Dabei spielen Schuldgefühle eine komplexe Rolle. Unterstützend für die Verarbeitung traumatischer Belastungen sind Resilienzfaktoren, diese schließen den Abschnitt »Trauma« ab.

Schuld – das Thema des zweiten Kapitels – wird als Begriff aus dem Blickwinkel verschiedenster Disziplinen zu umfassen versucht. Die Schwierigkeit dabei ist, dass Schuld als Phänomen weder philosophisch, theologisch, anthropologisch, psychologisch noch sonst wie zu fassen ist und diese Arbeit auch nicht wirklich zur Änderung dieses Umstands beitragen kann, aber das Phänomen als solches doch feststellen muss, um Individuen, welche Schuld erleben oder abwehren, zu betrachten. Es wird dann der Weg von der Schuld zum Schuld*gefühl* eingeschlagen und anschließend werden theoretische Positionen zur Entstehung des Schuldgefühls beleuchtet. Schuld wird in diesem Kapitel auch juristisch vorgestellt. Dem/der LeserIn sollen rechtliche Aspekte wie die zivil- und strafrechtliche Formulierung der Schuld und Begriffe wie Zurechenbarkeit, Fahrlässigkeit und fahrlässige Tötung zur Kenntnis gebracht werden.

Die Verflechtung von Schuld und Trauma, wie sie bislang in der Literatur beschrieben worden ist, wird im dritten Kapitel vorgestellt. Hauptsächlich wird dabei zum einen auf die Wiederherstellung des Kontrollgefühls mittels Schuldgefühlen nach dem traumatischen Kontrollverlust eingegangen und zum anderen die Verflechtung von Trauma und Schuld als übernommene Schuld – wenn die Schuld von TäterInnen zum Schuldgefühl der Opfer werden – und als Überlebensschuld aufgezeigt. Keine dieser theoretischen »Verflechtungen« trifft jedoch im engeren Sinne auf die Verursachungsthematik zu: die theoretische Begründung der »Trauma-Schuld« hat noch zu erfolgen – dies wird im Schlusskapitel versucht.

Vor diesem Hintergrund wird im vierten Kapitel der Begriff der Verantwortung und Handlung eingeführt. Hierfür werden vorerst widersprüchliche Ergebnisse von Studien über die Rolle von Verantwortungsübernahme, aber auch von Schuldgefühlen für die Verarbeitung von Trauma dargestellt. Vor diesem Hintergrund wird der Begriff der Verantwortung dem der Schuld gegenübergestellt. Die Zuschreibung von Verursachung und Verantwortung wird anhand der Erkenntnisse der Attributionsforschung erläutert: Verantwortung kann nur für Handlungen zugeschrieben werden. Es werden also in diesem Abschnitt auch die Handlung und die Rolle der Absicht in der Handlung ausgeführt. Auf dieser Basis werden Differenzierungen wie die Verantwortung für Handlungsfolgen, aber auch die Reduktion von Verantwortung durch die Rechtfertigung vorgenommen.

Die Abrundung des Literaturteils dieser Arbeit erfolgt über die Fragen der spezifischen Verarbeitung der traumatischen Schuld und die psychosoziale Intervention. Es werden sowohl der intrapsychische Konflikt, die Anpassung an die traumatische Schulderfahrung, skizziert als auch Fragen des interpersonellen Konfliktes zwischen (Mit-)VerursacherIn und den Hinterbliebenen oder Opfern gestellt. An dieser Stelle werden Erkenntnisse aus einer explorativen Studie mit Opfern von fremdverschuldeten Unfällen vorgestellt. Wo Schuld empfunden wird, stellt sich außerdem die Frage nach »Ent-Schuldigung«. Begriffe und Diskussionen um Entschuldigung, Versöhnung, Vergebung, Wiedergutmachung bzw. das Erwidern von (Wiedergutmachungs-)Initiativen werden vorgestellt und die Ansätze der Restorative Justice erörtert. Die psychosoziale Intervention durch

Teams der Krisenintervention und Akutbetreuung wird vorgestellt, wobei auch die Schwierigkeiten für HelferInnen Beachtung finden sollen. Diese werden anhand einer aktuellen Studie erläutert.

Insgesamt bildet der bisherige Zugang die Basis für die Empirie – wenn (Mit-)VerursacherInnen erzählen – und diese wiederum bildet einen weiteren Ausgangspunkt für den Abschluss dieses Buches. Den Abschluss bilden insbesondere zwei Aspekte:

Zum einen versuche ich die Verflechtung von Trauma und Schuld theoretisch zu verankern. Dies geschieht (1) vor dem Hintergrund der »Traumadynamik«: Die Basis hierfür bildet das »Zentrale Traumatische Situationsthema«, die Erschütterung v. a. des Selbstverständnisses sowie die Formulierung der Entwicklung von der Traumadynamik zur Schulddynamik. Und (2) erfolgt dies im Hinblick auf die Verursachung – als traumatische Schuld –, die sich über die »Handlungsfolge« definiert, in welcher fraglich ist, ob überhaupt von Handlung gesprochen werden kann (denn einem Unfall liegt, wie noch zu zeigen sein wird, kein Handlungscharakter zugrunde). Zudem soll die »Identifikation« mit dem eigenen – nun doch wieder – Handeln über die (unabsehbare) Folge der Handlung einbezogen werden.

Den zweiten Aspekt des Abschlusskapitels bilden die Praxis der Intervention und die Konfliktmediation. Im Sinne des Verständnisses von Konfliktbeeinflussung u. a. auch als Forderung nach Bedürfnisorientierung – und zwar im Hinblick auf (Mit-)VerursacherIn *und* Opfer – sollen die Forschungsergebnisse zur Diskussion gebracht werden. Die Anwendung in der Praxis wird unter bestimmten Voraussetzungen möglich werden.

Einen zentralen Teil dieses Buches nehmen die Erzählungen, das Erleben von (Mit-)Verursachung und Schuld ein. Hierin wird nun kurz eingeführt.

Wenn (Mit-)VerursacherInnen erzählen ...

Wie gelingt das »psychische Überleben« der (Mit-)Verursachung des Todes oder einer schweren Verletzung eines oder mehrerer anderer Menschen? Diese Verursachung ist unintendiert, häufig Folge eines Unglücksfalls, welcher auf irgendeine Art (mit-)verursacht wird, oder einer unglücklichen Verkettung von Ereignissen, in welcher das Verhalten einzelner Personen mitwirkend war, und dennoch kann eine Person zur Verantwortung gezogen werden, sei es als Zuschreibung oder in juristischem Sinne, mit dem Vorwurf der Fahrlässigkeit. Juristisch betrachtet kann Schuld (zu-)gesprochen werden. Die Berichte von Verursachenden des – unbeabsichtigten – Todes oder schwerer körperlicher Verletzung anderer stehen hier im Mittelpunkt: 25 Personen erzählen im Rahmen dieser Erhebung ihre Geschichte. Diese Geschichten umfassen die Schilderung des Ereignisses und seiner Konsequenzen sowie deren Einschätzung. Die biografische Entwicklung der Personen nach den einschneidenden Erlebnissen wird nachgezeichnet und zu verstehen versucht. Dabei liegen die Ereignisse sehr unterschiedlich lange zurück, die Spanne reicht von wenigen Wochen bis zu mehreren Jahrzehnten. Diese Berichte habe ich über vier Jahre zusammengetragen.

Ein Blick des Projektes richtet sich auf das Erleben und die subjektive Einschätzung des Ereignisses durch das (mit-)verursachende Individuum. Es geht um die Erzählung der Ereignisse, die Schilderung eigenen Erlebens und Verhaltens, die Grundlagen von getroffenen Entscheidungen und letztlich auch um die »Erkenntnis« des Todes oder der schweren körperlichen Verletzung anderer. Was die in ihrer Subjektivität nicht hinterfragte Schuld für das Individuum bedeutet, wird ferner aus der Bildersprache, z. B. in Form von angewandten Allegorien und evozierten Bildern über Schuld, erörtert. Der weitere Blick richtet sich auf die biografischen Entwicklungen und Veränderungen nach dem Ereignis. Dabei liegt ein Hauptaugenmerk auf den Fragen von Schuld und Verantwortung, aber auch auf Versuchen zu Konfliktlösungen von entstandenen intrapsychischen und interpersonellen Konflikten. Es wird die Perspektive der Psychotraumatologie, der Konfliktforschung, der Psychoanalyse sowie der sozialpsychologischen Forschung eingenommen. Aus der Sicht der Psychotraumatologie wird – neben der eigenen Erschütterung und Traumatisierung, z. B. durch Todesgefahr – auch die Traumatisierung durch die Tötung oder massive Verletzung anderer untersucht. Zentral ist die Frage des Schuld- bzw. Verantwortungserlebens, aber auch die Rolle der Schuld für das Selbstbild und das (Selbst-)Verständnis des eigenen Lebens. Die Anpassung an das Ereignis, die Bewältigung und v. a. die jahrelange Auseinandersetzung mit den Folgen des Ereignisses wird aus der Sicht der Betroffenen nachvollzogen. Die Bedeutung der Bestrafung und »Selbstbestrafung« werden analysiert. Die Forschungsfrage führt von den Erzählungen über Trauma und Schuld zur Zuschreibung der Verantwortung, zur Rechtfertigung bzw. Argumentation von Schuldigwerden. In diesem Kontext stellt sich des Weiteren die Frage nach der psychodynamischen Abwehr der Schuld aus der psychoanalytischen Sichtweise. Die soziale Dimension der Schuld wird außerdem berücksichtigt: Wahrgenommene soziale Stigmatisierung und der Versuch der Kontaktaufnahme und Kommunikation mit Opfern und Hinterbliebenen werden den Interviewdaten entnommen.

1 Trauma

Geschichtliche Entwicklungen hinsichtlich des Begriffes »Trauma« bilden den Einstieg in die Auseinandersetzung mit Trauma und seinen Folgen. In Anlehnung an neuere Arbeiten zur Psychotraumatologie werden die Begriffe Trauma und Traumatisierung zu umfassen versucht und das Trauma-Paradigma vom Neurosen-Paradigma unterschieden. In weiterer Folge wird die Traumatisierung handlungstheoretisch beschrieben und die Traumadynamik erläutert. Trauma bedeutet immer die langfristige Erschütterung eines vormaligen Selbst- und Weltverständnisses und die traumatische Erfahrung wirkt entsprechend nachhaltig: Individuen reagieren darauf in entsprechender Weise. In diesem Kapitel wird dann spezifischer die traumatische Situation eines Unfalls, insbesondere der Unfallverursachung, herausgearbeitet. Fakten über die Häufigkeiten der Verursachung des Todes anderer werden dabei ebenso skizziert wie die Situation des/der UnfallverursacherIn. Die psychischen Folgen traumatisierender Unfälle und die Verarbeitung der Ereignisse werden erörtert und dabei v. a. auch die salutogenetische Sichtweise und Resilienzfaktoren hervorgehoben.

1.1 Der Begriff des Traumas: Kulturgeschichte und Entwicklungen

Die Bemühungen zum Verständnis von Trauma wechseln – geschichtlich betrachtet – zwischen Perioden aktiver Forschungsbemühungen und Perioden völliger »Amnesie«, was allerdings – so Herman (2006) – keineswegs auf ein mangelndes Interesse zurückzuführen ist, sondern vielmehr in der »Natur« des Gegenstandes Trauma liegt (S. 17). Es ist die Dialektik der Traumareaktionen selbst, die abwechselnd zur (wissenschaftlichen) Konfrontation und aber auch wieder zum Vergessen führt. Mit dieser Ansicht formuliert Herman im Grunde »direkt aus der Dynamik des Traumas selbst heraus«. Aber vorerst noch ein Schritt zurück in den Erläuterungen.

Die Erforschung des Traumas ist im letzten Jahrhundert immer wieder an sozialpolitische Bewegungen der jeweiligen Zeit gebunden. Somit ist die Geschichte des Traumas nicht zu trennen von der Kulturgeschichte. Judith Herman gilt als eine bedeutende Autorin der Psychotraumatologie aus dem amerikanischen Raum und ihr Werk »Narben der Gewalt«, erstmals 1992 erschienen, hat viel zum Verständnis von Trauma beigetragen. Es sind drei wesentliche Strömungen, welche die Entwicklungen zur Erforschung von Trauma in Gang bringen und das Verständnis von Trauma prägen (Herman, 2006). Sie nennt als erste der drei sozialpolitischen Strömungen die antiklerikalen, republikanischen Bewegungen des späten 19. Jahrhunderts in Frankreich, welche zur Beschreibung der Hysterie als eine »archetypische psychische Störung der Frau« führten. Dann, der zweite Kontext, die Beschreibung des sogenannten »shell shocks«, auch Kriegsneurose genannt: Diese Studien begannen in England und wurden in den USA fortgesetzt, entstammen aus den Erklärungen über die psychischen Folgen des 1. Weltkrieges und finden ihren Höhepunkt in den Folgen des Vietnamkriegs. Der politische Kontext war der Zusammenbruch des Kriegskultes und neue Bemühungen zu Antikriegsbewegungen. Das dritte Moment zur Debatte um Trauma folgt aus der Auseinandersetzung mit sexueller und häuslicher Gewalt, welche die feministischen Bewegungen innerhalb Europas und Nordamerikas ins Bewusstsein rufen. Das gegenwärtige Verständnis von Trauma ist letztlich eine Synthese dieser drei großen Bewegungen, betont Herman (2006, S. 20).

Die frühere Traumaforschung ist ohne die Arbeiten Jean-Martin Charcots (z. B. 1874) nicht zu denken (vgl. Herman, 2006; Fischer und Riedesser, 2009). Seine Arbeiten zur Hysterie machten dieses Leiden zumindest »hoffähig« (nach dem [heutigen] Verständnis von Herman waren die betroffenen Frauen überwiegend traumatisiert), und er bewies Mut, sich überhaupt diesem Forschungsthema zu widmen (Herman, 2006, S. 22). Allerdings, so unterstellt ihm Herman, wurden die seelischen Leiden verkannt: Der Hysterie liegt demnach nicht neurotisches, sondern traumatisches Leid zugrunde. Nicht verdrängte Konflikte und Fantasien der Leidenden sind ihre Ursache, sondern die – damals nicht als solche anerkannte, sondern verdrängte – reale Traumatisierung. Bedeutend innerhalb der Entwicklung der Psychotraumatologie waren dann weiter die Arbeiten von Pierre Janet (1894) vor bereits mehr als 100 Jahren. Er war Zeitgenosse Charcots und Freuds und war einer der ersten, die den Begriff der Dissoziation als eine

Folge der Überforderung des Bewusstseins bei der Verarbeitung traumatischer, überwältigender Erlebnisse heranzogen (vgl. Herman, 2006; Fischer und Riedesser, 2009). Die Beschreibungen Janets über das Abspalten von traumatischen Gedächtnisinhalten sind keineswegs veraltet[4]. Vieles davon wird weiter v. a. auch von Mardi Horowitz mit dem Konzept der »Zustände« (states of mind) aufgegriffen, was letztlich der Beschreibung des Posttraumatischen Stresssyndroms und anderer Syndrome (Stress Response Syndroms, 1993, 2001) Vorschub leistete. Davon später mehr. Dem Konzept der Dissoziation von Janet steht bei Freud das Konzept der Abwehr gegenüber.

In Anlehnung an Barwinski (2000) möchte ich die weitere Entwicklung, aber auch die Schwierigkeit des Traumas als Begriff der Psychotraumatologie – v. a. hinsichtlich des Abwehrprinzips – skizzieren. Freud entwickelte genau genommen zwei Traumatheorien. In seiner ersten Konzeption schreibt er »äußeren« Ereignissen eine traumatische Wirkung zu, wie z. B. in den »Studien zur Hysterie« (1875), wo er davon überzeugt ist, dass reale Verführungserlebnisse durch »Bedienstete, Erzieher und Geschwister« jeder späteren hysterischen Störung zugrunde liegen. Wird Trauma als Erlebnis definiert, finden sich die Wurzeln dieses Verständnisses des Begriffs wiederum bei Freud, in seiner zweiten Traumatheorie (etwas ab 1905). Er relativierte die Vorstellung, dass neurotische Störungen immer auf reale Verführungserlebnisse zurückgeführt werden müssten, und hob die Bedeutung intrapsychischer Faktoren wie unakzeptable, unerträgliche, intensive Triebwünsche und -impulse hervor. Er betont, das Wesentliche an der traumatischen Neurose sei, dass es sich um eine Erfahrung der Hilflosigkeit des Ichs angesichts einer unerträglichen Erregungshäufung handle, gleichgültig, ob äußeren oder inneren Ursprungs. Das Ich wird als schützende Instanz vor Traumata identifiziert. In der Hilflosigkeit des Ichs wird der Moment der Traumatisierung gesehen und somit ist – bei Freud – Trauma als Erlebnis definiert (Barwinski, 2000). Gleichzeitig erweiterte er den Ereignis-Erlebnis-Zusammenhang in seiner zweiten Traumatheorie, indem er auch inneren Faktoren eine traumatische Qualität zuschreibt. Diese Anwendung des Begriffs Trauma führte in der späteren Theorieentwicklung dazu, dass jedes psychisch relevante Ereignis im Leben,

---

4 Interessanterweise war einer der Schüler Janets der in der Entwicklungspsychologie bedeutende Jean Piaget mit seinen Stadien der kognitiven Entwicklung auf der Basis sensomotorischer Kreisläufe. Es ist genau dieser Ansatz, welcher im Verlaufsmodell der psychischen Traumatisierung von Fischer und Riedesser (2009) – genauer im Ansatz »Trauma als unterbrochene Handlung« – aufgegriffen wird. Dieses wird noch genauer zu erläutern sein, da der Handlungsbegriff auch für diese Arbeit zur Frage der Schuld und Verantwortung zentral ist.

wie z. B. die Geburt eines Geschwisters oder ein Wohnungswechsel, als »Trauma« bezeichnet wurde. Die von Freud beschriebene Bedingung, dass nur dann von Trauma gesprochen werden kann, wenn die schützende Funktion des Ichs infolge »unerträglicher Erregungshäufung« scheitert – es sich also um einen Zusammenbruch handelt – fiel stillschweigend weg (Barwinski, 2000). Spätere AutorInnen beklagten dementsprechend die inflationäre Verwendung und dadurch erweiterte Bedeutung von Trauma. Der Begriff Trauma wird so weitgehend unabgrenzbar, da auch weniger signifikante Ereignisse als traumatisch aufgefasst werden können.

In der Frage nach der »realen« Traumatisierung gegenüber der Verlagerung des Traumatischen in die Intrapsyche und somit in die Fantasie führen Fischer und Riedesser (2009) die Diskussion weiter aus. Die ursprüngliche Annahme Freuds, dass eine reale Traumatisierung und v. a. eine sexuelle Verführung als Kind der Hysterie zugrunde liege, wurde ja wie bereits erwähnt verworfen. Nun wurde und wird Freud vorgeworfen, dass er diese Annahme verwarf, um die reale Traumatisierung in die Fantasie zu verlagern (z. B. durch Herman, 2006): Das wäre dann tatsächlich die Nichtanerkennung der eigentlichen Traumatisierung bzw. ihre Leugnung. Allerdings – und dieser Einwand findet sich bei Fischer und Riedesser (2009) – kann Freud ohne Weiteres die Theorie der Verführung als Basis der Hysterie verwerfen, weil es nämlich noch ganz andere Bilder von Symptomen »nach Trauma« als die Hysterie gibt. Dissoziative oder sogenannte Borderline-Symptome sind mindestens ebenso denkbar. Somit ist die Grundlage zur Beschreibung der Hysterie auf der Basis der Verführungstheorie zu verwerfen. Mit anderen Worten, die Verwerfung gilt nach Fischer und Riedesser (2009) der Pauschalisierung der Hysterie als Traumafolge. Jedenfalls gilt, dass die Schriften zur Hysterie immer noch als ein Beitrag zur Erforschung traumatischer Prozesse nach sexuellem Kindesmissbrauch zu lesen sind (Fischer und Riedesser, 2009). Freuds spätere Hinwendung zur Erforschung der Intrapsyche und der Fantasie scheinen, zumindest nach den genannten Autoren, nicht als »Verrat« am Trauma zu werten zu sein, und zwar weder an der Verführungstheorie selbst noch an der Psychotraumatologie. Gerade die kindliche Fantasie zur sexuellen Verführung wird durch den realen Missbrauch geschädigt. Eher wirft die gesamte Diskussion und auch die Kritik an Freud die Frage auf, inwieweit intrapsychische wie »externale« Faktoren zu verschränken sind, um ein entsprechendes Traumamodell zu entwickeln. In der dialektisch-ökologischen Sichtweise ihres Verlaufsmodells versuchen Fischer und Riedesser (2009) ebendieses. Dies wird später vorgestellt.

Nach diesen Ausführungen über die – überwiegend innerhalb der Psychoanalyse geführten – Auseinandersetzungen mit »realer« Traumatisierung gegenüber jener in der Fantasie möchte ich an dieser Stelle nochmals an die Arbeit von Herman (2006) anschließen. Die dritte sozio-politische Bewegung in der Aufzählung Hermans (2006), welche zur Auseinandersetzung mit Trauma führt, nämlich die feministischen Bemühungen innerhalb Europas und Nordamerikas, das Vorhandensein von sexueller und häuslicher Gewalt ins Bewusstsein zu rufen, erscheint mir weniger markant als die ersten beiden Strömungen. Sie soll so formuliert stehen bleiben, ich würde jedoch aus den Entwicklungen der letzten Jahre gerne zwei Ereigniskonstellationen ergänzen: Zum einen die Forschungen und Praxen, die aus Naturkatastrophen der letzten Jahre entstanden. Das ursprünglich Werk Hermans entstand 1992, seither sind weltweit Naturkatastrophen für jede/n in Zusammenhang mit Trauma zu bringen: Tsunamis und ihre Folgen, Wirbelstürme, »Buschfeuer«, um nur einige Beispiele zu nennen. Diese Ereignisse bringen zunehmend nicht nur die Opfer, sondern auch die HelferInnen in den Blick und damit ein ganzes Feld beruflich traumatisierter Personen: Feuerwehr, Polizei, Rettung, TherapeutInnen, »body-handler« usw. Naturkatastrophen bringen meines Erachtens einen vierten Motor zur Erforschung von Trauma. Aufgrund der Tatsache, dass es sich nicht von vornherein um als menschlich verursacht wahrgenommene Traumata, sondern um technische oder Naturkatastrophen handelt, fallen diese auch etwas weniger der Verdrängung anheim, als dies für man-made disaster beklagt werden muss[5]. Zum anderen möchte ich das derzeitige neurophysiologische, biologische und generell medizinische Interesse an Trauma nicht unterschätzen: Die Psychotraumatologie wird interdisziplinärer. Wenn Trauma nun »physiologisch nachweisbar« werden soll, bietet dies eine Chance, aber auch angebrachte Kritik. Die Chance liegt im körperorientierten therapeutischen Zugang zum Trauma, die Kritik liegt in der Beanspruchung auf hirnorganischer bzw. -physiologisch messbarer Nachweisbarkeit psychischer Traumatisierung.

Eine weiterreichende Differenzierung des Konzepts Trauma ist bis heute im Gange. Außerdem sind die psychischen Folgen, welche traumaspezifisch auftreten, mittlerweile als krankheitswertig anerkannt (Karger, 2009) und in den diagnostischen Regelwerken des DSM-5 (APA, 2013) sowie ICD-10 (WHO,

---

5 Diese Unterscheidung von Traumatisierungen wird noch getroffen. An dieser Stelle soll nur so weit darauf hingewiesen werden, als dass auch Hirsch (2009) betont, dass chronische familiäre Traumata (Beziehungstraumata: Anmerkung der Verfasserin, somit auch man-made disaster) eher zu Persönlichkeitsstörungen führen und die akute, einmalige Extremtraumatisierung (man-made oder natural) jeden Alters eher zur Posttraumatischen Belastungsstörung.

2010) als Posttraumatische Belastungsstörungen verankert. Diese Posttraumatische Belastungsstörung – aus dem englischen *Posttraumatic Stress Disorder* (PTSD) – ist letztlich ein Verdienst des bereits kurz erwähnten amerikanischen Traumaforschers Mardi Horowitz. Es ist seiner Entdeckung zu verdanken, dass über verschiedene Formen von Traumatisierungen hinweg gemeinsame traumaspezifische Reaktionen zu finden sind und auch die Formen der Erholung von Traumatisierungen Gemeinsamkeiten aufweisen.

1.2 Traumatische Psychodynamik: Was bedeutet »Trauma«?

Gottfried Fischer und Peter Riedesser gelang eine theoretische sowie handlungsleitende Beschreibung der Traumatisierung. Sie unternahmen den Versuch in ihrem Verlaufsmodell der psychischen Traumatisierung verschiedene Determinanten[6] des Traumabegriffs als zusammenhängend aufeinander zu beziehen. Im Verlaufsmodell der Traumatisierung nun analysieren Fischer und Riedesser (2009) subjektive und objektive Aspekte der traumatischen Situation systematisch und verschränken sie. Die Entstehung von Symptomen und traumatischen Langzeitfolgen wird aus einem prozesshaften Geschehen heraus verstanden. Die grundlegenden Annahmen des Modells sind, dass die traumatische Erfahrung als dynamischer Verlauf untersucht werden muss. Die einzelnen Phasen dieses Modells, die traumatische Situation, traumatische Reaktion und traumatischer Prozess, stehen insofern nicht in einem zeitlichen, sondern in einem dynamischen Verhältnis zueinander. Weiterhin liegt die Annahme zugrunde, dass die inhärente Paradoxie eines Traumas darin liegt, dass existenziell bedrohliche Handlungssituationen vorliegen, die jedoch kein adäquates Handeln zulassen (Fischer und Riedesser, 2009). Die dritte Annahme geht davon aus, dass die traumatische Erfahrung im psychoökologischen Bezugssystem des sozialen Netzwerks stattfindet. Die Autoren bringen damit eine prozesshaft-dialektische und umwelttheoretische (ökologische) Sichtweise ein. Die theoretischen Bestimmungsstücke werden

---

6 Die Determinanten sind von der Geschichte der Psychotraumatologie her zu betrachten. Sie umfassen vier Konzeptionen von Trauma – und damit beziehe ich mich auf den Text von Barwinski (2000): (1) »Trauma als Verletzung oder Wunde« im Sinne der Folge eines Ereignisses, spielt auf das Erleiden einer Schädigung an. (2) Trauma als reales, von außen herbeigeführtes überwältigendes Ereignis (vgl. den genannten »shell shock«). (3) Trauma als »intrapsychisches Erleben« (vgl. zweite Traumatheorie von Freud: Trauma als unerträgliche Erregungshäufung mit dem Zusammenbruch des Ichs einhergehend. (4) Trauma als störungs- bzw. krankheitswertige Kategorie (z. B. traumatische Syndrome).

im Folgenden erläutert, bevor auf dieser Basis eine Definition des Traumas vorgenommen wird. Es sind diese die Entwicklung des Neurosen-Paradigmas hin zu einem Trauma-Paradigma, das Verständnis von Trauma als eine unterbrochene Handlung sowie darauf aufbauend die Beschreibung der traumatischen Situation.

1.2.1 Vom Neurosen- zum Trauma-Paradigma: handlungstheoretisches Konzept

Fischer und Riedesser (2009) bzw. Fischer und Nathan (2002) verstehen Trauma »psychodynamisch«, erweitern allerdings das Neurosen-Paradigma um Akzente, sodass das Trauma-Paradigma darauf aufbauend verstanden werden kann. Im Zentrum des Neurosen-Paradigmas steht der intrapsychische Konflikt. Es bezieht sich auf den Konflikt zwischen den Triebkräften des Es und den moralischen Verboten des Über-Ichs. Ein Triebwunsch steht mit dem Über-Ich in einem Konflikt und dieser wird vom unbewussten Anteil des Ichs abgewehrt, beispielsweise verdrängt. Der verdrängte Konflikt tritt jedoch – so grundlegende psychodynamische Formulierung – im Laufe der Zeit als »Kompromissbildung« bzw. Symptom im klinischen Sinne hervor. Das Trauma-Paradigma im Sinne Fischers und KollegInnen ersetzt dieses Neurose-Paradigma nicht einfach, sondern erweitert es.

Der Konflikt beim Trauma ist jedoch nicht primär intrapsychisch zwischen konfligierenden psychischen Tendenzen anzusiedeln, sondern zwischen einem handlungsbereiten Subjekt und einer Umwelt, die im gleichen Maße bedrohlich ist, wie sie sich der Beeinflussung entzieht (Fischer und Nathan, 2002). Die Autoren formulieren vereinfacht, dass der Neurose verstärkte Ängste und unbewusste Fantasien libidinöser und/oder grausamer Art zugrunde liegen, die eine vergleichsweise benigne Außenwelt in pathogenem Ausmaß bedrohlich erscheinen lassen. Bei psychotraumatischen Störungen dagegen nimmt die Umwelt nicht selten Formen an, welche sogar die übelsten Erwartungen und Fantasien noch übersteigen. Prinzipiell liegt mit traumatischen Einflüssen also eine eigene, unabhängige Ätiologie vor: Psychotraumatische Störungsbilder können in jedem Lebensalter ausgelöst werden, ohne dass eine neurotische Disposition vorliegt. Dennoch können sich neurotische Dispositionen »einmischen«. Jedenfalls aber muss die psychotraumatische Ätiologie von auftretender Symptomatik nach Traumatisierungen anerkannt und gesondert behandelt werden (Fischer, 2007). Die Psychodynamik psychotraumatischer Belastungssyndrome muss sich also auch mit der Frage befassen, was ein Individuum tut, wenn es eigentlich nichts mehr tun kann. Diese Frage führt Fischer und KollegInnen zur Formulierung der Traumadynamik, also auch der Entwicklung von »Kompromissen« (Symptomen), auf der Basis der Konzeption »Trauma als unterbrochene Handlung«. Dies wird im Folgenden dargestellt, um dann weiter auf dieser Basis das »Störungskonzept« vorzustellen.

Die Traumadynamik lässt sich mit Fischer und KollegInnen (Fischer und Nathan, 2002; Fischer und Riedesser, 2009) auf der Basis eines handlungsorientierten Zuganges zum Trauma erklären. Ein handlungsorientierter Zugang zum Trauma wird auch in den Arbeiten von Mardi Horowitz, einem Pionier in der Traumaforschung, deutlich, allerdings nimmt Horowitz (1993, 2001) nicht diese Form der theoretischen Ausdifferenzierung wie die Gruppe um Fischer vor. Um die Traumadynamik auf der Basis der Handlung zu verstehen, muss vorerst der angewandte Handlungsbegriff erläutert werden.

Fischer und Riedesser (2009) beziehen sich einerseits auf den sensomotorischen Begriff im Sinne Jean Piagets, andererseits auf das Modell des Situationskreises von Uexküll und Wesiack. Im Modell des Situationskreises erfolgt die Umwandlung einer neutralen Umgebung in individuelle Wirklichkeit. Es wird postuliert, dass die Situation, mit welcher ein Individuum konfrontiert ist, einer kognitiven und emotionalen Bewertung unterzogen wird, dass also mit anderen Worten in der Fantasie eine Bedeutungserteilung erfolgt, die dann das Verhalten bestimmt (vgl. Fischer und Riedesser, 2009; in Anlehnung an Uexküll und Wesiack, 1988). Es geht hierin um ein Zusammenspiel des Individuums mit seiner Umwelt. Es erfolgt – genauer betrachtet – eine antizipatorische, zirkulär aufeinander bezogene Abstimmung von »Merken« (rezeptorische Sphäre) und »Wirken« (effektorische Sphäre). Die Wahrnehmung der Situation wird durch antizipierte Handlungsmöglichkeiten strukturiert. Wahrnehmung meint also nicht passive Reizaufnahme, sondern aktive Wahl durch Bedeutungserteilung und Bedeutungszuschreibung. Im Situationskreis vollzieht sich der Aufbau von Wirklichkeit zunächst als hypothetisches Deuten von Information, die zum einen Teil aus dem Körper, zum anderen Teil aus der Umgebung stammt. Es erfolgt eine Bedeutungsunterstellung vor einer endgültigen Bedeutungserteilung, auf der Basis der Vorstellung als Fantasie eines »Durchspielens« bzw. Probehandelns. Diese ermöglicht die Orientierung in der Lebenswelt, aber auch die Erfüllung vitaler Funktionen. Eine Bedrohung dieses Abstimmungsprozesses führt zu deutlichen Stressreaktionen vonseiten des Individuums.

Die Strukturen, welche im Situationskreis die Feinabstimmung zwischen Individuum und Umwelt leisten, können als (rezeptorisch-effektorische) Schemata bezeichnet werden. In der Sprache von Piaget (vgl. Fischer und Riedesser, 2009) entsprechen diese dem Konzept der sensorisch-motorischen (zusammengefasst als sensomotorische) Schemata. In der Konzeption der sensomotorischen Schemata wird die Entwicklung des Denkens als sich in Stufen entwickelnde Fähigkeit zu immer höheren Operationen durch das Abstimmen von Wahrnehmung (sensorisch/rezeptorisch) und Handlung (motorisch/effektorisch) verstanden. Die eingespielten Kreisläufe der Wahrnehmungs- und Handlungskoordination verselbstständigen sich immer mehr im symbolischen, vorbegrifflichen Denken. Denken ist bei Piaget als innerliches Handeln (oder Handlungsdisposition) mit innerlich repräsentierten Situationen, Menschen, Dingen usw.) charakterisiert. So werden allmählich im Laufe der ontogenetischen Entwicklung Schemata zur Orientierung und zur Handlung in der Lebenswelt aufgebaut und ausdifferenziert. Das Üben führt zur Konsolidierung gegebener Schemata und zu deren Anpassung an die jeweiligen Bedingungen. Dies erfolgt über Prozesse der Assimilation[7] und der Akkommodation[8]. Die Schemata der Person werden reorganisiert.

Die gemeinsame Basis der Konzepte – des Modells des Situationskreises und der sensomotorischen Schemata Piagets – ist das Zusammenspiel von rezeptorischer und effektorischer Sphäre. Dies ist ein wichtiger Hinweis auf den Zusammenhang zwischen Wahrnehmung und Handlung, welcher durch traumatische Erlebnisse abrupt zerrissen wird: Trauma wird zur unterbrochenen Handlung.

Vor diesem Hintergrund ist die handlungstheoretische Sichtweise von Trauma als unterbrochene Handlung zu formulieren. Unterbrochen wird dabei der Versuch des Individuums auf eine Traumatisierung unmittelbar zu reagieren. Die unmittelbare Reaktion auf ein Trauma ist, ihm entkommen zu wollen durch »Handlungen« wie Kampf (fight), Flucht (flight) oder Erstarren (freeze). Dies ist quasi das »Handlungsrepertoire« angesichts einer bedrohlichen Situation. V. a. in Situationen akuter Bedrohung reagieren wir mit sensomotorischen Schemata, die auf einer reflexgesteuerten Grundlage ablaufen. Genau diese »Handlungen« werden traumatisch unterbrochen, sie führen nicht zum Erfolg angesichts einer überwältigenden Information. Dies führt zur »Entkoppelung« von Handlung und Wahrnehmung innerhalb der Sensomotorik, und Handlung und Wahrnehmung sind nicht mehr aufeinander abgestimmt bzw. abstimmbar.

---

7   Assimilation bedeutet die Einordnung von Umwelterfahrungen, also eine Einpassung, in schon vorhandene subjektive Bezugssysteme, z. B. die Aufnahme von Information in bestehende kognitive Schemata.
8   Führt neue Information zu einer Änderung der kognitiven Schemata der Person, wird von Akkommodation gesprochen.

Fischer und Riedesser (2009) nennen das traumatisch unterbrochene Wahrnehmungs- und Handlungsmuster in Anlehnung an die zugrunde liegenden Konzepte »Traumaschema« (TS). Das Traumaschema bezeichnet insofern eine Struktur, die in der Erinnerung die traumatische Erfahrung vertritt, in jener inhärenten Veränderung der Wahrnehmung sowie der gesamten emotionalen Verfassung während des Ereignisses, also die erlebte, peritraumatische Erfahrung. Retrospektiv sind dann häufig Erinnerungsfragmente zu beobachten: Vorstellungsbilder, Geräusche, Gerüche und Körpersensationen als unterbrochene Handlungsansätze, also die sensorischen und motorischen Fragmente der traumatisch unterbrochenen Handlung (Fischer und Nathan, 2002). Dem Traumaschema wohnt, wie jedem sensomotorischen Schema, die dynamische Tendenz, sich zu reproduzieren, inne. Dies wird durch den sogenannten Zeigarnik-Effekt[9] verstärkt; es kommt also zur Tendenz der Wiederaufnahme der unterbrochenen Handlung. Eine Reproduktion des Traumaschemas kann einerseits durch erinnerte Schlüsselreize ausgelöst werden, andererseits durch die spontane Tendenz, die bisher ungelöste Situation wieder herzustellen, um sie in der Handlung zu überwinden und die unterbrochene Handlung vollenden zu können. Diese Vollendungstendenz (completion tendency) als Motor der postexpositorischen Erfahrung wird von Horowitz (1993) hervorgehoben.

Zur psychodynamischen Formulierung von Trauma fehlen nun die traumaspezifischen Abwehrmaßnahmen. Hier wären sowohl die Dissoziation als auch peritraumatische Abwehrmuster, also Formen der Depersonalisierung, Derealisierung und Änderungen im Zeiterleben, zu nennen. Hier zeigt sich übrigens deutlich, dass sich Wahrnehmung »verselbstständigt« und nicht mehr an Handlung gebunden ist. Die traumaspezifische Abwehr – vom Typus der Abwehrmechanismen – lässt sich aber am besten im Gegenmodell des Traumaschemas, dem Traumakompensatorischen Schema, abbilden.

Beim Traumakompensatorischen Schema (TKS) handelt es sich im Prinzip um eine naive retrospektive Präventionstheorie. Mittels folgender drei Schlüsselkonzepte wird eine weitere Schädigung bzw. eine neuerliche Traumatisierung zu vermeiden versucht. Es werden zum einen Vorstellungen entwickelt, wie es zur

---

9   Experimentalpsychologischer Nachweis durch die russische Psychologin Bluma Zeigarnik im Jahr 1927, dass unterbrochene Handlungen bevorzugt wieder aufgenommen werden, sobald sich die Gelegenheit dazu bietet. Unerledigte Handlungen werden besser erinnert als erledigte und hinterlassen eine verstärkte Tendenz, sich immer wieder damit auseinanderzusetzen. Zeigarnik vertritt die Theorie, dass mit jeder Handlung ein bestimmtes Ziel verfolgt wird, das zur Erreichung drängt, also einen motivationalen Spannungszustand auslöst.

Katastrophe gekommen ist (ätiologische Komponente). Häufig werden zu diesem Zweck irrationale Selbstbeschuldigungen vorgenommen. Zum anderen entwickelt die Person Vorstellungen, wie sie sich in Zukunft schützen kann (präventive Komponente). Dies kann zu einer regelrechten Hypertrophie von Präventionsmaßnahmen führen. Beispielsweise kann ein Betroffener sich schützen wollen, indem er nach einem Unfall nie wieder in ein Auto einsteigt. Drittens: Kompensatorische Vorstellungen über die Heilung des Traumas (reparative Komponente) werden entwickelt. Diese sind häufig dysfunktional und drängen die traumatisierte Person z. B. zu einer vorzeitigen Exposition, welche jedoch eher im Dienste eines Wiederholungszwangs steht.

Das Traumaschema und das kompensatorische Schema bilden ein in sich widersprüchliches System, welches in dynamischer Spannung steht. Um ein dynamisches Gleichgewicht herzustellen und zu erhalten, müssen im Laufe des traumatischen Prozesses Kompromisse gefunden werden. Diese Kompromissbildung führt zur Symptombildung. Die Symptome entsprechen einem »minimalen kontrollierten Ausdrucks- und Handlungsfeld« (Fischer und Riedesser, 2009), in welchem die Person wenigstens in einem umschriebenen kleinen Handlungsbereich die Handlungskontrolle übernimmt und die traumatisch bedingte Hilflosigkeit zu überwinden sucht. Die Traumadynamik entsteht also im »Kräfteparallelogramm« zwischen Traumaschema und traumakompensatorischem Schema.

1.2.2 Die traumatische Situation: Definition von Trauma

Ausgehend von den vorangegangenen Überlegungen kann Trauma definiert werden als ein

> »vitales Diskrepanzerlebnis zwischen bedrohlichen Situationsfaktoren und den individuellen Bewältigungsmöglichkeiten, das mit Gefühlen von Hilflosigkeit und schutzloser Preisgabe einhergeht und so eine dauerhafte Erschütterung von Selbst- und Weltverständnis bewirkt« (Fischer und Riedesser, 2009, S. 84).

Wesentliche Determinanten dieser Definition sind die Situationsfaktoren, die sich durch das Zusammenspiel von Innen- und Außenperspektive zusammensetzen, die subjektive Bedeutungszuschreibung durch die Person sowie die Nachhaltigkeit der Auswirkungen – die Erschütterung des Selbst- und Weltverständnisses.

Zusammengefasst gesagt ist die inhärente Paradoxie der traumatischen Situation, dass innerhalb derselben keine subjektiv angemessenen Reaktionen möglich, jedoch – zum Teil aus Überlebensgründen – angemessene Handlungen erforderlich sind (Fischer und Riedesser, 2009).

In einer einzigen Situation sind sowohl subjektive Gegebenheiten als auch Umweltgegebenheiten enthalten. Sie bilden eine Einheit. Diese wechselseitige Dialektik macht den Situationsbegriff für die Psychotraumatologie interessant. Aus diesem Verständnis der Situation heraus wird bei Fischer und Riedesser (2009) auch ein objektiver und ein subjektiver Zugang zum menschlichen Erleben und Verhalten gewählt und systematisch aufeinander bezogen.

Zur Analyse der traumatischen Situation werden zunächst die objektiven Lagebestimmungen, welche Fischer und Riedesser (2009) als Situationsfaktoren bezeichnen, herangezogen. Dies erfolgt entsprechend dem Erleben und Handeln der betroffenen Person. Ziel dieser Analyse ist es, die situativen Gegebenheiten, die Situationsstrukturen, die Kontextbedingungen und somit auch das »Kernthema« der Situation zu erfassen. Viele traumatisierende Kontexte sind beispielsweise durch eine »Geschlossenheit der Situation« für das Opfer gekennzeichnet. Dies gilt besonders für Gewaltverbrechen oder – allgemeiner formuliert – Desaster menschlichen Ursprungs (man-made disaster). Eine zusätzliche Schließung der Situation wird durch die Verwirrung kognitiver Kategorien erreicht, was Fischer und Riedesser dazu veranlasste, den Begriff des Orientierungstraumas einzuführen (2009, S. 72). Die typische Dynamik von sogenannten Double-bind-Situationen ist häufig bei sexuellem Missbrauch anzutreffen. Es handelt sich dabei um eine paradoxe Kommunikationssituation. Demgegenüber steht die subjektive Situationsanalyse. Die subjektiven Wahrnehmungs- und Reaktionsweisen des Individuums zielen darauf ab, potenziell traumatische Situationen zu überschreiten. Dabei ist zu berücksichtigen, welche objektiv vorhandenen Reaktionsmöglichkeiten ein Individuum überhaupt wahrnimmt.

Die Situation als Einheit von Subjekt und Gegebenheit ist darüber hinaus bestimmt durch das Thema der Situation. Im zentralen Thema der traumatischen Situation erfolgt die Beurteilung des Zusammenwirkens von traumatogenen Situationsfaktoren und dem Subjekt. Diesen Themenbegriff greifen Fischer und Riedesser (2009) auf und formulieren das »Zentrale Traumatische Situationsthema« (ZTST). Im ZTST greifen beide Faktorengruppen, Subjekt und Gegebenheiten, ineinander. Die Subjektseite ist v. a. dadurch gekennzeichnet, dass eine Person ohne eigenes Zutun in eine Situation außerhalb ihrer Kontrollmöglichkeiten einer Lebensbedrohung ausgesetzt ist. Das ZTST entspricht einem Punkt maximaler Interferenz zwischen subjektiven, schematisierten Erwartungen und objektiven Gegebenheiten, sodass es zu einer Blockierung der psychischen Informationsverarbeitung oder auch zu einem Bruch von Strukturen des psychischen

Netzwerks kommt (Fischer und Riedesser, 2009). Es entsteht in diesem Zusammenhang die subjektive, ganz persönliche Bedeutung, die eine traumatische Situationskonstellation für ein Individuum beinhaltet. Lindy (1993) bezeichnet dies als »traumaspecific meaning«.

Aktualgenetisch kann das ZTST bedeuten, dass eine Person unvorbereitet und durch fremdes Verschulden plötzlich mit dem Tod konfrontiert wird. Lebensgeschichtlich kann das ZTST jedoch bedeuten, dass bereits Kindheitserinnerungen vorliegen wie z. B. die Thematik des sexuellen Missbrauchs oder Bombennächte in Bunkern. Frühe kompensatorische Bemühungen werden häufig durch eine momentane Situation außer Kraft gesetzt. Besonders zerstörerisch wirkt es sich aus, wenn durch die oft zufällige situative Konstellation das Individuum in seinen zentralen kompensatorischen Bemühungen oder seinem Weltentwurf getroffen wird. So bildet das ZTST oft einen dynamischen Kristallisationspunkt, in dem sich vergangene und gegenwärtige traumatische Erfahrungen verbinden und bisweilen unheilvoll potenzieren. Es kann insofern nicht einmal beantwortet werden, wann eine traumatische Situation endet (Fischer und Riedesser, 2009).

1.3 Erschütterung von Selbst- und Weltverständnis durch Trauma

Nach Fischer und Riedesser (2009) ist der Kernpunkt zwischen den bedrohlichen Situationsfaktoren und den individuellen Bewältigungsversuchen innerhalb der Anpassungsvorgänge im Situationskreis die Erfahrung der Wirkungslosigkeit, das Gefühl, den bedrohlichen Umständen hilflos ausgeliefert zu sein. Die Erfahrung der Hilflosigkeit, die schutzlose Preisgabe an bedrohliche Umweltfaktoren, entspricht einem extremen Kontrollverlust. Wird die traumatische Situationserfahrung weiter generalisiert, kann es zu einer Erschütterung kognitiver sozialer Wissensschemata und einer generellen Erschütterung des Selbst- und Weltverständnisses kommen. Die dauerhafte Erschütterung des Selbst- und Weltverständnisses ist ein wesentliches pathogenetisches Moment des Traumas aus der Sicht der Traumadefinition nach Fischer und Riedesser (2009).

Es ist aber v. a. auch den Arbeiten Janoff-Bulmans zu verdanken, mehr Einblick in die Erschütterung des Selbst- und Weltverständnisses zu haben. In Janoff-Bulman (2002) wird die Erschütterung von Grundannahmen durch traumatische Erfahrungen beschrieben. Die infolge der Traumatisierung »Shattered Assumptions« umfassen ein konzeptuelles System über uns selbst sowie über die Welt, in der wir leben. Dieses konzeptuelle System repräsentiert sich in einer Anzahl von Annahmen oder Theorien, die in der Interaktion mit der Welt auf ihre Brauchbarkeit geprüft werden. Grundannahmen entwickeln sich in der frühen Kindheit durch vorhersehbare Interaktionen mit Bezugspersonen und werden im Laufe der Entwicklung gefestigt. Dies funktioniert trotz der Erfahrung von Veränderung und alltäglichen Verlusten. Typisch ist z. B. die Illusion der Unverwundbarkeit. Auf negative Lebensereignisse wie Gewalt, Krankheit oder Unfälle reagiert das Individuum meist mit einem intensiven Gefühl der Verletzlichkeit, der Unsicherheit, es fühlt sich unbeschützt. Es erkennt mit einem Schlag den illusionären Charakter der Vorstellung von Unverletzlichkeit und der Annahme, dass der eigenen Person gewisse Dinge nicht passieren können. Vor der traumatischen Erfahrung bestand zwar intellektuell das Wissen, dass solche Ereignisse prinzipiell jedem widerfahren können, doch auf der Ebene der eigenen Überzeugungen herrschte der Glaube an die eigene Unverwundbarkeit vor. Menschen obliegen in ihren schematischen Strukturen einer Form von Konservatismus, an ihren Selbst- und Weltsichten festzuhalten. Veränderungen werden eher vermieden als freiwillig in Kauf genommen. Janoff-Bulman (2002) geht davon aus, dass wir besonders an unseren Vorstellungen einer gerechten Welt festhalten, in welcher wir kontrollieren und steuern können, was um uns oder zumindest mit uns geschieht. Wir glauben uns mit entsprechenden Handlungen schützen zu können; und wenn schon traumatische Ereignisse passieren, dann doch eher Personen, die durch ihr eigenes Verhalten damit auch in Zusammenhang zu bringen sind. Wenn wir mit Ungerechtigkeiten, Hass oder katastrophalen Erlebnissen konfrontiert werden, können uns diese jäh aus der sicheren Vorstellungswelt katapultieren. Die Wucht einer traumatischen Erfahrung, des hilflosen Ausgeliefertseins in einer lebensbedrohlichen Situation, besitzt das Potenzial, unsere Grundannahmen massiv zu erschüttern oder zu zerstören. Die Illusion der Unverwundbarkeit zerbricht schlagartig.

Die wichtigsten Grundannahmen bei Janoff-Bulman (2002) beinhalten das Wohlwollen der Welt (benevolence of the world), und zwar der gegenständlichen (unpersönlichen) sowie persönlichen Welt, danach verhalten Menschen sich grundlegend wohlwollend. Je mehr ein Individuum davon überzeugt ist, dass die Welt grundsätzlich wohlwollend ist, desto eher nimmt es an, dass Unglück selten passiert. Die nächste Kategorie der Grundannahmen umfasst Annahmen zur Sinn- bzw. Bedeutungshaftigkeit der Welt (meaningfulness of the world). Individuen gehen davon aus, dass die Dinge, welche in der Welt geschehen, eine gewisse Bedeutung haben, dass Ereignisse in einem Sinnzusammenhang stehen. Es geht hier um die Bedeutungsstiftung, warum Ereignisse passieren. Hier sind die Annahme einer gerechten Welt (z. B. Lerner, 1980) und die Kontrollierbarkeit der

Welt durch eigenes Verhalten zentral. Jemand, der sich »richtig verhält«, z. B. alle Sicherheitsstandards einhält, dem wird, so die Annahme, auch nur höchst unwahrscheinlich etwas passieren. Je schwieriger es für Personen wird, die Ursachen für Vorkommnisse im Charakter einer Person oder in ihrem Verhalten zu finden, desto eher erhält die Annahme des Zufälligen als Verteilungsprinzip Bedeutung. Die dritte Kategorie der Grundannahmen umfasst Einstellungen zum Selbst, v. a. den Selbstwert (worthiness of the self). Janoff-Bulman und McPherson-Frantz (1996) gehen davon aus, dass wir uns im Grunde selbst für gute, anständige und tüchtige Menschen halten. Wir verdienen positive Ergebnisse, da wir moralisch gut sind und in das »richtige Verhalten« investieren. Sie bezeichnen dies als positive Verzerrung in der Selbsteinschätzung.

In einer eigenen umfassenden Studie zur Erschütterung des Selbst- und Weltverständnisses durch Traumata konnte ich ein interessantes Ergebnis finden (Andreatta, 2010). Generell gilt, dass mit dem Ausmaß einer Belastung durch Traumata der Selbstwert der Personen signifikant sinkt. Am stärksten werden die Annahmen über die Wertigkeit des Selbst erschüttert. Mit der Wertigkeit des Selbst in Zusammenhang stehen Annahmen darüber, dass in das »richtige« Verhalten investiert wird, und Annahmen über das Glück. Infolge von Traumata wird die Grundannahme von Zuversicht und Sicherheit, dass die Dinge gut ausgehen werden, weil einerseits in das richtige Verhalten investiert wird und andererseits die eigene Moralität der Anlass für einen guten Ausgang der Dinge ist, erschüttert. Gleichzeitig hat sich jedoch im Rahmen meiner Untersuchung gezeigt, dass ein überwiegender Teil von Grundannahmen – im Detail Annahmen über das Wohlwollen der Welt und der Menschen im Besonderen sowie der allgemeinen Sinn- und Bedeutungshaftigkeit der Welt, Annahmen über Gerechtigkeit und Kontrollierbarkeit – bei einer mittleren Belastung durch Trauma »hochgefahren« wird. Das bedeutet mit anderen Worten: Bei einer beispielsweise subsyndromalen Form einer Posttraumatischen Belastungsstörung glauben die Personen noch mehr an die oben genannten Vorstellungen – halten quasi daran fest – und erst bei stärkerer Ausprägung der Symptomatik fallen die Werte signifikant unter das Niveau von Personen, welche nicht an einer Traumastörung leiden. Ich werte dies als psychodynamische Abwehr zur Verstärkung des eigenen Schutzgefühls.

Neben dieser Konzeption des Selbst- und Weltverständnisses, welches traumatisch erschüttert ist, gibt es noch weitere gravierende Veränderungen in den Sinn- und Handlungsbezügen. Dazu zählen Veränderungen des Selbst- bzw. Identitätsgefühls (Van der Kolk, 2000). Der Autor beschreibt, dass beispielsweise nach einem sexuellen Missbrauch die Selbst- und Weltsicht bzw. die Identität eines

Opfers nie wieder dieselbe ist. Das Alter einer Person zum Zeitpunkt des Traumas stellt dabei eine zentrale Rolle dar. Mehrere AutorInnen kommen in ihren Untersuchungen zu dem Schluss, dass viele traumatisierte Personen, v. a. Kinder, dazu tendieren, sich selbst die Schuld für das Ereignis zuzuschreiben (z. B. Van der Kolk et al., 2000a; Fischer und Riedesser, 2009; Herman, 2006). Durch die Übernahme der Verantwortung werden intensive Gefühle der Hilflosigkeit und Verletzlichkeit durch die Illusion der Kontrolle ersetzt. (Dies wird im Abschnitt zur Verflechtung von Trauma und Schuld vertiefend erläutert.) Darüber hinaus ist auch die Frage der Scham in der Veränderung der eigenen Identität von Bedeutung. Viele Traumata gehen mit einem intensiven Gefühl von Erniedrigung einher.

McCann et al. (1988) beschreiben nachhaltige Beeinträchtigungen unserer Schemata bzgl. Vertrauen, Sicherheit, Intimität, Kraft bzw. Macht und Wertschätzung durch traumatische Erfahrungen. Beispielsweise kann durch eine traumatische Erfahrung das Vertrauen in sich selbst nachhaltig beeinträchtig sein, ebenso wie das Vertrauen in andere Personen, die nicht zur Hilfe gekommen sind oder sogar VerursacherIn der traumatisierenden Konstellation waren. Der abrupte Zusammenbruch dieser Grundannahmen macht vielen Opfern die illusionäre Natur von Grundüberzeugungen deutlich.

1.4 Die traumatische Erfahrung: Reaktionen und Folgen

Die traumatische Reaktion stellt den Abwehr- und Bewältigungsversuch der Person innerhalb der traumatischen Situation dar. Fischer und Riedesser (2009) schlagen einen analogen Vergleich zur Immunreaktion als komplexen Abwehrvorgang vor. Der Organismus versucht, einen eingedrungenen Fremdkörper, in diesem Fall die traumatische Erfahrung, entweder zu vernichten und auszuscheiden oder zu assimilieren. Darüber hinaus besteht, um in der Metapher der Immunreaktion zu bleiben, die Möglichkeit, mit dem Trauma als nicht assimilierbare Erfahrung – als einem »inneren Fremdkörper« – weiterzuleben.

Wenn Individuen mit Situationen konfrontiert sind, die einerseits biologisch, psychisch oder sozial bedeutsam sind, andererseits aber keine einfache Lösung zulassen, gelangen wir in einen massiven Stresszustand: *peritraumatische Reaktionen* setzen ein. Biologisch bedeutsame Stresssituationen versetzen den Organismus in der Regel in einen Aktivationszustand, in dem Kampf- (fight) und Fluchttendenzen (flight) einander abwechseln oder auch im Widerstreit stehen. Es gibt darüber hinaus die Tendenz zu erstarren (freeze). Diese peritraumatischen Reak-

1.4 Die traumatische Erfahrung: Reaktionen und Folgen

tionen sind ein erster Abwehr- oder Anpassungsversuch (Fischer und Riedesser, 2009). Unter dem Druck der Informationsüberlastung werden Wahrnehmung und Handlung entkoppelt – dies wurde bereits eingehend erläutert – und nun können entsprechende peritraumatische Reaktionen auch als entkoppelte Wahrnehmung und entkoppelte Handlung erklärt werden. Auf der Ebene der sich verselbstständigenden Handlung können sich »äußere Fluchttendenzen« zeigen. Es kommt zu Leerlauf- oder Pseudohandlungen, es tritt entweder eine völlige Erstarrung oder Lähmung ein oder ein panikartiger Bewegungssturm (Fischer und Riedesser, 2009). Fiedler bezeichnet dies beispielsweise als dissoziative Fugue (Fiedler, 2008, S. 145). Auf der Ebene der sich verselbstständigenden Wahrnehmung werden Derealisation wie z. B. Tunnelsicht, Depersonalisation sowie Dissoziationen erlebt. Veränderungen des Zeit- und Raumgefühls sind ebenso typisch wie das veränderte Selbsterleben. Es wird das Versagen der Bedeutungserteilung ersichtlich (Fischer und Riedesser, 2009).

Dem Auftreten einer Dissoziation kommt innerhalb der traumatischen Reaktion eine spezifische Rolle zu. Es wurde bisher in mehreren Untersuchungen ihre Rolle als Prädiktor für anhaltende posttraumatische Störungen untersucht (vgl. z. B. Marmar et al., 1994; Shalev, 2000). Das Konzept der traumatischen Dissoziation stammt von Janet (1894) und wurde später u. a. von Van der Kolk und Van der Hart (1989) weiterentwickelt. Dissoziative Phänomene sind gekennzeichnet durch einen Verlust der psychischen Integration des Erlebens und Handelns (Fiedler, 2008). Zumeist handelt es sich um eine kurzzeitige Unterbrechung der eigenen Bewusstheit, des Gedächtnisses, des Identitätserlebens oder der Wahrnehmung. Dies kann sich als Gefühl der Losgelöstheit von den eigenen mentalen Prozessen oder vom Körper darstellen (Depersonalisation). Dissoziative Reaktionen können sich dann einstellen, wenn Personen durch eine die Aufmerksamkeit bindende Fokussierung auf das traumatische Geschehen zeitweilig keine Möglichkeit mehr sehen, die bedrohlichen Ereignisse anhand eigener Erfahrungen bzw. Kontextinformationen angemessen zu verarbeiten und kognitiv zu integrieren (Van der Kolk et al., 2000b). Nach Shalev (2000) umfasst die peritraumatische Reaktion drei Dimensionen. Er unterscheidet zwischen Verhaltensdimension, Erleben und mentalen Funktionen. Unter der ersten Dimension versteht er das beobachtbare Verhalten der Person und den Symptombereich wie z. B. das Auftreten von Agitiertheit, Stupor etc. Das emotionale und kognitive Erleben, als zweite Dimension, sind z. B. Zustände wie Furcht, Panik, Betäubung oder Konfusion. Die Dimension der mentalen Prozesse und Funktionen umfasst beispielsweise Abwehrprozesse. Es wird deutlich, dass Shalev (2000) mit dieser Dimensionsbeschreibung jeweils ein Phänomen beleuchtet, und zwar auf den unterschiedlichen Ebenen des Symptoms, des subjektiven Erlebens und der Regulierungsfunktion. Des Weiteren betonen Van der Kolk et al. (2000b), dass die Dissoziation den Betroffenen ermöglicht, ihre vorhandenen mentalen Schemata beizubehalten. Ferner betont nochmals Shalev (2000), dass die *Qualität* der Reaktionen und das Auftreten spezieller Reaktionstypen wie z. B. chaotische Reaktionen oder Dissoziation von größerer Bedeutung für posttraumatische Störungsentwicklungen sind als die *Intensität* der unmittelbaren Reaktionen. Zu chaotischen Reaktionen werden Stupor, Erstarrungszustände oder völlige Selbstaufgabe und Kontrollverlust gezählt. Horowitz (1993, 2001) spricht in diesem Zusammenhang von einer »Acute Catastrophic Stress Reaction«, die durch Panik, Desorientierung, Desorganisiertheit, Dissoziation, Agitiertheit und schwere Schlafstörungen gekennzeichnet ist. Solomon et al. (2000) fassen Symptome wie Angst, psychomotorische Agitiertheit und Depression zur »Combat Stress Reaction« zusammen.

1.4.1 Der biphasische Verlauf: Konfrontation versus Vermeidung

Der zentrale Verarbeitungsmechanismus innerhalb der traumatischen Reaktion hat einen biphasischen Charakter. Diese Erkenntnis verdankt die Psychotraumatologie dem nordamerikanischen Psychoanalytiker Mardi Horowitz. Er hat mit seinen »Stress Response Syndromes« (1993, 2001) einen bedeutenden Beitrag zur Psychotraumatologie geleistet und seine Arbeiten sind ein wesentliches Element zur Formulierung des Posttraumatischen Stresssyndroms (Posttraumatic Stress Disorder, PTSD) und dessen Verankerung im diagnostischen Manual (DSM-5) der Amerikanischen Psychiatrischen Gesellschaft (APA, 2013). Die wichtigsten Zustände (trauma states), welche Horowitz in klinischen Beobachtungen und Feldstudien untersuchte, treten relativ unabhängig von der Art des traumatischen Ereignisses und von Persönlichkeitsfaktoren auf: Es sind dies Symptome der Verleugnung und Intrusion.

Im Zustand der Verleugnung ignoriert die Person den Verlust bzw. die Folgen des Verlustes oder der erlebten Bedrohung. Sie verdrängt die Situation und vermeidet die Erinnerung daran. Als wichtigstes Symptom der Vermeidungsphase bezeichnet Horowitz (1993) Verhaltensmuster wie das »in die Leere starren« und sogar das Vermeiden von Blickkontakt. Die Person ist unfähig auf neue Stimuli adäquat zu reagieren und ist häufig eingeengt. Sie kann scheinbar sinnlosen Aufgaben anhaften, z. B. Wohnungsputz. Die Wahrnehmung trübt sich ein und die Sicht der Welt verdunkelt sich. Ein Gefühl von »lebendig tot« sein kann hin-

1.4 Die traumatische Erfahrung: Reaktionen und Folgen

zukommen. Meist fehlt die Fähigkeit diesen Zustand mit Worten zu beschreiben. Emotionale Taubheit, Benommenheit und selektive Unaufmerksamkeit sind typische Charakteristika dieser Phase. Bei manchen Personen tritt auch teilweise oder vollständige Amnesie auf. Verlust des Realitätssinnes, Einengung des Gedankenspektrums und Rückzug treten häufig auf. Verleugnung ist grundsätzlich ein normaler Vorgang, welcher die Bearbeitung der traumatischen Erfahrung zu dosieren vermag. Pathologische Formen von Verleugnung führen jedoch zur extremen Vermeidung, in welcher die Person den Stressor nicht bewältigt und zu Gegenmaßnahmen wie Substanzmissbrauch greift.

Als »emotional attacks or pangs of affect related to the event or to reminders« auftretende Zustände nennt Horowitz das Erleben in der Intrusionsphase (Horowitz, 2001, S. 24). Sie sind gekennzeichnet durch ungebetene Gedanken oder Gefühle an das Ereignis. Es sind plötzlich und unerwartet einschießende Emotionen und Bilder gegenwärtig; auch zwanghafte Handlungen können auftreten. Diese Phase ist charakterisiert durch Hypervigilanz, übertriebene Achtsamkeit gegenüber bedrohlichen Stimuli – die Umgebung wird regelrecht nach bedrohlichen Stimuli »gescannt«. Dadurch treten häufig auf harmlose Stimuli bereits Schreckreaktionen auf, v. a. dann, wenn laute und schockierende visuelle Stimuli mit dem traumatischen Ereignis verknüpft sind. Es kommt zu halluzinatorischen Störungen der Wahrnehmung im visuellen, akustischen und Geruchssystem. Die ungebetenen Bilder treten häufig dann auf, wenn die Person entspannt ist oder sich im Übergang zwischen Wach- und Schlafphase befindet, was ihr häufig das Gefühl von Bedrohung, Kontrollverlust und Angst, verrückt zu werden, vermittelt. Besonders nach einer längeren Latenzzeit durch eine Verleugnungsphase können Intrusionen sehr überraschend und intensiv auftreten, nachdem die Person angenommen hat, das Ereignis bereits gemeistert zu haben. Während der intrusiven Phase kommt es häufig zu unproduktivem Grübeln und zur Einbeziehung von Themenbereichen, die vor oder nach dem traumatischen Ereignis relevant waren. Diese Themen werden regelrecht »kontaminiert« und die Person übergeneralisiert. Die Person wiederholt das Ereignis zwanghaft in der Fantasie. Diese zwanghafte Wiederholung kann ihr jedoch das Gefühl geben, die Situation allmählich zu meistern, indem dem Selbst eine aktivere Rolle zugeordnet wird. Charakteristika der Intrusion sind außerdem Schlafstörungen, Albträume, Verwirrung und Gefühle von Desorganisiertheit und Unter-Druck-Stehen, Konzentrationsstörungen und Symptome der Sympathikusüberaktivierung. In ähnlicher Weise wie Horowitz (1993) unterscheidet Wilson (1989) drei Reaktionstypen auf traumatische Ereignisse. Seine emotionalen Aspekte der traumatischen Reaktion umfassen die (1) Überwältigung und Überschwemmung durch Emotionen.

Der Betroffene wird daran gehindert, die Situation realistisch wahrzunehmen und Schutzmaßnahmen zu ergreifen. (2) Emotionale Erstarrung bzw. Betäubtsein (numbing) ist eine Notfallreaktion, die emotionale Überschwemmung vermeiden soll, und (3) die Affektmodulation ist der Versuch der Regulation und Kontrolle negativer Gefühlserlebnisse. Gelingt dieser Versuch, kann von erfolgreichem Copingverhalten gesprochen werden; gelingt die Affektregulierung nicht, mündet dies möglicherweise ins komplexe psychotraumatische Belastungssyndrom.

Der regelhaft wiederkehrende Wechsel von Intrusion und Verleugnung steht im Dienste des Durcharbeitens. Die Phase des Durcharbeitens ist charakterisiert durch Revision alter oder Bildung neuer Schemata. Die intrusiven Phänomene können psychobiologisch als »Aufforderung« verstanden werden, das Traumaschema in den vorhandenen Schemabestand der Persönlichkeit zu integrieren (Fischer und Riedesser, 2009). Im Verlauf des Durcharbeitens müssen die kognitiv-emotionalen Schemata des bisherigen Selbst- und Weltverständnisses in einem langwierigen Prozess modifiziert bzw. qualitativ erneuert werden, und zwar so lange, bis die traumatische Erfahrung in den überdauernden schematischen Wissensbestand der Persönlichkeit integriert werden kann. Die Vollendung (completion) wird von Horowitz (1993) weniger als Phase denn als eine Art »Meilenstein« aufgefasst. Sie kennzeichnet das relative Ende der aktivsten Prozessphasen. Vollendung versteht sich immer relativ, da Erinnerung und Schemata, welche an das Ereignis angepasst wurden, lebenslang fortbestehen. Es wird aber trotz dieser »Relativität« die Selbstkohärenz wahrgenommen, und die Person ist zu neuen Beziehungen und Selbstaktivitäten fähig. Es kommt meist zu einer Veränderung der kognitiven Schemata. Der Verarbeitungsprozess dauert so lange an, bis die Realität und die inneren Modelle in Einklang gebracht sind.

Fischer und Riedesser (2009) unterscheiden drei Varianten des Ausgangs der post-expositorischen traumatischen Reaktionen. Sie unterscheiden in einen (1) Abschluss im Sinne der Vollendungstendenz (completion tendency) nach Horowitz (1993). Die traumatische Erfahrung konnte mit dem Selbst- und Weltverständnis der Person in Einklang gebracht werden. Traumabezogene Reizkonstellationen können zugelassen werden. Es bestehen keine Erinnerungsverzerrungen, und über das Trauma wird mit entsprechendem Affekt gesprochen. Ferner wird (2) das chronische Fortbestehen der traumatischen Reaktion unterschieden, welches v. a. nach Extremtraumatisierung mit anhaltenden Störungen und Veränderungen bis zur Erstarrung der Persönlichkeit auftritt, und in die (3) vorzeitige Unterbrechung des Verarbeitungsprozesses. Diese Personen zeigen zwar nach einiger Zeit keine Symptome mehr, aber sie bleiben doch untergründig mit der traumatischen Erfahrung beschäftigt. Die Dynamik der unterschiedlichen

Varianten der »vorzeitigen Unterbrechung« wird bei den genannten Autoren über den traumatischen Prozess erläutert.

1.4.2 Traumadiagnosen: Störung versus Reaktion

Einige dieser Reaktionsmuster wurden zur Beschreibung von akuten und posttraumatischen Belastungsstörungen als diagnostische Kriterien in den Manualen zur Klassifizierung von psychischen Störungen der WHO (ICD-10; WHO, 2010) veröffentlicht sowie von der Amerikanischen Psychiatrischen Gesellschaft (APA) (DSM-5; APA, 2013) übernommen. Wegweisend war die bereits zitierte Publikation »Stress Response Syndromes« von Mardi Horowitz (1993, 2001).

Es ist fraglich, ob bei posttraumatischen Beschwerden von einer Störung im Sinne einer Krankheit gesprochen werden kann oder ob es sich, aus einer klinisch-psychologischen Perspektive, nicht vielmehr um angemessene Reaktionen auf ein außergewöhnliches Ereignis handelt. Entsprechend wurden in der Literatur auch unterschiedliche Termini, von einer »normalen Reaktion« bis hin zu einer »Störung«, formuliert. Dieser Befund findet seinen Niederschlag in den unterschiedlichen Formulierungen der aktuellen Diagnosemanuals der WHO (ICD-10, 2010) bzw. der APA (DSM-5, 2013). Die amerikanischen DSM-5 Richtlinien zur Diagnose von posttraumatischen Störungen sind spezifischer gehalten als die europäische Variante im ICD-10 (2010). Grundsätzlich spricht man im ICD-10 von Belastungs*reaktionen*, während im DSM-5 von Belastungs*störungen* gesprochen wird. Es gibt darüber hinaus Unterscheidungen im Zeitpunkt der Diagnosestellung. Im ICD-10 besteht zwischen dem 2. und 28. posttraumatischen Tag eine diagnostische Lücke, welche mit der akuten Belastungsstörung des DSM-5 gefüllt werden kann. Allerdings sind in beiden Systemen die wesentlichen Kernsymptome durchwegs enthalten. Diese Kernsymptome bestehen aus der Trias: (1) Ungewolltes Wiedererleben von Aspekten des Traumas in Form von Gedanken, Bildern, Träumen oder starken emotionalen Reaktionen auf Reize, die an das Trauma erinnern. Dies wird unter dem Begriff der *Intrusionen* subsumiert. (2) *Vermeidung* von Gedanken, Erinnerungen, Gefühlen an das Trauma sowie die Vermeidung von Gesprächen, Personen oder Situationen, die Erinnerungen wachrufen könnten; darüber hinaus eine reduzierte emotionale Reagibilität, vermindertes Interesse an früher bedeutsamen Aktivitäten und ein Gefühl der Entfremdung gegenüber anderen Menschen. (3) *Übererregtheit* in Form von Störungen des Schlafes und der Konzentration, erhöhte Reizbarkeit und Vigilanz sowie übertriebene Schreckreaktionen. Im DSM-5 (APA, 2013) wird die posttraumatische Belastungsstörung anhand von sechs Hauptkriterien beschrieben. Das Hauptmerkmal der PTSD ist die Entwicklung charakteristischer Symptome nach der Konfrontation mit einem extrem belastenden Ereignis. Bestimmte Symptomgruppen müssen in festgelegter Anzahl auftreten und zur Diagnosestellung der PTSD muss das vollständige Störungsbild bereits länger als einen Monat bestehen. Die Lücke zwischen dem traumatischen Ereignis und dem Entwickeln einer PTSD ist v. a. zeitlicher Natur, da die Diagnose einer PTSD per Definition erst nach einem Monat posttraumatisch gestellt werden kann. Die diagnostische Lücke innerhalb der 4-Wochen-Frist wird mit dem Konzept der *akuten* Belastungsstörung (Acute Stress Disorder, ASD) geschlossen. Die Diagnose einer ASD/ABS dient zur Vorhersage einer PTBS/PTSD und kann frühzeitige Interventionen ermöglichen.

Zur akuten Belastungsstörung (engl. Acute Stress Disorder, ASD): Die ASD-Diagnose orientiert sich an der PTSD-Diagnostik. Sie bezieht sich auf dieselben Bereiche der Stressordefinition: Wiedererleben, Vermeidung, erhöhte Erregung. Das Hauptsymptom, welches ASD von PTSD unterscheidet, sind neben dem Zeitfaktor die dissoziativen Symptome der ASD wie z. b. ein subjektives Gefühl von emotionaler Taubheit oder Berührungslosigkeit (detachment), reduzierte Aufmerksamkeit gegenüber der Umgebung, Derealisation, Depersonalisation, dissoziative Amnesie (Bryant und Harvey, 2000).

Einige Kritik betrifft die Diagnostik der PTSD (Becker, 2009; Eissler, 1984) Die Diagnose wird nach Unfällen genauso verliehen wie nach jahrelangen Kriegstraumatisierungen und erscheint vielen schon allein deshalb unbrauchbar. Ich habe mich dieser Kritik angeschlossen (vgl. Andreatta, 2012), nach Einsätzen in einem Bürgerkriegsgebiet. Für die Diagnostik nach Unfalltraumata und zur Diagnose im Zusammenhang mit Typ I halte ich sie allerdings zulässig, vermisse jedoch Formulierungen wie das Erleben von Scham, von Schuldgefühlen, von suizidalen Gedanken usw. infolge von Trauma.

1.5 Der Tod anderer: Unfälle und ihre Fakten

Der Tod allein ist nicht traumatisch, jedoch gibt es Gegebenheiten und Situationen, in welchen Tod, schwere Verletzung oder Schaden mit Traumatisierungen einhergehen. Betrachtet man die Definition von Trauma im DSM-IV (APA, 1998), lässt sich Folgendes finden:

> Die Person erlebte, beobachtete oder war mit einem oder mehreren Ereignissen konfrontiert, die den tatsächlichen oder drohenden Tod oder ernsthafte Verletzung

oder eine Gefahr der körperlichen Unversehrtheit der eigenen Person oder anderer Personen beinhalteten.

Sowie:

Die Reaktion der Person umfasste intensive Furcht, Hilflosigkeit oder Entsetzen.

Das bedeutet, dass das entscheidende Kriterium der Traumatisierung neben den objektiven Faktoren wie Tod oder ernsthafte Verletzung usw. v. a. die subjektive Komponente des Erlebens, genauer des Erlebens von Hilflosigkeit, Angst und Entsetzen, mit ausschlaggebend ist. Mit anderen Worten, geht der Tod, schwere Verletzung oder ein großes Schadensausmaß mit den genannten Gefühlen einher, kann von einer Traumatisierung ausgegangen werden. Trauma- und Stressreaktionen können folgen.

Das (Mit-)Verursachen des Todes oder schwerer körperlicher Verletzung und anhaltender Schädigung kann auf vielfältige Weise geschehen. Dabei ist – in Zusammenhang mit dieser Arbeit – die Absichtslosigkeit gegeben: Der Tod anderer wurde nicht aktiv herbeigeführt, gewollt oder einfach nur in Kauf genommen. Die Unterscheidungen hinsichtlich der Fragen der Absicht, Intention, der Verantwortung, des »In-Kauf-Nehmens« führen zum Schuld- und Verantwortungsbegriff. Diese Themen werden im Verlauf dieser Arbeit schrittweise erarbeitet und erläutert. Nehmen wir als Beispiel die Fahrlässigkeit – und damit befinden wir uns im juristischen Schuldaspekt: Auch bei der Fahrlässigkeit wird nicht die volle Absicht der Tötung einer anderen Person unterstellt. Was aber Handlungsabsicht bedeutet, wird in dieser Arbeit noch zu klären sein. Jedenfalls ist der beabsichtigte Tod oder Schaden einer anderen Person ein Gebiet der Delinquenzforschung wie Kriminologie und insofern nicht Gegenstand dieser Arbeit, als hier der Fokus auf dem »Absichtslosen«, »Zufälligen« oder aber »Ungewolltem« liegt. Umgangssprachlich würde man sagen: »Es ist passiert!«.

Kontexte, in welchen Individuen in die Situation der (Mit-)Verursachung »geraten«, gibt es eine ganze Reihe. Hierzu zählen jede/r VerkehrsteilnehmerIn: Einen PKW zu fahren kann bereits »schwächere« VerkehrsteilnehmerInnen verletzen oder töten, indem Umweltgegebenheiten, Unübersichtlichkeit der Verhältnisse, spontane, unberechenbare oder unberechnete Reaktionen der anderen VerkehrsteilnehmerInnen oder ein Moment der Unachtsamkeit zusammenspielen. Dabei können Verkehrssituationen bekanntermaßen einen hohen Grad an Komplexität für unsere Wahrnehmung und Einschätzung bedeuten. Als besonders gefährdete Gruppe, in eine entsprechende Unfall-Situation zu geraten, sind

BerufsfahrerInnen zu nennen. BerufsfahrerInnen im Schienen-, Straßen- oder Luftverkehr sind wesentlich häufiger mit der »Verantwortungsübernahme für das Leben anderer« betraut als private VerkehrsteilnehmerInnen. Auch alle geführten Aktivitäten in der Freizeit können für eine/n GruppenführerIn oder »Tourguide« Verantwortlichkeiten mit sich bringen. Es gibt Personen, welche durch ihre berufliche Rolle signifikant häufiger den Tod oder die Verletzung anderer (mit)verursachen oder auslösen können: EntscheidungsträgerInnen aller Art wie z. B. BürgermeisterInnen als EntscheidungsträgerInnen in Katastrophen (z. B. Entscheidungen in Abstimmung mit Lawinenkommissionen; des Weiteren auch technische Katastrophen, die mit »menschlichen Entscheidungen« einhergehen), aber auch ÄrztInnen. Hier gibt es bekanntermaßen die Formulierung des »ärztlichen Kunstfehlers«. Aber auch LehrerInnen und Personen in Bildungseinrichtungen – besonders wenn die Klientel minderjährig ist – unterstehen sogenannten Aufsichtspflichten. Man denke an die Situation, dass einem Schulkind während eines Ausfluges »etwas passiert«. Nicht selten werden LehrerInnen diesbezüglich rechtlich belangt. Eine besonders »verantwortungsträchtige« Rolle ist die der Eltern. Wenn dem eigenen Kind etwas zustößt, sind die Fragen von Trauma, Schuld und Verantwortung eng verwoben.

Infolge der technologischen Fortschritte unserer Welt sind der Tod oder die Verletzung anderer sehr häufig an Unfälle gebunden. Hierzu einige Fakten: Nach Angaben des Statistischen Bundesamtes starben 2005 in Deutschland 5.361 Menschen an den Folgen eines Verkehrsunfalles, 433.443 Menschen wurden schwer verletzt (Quelle: Statistisches Bundesamt, 2013). Jährlich sterben in Österreich rund 2.450 Menschen bei Unfällen. Eine hohe Prävalenz des Todes oder schweren Schadens tritt durch Verkehrsunfälle auf. Allein in Österreich gab es zwischen 2002 und 2011 jedes Jahr in etwa 40.000 registrierte Verkehrsunfälle. Dabei wurden pro Jahr zwischen 45.000 und 56.000 Personen verletzt. Im Straßenverkehr getötet wurden im Jahr 2002 956 Personen. Greift man aus dieser Zeitspanne das Jahr 2009 heraus, ereigneten sich insgesamt 37.925 Verkehrsunfälle mit Personenschaden. Es waren insgesamt 49.158 Menschen als verletzt registriert, davon 6.652 als schwer verletzt und 633 in einem Verkehrsunfall getötet (Quelle: Statistik Austria, 2012). In den neunziger Jahren waren die Zahlen der Verkehrstoten doppelt so hoch und davor, in den Achtzigern, dreifach so hoch. In Deutschland registrierte die Polizei für das Jahr 2011 fast 2,4 Millionen Verkehrsunfälle. In diesen wurden 4.009 Menschen tödlich verletzt.

Als Verkehrstote gelten alle Personen, die entweder am Unfallort oder innerhalb von 30 Tagen, gerechnet ab dem Unfallereignis, an den Unfallfolgen versterben. Getötet werden v. a. PKW-Lenker, gefolgt von Fußgängern, MitfahrerInnen.

Verletzt werden v. a. PKW-LenkerInnen, MitfahrerInnen, FahrradfahrerInnen. Es wird außerdem angegeben, dass 90% aller Unfallursachen auf menschliches Fehlverhalten zurückzuführen sind (Quelle: Statistisches Bundesamt, 2013). Die Tiefenanalyse der tödlichen Verkehrsunfälle (Stefan, 2008) hinsichtlich der Verursachung und Verschuldung ergab verschiedene Einflussfaktoren wie Alkohol, Geschwindigkeit, Missachtung von Ge- und Verboten, Übermüdung, technische Mängel, Ablenkung bzw. Fehleinschätzung. Detaillierter wird angegeben, dass – nach der Auswertung von ca. 1.000 Gerichtsakten – bei knapp einem Fünftel (17,9%) der Unfälle mit Todesfolgen der bzw. ein Fahrzeuglenker in einer Weise in der Wahrnehmungs- und Reaktionsfähigkeit beeinträchtigt war, die letztendlich zu dem Unfall mit tödlichem Ausgang führte. Den höchsten Anteil der tödlichen Verkehrsunfälle auf Österreichs Straßen bilden Fahrten unter Alkoholeinfluss mit neun Prozent. Der Faktor »überhöhte Geschwindigkeit« stellt eine deutlich weitere Hauptursache dar. In rund einem Drittel (35%) der Fälle spielt überhöhte Geschwindigkeit hinsichtlich der Unfallverursachung eine Rolle, bei einem Viertel (25%) ist sie die Hauptunfallursache. Häufig wirkt sich der Faktor Geschwindigkeit in Zusammenhang mit witterungsbedingten Umständen wie Regen, Nebel, Schneefall, aber auch allgemeinem Straßenzustand besonders problematisch aus. Unter die Missachtung von Ge- und Verboten, welche rund 20% der Unfallursachen ausmacht, fallen häufig Kollisionen mit Fußgängern. Vorrangverletzungen, Übermüdung und technische Mängel stellen einen geringeren prozentualen Anteil, hingegen Fehleinschätzung und Ablenkung doch eine beachtliche Unfallquelle dar. Die rechtliche Festlegung des Unfallverschuldens – also die Schuldzuordnung der Gerichte – zeigt, dass Fußgänger, Rad- sowie Moped-/MotorradfahrerInnen zur Hälfte ca. die Hauptschuld an tödlichen Unfällen tragen, die andere Hälfte in etwa PKW-LenkerInnen. Hinter diesen Fakten stehen eine große Anzahl an Personen, welche den Tod anderer (mit-)verursacht haben, und eine Reihe von Hinterbliebenen, welche den plötzlichen Verlust ihrer Angehörigen zu beklagen haben. Traumatische Reaktionen, Trauer und Schmerz, oft über viele Jahre, sind die Folgen.

1.6 Die Situation des/der UnfallverursacherIn: menschliches Versagen?

Es wird angegeben, dass 90% aller Unfallursachen auf menschliches Fehlverhalten zurückzuführen sind (Quelle: Statistisches Bundesamt, 2013). Ein Verkehrsunfall kann insofern auch als ein von Menschen mit bedingtes oder verursachtes Trauma (man-made disaster) verstanden werden, ohne jedoch eindeutig in diese Kategorie zu gehören. Ein Verkehrsunfall liegt vermutlich irgendwo zwischen »Natur und Freiheit, Physik und Ethik, sowie Sach- und Beziehungsebene« (Trappe, 2001). Entsprechend ist hier auch Traumatisierung »anzusiedeln«. Besonders bei Traumatisierungen menschlichen Ursprungs wird rasch in den Kategorien Opfer und TäterIn gedacht und objektivierbare Sichtweisen verschwimmen rasch (Herman, 2006). Unfälle zählen überwiegend zu den Typ-I-Traumata[10], d. h., es handelt sich um ein einmaliges Ereignis (Terr, 1995). Ausnahmen, die es hier zu bedenken gilt, wären nicht nur beispielsweise Unfälle, welche – wie nukleare Katastrophen – einen längerfristigen Verlauf aufweisen, sondern vermutlich auch Unfälle, bei denen die Folgen per se traumatisch wirken. Dazu würde ich die Versehrtheit, aber auch den Tod anderer rechnen, aber auch eigene langfristige Unfallfolgen.

In jedem Fall aber ist die Frage des menschlichen Fehlverhaltens nicht nur eine rechtliche. Denn auch bei juristischer Einschätzung, an einem Unfall nicht »schuld zu sein«, bleibt für viele Verunfallte die Frage der (Mit-)Verursachung als »emotionale Frage« im Raum. Menschliches Fehlverhalten als Ursache für einen Unfall wird umgangssprachlich auch entsprechend als »menschliches Versagen« bezeichnet. Wenn es aber heißt: »menschliches Versagen«, dann ist die Grundgestimmtheit näher der Bezeichnung »VersagerIn« als dem eigentlichen Fehl*verhalten*.

Diese Gedanken sind bereits eine Ausrichtung auf die später vorgestellten Untersuchungen, sie treffen nämlich einen Teil der Fragestellung dieser Arbeit. Es sollen im hier Folgenden einige Charakteristika der (traumatischen) Situation des/r UnfallverursacherIn skizziert werden. In Anlehnung an das Modell von Fischer und Riedesser (2009) können wesentliche Bestimmungsstücke der Traumasituation beschrieben werden.

Vorerst bedeutet die Situation des/r UnfallverursacherIn häufig die Konfrontation mit eigenem drohenden Tod oder Bedrohung der eigenen körperlichen Unversehrtheit. »Verwickelt« in einen Unfall im Straßenverkehr sehen sie sich oft völlig unvorhergesehen und schockartig selbst bedroht. Löst dies Hilflosigkeit oder Angst aus, kann bereits von einer Traumatisierung ausgegangen werden.

---

10 Den Typ-I-Traumata gegenüberzustellen sind Typ-II-Traumata, welche durch wiederholte Exposition durch extreme Stressoren gekennzeichnet sind; auch »schleichende« Traumata wie z. B. radioaktive »Verstrahlung« zählen zum Typ II. Solomon und Heide (1999) unterteilen Typ II nochmals in einen zusätzlichen Typ III mit den Zusatzkriterien: Mehrfachtraumatisierung, Gewalt und frühes Auftreten in der Lebensspanne.

1.6 Die Situation des/der UnfallverursacherIn: menschliches Versagen?

Darüber hinaus sind UnfallverursacherInnen bereits am Unfallort nicht selten mit dem »Beobachten« des Todes oder schwerer körperlicher Verletzung anderer konfrontiert. Die bisher genannten Kriterien gelten im Sinne des DSM-5 (APA, 2013) bereits als »Traumakriterien«.

In diese Gegebenheiten »greift« nun das Bewusstsein, dass der Unfall nicht unabhängig von eigenem Verhalten respektive Fehlverhalten zu sehen ist, ohne dass eine gezielte Einschätzung und Bewertung der Situation bereits ermöglicht ist. Mit anderen Worten, jede Bewertung der Situation zu so einem Zeitpunkt kann fast nur massiv durch subjektive Zuschreibung unternommen werden. Entsprechend entwickeln VerursacherInnen zu diesem Zeitpunkt häufig Schuldgefühle, welche undifferenziert zur eigenen Abwertung führen.

UnfallverursacherInnen sind häufig primäre Opfer des Unfalles. Es sind jedoch auch einige Unfallszenarien denkbar, wo der/die VerursacherIn selbst nicht mit dem Tod oder einer Verletzung bedroht sind. Dies ist z. B. bei EntscheidungsträgerInnen vor einer Katastrophe der Fall. Ob sie nun BeobachterIn oder nicht werden, von einer unmittelbaren eigenen Bedrohung kann nicht ausgegangen werden: Der/die VerursacherIn wird nun zu einer Art Beteiligtem/r, welche ihn/sie – in der subjektiven Einschätzung – nahe an den komplementären Gegenbegriff des »Opfers« bringt: den Begriff des/r TäterIn. Der Begriff des Opfers hat bei (Verkehrs-)Unfällen jedoch keinen Gegenbegriff, welcher komplementär läge und er wäre auch unangemessen, auch wenn der Opferbegriff dadurch diffuser wird (Trappe, 2001). Nichtsdestotrotz finden sich (Mit-)VerursacherInnen aber häufig mit der Dynamik konfrontiert, dass sie »gesucht« werden, und zwar als »Schuldige«. Für die Person bedeutet dies, dass sie, zusätzlich verstärkt durch mediale Berichterstattung, aus ihrer gesellschaftlichen Rolle, »unbescholtene/r BürgerIn« zu sein, katapultiert wird. Es kommt nicht selten zur gesellschaftlichen Stigmatisierung und Betroffene fühlen sich kriminalisiert. Den Phänomenen gesellschaftlicher Zuschreibung von Schuld ist kaum zu entkommen. Jedenfalls ist die soziale Integrität bedroht. Unfälle werden – in unserer begrenzten Wahrnehmung – nicht als Verkettung von Ereignissequenzen gesehen, sondern meist einfach nur monokausal zu erklären gesucht (Trappe, 2001), doch in der Vereinfachung komplexer Ereignisse liegt ein Trugschluss. Die gesellschaftliche Komponente bzw. ihre Beeinflussung des subjektiven Erlebens ist dann zusätzlich komplex, wenn ein/e (Mit-)VerursacherIn als EntscheidungsträgerIn exponiert ist und weitere Aufgaben zu bewältigen sind, z. B. Informationen an Hinterbliebene oder Gruppen zu geben.

Die Konfrontation mit Opfern oder Hinterbliebenen ist eine besondere situative Komponente. Diese kann direkt – wie bereits beschrieben – am Unfallort sein, sie kann aber auch später oder indirekt erfolgen. Es gibt unterschiedliche situative Komponenten: Das Unfallopfer kann ein eigenes Familienmitglied oder Bekannter sein. Es kann auch sein, wie sich aus meiner Erfahrung in der Akutversorgung gezeigt hat, dass der/die VerursacherIn als jemand betrachtet wird, der/die die Angehörigen zuletzt gesehen hat und deswegen von Angehörigen als zu befragende Person erhofft wird. Dies ist beispielsweise auch bei Suiziden am Gleis zu beobachten, auch wenn ich Ereignisse dieser Art nicht in die Überlegungen dieser Arbeit mit einfließen lassen habe, da nicht von einer Verursachung ausgegangen werden kann (was jedoch nicht bedeutet, dass das Thema schuldgefühlsfrei für LokführerInnen bleibt). In den meisten – wieder generell zu betrachtenden – Fällen bedeutet die direkte Konfrontation mit den Hinterbliebenen, deren Trauerreaktionen, also Gefühlen von Wut, Ärger, Ausdruck von Schmerz über den Verlust, mitunter sogar Demütigung, ausgesetzt zu sein.

Die traumatische Situation von Unfallverursachenden ist auch häufig mit einem Mangel an Information verbunden. Information, was zum Ereignis geführt hat, Information, wie groß der verursachte »Schaden« ist, aber ebenso die Fragen zur Orientierung über den Verfahrensablauf (Trappe, 2001), z. B. die polizeiliche Einvernahme, die Erhebung einer Anklage (z. B. wegen fahrlässiger Tötung) usw. Es liegt meist eine lange Zeitspanne zwischen Unfall und Urteil, ganz gleich, ob dies nun zu einem richterlichen Freispruch oder zur Bestrafung führt.

Und nicht zuletzt ist, unabhängig von der juristischen Bewertung von Schuld, Mitschuld und Fahrlässigkeit, für eine/einen (Mit-)VerursacherIn häufig ein Dilemma zwischen der »legalen Schuld« und dem »moralischen Schuldgefühl« bzw. dem Gefühl »moralischer Inadäquatheit« – und hiermit schließt sich der Kreis zum Versagen – gegeben. Diese Aspekte werden im Kapitel über die Verflechtung von Trauma und Schuld aufgegriffen und vertieft.

1.7 Die psychischen Folgen von traumatisierenden Unfällen

Unfälle aller Art führen zu physischen Verletzungen, aber auch zu psychischen Folgen. Studien, die sich mit kurz- und längerfristigen psychischen Auswirkungen von Unfallfolgen befassen, haben noch keine lange Forschungstradition. Erst in den letzten beiden Jahrzehnten wird diesen Aspekten gezieltere Aufmerksamkeit geschenkt. Dabei muss vermutlich zwischen Unfällen mit langfristigen und anhaltenden körperlichen Einschränkungen durch Irreparabilität und zwischen körperlicher Genesung und dennoch anhaltenden psychischen Reaktionen auf den Unfall unterschieden werden.

Im Jahr 1993 kamen Green und Mitarbeiter zum Schluss, dass posttraumatische Folgen für Unfallopfer unterschätzt werden, und fanden heraus, dass eineinhalb Jahre nach dem Unfall deutliche unfallbezogene Stressreaktionen hervortraten (Green et al., 1993). Insgesamt sind Verkehrsunfälle in der modernen westlichen Welt die wahrscheinlich häufigste Quelle von traumatischem Stress (Norris, 1992).

Die Diagnose und Erforschung von psychischen Unfallfolgen nach traumatisierenden Unfällen orientiert sich mittlerweile stark an der Erhebung des PTSD. Dies hat die Vergleichbarkeit vieler Unfalltypen, aber auch internationale Vergleiche zum Vorteil, allerdings aber meines Erachtens den Nachteil, dass die PTSD-Symptomatik zwar Auskunft über das Stresserleben, aber doch keine Auskunft über wesentliche Kriterien des Befindens und Kriterien zur Erholung nach dem Trauma gibt. Beispielsweise sind Schuldgefühle, Scham oder Suizidalität häufig nicht erfasst. Die meisten Studien unterscheiden keineswegs, ob der Unfall überwiegend selbst- oder fremdverschuldet ist bzw. wie dies wahrgenommen wird. Eine Ausdifferenzierung der psychischen Folgen eines Unfalles anhand der Schuld- und Verantwortungsthematik erfolgt im Abschnitt über die Verflechtung von Trauma und Schuld.

Auf neuere und umfassende Arbeiten zu den psychischen Folgen von Unfällen soll hingewiesen werden: Die *Zeitschrift für Psychotraumatologie* hat 2010 ein Sonderheft zum Thema der Traumatisierung durch Unfälle gedruckt (Windemuth, 2010). Ebenso gibt die Arbeit von Bölter et al. (2007) Auskunft über Akutsymptomatik, Verlusteinschätzung, Erholungsverlauf und Geschlecht als Prädiktoren. Die psychosozialen Folgen von Verkehrsunfällen behandeln Berger und KollegInnen einer qualitativen Studie ausführlich (Berger et al., 2001) und sehr umfassend ist auch die Dissertation von Winter zum Thema Posttraumatische Belastungsstörung nach Verkehrsunfällen (Winter, 1996). An dieser Stelle sollen die psychischen Folgen eines Unfalltraumas nur kurz zur Sprache kommen.

Die Häufigkeitsangaben zur Entstehung einer klinischen PTSD-Symptomatik nach Unfallereignissen schwanken. Frommberger und Kollegen kommen zu einer Schwankung von Prävalenzzahlen der PTSD bei Verkehrsunfallopfern von 1% bis 46%!

Winter (1996) führte insgesamt vier Studien zur Erhebung der PTSD nach Verkehrsunfällen durch. Sie fand heraus, dass kurz nach dem Unfall 36% der Personen die Kriterien der PTSD erfüllten, allerdings das Zeitkriterium zur Diagnosestellung nach dem DSM-5 – ein Monat posttraumatisch – nicht erfüllt war. Im Verlauf von insgesamt drei Monaten verringerte sich die PTSD-Statistik auf 26% der Unfallopfer. Es gilt, dass der Ausprägungsgrad der Schwere der

PTSD kurz nach dem Unfall der wichtigste Prädiktor für die Schwere der PTSD auch nach drei Monaten ist. Insgesamt bleibt die Störung für einen Teil der Betroffenen über Jahre aufrechterhalten. Auf der Symptomebene ist besonders die Erregung stark ausgeprägt und anhaltend. Allgemeine psychische Beschwerden, stärker ausgeprägte Ängstlichkeit und höhere Depressionswerte sind außerdem die Folgen.

Es soll ein weiteres Beispiel, welches mittlere Werte vertritt, zur Orientierung herausgegriffen werden. Schnyder und KollegInnen (2001) fanden Folgendes heraus: 13,5 Tage nach dem Unfall haben 4,7% der Opfer eine volle Ausprägung der PTSD, und 20,8% eine subsyndromale Form. Ein Jahr später haben dann ca. 2% PTSD und ca. 12% eine subsyndromale Form, und zwar in Abhängigkeit von der subjektiven Bewertung des Ereignisses. Letztere war ausschlaggebender für die Symptome als der Grad der Verletzung. Vorsicht gilt hier jedoch, da bei der Erstuntersuchung, nach ca. 14 Tagen, das geforderte Zeitkriterium zur Diagnose einer PTSD, nämlich 28 Tage posttraumatisch, nicht gegeben ist. Aus einer qualitativen Studie von Frommberger und KollegInnen (1997) lassen sich diese Zahlen durch weitere psychische Folgen von Verkehrsunfällen ergänzen. Sie fanden eine ausgeprägte phobische Vermeidung (z. B. von Autofahrten), Angststörungen, depressive Symptomatik sowie entwickelte organische Psychosyndrome. In ihrer Interviewerhebung mit 25 Unfallopfern beschreiben Berger et al. (2001) psychische und soziale Folgen von Unfällen und lassen auch Gefühle von Rache, Wut und Empörung nicht unerwähnt. Eine ältere Studie von Mayou und Bryant aus dem Jahr 1993 wurde als Verlaufsstudie an 188 Personen nach einem Verkehrsunfall konzipiert. Die Ergebnisse zeigen, dass ein Fünftel der Betroffenen unter einer akuten Belastungsstörung litt und hier v. a. unter Stimmungsschwankungen und »horrific intrusive memories« (S. 647). Ein Zehntel der Untersuchten entwickelte eine Posttraumatische Belastungsstörung und litt langfristig unter Symptomen von Angst und Depression. Jedoch waren akute Stressreaktionen u. a. mit der Tatsache, durch den Unfall »nicht bewusstlos gewesen zu sein«, signifikant assoziiert. Auch sie fanden als Folge eine deutliche Veränderung des Fahrverhaltens und überwiegende Vermeidung von Autofahrten auch noch nach einem Jahr.

Verkehrsunfälle werden häufig als Kontrollverlust erlebt. Beispielsweise erhoben Siol et al. (2003) die Situation von LokomotivführerInnen bei Schienenunfällen durch Suizid am Gleis. Der/die ZugführerIn fährt mit relativ hoher Geschwindigkeit, es ist ihm/ihr unmöglich eine Kollision mit einer Person in suizidaler Absicht zu verhindern und es gibt auch keinerlei Möglichkeit zum »instinktiven Ausweichverhalten«. Es handelt sich also um eine Situation, die sich deutlich außerhalb der Kontrollierbarkeit bzw. Beeinflussbarkeit für die Person befindet. Trotzdem – bzw. gerade in dieser »Ausweglosigkeit« entwickeln Betroffene Traumastörungen und nicht zuletzt Schuldgefühle. Ebenso betonen Bölter et al. (2007), dass der Verlust der kognitiven Kontrolle einen Risikofaktor für die PTSD darstellt. Das Erleben von Schuldgefühlen und nicht die reale Verantwortlichkeit v. a. bei gleichzeitigem Verlust der Kontrollierbarkeit der Situation werden als Risiko genannt.

Die Überlegungen von Trappe (2001) zu den psychischen Folgen basieren auf einer Auswertung von 53 Gesprächen mit insgesamt 86 Personen, die alle in unterschiedlicher Weise mit einem schweren Verkehrsunfall konfrontiert waren. Diese Untersuchung nimmt Unfälle, die zumindest ein Jahr zurückliegen, in den Blick, und zwar aufgrund der Tatsache, dass psychologische bzw. psychopathologische Reaktionen oft erst nach einer bis zu vierjährigen Latenz auftreten. Es zeigte sich, dass der Unfall und mit ihm der Tod von Angehörigen oft über Jahre hinaus in auffälliger Ungreifbarkeit und von daher auch in spürbarer Unwirklichkeit verbleibt. Belastend ist, wenn Hinterbliebene nicht Abschied nehmen konnten, die Rückkehr an den Unfallort.

Zusammenfassen möchte ich die psychischen Unfallfolgen in einerseits »typische« posttraumatische Stressreaktionen vom Typus »Intrusion, Vermeidung und Erregung« und andererseits in die Unfallspezifika Angst vor (weiterem) Kontrollverlust, Angst vor Geschwindigkeit, Veränderung des Fahrverhaltens, übervorsichtiges und damit keineswegs ungefährliches Fahrverhalten (Frommberger et al., 1997; z.B. Halten vor einer »grünen Ampel«), Angst vor dem Mitfahren, und drittens in die Beeinflussung der generellen Lebensqualität und des Wohlbefindens im Zusammenhang mit dem Ereignis. Damit wurde bislang jedoch ein Zusammenhang zur Schuldwahrnehmung noch nicht bedacht; dies erfolgt.

Nicht zuletzt soll auch auf »positive Veränderung nach Unfalltrauma« – posttraumatisches Wachstum – hingewiesen werden. Nicht selten berichten Menschen einige Zeit nach einem erlebten Trauma, dass sie sehr viel aus dieser Erfahrung gelernt haben und das Ereignis sie auch in einem positiven Sinn beeinflusst hat. Durch belastende oder stressreiche Erlebnisse können Wachstumsprozesse angeregt werden, wobei Calhoun und Tedeschi (2006) in ihrem Modell des posttraumatischen Wachstums davon ausgehen, dass ein Ereignis einen ausreichend ausgeprägten Destabilisierungsfaktor aufweisen muss, um Wachstum anzuregen. Linley und Joseph (2004) fassen eine Reihe von Studien über positive Veränderungen nach Traumata aus der jüngeren Zeit zusammen. Zöllner und KollegInnen (2008) untersuchten posttraumatisches Wachstum bei 102 Unfallüberlebenden.

Sie konnten dabei sowohl in eine konstruktive als auch eine illusorische Seite des Phänomens posttraumatisches Wachstum diskriminieren.

1.8 Zur psychischen Verarbeitung traumatisierender Unfälle

Die Verarbeitung traumatischer Erfahrungen – insbesondere Faktoren, die diese erschweren oder fördern – soll an dieser Stelle nur kurz erläutert werden. Dabei wird die Rolle der Schuldzuschreibung bzw. Verantwortungsübernahme für die Verarbeitung im Kapitel »Die Rolle der Zuschreibung für die Anpassung« gesondert hervorgehoben.

Bevor über »Verarbeitung« gesprochen werden kann, sollte verstanden werden, welche Kriterien gelten, wenn man von »verarbeitet« spricht. Vorerst ist der Begriff der Verarbeitung ungünstig und der Begriff der Anpassung an traumatische Situationen geeigneter. Die Anpassung drückt die Unwiederbringlichkeit der Ursprungssituation wesentlich besser aus und entlastet von der Annahme, dass alles »wie früher bzw. vorher« zu sein habe. Shalev (2000) geht außerdem davon aus, dass die Reaktion auf ein Trauma als normale Reaktion auf ein abnormes Ereignis gesehen werden muss. Auch in psychodynamischen Ansätzen wird von einer »normalen Reaktionshypothese« ausgegangen und insofern liegt die Problematik der Symptomatik nicht in den Reaktionen der betroffenen Personen, sondern in der Möglichkeit, sich von ihnen zu erholen (vgl. Horowitz, 1993; Fischer und Riedesser, 2009). Als Kriterium der Anpassung gilt, dass die physiologischen Symptome der Erregung, Vermeidung und Intrusionen sich in überschaubaren Grenzen halten und die mit der traumatischen Erinnerung verbundenen Gefühle ertragen werden. Das Individuum erlangt »Erinnerungs-Kontrolle«, d. h. kann selbst entscheiden, wann erinnert wird, und wird nicht einfach von Erinnerung geflutet. Die Traumageschichte kann zusammenhängend erzählt werden, ohne Abspaltung von Gefühlsinhalten, zudem ist das Selbstwertgefühl wiederhergestellt. Bedeutungsvolle alte oder neue Beziehungen sind aufgenommen und – und das ist im Zusammenhang mit dem erschütterten Selbst- und Weltbild wesentlich – das Ereignis selbst ist in ein neu aufgebautes Wertesystem integriert (vgl. Herman, 2006; Janoff-Bulman, 2002; Horowitz, 1993). Kognitive Modelle der Traumaverarbeitung gehen grundsätzlich von der Annahme aus, dass die überwältigende Information der traumatischen Erfahrung so lange posttraumatische Stresszustände hervorruft, bis die Informationen über Prozesse der Akkommodation und Assimilation »eingepasst« sind (Horowitz, 1993; Janoff-Bulman, 2002; vgl. auch Andreatta, 2010). Die intrusive Beschäf-

1.8 Zur psychischen Verarbeitung traumatisierender Unfälle

tigung mit dem Trauma steht hier also im Dienste der »Einpassung« und die Vermeidungsreaktion im Dienste der Regulierung der Bewältigung. Intrusionen unterstützen dabei die Umwandlung von automatisierten Assoziationen in neue Denkweisen, ermöglichen die Revision von sozial-kognitiven Schemata, um die traumatische Information einzupassen, erleichtern die Widersprüchlichkeit des Traumas zu lösen und unterstützen die Lösungssuche (Horowitz, 1993). Vermeidung und Gefühle wie emotionale Taubheit können als adaptive Kontrollprozesse betrachtet werden, welche dem Individuum eine Graduierung ermöglichen (Janoff-Bulman, 2002). Traumatische Ereignisse erfordern große Anstrengungen dahingehend, dass die neue Information in frühere Informations- bzw. Schemabestände über sich selbst und die Welt integriert werden muss. Schemata über das Selbst, bestimmte Objekte, Einstellungen oder Erwartungen müssen überarbeitet werden, sodass die neuen Erinnerungen adäquat eingepasst werden können (Horowitz, 1993).

Janoff-Bulmans (2002) Theorie fokussiert nicht auf die Bewertung, die innerhalb der unmittelbaren Konfrontation mit der traumatischen Situation stattfindet, sondern eher auf die Interpretation und Redefinition des Ereignisses, welche im Verlauf von Anpassungsbemühungen stattfinden. Demgegenüber formulieren Ehlers und Clark (2000), dass gerade bestimmte Merkmale während des Traumas die spätere Verarbeitung bzw. Anpassung wesentlich beeinflussen. Als wesentlich betrachten sie die kognitive Verarbeitung während des Traumas, die subjektive Bedeutung des Traumas und seiner Konsequenzen und letztlich die im Anschluss an das Trauma eingesetzten Verhaltensweisen und kognitiven Bewältigungsstile. Gedankenprozesse, die während des Traumas stattfinden, wie z. B. dass Personen völlig orientierungslos sind oder nicht verstehen, was passiert, beeinflussen die späteren Interpretationen des traumatischen Erlebens wie auch die Form, wie das Erlebte im Gedächtnis gespeichert wird (Ehlers und Clark, 2000). Unmittelbar nach dem traumatischen Ereignis kommt es bereits zu einer Bewertung der Handlung bzw. des Handlungsversagens. Diese Bewertung ist oft unspezifisch und übergeneralisiert und trägt zu einer negativen Meinung von sich selbst und anderen bei (Shalev, 2000). Ein entscheidendes Element dafür, dass ein Geschehen traumatisch wirkt, bleibt die Einschätzung der Opfer bezüglich ihrer Hilflosigkeit und Bedrohtheit in der Situation (Van der Kolk et al., 2000a; Ehlers, 1999; Ehlers und Clark, 2000). Die Interpretation des Traumas spielt also eine zentrale Rolle. Darüber hinaus sind nicht nur Gedankenprozesse, sondern auch emotionale Prozesse für die spätere Interpretation von Bedeutung. Das Gefühl von Sicherheit und Vorhersagbarkeit hängt nach Van der Kolk et al. (2000a) u. a. davon ab, ob ein Gleichgewicht von internen und externen Hilfsquellen zur

Verfügung steht. Wenn eine Person nicht genügend Unterstützung hat, um eine bedrohliche Situation zu bewältigen, wenn von außen keine Hilfe kommt und sie selbst keine angemessenen Handlungen zur Beseitigung der Bedrohung ausführen kann, kann diese Unfähigkeit eine Belastungsreaktion auslösen (Van der Kolk et al., 2000a).

Neben all den Faktoren, welche bislang v. a. die internale Bewertung betont, ist aber besonders auch ein soziales Netzwerk, welches trägt, emotional unterstützt und soziale Grundbedürfnisse nach Sicherheit und Geborgenheit, nach sozialer Integration erfüllen kann, für die Verarbeitung mit entscheidend (Frey, 2001). Erst dadurch sind entsprechende Rollenkompetenzen und ein Gefühl von Zuverlässigkeit und Orientierung in Beziehungen wieder ermöglicht.

Zusätzlich ist hinsichtlich der Traumatisierung durch Unfälle zu bedenken, dass das Erleben von starkem Kontrollverlust in der traumatischen Situation, das Ausbleiben fremder Hilfe wie Schulderleben und der geringe Grad der eigenen Kontrolle über das Geschehen sehr hoch sind (Fauth, (2011). Nicht zuletzt ist die Zuordnung des Traumatypus »Unfall mit Todesfolge« nicht eindeutig: Beispielsweise gilt durch grob fahrlässiges Verhalten anderer durchaus der Typus »menschlich verursachtes Trauma«; somit sind auch entsprechende soziale Realitätsprinzipien (Fischer und Riedesser, 2009) traumatisch erschüttert.

1.8.1 Anpassungserschwernisse: Bewertungen und Schuld

Nicht zuletzt muss auch eine Reihe von Gegebenheiten und Kriterien berücksichtigt werden, welche die Verarbeitung von Traumata im Allgemeinen, aber v. a. auch die Verarbeitung von Ereignissen wie Unfällen, die den Tod anderer verursachen, mit sich bringen. Dabei soll dem Kapitel mit der Thematik Schuld, Schuldgefühle, Verantwortung und Verantwortungszuschreibung nun nicht vorgegriffen werden. Im darauffolgenden Kapitel »Die Verflechtung von Trauma und Schuld« werden dann Schuld und Trauma gemeinsam besprochen. Denn Schulderleben und Schuldzuschreibung wirken sich ganz entscheidend auf die Anpassung an das Trauma aus. Die Forschungsliteratur kommt jedoch zu sehr verschiedenen Ergebnissen, *wie* diese Auswirkungen zu verstehen sind. Dies wird eingehend zu erläutern sein, deswegen soll an dieser Stelle nur eine kurze Skizzierung anderer Kriterien erfolgen.

Die subjektive Bedeutung des Traumas, aber auch die subjektive Bedeutung der Konsequenzen des Traumas sind zentrale Elemente für die Anpassung (Ehlers und Clark, 2000). D. h. neben Fragen der Exposition an objektive Faktoren, wie

z. B. wahrgenommene Todesbedrohung und andere Gegebenheiten des Traumas, muss in jeden Fall die subjektive Bedeutung verstanden werden. Negative Bewertungen des Ereignisses selbst oder aber seiner Folgen gelten als »Erschwernis« und somit als Prädiktor für die Aufrechterhaltung von Traumafolgestörungen (Ehlers und Clark, 2000; Ehlers und Steil, 1995). Dabei können sich negative Bewertungen auf eigenes Verhalten während des Ereignisses beziehen, aber auch auf Interpretationen der eigenen Reaktionen nach dem Ereignis, z. B. das individuelle »Scheitern« am intrusiven Wiedererleben: Ehlers und Steil (1995) konnten nachweisen, dass die durch die Intrusionen ausgelöste Belastung enger mit den negativen Interpretationen als mit der Häufigkeit ihres Auftretens zusammenhing. In jeden Fall ist die Übergeneralisierung nach Trauma ein kritischer Moment: »Sich nirgends mehr sicher zu fühlen« oder »sich auf niemanden mehr verlassen zu können« (Ehlers, 1999) sind typischerweise Anzeichen einer übergeneralisierten Bewertung.

Neben diesen persönlichen Aspekten sind auch soziale Faktoren zu berücksichtigen. Traumatisierte Personen sind sehr unterschiedlichen Reaktionen seitens ihrer sozialen Umgebung, der Reaktion von Familie, Freunden, Vorgesetzten, aber auch professionellen HelferInnen ausgesetzt. Diese Reaktionen reichen von Hilfe und Unterstützung bis zur Stigmatisierung, Kritik und Ablehnung. Ehlers und MitarbeiterInnen fassen die verschiedenen Aspekte des negativen Kontaktes mit anderen Menschen unter dem Konzept des generellen Gefühls des Entfremdung (overall feeling of alienation) zusammen (Anmerkung: Zum Zeitpunkt der Recherche befand sich dieser Artikel von Ehlers und MitarbeiterInnen in Vorbereitung mit der Verf. noch unbekanntem Titel). Hier wird auch in besonderer Form Schuldzuweisung zum Tragen kommen. Letztlich sind es auch das anhaltende Grübeln oder »Was-wäre-wenn«-Fragen, welche mit erschwerter Anpassung einhergehen.

Es gäbe an dieser Stelle noch eine ganze Reihe an weiteren Determinanten, die die Verarbeitung von Trauma beeinträchtigen. Aus einer weiteren Forschungsrichtung soll ein Beispiel herausgegriffen werden. In ihrer Arbeit über Bindungsorganisation und narrative Kohärenz kommen Scheidt und Wallner (2006) zum Ergebnis, dass die sprachliche Repräsentation der traumatischen Erfahrung bei der Verarbeitung von Traumatisierung eine wichtige Rolle spielt. Sie fanden Belege, dass der Organisationsgrad des Narrativs über die traumatische Erfahrung eine relativ verlässliche Aussage darüber gestattet, ob es zu einer höher geordneten Verarbeitung traumatischer Erfahrungen kommt. Es geht also auch um die Frage sprachlicher Kohärenz: Die Frage der Kohärenz von Narrativen über Schuld, insbesondere über die traumatische Schulderfahrung, und im Hinblick auf sprachliche Schuldrepräsentanzen soll im Rahmen der Untersuchung mit aufgegriffen werden.

1.8.2 Protektive und Resilienzfaktoren

Die Frage nach dem »psychischen Überleben« von Traumata führt den Menschen nicht nur an die Grenze von Belastbarkeit und Bewältigbarkeit, sondern auch zu der Frage von protektiven Faktoren und zur Resilienz. Bedeutende Arbeiten stehen uns nicht zuletzt durch Holocaust-Überlebende zur Verfügung, beispielsweise vom Begründer der Logotherapie und Existenzanalyse Viktor Frankl (z. B. 1984), die Arbeiten zur Salutogenese von Aaron Antonovsky (1997) und die Beiträge von Bruno Bettelheim (1980). Beispielsweise – um den Ansatz von Frankl kurz hervorzuheben – spricht dieser v. a. über die aktive Sinnsuche, das individuelle Finden bzw. Entdecken bereits inhärenten Sinns (1984). Der Wille zum Sinn stellt den Kernpunkt in den Arbeiten Frankls dar, er bezeichnet diesen als zentrale Triebfeder – ähnlich dem Lustprinzip als Willen zur Lust in der Psychoanalyse. Er zitiert ein Unfallopfer, einen jungen Mann, der infolge eines Unfalles an einer Tetraplegie leidet: »I broke my neck, it didn't break me«, und weiter »[...] im Gegenteil, mein Leben fließt über vor Sinn« (Frankl, 1984, S. 24). Auch der New Yorker Psychiater und Psychohistoriker Robert Lifton erforschte dieses Themenfeld anhand der Auseinandersetzung mit Überlebenden der Katastrophe von Hiroshima, des Buffalo Creek Desasters oder des Vietnamkrieges (Lifton, 1976). In den letzten Jahren wird in der Traumaliteratur darauf hingewiesen, dass ein wachsendes theoretisches Augenmerk auf die Kennzeichen erfolgreicher Anpassung zu lenken sei und nicht ausschließlich auf die psychopathologische Entwicklung. Empirische Untersuchungen legen nahe, dass einige Individuen sogar angesichts stärkerer Traumata Widerstandsfähigkeit aufweisen (Antonovsky, 1997) und keine chronischen posttraumatischen Reaktionen entwickeln. Dies führte auch zur Formulierung verschiedener Konzepte zum posttraumatischen Wachstum (vgl. in Calhoun und Tedeschi, 2006). Begriffe wie »posttraumatic growth«, »stress related growth«, »perceived benefits«, »positive adjustment«, »thriving« oder »adversarial growth« werden in der Literatur verwendet, um diese Wachstumsprozesse zu beschreiben (ebd.).

Die Resilienzforschung, welche sich um die Fragen der Widerstandskraft der Person gegenüber schädigenden Einflüssen und ihre Gesunderhaltung bemüht, zeigt, abhängig vom jeweiligen Untersuchungsschwerpunkt, eher strukturelle oder prozessorientierte bzw. interaktionale Merkmale. Eine Reihe von Ansätzen ist mittlerweile in die Forschungsliteratur eingegangen. Das Konzept der Unverwundbarkeit (Werner, 1997), das Modell der Salutogenese und Fragen zur Lebensorientierung (Antonovsky 1997) und Selbstwirksamkeit (Bandura, 1982) sind nur einige Beispiele. Das Modell der Salutogenese möchte ich im Folgenden herausgreifen.

Aaron Antonovsky vertrat vorerst ein Stresskonzept in Anlehnung an Lazarus (Antonovsky, 1997), in dem Stressoren nicht mehr nur als pathogene Stimuli betrachtet werden. Die Frage, was es Menschen ermöglicht, trotz Stress oder extrem starker Belastungen gesund zu bleiben, fand sein Forschungsinteresse. Diese salutogenetisch orientierte Fragestellung untersuchte er vorerst an weiblichen KZ-Überlebenden und fand in den sogenannten generalisierten Widerstandsressourcen eine erste Antwort. Diese Ressourcen umfassen konstitutionelle Faktoren, genetisch-individuelle Merkmale, psychosoziale Faktoren und die kulturelle Stabilität und ermöglichen erfolgreiche Spannungsbewältigung und somit Gesundheitsprozesse. Der salutogenetische Ansatz sieht vor, dass wir die Position einer Person auf einem Gesundheits-Krankheits-Kontinuum festmachen können und widerspricht damit einer dichotomen Sichtweise von Gesundheit und Krankheit. »Wir sind alle sterblich; ebenso sind wir alle, solange noch ein Hauch von Leben in uns ist, in einem gewissen Ausmaß gesund« (Antonovsky, 1997, S. 23). Die salutogenetische Orientierung veranlasst, über Faktoren nachzudenken, welche zur Entwicklung in Richtung auf das gesunde Ende des Kontinuums hin beitragen. In weiterer Folge erkannte Antonovsky (1997) ein vermittelndes, steuerndes und übergeordnetes Element als Kernstück seines Modells, das Kohärenzgefühl (Sense of Coherence). Das Gefühl der Kohärenz bezeichnet eine Grundorientierung, die ausdrückt, in welchem Maße ein Individuum ein durchdringendes, überdauerndes und dennoch dynamisches Gefühl der Zuversicht bzw. des Vertrauens hat und die Welt entsprechend als zusammenhängend und sinnvoll erlebt. Es handelt sich um eine individuelle Einflussgröße, welche sowohl von Lebenserfahrungen als auch von gesellschaftlichen Gegebenheiten geformt wird und die dafür verantwortlich ist, dass Menschen trotz negativer Einflüsse gesund bleiben oder sich von Beeinträchtigungen wieder entsprechend erholen.

Dieser Kohärenzsinn umfasst drei wesentliche Bestimmungsstücke:
1. Die Komponente der Verstehbarkeit bzw. Verständlichkeit (comprehensibility) eines Ereignisses bezeichnet den kognitiven Anteil des Kohärenzsinns und umfasst die Fähigkeit, Reize, Ereignisse oder Entwicklungen als strukturiert, erklärbar und vorhersehbar erkennen zu können.
2. Das Vertrauen in die Bewältigbarkeit bzw. Handhabbarkeit (manageability) von Situationen zielt auf die kognitiv-emotionale Ebene. Diese Komponen-

te bezieht sich auf das Ausmaß, in dem eine Person geeignete Ressourcen wahrnimmt, um interne und externe Anforderungen bewältigen zu können.
3. Der motivationale Anteil des Kohärenzsinnes wird als die Bedeutsamkeit oder Sinnhaftigkeit (meaningfulness) bezeichnet und bedeutet das Ausmaß, in dem eine Person ihr Leben als sinnvoll empfindet oder zumindest einige der vom Leben gestellten Anforderungen als Herausforderungen betrachtet, die Engagement und Investition wert sind. Die Wahl des Begriffes wurde hierbei von den Arbeiten Viktor Frankls beeinflusst (Antonovsky, 1997).

Die Komponenten des Kohärenzsinns stehen in einem wechselseitigen dynamischen Zusammenhang. Alle drei Komponenten sind für eine erfolgreiche Anpassung notwendig. Ein hoch ausgeprägter Kohärenzsinn führt dazu, dass ein Mensch handlungsfähig und flexibel auf Anforderungen reagieren und entsprechende Ressourcen aktivieren kann. Das Individuum kann jene Bewältigungsstrategie wählen, die bei einem bestimmten Stressor am geeignetsten erscheint. Ein niedrig ausgeprägter Kohärenzsinn führt hingegen dazu, dass Individuen sich belastenden Ereignissen völlig hilflos ausgeliefert fühlen.

Die insgesamt vorgestellten Ansätze verstehen sich überwiegend im Sinne eines individuumszentrierten Zuganges zum traumatischen Erleben: Das Unfallopfer wird in seinem Umweltbezug individuell betrachtet. Dies ist eine notwendige Perspektive, aber nicht die einzige, die hier eingenommen werden soll. Diese Arbeit beinhaltet v. a. auch eine interdisziplinäre Perspektive, in welcher keineswegs nur die Psychologie des Individuums, sein Erleben und Verhalten fokussiert werden soll, sondern auch pädagogische Vorstellungen. Die Perspektive, die im Laufe dieser Arbeit vertieft wird, zielt letztlich auf die »Konfliktkonstellation« und »Kompensationsbemühungen«, welche zwischenmenschlich stattfinden. Dabei wird die mögliche oder unmögliche Kommunikation der Wiedergutmachung ebenso bedeutend werden wie die pädagogische Beeinflussung von Konfliktsituationen. Ziel dieser Arbeit ist es letztlich den individuumszentrierten Ansatz – auch den von Heilung – zugunsten eines sozialeren bzw. interdisziplinären Ansatzes zu erweitern: Trauma, Schuld und Verantwortung sollen so weit »verstanden« werden, dass eine pädagogische Beeinflussung ermöglicht wird.

2 Schuld

Friedrich Nietzsche »wettert« in seiner Streitschrift zur Genealogie der Moral, welche 1887 erstmals erschien: »Aber wie ist denn jene [...] ›düstere‹ Sache, das Bewusstsein der Schuld, das ganze ›schlechte Gewissen‹ auf die Welt gekommen? [...] Nochmals gesagt – oder habe ich's noch gar nicht gesagt? – sie taugen nichts« (Nietzsche, 2011, S. 52). Und weiter schreibt Nietzsche, nachdem er die »Herren-Rechte« gegenüber einem Schuldner erläutert: »In dieser Sphäre [...] hat die moralische Begriffswelt ›Schuld‹, ›Gewissen‹, ›Pflicht‹, ›Heiligkeit der Pflicht‹ ihren »Entstehungsheerd« (Schreibweise im Original), – ihr Anfang ist, wie der Anfang alles Großen auf Erden, gründlich und lange mit Blut begossen worden. [...] Hier ist jene unheimliche und vielleicht unlösbar gewordene Ideen-Verhäkelung ›Schuld und Leid‹ zuerst eingehäkelt worden. Inwiefern kann Leiden ein Ausgleich von ›Schulden‹ sein?« (Nietzsche, 2011, S. 55). Für Nietzsche hat Schuld ihre Grundlage in dem ursprünglichsten und ältesten Verhältnis zwischen Personen, dem Verhältnis zwischen Käufer und Verkäufer, zwischen Gläubiger und Schuldner. Die Ursache liegt im Messen, im Abwägen zwischen Person und Person (ebd., S. 60). Viele Jahre später schreibt Mathias Hirsch bereits im Vorwort seiner bedeutenden Auseinandersetzung mit Schuld und Schuldgefühl aus einer überwiegend psychoanalytischen Perspektive hinsichtlich der »Einhäkelung« schon beinahe »pessimistischer« als Nietzsche, dass »Schuld ein Grundphänomen menschlicher Existenz [ist], das Schulddilemma durchzieht das menschliche Leben, es ist unerschöpflich und findet sich überall in Mythologie, Kunst und Dichtung sowie im Alltag« (Hirsch, 2012, S. 9). Eine Form der Individualisierung findet bei Hirsch statt, wenn er im gleichen Sinn weiter formuliert: »Insofern ist jeder Mensch sein eigener Experte auf diesem Gebiet, jeder hat seine persönliche Auffassung, was Schuld bedeutet und von wann an sie beginnt« (ebd.).

Diese einleitenden Worte sind wie ein erster Vorgeschmack der Schwierigkeit Schuld als Phänomen zu beschreiben und zu umfassen. In einem ersten Schritt in diesem Kapitel sollen Begriffe von Schuld, Kulturen des Schuldigwerdens skizziert werden. Dabei wird neben einem kurzen Vergleich verschiedener Zugänge zum Schuldbegriff in weiterer Folge der Schwerpunkt auf das subjektive Empfinden der Schuld gelegt werden. Dem Schuldgefühl wird breitere Aufmerksamkeit geboten, und zwar hinsichtlich seiner Entstehung und Entwicklung, aber auch Verschiedenheit seines Auftretens. Dazu werden verschiedene theoretische Positionen erläutern, u. a. die Emotionsforschung und die Psychoanalyse. Letztere hat auch einen hohen Erklärungswert zur Abwehr des Schuldgefühls. Abgeschlossen wird dieses Kapitel durch juristische und gerichtliche Aspekte von Schuld. Dem/der LeserIn soll zumindest einen Überblick über Anklagen wie die der Fahrlässigkeit oder fahrlässigen Tötung und andere rechtliche Termini geboten werden.

2.1 Begriffe von Schuld

Der Begriff »schuldig sein« stammt vom althochdeutschen »sculan«, welches sprachlich zum »Sollen« wurde. In der Schuld liegt also – zumindest sprachlich – das unerfüllte Soll. Matt (2002) nimmt mir bereits einen großen Teil der Schwierigkeit zur Definition von Schuld vorweg, wenn er von der Unmöglichkeit der Eindeutigkeit spricht, und formuliert, dass höchstens von Bedeutungshorizonten hinsichtlich eines Schuldbegriffes gesprochen werden kann (S. 109). Außerdem, so Matt weiter, erfährt die aktuelle Diskussion um Schuld eine Veränderung hin zum Verantwortungsbegriff. Auch für Kaiser (2004) besteht die Relationalität der Begriffe Schuld und Verantwortung, wenn er postuliert, dass Verantwortung ohne Schuld nicht gedacht werden kann. Dies lässt mir in dieser Arbeit zumindest zwei weitere Kapitel Zeit, diesen weiteren Begriff dann zu definieren.

Traditionellerweise sind Fragen um Schuld – v. a. auch die Frage der Objektivierbarkeit von Schuld – Gebiete der Theologie sowie der Ethik. Die Objektivität von Schuld festzulegen sowie die subjektive Seite einer Verfehlung einzublicken, sind dabei je unterschiedliche Aufgaben der beiden theoretischen Felder. Schuld auf moralischer Ebene definiert Kaiser (2004) als einen individuellen Verstoß gegen Normen, ein Gesetz oder gegen Konventionen. Die

2.1 Begriffe von Schuld

ethische Sichtweise ist aber erst dann eingenommen, wenn er Schuld weiter unterscheidet in das Geschuldete (lat. debitum) und das Verschuldete (lat. culpa), im Sinne einer Verfehlung. Bedeutend ist die Bezeichnung des durch die Verfehlung angerichteten Schadens, sonst erschiene der Schuldbegriff ethisch verdünnt (Kaiser, 2004, S. 5). Die »culpa« aus dem Lateinischen spricht von der moralischen Schuld; moralisch Verwerfliches ist damit angedeutet (Bianchi, 1988, S. 33). Im »debitum« tritt der Aspekt der Verantwortung deutlicher hervor. Hier ist eine Tilgung der Schuld prinzipiell möglich, und zwar beispielsweise im Sinne einer Haftbarkeitsschuld (Bianchi, 1988, S. 34). Kompensation ist dann etwa als Erbringen einer Leistung, Zahlung oder getane Buße möglich. Weiter – mit Kaiser (2004) gedacht – würde dies bedeuten, dass wir in der Frage nach objektivierbarem »debitum« die Frage nach der erlebten Verfehlung und darüber hinaus den »Schaden« benennen müssten, um Schuld zu erklären. Letzteres macht das Schuldverständnis äußerst komplex. Durchdringbarer wird meines Erachtens das Schuldverstehen nicht, wenn innerhalb seines Verständnisses Schuldeinsicht und Schuldbekenntnis als »Untreue gegenüber eigener Selbstverwirklichung« formuliert wird (ebd.). Hubbertz (1992) beginnt die Antwort auf die Frage nach der Schuld bzw. dem Schuldbegriff mit einem »assoziativen Bedeutungshof«, mit Bildern drückender Last und quälenden Gewissensbissen. Selbst-Anklage und Selbst-Verurteilung treten auf. Keineswegs ist Schuld eine bloße Gefühlsreaktion. Sie ist in der Formulierung Hubbertz' v. a. ein komplexes, mehrgliedriges Beziehungsgeschehen. Hier kommt also zu den vorher genannten Elementen von Schuld, Geschuldetem, Verschuldetem und von Schaden das weitere Bestimmungsstück von Schuld dazu: Beziehung.

Jedenfalls geht es in der Frage des Verständnisses von Schuld, gleichermaßen in der Theologie oder Ethik, neben Fragen der Objektivierbarkeit auch immer um die Frage nach dem Erfahren oder Erleben von Schuld. Es wird nicht nur das Abstraktum »Schuld« betrachtet, sondern Menschen, die sich schuldig fühlen. Im Folgenden ist mein Ansinnen, Begriffe von Schuld und Zugänge zur Schuld zu »sammeln« und dabei auf verschiedene Traditionen zurückzugreifen.

Die Frage der Schuld beschäftigte und beschäftigt viele verschiedene Traditionen, insbesondere die der philosophischen Wissenschaft. Besonders im Zusammenhang mit der Freiheit des Menschen, mit seiner Fähigkeit zur Vernunft oder seiner Unvernünftigkeit haben Diskussionen in der Zeit der Aufklärung bereits auch einer Diskussion um Schuld Vorschub geleistet.

Bei Martin Heidegger finden wir das »schon-je-schuldig-Sein« des Menschen in der Formulierung eines »Existenzial« in seiner Daseinsanalyse, wenn der Mensch nicht und nie alle ihm innewohnenden zu entfaltenden Möglichkeiten verwirklicht (Heidegger, 2006). Also im Nicht-Ausschöpfen der Möglichkeiten des Menschen – heute würde man hier möglicherweise den Kompetenzbegriff anwenden – wird ein Mensch zu einem Schuldigen. In beinahe umgekehrter Weise finden wir in der Ethik von Paul Ricoeur (vgl. Hubbertz, 1992) als größtes Paradoxon, und in unserem Sinne Quelle von Schuld, etwas nicht zu vermögen. In ganz anderer Weise formulieren andere Daseinsanalytiker wie beispielsweise Medard Boss eine bereits vorhandene Schuld des Menschen im Sinne einer »Urschuld« (Boss, 1980). Insgesamt, so fasst Hubbertz (1992) zusammen, wird in den philosophischen Traditionen Schuld eher als Verhängnis[11] gesehen. Für Stein (1978) – der eine theologische Perspektive bietet – gleicht »Schuld einem ›Gesetz der Schwerkraft‹ der menschlichen Existenz. Sie ist das dynamische Prinzip im menschlichen Leben, das die Unechtheit seiner gesamten Selbständigkeit bestätigt und seine Abhängigkeit für den Rest seines Lebens unter Beweis stellt, in erster Linie von der menschlichen Gemeinschaft, dann aber vor Gott, Grund und Quelle unseres Seins« (Stein, 1978, S. 16). Stein formuliert hier Aspekte der Unfreiheit und Abhängigkeit der menschlichen Existenz, u. a. auch von einer Gemeinschaft. Hier klingt also der soziale Aspekt, wie später noch zu lesen sein wird, die Regulation von Beziehungen durch Schuld(gefühle) an. Im engeren Sinne bezeichnet Stein Schuld als einen Zustand der Spannung und eine besondere Form der Angst vor verinnerlichter Aggression oder vor Liebesverlust. Für ihn entsteht Schuld in der Rückwirkung früherer Erfahrungen mit primären Bezugspersonen und somit ist seine theologische Perspektive auch bereits eine tiefenpsychologische. Innerhalb der tiefenpsychologischen respektive psychoanalytischen Sichtweise wird Schuld als Konflikt formuliert. Die sich innerpsychisch konfligierend gegenüberstehenden Instanzen sind das moralisierende Über-Ich, welches elterlich beeinflusst ist, und die Triebkräften des Es. Schuld wird innerhalb der psychoanalytischen Tradition in ihrer »Lokalisation« nach »innen« verlagert. Zwischen diesem – man erlaube eine humoristische Formulierung – »Polizisten« und jenem »Triebtäter« versucht ein rationales Ich den Konflikt aus kontroversiellen Forderungen der beiden anderen zu lösen. Hier tritt deutlich die Beschreibung des Schuldgefühls hinter den Begriff der Schuld zurück. Jedenfalls merkt Freud an, Schuld sei das wichtigste Problem der Kulturentwicklung (Freud, 1972). Dennoch scheinen mir einige »tiefenpsychologische« Formulierungen von Schuld eher eine

---

11 Dem gegenüber stünde ein Schuldbegriff der Psychologie, der sich auf Handlung bezieht; dazu eine ausführliche Diskussion beim Begriff der Verantwortung.

»Predigt zum Moralischen« als einen wirklich wissenschaftlichen Zugang zur Thematik darzustellen.[12]
Schuld auf eine Gefühlsqualität zu reduzieren, ist nicht Ziel der Ethik. Innerhalb ethischer Betrachtungen ist Schuld weiter zu fassen und sie führt den Begriff des Moralprinzips ein. Ein Moralprinzip gilt wie ein leitender Grundsatz oder ein oberstes Kriterium, welches subjektive Handlungsgrundsätze verallgemeinert (vgl. Kant, 1968; Habermas, 1983). Vereinfacht formuliert sollen das Urteilen, Entscheiden und Handeln nicht nach subjektiven Interessen, sondern auf der Basis sittlicher Gültigkeit – der Moralität – erfolgen. Dies gilt im Sinne Kants als der kategorische Imperativ und als die Basis des Moralprinzips (Kant, 1968). Die entscheidende Frage ist, welche leitenden Kriterien herangezogen werden, um sittliches Handeln einzugrenzen. Dies führt zu verschiedenen Auslegungen des Moralprinzips sowie Vorstellungen von Normen zur Orientierung für subjektives Handeln. Schuld, sofern der Begriff philosophisch verstanden und nicht mit ethischer Verantwortung anders formuliert wird, läge dann im Verhalten außerhalb jener Prinzipien begründet. In der Diskussion um Normen taucht nun auch der psychologische Begriff von Schuld auf. Schuld steht im Zusammenhang mit einer Normverletzung, wobei das Ausmaß von erlebter Schuld dann vom Schaden und der Beziehung zur geschädigten Person abhängt (Albs, 1997). Die Verletzung einer gesellschaftlichen Norm kann realerweise gelten, aber – zur Entwicklung von Schuldgefühlen – auch von internalisierten Normen abhängig sein, denn Normen wurden und werden im Laufe der Sozialisation internalisiert (Bierhoff, 2010). Erstaunlicherweise jedoch kommt letztgenannter Autor zur Erkenntnis, dass die Sanktionen bei Abweichungen von Normen im Zusammenhang mit sozialer Verantwortung und moralischer Verpflichtung schwach sind. Mit Dorn (1976) umfasst Schuld eine Verpflichtung oder Leistung, eine geforderte Geldleistung im Sinne einer Zahlungsschuld. Bei Dorn verweist der Begriff aber auch auf eine Verursachung sowie ein begangenes Unrecht hin. Schuld ist die Folge eines Vergehens. Hier wird der Handlungsbegriff deutlich, mit welchem innerhalb

---

12 Neumann (1964) schreibt in seinem Werk über Tiefenpsychologie und neue Ethik: »Nur scheinbar sind im gegenwärtigen Ringen [um das Böse] der Menschen die Fronten deutlich. […] das Ergriffensein der Menschen durch das Böse reicht über [die] politischen und religiösen Fronten hinaus und in uns alle hinein […]. Nicht nur die Mörder, auch die Ermordeten sind schuldig. Dem Bösen verbündet ist jeder, der gesehen hat und nicht getan, jeder der weggesehen hat, weil er nicht sehen wollte, jeder der nicht gesehen hat, obwohl er hätte sehen können, aber auch jeder, dessen Augen nicht sehen konnten. Schuldig sind wir alle, schuldig sind alle Völker, alle Nationen, alle Religionen, alle Klassen – schuldig ist die Menschheit« (S. 8f.).

der Psychologie Schuld – wie bereits kurz erwähnt – in einen engen Zusammenhang gebracht wird. Der Zusammenhang zwischen Schuld, Verantwortung und Handlung ist nicht nur für die Psychologie, sondern auch für diese Arbeit sehr zentral. Das »unabsichtliche« Herbeiführen des Todes einer anderen Person spielt auf Begriffe wie Intention, Handlungsabsicht oder aber auch Handlungsunterlassung an. All diese Begriffe treten in der Frage nach Verantwortung deutlich hervor.

Schuld ist eine Emotion. Diese vereinfachte Formulierung kann als grundlegende Sichtweise der Emotionsforschung zusammengefasst gelten. Izard (1977), dessen Werk als eine der Säulen der Emotionsforschung innerhalb der Psychologie gilt, bietet eine Definition von Schuld, in der auf die Emotion »Schuld« hingewiesen wird, indem er einen Bezug zur Scham herstellt.

> »Guilt often has a close relation to shame [...] while shame may result from any misdoings (or mis-being), guilt results from wrongdoing (wrong-being) of moral, ethical, or religious nature. Guilt occurs in situations in which one feels personal responsible. Shame is most typically elicited by the responses of others to the self, but guilt comes from one's own acts and from within one's self. In guilt people have a strong feeling of ›not being right‹ with the person or persons they have wronged. [...] Guilt may be the basis for personal-social responsibility and the motive to avoid guilt may heighten ones' sense of personal responsibility« (Izard, 1977, S. 92).

Besonders in der englischsprachigen Fachliteratur wird kaum eine Unterscheidung getroffen zwischen Schuld und Schuldgefühl. Es wird von *guilt* geschrieben. Am deutlichsten zeigt sich dies in den Erkenntnissen der Emotionsforschung. Schuld wird weder als Existenzial, noch als Humanum in den Blick genommen, sondern in ihrer Qualität als Emotion. Barrett (1995) wählt einen funktionalistischen Ansatz zu Schuld. Schuld weist dabei mehrere Basisprinzipien auf. Die geltenden Prinzipien sind, dass Schuld eine soziale Emotion ist und eine wichtige Funktion hat. Schuld wird sozial konstruiert, sei dies in Form realer oder antizipierter sozialer Interaktion. Sie ist bedeutend für Kommunikationsprozesse und mit der Beurteilung anderer und des Selbst einhergehend. Schuld – wie übrigens auch Scham – ist mit bestimmten Handlungstendenzen verbunden, welche in einem Zusammenhang mit dem Fällen von Urteilen stehen. Eine wichtige Funktion der Schuld liegt in ihrer Rolle der Verhaltensregulation – intrapsychisch sowie interpersonell – indem Schuld zu einem Wiedergutmachungsverhalten führt. Schuld ist mit Aktivität verbunden, die auf eine Wiedergutmachung hinzielt,

Scham führt hingegen zum Abbruch sozialen Kontakts. Im funktionalistischen Ansatz wird weiter formuliert, dass Schuld entwicklungsförderlich ist: Schuld begünstigt die Entwicklung eines Selbstsinns in der kindlichen Entwicklung, indem das Kind Bewertungen seines Verhaltens und das der anderen erlernt. Dies wird auch als internale Regulationsfunktion der Schuld bezeichnet. Schuld beeinflusst die Entwicklung des Selbst in der Funktion als Handelnde/r. Weiter zeigt sich im Ansatz von Barrett (1995), dass es nicht die »kognitive Einsicht« – in ihrer Formulierung – ist, welche schuldbestimmend ist. Obwohl die kognitive Entwicklung für die Entwicklung von Schuld wichtig ist, sind kognitive Fähigkeiten wie Objektpermanenz oder Selbsterkenntnis für die Emotion Schuld nicht unbedingt vorauszusetzend. Letztlich wird die Sozialisation als Schuld konstituierend hervorgehoben, da sie als die zentrale Informationsquelle für Regeln und Standards gilt. Darüber hinaus wird erlernt, Normen mit Bedeutung zu versehen und das Einhalten von Regeln zu einem wichtigen Ziel für das Individuum zu machen.

Letztlich sind in diesem Abschnitt über Begriffe von und Zugänge zur Schuld verschiedenste Disziplinen – wenn auch teilweise mehr angeklungen als vertieft – vorgestellt, welche meines Erachtens völlige unterschiedliche Perspektiven eines Phänomen einnehmen. Teilweise erscheint mir die Unvereinbarkeit der Ansätze aus den je verschiedenen Voraussetzungen zu erwachsen. Möglicherweise kennt dieses Dilemma auch Auchter, wenn er zur Unterscheidung von verschiedenen Disziplinen rät (Auchter, 1996): Für die psychoanalytische Perspektive beispielsweise empfiehlt er ein reales »objektives« Schuldigwerden theoretisch mit zu bedenken. Die Ethik, die Philosophie, die Theologie oder die Jurisprudenz sollten auch ein irrationales Schuldgefühl erwägen, denn sie befassen sich vordergründig mit »objektiver Schuld«. Umgekehrt soll aber auch die Psychologie mit ihrem Blick auf das Erleben von Schuld, das Schuldempfinden, Schuldgefühl, das Erkennen und Anerkennen von Schuld, das Schuldbewusstsein, die Schuldverarbeitung mehr objektive Kriterien der Schuld anerkennen. An dieser Stelle müsste Auchter meines Erachtens die Forschung der Rechtspsychologie und Delinquenz innerhalb der Psychologie ausklammern. Jedenfalls ist auch das Dilemma dieser Arbeit, die Voraussetzungen der Schuld – die Zugänge zu und Begriffe von Schuld –, ob ethisch, philosophisch, juristisch, psychoanalytisch usw., nicht klären zu können, dazu nicht beitragen zu können und dann aber diese Grundvoraussetzungen zu überspringen und Schuld als Phänomen einfach festzustellen und Individuen in ihrem Sein damit zu betrachten. Zumindest gilt, dass angesichts der begrifflichen Unschärfen der Begriff der Schuld stärker durch die normative Kraft des Sprachgebrauches als durch definitorische Bemühungen bestimmt wird.

2.2 Das subjektive Erleben der Schuld

Die Beschreibungen der Schuld (s. o.) lassen im Grunde nur wenig auf das Erleben der Schuld schließen. Wie Schuld subjektiv erlebt wird, wie sich Schuld »anfühlt«, soll in nun den Blick genommen werden. »Die himmlischen Mächte sind es, die den Armen Schuld erleben lassen«, formuliert es Goethe in diesem Auszug seines Gedichtes:

> Wer nie sein Brot mit Tränen aß,
> Wer nie die kummervollen Nächte
> Auf seinem Bette weinend saß,
> Der kennt euch nicht, ihr himmlischen Mächte!
> Ihr führt ins Leben uns hinein,
> Ihr lasst den Armen schuldig werden,
> Dann überlasst ihr ihn der Pein;
> Denn alle Schuld rächt sich auf Erden
>
> J. W. Goethe,
> aus: *Wilhelm Meisters Lehrjahre*

Pein und Angst vor Rache sind die erlebbaren Folgen, wenn »die Armen schuldig werden«. Wenn dann noch – wie im Umgangssprachlichen formuliert – die Zweifel im Selbstvorwurf an einem »nagen« und das Gewissen »beißen« kann (in Form der Gewissensbisse), dann versteht sich allmählich, dass das subjektive Erleben der Schuld dem Erleben eines »Angriffs durch Raubtiere« nicht unverwandt ist.

Die Frage nach der Erfahrung der Schuld beantwortet Wachinger (1996) als Erfahrung, die vom Abstraktum »Schuld« zu einer führt, in der »sich Dramen verbergen«. Denn Schuld führt zu einem Erleben, welches nach diesem Autor die Betroffenen »verstummen« lässt. Wachinger schreibt, dass das Schweigen häufig die »letzte ohnmächtige Kampfhandlung« ist und das Schuld-Erzählen per se schon ein therapeutischer Prozess ist (S. 20). D. h. Schuld führt in ein Erleben von Sprachlosigkeit. Dieses Verbergen, welches mit Schuld einhergeht, bezieht sich keineswegs nur auf Sprache. Es geht beispielsweise bei Wachinger (1996) in der Arbeit mit Schuld um den schwierigen Versuch ein Stück Lebensgeschichte aufzublättern und hier zeigt sich meines Erachtens das »Verbergen« und »Verstecken« durch Schuld und Scham.

Schuld, Selbstwert und Scham hängen deutlich zusammen: Schuld ist stark selbstwertrelevant (z. B. Albs, 1997). Verminderung des Selbstwertes wird empfunden als Gefühle des Versagens, der Wertlosigkeit, der Ablehnung und der Mangelhaftigkeit. Es zeigt sich also, dass das Schulderleben auch stark von Scham beeinflusst wird. Viele AutorInnen betonen die Nähe des Schuldgefühls zum Schamgefühl (z. B. Tangney, 1995; Barrett, 1995; Albs, 1997). Die von Barrett (1995) getroffene Unterscheidung zwischen Schuld- und Schamgefühl ist, dass das Schamgefühl zusätzlich bereits bei Ablehnung auftritt und außerdem Scham die Mangelhaftigkeit des Selbst fokussiert, während das Schuldgefühl das negative Ereignis, für das jemand verantwortlich ist, fokussiert. Während Schuldgefühle nach Barrett zur Aktivität (Wiedergutmachungsversuch) führen, führen Schamgefühle in die Passivität und Hilflosigkeit.

Das subjektive Erleben von Schuld ist auch häufig mit Angst in einen Zusammenhang gebracht. Izard (1977) erläutert diese Angst im Zusammenhang mit Schuld unter Zuhilfenahme der Lerntheorie, dass die Übertretung, auf die sich das Schuldgefühl bezieht, als eine internalisierte Angst vor Sanktion zeigt. Die Angst ist dort anzusiedeln, wo beispielsweise Beziehungsverlust als Folge, als Sanktion befürchtet wird. Auch Wachinger (1996) schreibt von der Angst und Lähmung, von der sich sogar HelferInnen in der Arbeit mit »Schuldigen« mit einschließen lassen. Haesler (2010) schreibt wesentlich markanter von Schuldangst und formulierte diese als Angst vor Sanktion, Angst vor Rache und Vergeltung, Angst der Auslieferung an eine fantasierte Instanz sowie – grundlegender – Angst vor Vernichtung infolge des Schulddrucks. Darüber hinaus konkretisiert er Angst vor Strafe durch die Jurisprudenz, Angst vor der vernichtenden Beschämung, Angst vor Entwertung, Angst vor Ächtung und vor dem vernichtenden Hass.

Schulderleben ist häufig mit Bildern der Schwere und der Last assoziiert und mit »Druck« konnotiert. Ein Schuldgefühl drückt und belastet dadurch und zieht wie ein Gewicht »hinunter«. »Schuld [...] gleicht einem Gesetz der Schwerkraft der menschlichen Existenz«, schreibt Stein (1978, S. 16). Noch drastischer, nämlich als Sturz, wird das Schulderleben bei Buber beschrieben, durch die Erfahrung der Unwiederbringlichkeit der Ausgangsposition, der irreversiblen Zeit (Buber, 1958). Er schreibt im Detail: »Von keinem Punkte aus ist die Zeit so als Sturz zu verspüren wie von der Selbstschau des Schuldigen aus. In diesem Sturz mitstürzend, wird der Träger der Schuld von dem Schauder des Identischseins mit sich selbst heimgesucht. Ich, der ich ein anderer geworden bin, bin derselbe« (Buber, 1958, S. 17).

Verstrickung und Verwicklung sind ebenso Begriffe, welche für die subjektive Seite der Gefühlslage durch Schuld häufig verwendet werden. Schuld als »Knoten« (Wachinger, 1996), Verwicklungen in Lebensgeschichten, die eine

Erschütterung des Lebens hervorrufen. Hole (1989) betont die häufig vorkommende Inadäquatheit von erlebten Schuldgefühlen zum Ausmaß einer tatsächlichen Schuld: Er formuliert dies als ein unangemessen starkes Leiden unter relativ kleinen, banalen Verfehlungen.

Jedenfalls leistet das Schulderleben einen Beitrag zur Stimulation vieler Gedanken bis hin zu Ruminationen in der Beschäftigung mit dem Vergehen. Das subjektive Befinden zeigt folglich Reaktionen auf Schuld als Erleben von Selbstanklage, Zerknirschung, Resignation bis hin zu Depression. Aus diesen Schilderungen folgernd würde ich vorschlagen, dass das subjektive Erleben von Schuld von der Emotion zunehmend mehr einer Stimmung gleicht, denn der Begriff der Stimmung beschreibt weitgehend eine länger dauernde, tief gehende Grundgestimmtheit, die unser Erleben auch als Handlungsdisposition beeinflusst. Im Folgenden soll spezifischer auf das Schulderleben im Sinne des Schuldgefühls eingegangen werden.

2.3 Von der Schuld zum Schuld*gefühl*

Schuld lässt sich nur schwer definieren und keineswegs quantifizieren. Doch würde ich sagen, Schuld wird »gefühlt«, Schuld wird »empfunden« oder wie bereits erläutert »erlebt«. Dabei weisen Schuldgefühle Besonderheiten auf. Schuld wird häufig empfunden, wo keine Schuld im rechtlichen Sinne, ja nicht mal ein Vergehen vorliegt; umgekehrt wird auch nach juristisch schuldhaftem Handeln keineswegs immer Schuld gefühlt. Schuld bedeutet nicht gleich Schuldgefühle, oder wie es Hubbertz formuliert: Schuldgefühle stehen in Verbindung mit dem Schuldanlass, spiegeln diesen jedoch nicht realistisch wider (Hubbertz, 1992). Darüber hinaus sind die Bereitschaft und die Schwelle zur Ausbildung von Schuldgefühlen individuell, und dennoch stellt Hole fest, dass die Möglichkeit der Schuldempfindung und die Schuldfähigkeit als zentrales Humanum gelten (Hole, 1989). Dem Schuldgefühl gelten die Ausführungen im Folgenden. Dabei werden das Entstehen, verschiedene Formen, aber auch individuell-entwicklungsgeschichtliche Aspekte des Schuldgefühls erläutert.

2.3.1 Theoretische Positionen zum Schuldgefühl

Haesler (2010) umschreibt Schuldgefühle als das, was als »real begründete und/oder fantasierte Angst vor den Folgen realen und/oder fantasierten Denkens,

2.3 Von der Schuld zum Schuld*gefühl*

Handelns und Seins in das innerseelische Erleben und in die zwischenmenschliche Begegnung eindringt; eine Ausgeliefertheit [...],die *aus eigener Kraft* aufzuheben dem Subjekt nicht möglich ist« (Haesler, 2010, S. 54; Hervorhebung im Original). Somit betont er v. a., dass Schuld Angst bedeutet. In der psychodynamischen Formulierung von Haesler wird nicht in einer reale oder »nur« fantasierte Basis des Schuldgefühls unterschieden, da das Individuum in seinem Gefühl sich nicht danach ausrichtet. Gefühle sind ein Forschungsfeld der Emotionsforschung (vgl. z. B. Izard, 1977; Barrett, 1995). In ihrem Modell zur Entstehung, Phänomenologie und Funktion von Emotionen erläutert Bänninger-Huber (1996) die Prozesshaftigkeit von Emotionen. Vorerst werden intrapsychische Auslöser für Emotionen beschrieben, dazu zählen Erinnerungen, Kognitionen und Fantasie. Ihnen können externale Auslöser gegenübergestellt werden, diese umfassen direkte Interaktionen und reale Situationen. Zentral für das Auftreten der Emotion ist die kognitive Bewertung, wobei hier individuell-lebensgeschichtliche Faktoren eine bedeutende Rolle spielen. Emotionen haben motivationale Funktionen, indem sie weitere Regulierungsprozesse, aber auch zielgerichtetes Verhalten auslösen. Die motivationale Funktion speist sich aus drei Aspekten von Emotionen: dem subjektiven Erleben, dem Affektausdruck und der physiologischen Reaktion (ebd.). Im prozesshaften Geschehen finden laufend kognitive Bewertungsprozesse statt, an denen sich zukünftiges Verhalten orientieren wird. Dadurch können ein intrapsychischer Veränderungsprozess oder aber Interaktion und Umsetzung in Handlung erfolgen. Im Falle des Schuldgefühls wäre hier die Wiedergutmachungshandlung zu nennen.

In diesem Modell wird darauf hingewiesen, dass für das Zustandekommen einer Emotion Kognitionen, genauer kognitive Einschätzungen, unerlässlich sind. Dass Emotionen nicht nur, vereinfacht formuliert, zu ihrem Selbstzweck auftreten, sondern motivational sind, verändernd und beziehungsregulativ wirken, wird ebenso deutlich. Allerdings gibt das Modell noch wenig Auskunft über individuelle Ausprägungen, und zwar in der Qualität, aber auch im Ausmaß an Schuldgefühlen und die Aufrechterhaltung sehr belastender Schuldgefühle. Umgekehrt formuliert bleibt offen, warum »hartnäckige« Schuldgefühle sich keineswegs beispielsweise durch kognitive »Um«-Bewertungen auch wieder auflösen können, besonders wenn juristisch die Schuldlosigkeit bestätigt ist. Normen, und zwar den real gegebenen wie den internalisierten und damit auch antizipierten, kommt besonders bei der Entstehung des Schuldgefühls eine konstituierende Rolle zu. Schuldgefühle gehören insofern zur Gruppe der moralischen Emotionen (Montada, 1993). Sie basieren auf Bewertungen von Regeln in einem Handlungs- oder Interaktionskontext und treten v. a. auf, wenn eine Handlung Schaden angerichtet hat. Auch Zahn-Waxler und Robinson (1995) zählen Schuldgefühle – übrigens neben der Empathie – zu den moralischen Emotionen, führen jedoch hierfür neben den kognitiven Bewertungen v. a. das Verhalten (auch anderer) konstituierend an. Auch bei Immelmann und Kollegen findet sich dieser Verhaltensaspekt betont, wenn sie Schuldgefühle als »Reaktionen bezeichnen, die eintreten, wenn wir selbst ein Verhalten zeigen, das mit den sozialen Normen und Geboten oder aber auch mit unserem eigenen Selbstbild nicht vereinbar sind« (Immelmann et al., 1988, S. 285). Normen, v. a. auch ethische Normen, werden letztlich in den Bestand der Handlungen aus persönlicher Verantwortlichkeit heraus übernommen.

Auch in der bereits erwähnten Tradition der Emotionsforschung werden Normen als konstituierend für das Schuldgefühl formuliert. Izard (1994) definiert das Schuldgefühl als Emotion, die als Folge der Verletzung internalisierter Normen und Regeln auftritt, und zwar in Form einer Übertretung oder Unterlassung. Determinanten des Schuldgefühls sind dabei die Akzeptanz moralischer Werte, die Internalisierung eines Gefühls, sich an diese Werte zu halten und schließlich die Fähigkeit zur Abwägung der Diskrepanz zwischen Verhalten und internalisierter Normvorstellung. Der letztgenannte Aspekt zielt auf einen Einsichts- bzw. Erkenntnisprozess. Dieser wird in weiteren Definitionen des Schuldgefühls aufgegriffen, wenn Schuldgefühle zu den selbstbezogenen Emotionen gerechnet werden. So formuliert beispielsweise Roos (1994), dass das Schuldgefühl eine selbstbezogene Emotion darstellt, denn die handelnde Person weiß, dass sie hätte anders handeln können und hat doch ein Verhalten gezeigt, welches hinsichtlich der Folgen mit den internalen Erwartungen und »Sollwerten« bzw. eigener moralischer Standards nicht im Einklang ist. In nicht unähnlicher Weise betont Barrett (1995) die Selbstbezogenheit der Emotion Schuldgefühl; diese Autorin vertritt insgesamt eine funktionale Perspektive innerhalb der Emotionsforschung. Hier dient das Schuldgefühl dazu Normen und Regeln aufzuzeigen und die Entwicklung der Selbstkenntnis zu fördern. Das Schuldgefühl fördert sozusagen die Entwicklung der Selbstkenntnis, indem das Selbst als Handlungsträger erkannt wird. Außerdem bringt das Schuldgefühl eher den Effekt sich anderen anzunähern als sich zu distanzieren, und motiviert die Person, etwas, von dem sie glaubt, es falsch gemacht zu haben, wiedergutzumachen (ebd.).

Barrett (1995) bringt uns insgesamt nochmals zur Betonung des Beziehungsaspektes des Schuldgefühls. Gefühle – und somit auch Schuldgefühle – werden als ein interpersonales Phänomen betrachtet, welches auf engen Beziehungen basiert. Diese sind speziell auf bestimmte Interaktionen mit nahestehenden Menschen ausgerichtet. Schuld hat also eine interpersonale Funktion. Schuldgefühl

2.3 Von der Schuld zum Schuld*gefühl*

als Beziehungsemotion findet sich auch bei Bänninger-Huber (1996). Die Stärkung, Festigung und der Schutz einer Beziehung werden erreicht, indem man versucht moralische Standards einzuhalten. Das Schuldgefühl dient dazu, interpersonale Beziehungen zu vertiefen und zu festigen. Schuldgefühle fördern entsprechendes Beziehungsverhalten und dienen als symbolische Bestärkung der Beziehung (Baumeister et al., 1995). Das Schuldgefühl macht uns sozusagen darauf aufmerksam, dass wir Handlungen sofort beenden sollen, wenn wir andere verletzen oder die Grenzen anderer überschreiten (Tangney, 1995). Damit betont Tangney die Wichtigkeit des Schuldgefühls für die Empathie. Die Empathie wiederum, so Tangney (ebd.), trägt zur wiedergutmachenden Handlung bei, die so charakteristisch für das Schuldgefühl ist. Die Motivation, sich zu entschuldigen und etwas wiedergutzumachen, wird durch die Tendenz Betroffener, »verletztes« Verhalten zu zeigen, verstärkt. Schuldgefühle sind stärker, wenn die andere (»verletzte«) Person leidet und wenn sie der handelnden Person nahesteht (Montada, 1993). Die »VerursacherInnen« haben Gewissensbisse und bereuen; sie fühlen sich zu entsprechenden Wiedergutmachungshandlungen veranlasst. Darüber hinaus formulieren aber Baumeister und KollegInnen (1995) auch, dass das Hervorrufen von Schuldgefühlen in anderen nicht nur möglich ist, sondern v. a. auch der Beeinflussung des Verhaltens anderer dienen kann. Mit anderen Worten, die Autoren erkennen die Möglichkeit zur Manipulation durch das Erzeugen von Schuldgefühlen in anderen. Der soziale Aspekt des Schuldgefühls ist also keineswegs nur als beziehungsförderlich zu verstehen, sondern ist als wesentlich komplexer zu betrachten.

Neben der Betonung des Beziehungsaspektes bzw. der sozialen Aspekte der Schuldgefühle finden sich darüber hinaus auch Formulierungen, welche sich näher an dem Begriff der Verantwortung orientieren. Sie dienen der Ausrichtung der Handlung an der eigenen Idealvorstellung. Man kann beispielsweise Schuldgefühle haben, eigene Ideale nicht einzuhalten, z. B. täglich Sport zu betreiben oder aufgrund mangelnder Selbstfürsorge, z. B. beim Verzehr von ungesunder Nahrung. Letzteres führt zu Annäherung an den Begriff des Schuldgefühls, welcher sich stärker an der Wahrnehmung von Verantwortung, Beurteilungen und Bewertungen orientiert.

Was Emotionen sind, wird auch im Aufsatz von Jäger und Bartsch (2009) mit dem Titel *Prolegomena zu einer philosophischen Theorie der Meta-Emotionen* erläutert. Die Autoren beschreiben sowohl die Position der sogenannten Empfindungstheorien, in denen man Emotionen mit Empfindungen gleichsetzt, als auch die radikalkognitivistischen Ansätze, in denen man Emotionen auf evaluative Urteile reduziert. Sie selbst bieten zur Erklärung der Entstehung von Emotionen eine Mehrkomponententheorie an: Die fünf Komponenten umfassen: (1) Phänomenale Qualitäten, (2) charakteristische physische Zustände, (3) kognitive Komponenten, (4) volitive Einstellungen und (5) behaviorale Tendenzen und Motivationen. Ein Problem der Mehrkomponententheorie besteht darin zu zeigen, welche Beziehungen zwischen den einzelnen Komponenten bestehen und was die Komponenten zu einer Entität macht (Lang, 2009).

Schuldgefühle beruhen auf dem Handlungsbegriff und darauf, den Menschen als handlungsfähig und verantwortungsbewusst anzuerkennen (Albs, 1997). Schuldgefühle treten auf, wenn eigenes Handeln – der Handlungsaspekt sei im Folgenden besonders hervorgehoben – Schaden angerichtet hat. Sie sind häufiger bei wahrgenommener Verantwortung für die Notlage oder den Schaden einer anderen Person, wobei insgesamt auch Handlungsunterlassungen anzuführen sind (Albs, 1997). Schuldgefühle entstehen, wenn erkannt wird, dass eine moralische Norm durch eine Handlung oder Handlungsunterlassung verletzt wurde und die Person für diese Normverletzung die negativen Handlungsfolgen für eine andere Person nicht nur erkannt hat, sondern diese Folgen darüber hinaus auch bedauert oder mitgefühlt werden (ebd.). Bei einer Normverletzung hängt das Ausmaß der Schuldgefühle von den Variablen Schadensobjekt, Art des Schadens und Art der Beziehung zur geschädigten Person ab, spezifiziert Albs (1997). Er behauptet weiter, dass Schuldgefühle einen Prozess der Selbstevaluation voraussetzen. Schuldgefühle setzten den Schuldvorwurf an die eigene Person voraus, umgekehrt gilt jedoch nicht, dass der Schuldvorwurf an sich selbst notwendigerweise zu Schuldgefühlen führt. Alternativ können Gefühle wie Ärger, Verzweiflung über eigenes Unvermögen oder Angst vor der Entdeckung auftreten (ebd.). Im Sinne von Albs ist die Voraussetzung für das Erleben von Schuldgefühlen also immer die Wahrnehmung von Verantwortung, die Bereitschaft zur Verantwortlichkeit und v. a. aber liegt der Handlungsbegriff zugrunde.

An dieser Stelle möchte ich den Begriff des Schuldbewusstseins hinzunehmen. Das Schuldbewusstsein, zwar häufig mit Schuldgefühl gleichgesetzt, ist keine rein affektive Kategorie (Hole, 1989). Hole versteht unter dem Schuldbewusstsein ein »verarbeitetes Schuldgefühl« mit Akzeptanz bzw. Annahme der Schuld und der Integration von Über-Ich und Ich. Voraussetzung ist eine persönliche Anerkennung des Schuldigwerdens und der Schuldfähigkeit des Menschen überhaupt. In der Frage nach der Schuldfähigkeit – und damit zu Hubbertz (1992) – stoßen wir auf die Frage nach der Existenz eines schuldigen Bewusstseins und eines Sich-schuldig-Fühlens (S. 17). Bei Hubbertz (1992) finden wir das Schuldgefühl als verinnerlichte Repräsentanz von Schuld, wobei er die Ausprägungsgrade des Schuldgefühls differenziert: zwischen Pathologie auf der einen und einem »angemessenen« Schuldbewusstsein auf der anderen Seite. Die Ein- bzw. Ausgrenzung der Pathologie des Schuldgefühls ist allerdings wiederum ein schwieriges Unterfangen. Wie viel Schuldgefühl ist »notwendig«, »verträglich«, »förderlich« usw? Denn, um nochmals auf Albs (1997) zurückzukommen, deuten Schuldgefühle umgekehrt auch häufig auf *fehlende* Verantwortungsübernahme und ein Verharren in negativen Zuständen (ebd.) hin. Darüber hinaus erlebt keineswegs jede Person, welche durch Normverletzung Schaden herbeiführt, Schuldgefühle (ebd.). Diese Formulierung von Schuldgefühl bringt uns näher der Diskussion des Zusammenhanges zwischen Schuldgefühl und Verantwortung. Schuldgefühle sind kein verlässlicher Indikator für Schuld, es gibt (juristische) Schuld ohne Schuldgefühl und Schuldgefühl ohne (juristische) Schuld.

2.3.2 Zur Genese des Schuldgefühls: entwicklungspsychologische Aspekte

Freud betrachtete das Schuldgefühl als das wichtigste Problem der Kulturentwicklung (Freud, 1972) und liefert für seine Genese eine bedeutend gewordene Erklärung. Neben den psychoanalytischen Beschreibungen zur Genese des Schuldgefühls werden im Folgenden die Stufentheorie der Entwicklung des moralischen Urteils und der theoretische Ansatz von Erikson als Basis zur Genese des Schuldgefühls vorgestellt. Denn, auch wenn die Fähigkeit der Schuldempfindung dem Menschen per se eigen ist, ontogenetisch betrachtet wird diese Fähigkeit erst entwickelt (Hubbertz, 1992). Es sollen verschiedene Vertreter und Richtungen der Psychoanalyse erläutert sowie ein Modell der Entwicklungspsychologie aufgegriffen werden. Würde man – was hier nicht gelingt – eine theologisch-metaphysische Sichtweise einnehmen, wäre die Genese des Schuldgefühls – so ist anzunehmen – die Erkenntnis der Sünde.

Die Entwicklung der Moral

Die Fähigkeit zur Entwicklung von Schuldgefühlen wird in der moralischen Entwicklung des Menschen gesehen. Grundsätzlich stimmen verschiedene Theorien moralischer Entwicklung darin überein, dass das Gewissen in der frühen Kindheit gebildet wird, und zwar indem es vorerst durch nahe Bezugspersonen kontrolliert wird. Die externale Beeinflussung durch Elternfiguren führt zunehmend zur Entwicklung innerer Standards. Die Entwicklung der Moral wurde von Lawrence Kohlberg, welcher durch Jean Piaget beeinflusst wurde, beschrieben (Kohlberg, 1996). In der Entwicklung der Moral spielen kognitive Komponenten eine entscheidende Rolle, kognitive Fähigkeiten gelten als Grundlage zum Moralverständnis. Dazu zählen – wie dies auch bei Piaget zur Grundlage des Denkens an und für sich gilt – die Suche nach Lösungen im Denken, im Falle der Moralentwicklung nach Lösung von Problemen moralischer Natur, und die Fähigkeit zur Perspektivenübernahme. Die erste der sechs Stufen nach Kohlberg basiert auf der sogenannten Gehorsam-Straf-Orientierung des Kindes. Hier wird Moralität external eingeschätzt, d. h. Verhalten, welches von Bezugspersonen belohnt wird, ist »gutes« Verhalten und äquivalent ist bestraftes Verhalten ein »schlechtes«. Die Vermeidung von Strafe sowie die Angst vor Autoritäten sind hier handlungsleitend. Es folgt die individualistisch-instrumentale Orientierung, in welcher erkannt wird, dass menschliches Verhalten auf Gegenseitigkeit beruht und in moralischen Dilemmata verschiedene Perspektiven möglich sind. Die eigene Bedürfnisbefriedigung steht hier noch im Vordergrund. Diese beiden ersten Stufen umfassen die präkonventionelle Ebene, in welcher Moralität quasi von »außen« bestimmt wird. Im Folgenden, konventionellen Niveau tritt das Eigeninteresse zurück und die Fähigkeit zur sozialen Orientierung in den Vordergrund. Die beiden zugehörigen Stufen sind als dritte Stufe die interpersonale Konkordanz, und als vierte Stufe die Orientierung an sozialen Ordnungssystemen. Regeln und Gesetze werden vorerst zum Erhalt von Zuneigung und Wertschätzung bedeutender sozialer Bezugspersonen, dann erst um ihrer selbst willen eingehalten. Den Erwartungen anderer nicht gerecht zu werden löst in dieser Phase Schuldgefühle aus. Zwischen der dritten und vierten Phase wird deutlich, dass sich das Schuldgefühl – ontogenetisch betrachtet – vorerst auf die persönliche Zwischenmenschlichkeit bezieht und später auf die »organisierte« Zwischenmenschlichkeit. Erst auf dem postkonventionellen, autonomen Niveau werden moralische Aspekte auch hinterfragt, und zwar in der Stufe fünf, der Orientierung an sozialen Verträgen und auch Menschenrechten, sowie in der Stufe sechs, der universal-ethischen Prinzipienorientierung. Fairness und die Anerkennung von Gesetzen und Regeln als flexible Instrumentarien stehen im Vordergrund. Die verbindliche Einhaltung von Regeln muss begründet sein; hier wird zur Erfüllung moralischer Werte nicht mehr »blind Autoritäten vertraut«.

Die Moralentwicklung nach Kohlberg (1996) ist im Grunde ein langsamer und gradueller Prozess, welcher weit in die Adoleszenz hineinreicht und v. a. eine zunehmende Integration von kognitiven Leistungen wie Denken, Rationalität, Urteilsvermögen etc. voraussetzt. Die kognitiven Aspekte gelten dem Moralverstehen und letztlich erfolgt daraus die Fähigkeit zur Schuldeinsicht. Mit dieser Formulierung wird Schuld bzw. die Genese des Schuldgefühls deutlich in die kognitivistische Sicht verlagert.

Das emotionale Verständnis der Genese des Schuldgefühls liegt meines Erachtens aber nur scheinbar dahinter zurück. Der Emotionsforschung teils gegenüber stehen kognitive Theorien über Schuldgefühle, welche grundsätzlich kognitive Grundlagen für die Entstehung von Schuldgefühlen voraussetzen (z. B. Kagan, 1998). Aus dieser Perspektive sind Kognitionen Teil des emotionalen Prozesses: An erster Stelle zu nennen wäre das Urteilen. Soziale Urteile bringen die Person in eine Beziehung zur Umwelt und unterstreichen die individuelle Bedeutung der Umwelt für das Selbst. Eine Organismus-Umwelt-Beziehung ist für die Anpassungsfunktionen des Individuums zentral. Mit anderen Worten, innerhalb kognitiver Theorien zählen Kognitionen zu den wesentlichen konstituierenden Kriterien zur Genese des Schuldgefühls.

Initiative versus Schuldgefühl: der Ansatz von Erikson

Erikson (1973) formuliert eine stufenweise angelegte Form der Entwicklung des Menschen, wobei jeweils ein »Thema« innerhalb der Entwicklungsstufe vorherrscht. Die Theorie baut im Grunde auf den psychosozialen Stadien nach Freud auf. In jeder Stufe – bei Erikson – werden Einstellungen und Fähigkeiten erworben. Diese Stufen legt Erikson in ihrer Formulierung als Gegensatzpaare an, so heißt beispielsweise die erste Stufe der Entwicklung: »Urvertrauen versus Misstrauen«, gefolgt von »Autonomie versus Scham bzw. Selbstzweifel«, um dann in die dritte Stufe »Initiative versus Schuldgefühl« weiterzuschreiten. Dies Phase bzw. Stufe wird grob zwischen dem dritten und sechsten Lebensjahr angesetzt. Konflikte entstehen jeweils dort, wo die jeweilige Stufe nicht bewältigt wird, dies führt zu entwicklungsgeschichtlichen Krisen. Außerdem sind die Stufen mit der körperlichen Entwicklung einhergehend. In der Autonomieentwicklung beispielsweise wird ein Kind in seiner Motorik wesentlich zielgerichteter.

Hinsichtlich der Genese von Schuldgefühlen zeigt sich, dass das Kind auf der Basis der davor stattgefunden Autonomiebestrebung nun initiativ werden will. Die Initiative verstärkt die Zielgerichtetheit auf neue Aktivitäten, neue Herausforderungen und neue Fertigkeiten, v. a. aber auch auf neue Rollen. Gleichzeitig geht diese Lebensphase aber auch mit der Entwicklung und Ausdifferenzierung des Gewissens einher. Nachdem Erikson nah an der Formulierung der psychosexuellen Entwicklung Freuds liegt, entsteht das Schuldgefühl bei Erikson nun dort, wo – um die Zuneigung der Eltern zu erhalten und Strafe zu vermeiden – Bestrafung durch Eltern erfolgt bzw. Sanktion oder Bestrafung erwartet wird. Eriksons Formulierung bedeutet, dass sich das Schuldgefühl auf alles beziehen kann, was »initiativ« ist, also weit über ethische Prinzipien und geschlechtstypische Normen hinausgeht. Die Initiative zum Spiel, zur Rollenerprobung, zur Selbstbehauptung bis hin zu eigener Kontrolle über Emotion, wird in weiterer Folge durch das Schuldgefühl gehemmt.

Psychoanalytische Formulierungen des Schuldgefühls

Die Genese des Schuldgefühls ist in der psychosexuellen Entwicklung Freuds im Ödipuskomplex angesiedelt. Vereinfacht formuliert ist in der phallischen Phase, in welcher die Impulse des Es zunehmend auf die Genitalien verlagert werden und dadurch Lust empfunden wird, auch der Beginn dessen, dass Kinder sexuelle Gefühle dem jeweils gegengeschlechtlichen Elternteil entgegenbringen. Beim männlichen Kind wird in diesem Zusammenhang der Ödipuskomplex, beim weiblichen der Elektrakomplex (Berk, 2005) formuliert. Um in weiterer Folge Bestrafung zu vermeiden, wird der Wunsch nach dem gegengeschlechtlichen Elternteil aufgegeben und die Wertvorstellungen des gleichgeschlechtlichen angenommen: Der Grundstein für die Entwicklung des Über-Ich ist gelegt und außerdem der für das Schuldgefühl. Das Kind fühlt sich immer dann schuldig, wenn die zunehmend internalisierten Normen des Über-Ichs übertreten werden. Letztlich erfolgt dann die Entwicklung eines Schuldgefühls auf der Basis des inneren Konfliktes zwischen dem (Wollen des) Es und dem (Verbot des) Über-Ichs. Die Angst vor Autorität (Elternfiguren), welche Triebverzicht erzwingt, wird später durch die Identifizierung mit der Autorität abgelöst. Triebimpulse und aggressive Regungen werden über das Über-Ich kontrolliert und abgewehrt. Dies erzeugt Spannung, welche als Schuldgefühl erlebt wird (Freud, 1940).

Trotz dieser allgemeinen, für die psychoanalytische Theorie geltenden Grundlegung des Schuldgefühls muss gesagt werden, dass die Entstehung und Entwicklung von Schuldbewusstsein und Schuldgefühl innerhalb der Psychoanalyse durchaus kontrovers ist. Dies hängt u. a. mit der Frage um das Verhältnis zwischen »realer« (juristischer) Schuld und dem Schuld*gefühl*, aber auch dem Schuld*bewusstsein*, Gewissen und Verantwortungsgefühl zusammen (Haesler, 2010). Traditionellerweise sind die Beschreibungen zum Schuldgefühl aus einer Perspektive der Psychoanalyse nicht vordergründig an strafrechtlicher Schuld orientiert (was ihr auch einiges an Kritik eingebracht hat z. B. Stein, 1978). Dieser Schuld(gefühls-)begriff bezieht sich eigentlich auf »bloß virtuelle Schuldphänomene« (Haesler, 2010, S. 41).

Hinsichtlich der Genese von Schuldgefühlen gibt es v. a. auch Beiträge aus der »englischen Psychoanalyse«, wobei hier der Ansatz von Winnicott[13] herausgegriffen wird. Winnicott – einer der Begründer der Objektbeziehungstheorie – formuliert, kurz gesagt, dass die objektbezogenen Antriebe eines Kindes zu einem rücksichtslosen Gebrauch der Objekte führen. Als Objekt gilt beispielsweise die Brust der Mutter. Das Kind möchte sich Objekte regelrecht aneignen, sich einverleiben und sie damit letztlich ihrer selbstständigen Existenz berauben, was ihrer Zerstörung gleichkommt (Winnicott, 2011). Indem Objekte »benutzt« und damit auch zerstört werden, aber gleichermaßen auch (innig) geliebt, tritt Ambivalenz zum Vorschein. Folglich wird eine Hemmung der »einverleibenden Kraft« (Aggression) gesucht, was bei Winnicott über die Fähigkeit zur Entwicklung von Besorgnis gelingt. Das sich Sorgen, sich Kümmern, welches mit der Hemmung der eigenen Destruktivität einhergeht, führt zur Entwicklung der Fähigkeit zur Verantwortung. Allerdings geht dies zulasten der Hemmung eigener lebendiger Impulsivität und Kreativität, um zu erlangen, dass das angegriffene Objekt die eigenen zerstörerischen Attacken überlebt. Das Kind verliert hier letztlich die Macht – die Omnipotenz – zur Zerstörung der Mutter und entkommt ihrer Rache. Genau genommen ist es diese beängstigende Machterfahrung, die erlebte Destruktivität, die mit Schuldgefühlen einhergeht und sie somit generiert. Eine Mutter, welche sich nicht »zerstören« lässt und im Sinne Winnicotts nicht rächt, hilft dem Kind, die Angst vor der eigenen Destruktivität, dem eigenen Hass und der darin angelegten Schuld zu überwinden. Die Fähigkeit zur Besorgnis entwickelt sich dann auch zur konstruktiven Wendung der Hemmung und somit zur Ermöglichung von Wiedergutmachung (Winnicott, 2011).

Nicht zuletzt soll der Ansatz von Erich Fromm kurz skizziert werden. Bei Fromm (1954) liegt der Ursprung des Gewissens – und somit des Schuldgefühls – in der Reaktion des Kindes auf Macht und weniger in seiner Reaktion auf den (sexuellen) Konflikt. Das Gewissen entsteht aus der Aufhebung des Machtkampfes des Kindes mit der elterlichen Autorität. Die Verbundenheit mit der Autorität bringt die Notwendigkeit zur Erfüllung dessen, was diese fordert, wobei die For-

---

13 An dieser Stelle wäre v. a. auch der Ansatz von Melanie Klein zu erwähnen, bei welcher das Schuldgefühl innerhalb der sogenannten depressiven Position als Versöhnung im Sinne einer Form der Schuldbeseitigung auftritt; darüber hinaus zeigen sich dort hinsichtlich des Schuldgefühls ganz ähnliche theoretische Ansätze wie bei Winnicott.

mulierung hier näher der Furcht als der Schuld liegt (Stein, 1978). Jedenfalls ist es der Ausdruck eigenen Willens – und dies würde ich bei Fromm im Sinne der Selbstverwirklichung als humanistischen Wert sehen –, der das Schuldgefühl hervorruft.

Die Genese des Schuldgefühls zeigt, dass komplexe Prozesse beteiligt sind, welche die Fähigkeit zum Schuldgefühl hervorbringen. Es zeigt sich, dass basale Determinanten wie das Erleben von Sicherheit, Geborgenheit, Akzeptanz kindlicher Regungen – und somit die Entwicklung zu einem stabilen Gefühl für das eigene Selbst – und ein Gefühl der Verbundenheit mit bedeutsamen anderen als Genese, aber auch als Basis für die Konfrontation mit dem Schuldgefühl gelten. Dennoch – und hier möchte ich nun nochmals die Kritik Haeslers aufgreifen, dass dieser Schuld(gefühls-)begriff sich dann auf »bloß virtuelle Schuldphänomene bezieht« (Haesler, 2010, S. 41) – geben uns viele beschriebene Ansätze wenig Aufschluss über das Schuldgefühl, welches sich an schuldhafter »Realität«, z. B. im strafrechtlichen Sinne, orientiert. Dass die psychoanalytische Theorie hier aber dennoch nicht zu kurz greift, betont Haesler, wenn er formuliert, dass gerade die »subjektive Bedeutung dessen, was realiter geschehen ist, und nicht das reale Geschehen allein das Schuldbewusstsein eines Subjektes bestimmt« (Haesler, 2010, S. 45). Diese subjektive Bedeutung soll weiter nachvollzogen werden.

2.3.3 Zur Unterscheidung von Schuldgefühlen

Bislang wurde von Schuldgefühlen »per se« geschrieben und außer Acht gelassen, dass eine Kategorisierung von Schuldgefühlen möglich ist. Verschiedene AutorInnen unterscheiden Schuldgefühle (z. B. Hirsch, 2012; Janoff-Bulman, 2002). Bei Hirsch (2012) stellt die Basis der Unterscheidung nicht das Erleben der Schuld durch das Subjekt dar, sondern der »Ursprung« des Schuldgefühls bzw. die grundlegende Schuldthematik. Er nimmt eine sehr umfassende Erläuterung seiner Differenzierung nach dem Schuldthema vor. Hirsch (2012) unterscheidet Basisschuldgefühle, Schuldgefühle aus Vitalität, Überlebensschuldgefühle, Trennungsschuldgefühle und traumatische Schuldgefühle.

Als *Basisschuldgefühl* bezeichnet Hirsch (2012) das schuldhafte Erleben, welches die bloße Existenz des Menschen betrifft. Es bezieht sich auf die grundlegende – schuldhaft erlebte – Annahme, überhaupt zu existieren sei »falsch«. Das »Auf-der-Welt-Sein« wird als schuldhaft erlebt. Die Unerwünschtheit eines Individuums kann dabei zwei verschiedene Formen aufweisen: einerseits das Individuum, das Kind, ist ein »ungewolltes Kind« und andererseits das So-Sein des Kindes ist ungewollt; es ist nicht das »richtige Kind«. Hirsch beschreibt sehr eindrücklich die verschiedenen Modi der Entstehung dieses Schuldgefühls (2012, S. 192ff.). In jedem Fall wird die Individualität des Kindes bzw. der Person geleugnet. Mutlosigkeit, mangelnder Selbstwert, Depression und häufig Suizidalität gehen mit diesem Schuldgefühl einher.

Schuldgefühle aus Vitalität: Die Durchsetzung vitaler Bedürfnisse, das Recht auf Leben und die Qualität des »Haben-Wollens« werden als schuldhaft erlebt. Häufig zeigt sich diese Art des Schuldempfindens auch als Befürchtung, dass eigener Erfolg zur Sanktion von RivalInnen führt und andere zurücksetzt, kränkt oder schädigt.

Im *Trennungsschuldgefühl* ist der grundlegende Konflikt zwischen eigener Autonomiebestrebung und Loyalität mit den primären Bezugspersonen konstituierend. Loslösung wird als schädigend oder zerstörend für das primäre Liebesobjekt eingestuft. Verändernd auf Beziehungen zu wirken löst bereits Schuldgefühle aus.

Unter dem *Überlebenden-Schuldgefühl* versteht Hirsch (2012) ein Gefühl, das der Tatsache des Überlebens eines katastrophalen Ereignisses, bei dem andere starben, entspringt. Diese Art des Schuldgefühls ist bei Hirsch denen aus Vitalität zugeordnet. Meines Erachtens ist diese Form der (gesamten) Gruppe *traumatischer Schuldgefühle* ebenso hinzuzurechnen; zumindest innerhalb dieser Arbeit erscheint dies bedeutend. Traumatische Schuldgefühle treten häufig als Versuch der Anpassung Traumatisierter auf, beispielsweise auch im Versuch der Wiederherstellung der Kontrolle (z. B. Janoff-Bulman, 2002). Traumata gehen sehr häufig mit Selbstbeschuldigungen einher. Diese Thematik wird ausführlich im Abschnitt über die »Verflechtung von Trauma und Schuld« aufgegriffen.

Eine weitere Einteilung von Schuld lesen wir bei Karl Jaspers. Jaspers (1974) unterscheidet in kriminelle Schuld, politische Schuld, moralische Schuld und metaphysische Schuld. Diese Einteilung wäre eigentlich Teil des Kapitels Schuldbegriffe in dieser Arbeit, wenn nicht Haesler (2010) die jeweils zugrunde liegende Angst – und damit verschiedene Formen von Schuldgefühlen – in diesen vier Schuldtypen herausarbeiten würde. Mit seiner Beschreibung findet eine Differenzierung von Schuldgefühlen statt. Die zughörige Angst bei der kriminellen Schuld ist nach Haesler (2010) die nach Vergeltung und Strafe. Hinsichtlich der politischen Schuld, welche sich aus der Zugehörigkeit zu einer handelnden Gemeinschaft ergibt, welche sich schuldig macht, ist die zugrunde gelegte Angst die des Verlustes der Zugehörigkeit. Die moralische Schuld geht mit der Angst vor vernichtender Beschämung und Entwertung einher (Haesler, 2010). Etwas offen bleibt die Frage nach der Angst in der metaphysischen Schuld. Sie bezieht sich bei Jaspers auf das unbeeinflussbare Unrecht in der Welt, und ich nehme an, die zugrunde zu legende Form des Schuldgefühls wäre die Angst des »Nicht-bewirken-Könnens« in Anbetracht der Machtlosigkeit.

In der Literatur werden weiter verschiedene Determinanten der Unterscheidung von Schuldgefühlen angeführt: Es wird zwischen wahren und falschen oder echten und unechten Schuldgefühlen sowie zwischen begründeten und grundlosen, realen und irrealen, sinnvollen und sinnlosen, zwischen bewussten und unbewussten Schuldgefühlen sowie gesunden und kranken unterschieden[14]. Um letztgenannte Unterscheidung aufzugreifen: Hole (1989) beispielsweise geht von einem Kontinuum innerhalb der Pathologie des Schuldgefühls aus. Auf neurotischer Ebene ist es der unbewältigte Triebkonflikt, der sich ins Pathologische gesteigert hat, wobei häufig das Schuldgefühl selbst unbewusst bleibt und sich der Patient »nicht schuldig, sondern krank fühlt«. Auf psychotischer Ebene findet sich dies, v. a. bei endogener Depression bis zu ausgeprägten Schuld- und Versündigungswahn.

Für Haesler (2010) erübrigt sich insgesamt eine Klassifizierung in reale versus unrealistische, neurotische oder pathologische oder aber normale Schuldgefühle insofern, als er die psychodynamische Wirklichkeit des Schulderlebens als gegeben anerkennt, ohne deren Spezifizierung (S. 46). Insofern schätzt er auch die Einteilung in verschiedene Arten von Schuldgefühl, wie sie beispielsweise von Hirsch (2012) vorgenommen wird, gering, da sie dem individuellen Erleben nicht gerecht werde. Dieser Kritik kann ich nur insofern folgen, als dass Haesler (2010) dann in weiterer Folge über die Bedeutung der Angst bzw. die Frage des Angstniveaus schreibt und diese präzisiert. Er trifft dann aber ebenso eine Unterscheidung in verschiedene Ängste wie z. B. Angst vor Liebesverlust, Angst vor Kastration, Angst vor Trennung, Angst vor dem Zerfall des Selbst usw. Da sich hinter dem Schuldgefühl die Angst verbirgt, lassen sich Qualitäten des Schulderlebens vermutlich mindestens genauso unterscheiden. Jedenfalls ist die Unterscheidung in Angst vor der Vernichtung durch ein überwältigendes Schuldgefühl, Angst vor Rache und Vergeltung usw. aufschlussreich.

2.4 Abwehr und Anerkennung der Schuld

Erklärungen über die Schuldabwehr erfolgen vereinfacht auf zwei verschiedenen theoretischen Grundlagen: Zum einen auf der Basis der sozialen Abwehrprozesse, z. B. durch Attribution, Zuschreibung oder Stereotypisierung – dies ist v. a.

---

14 Vgl. hierfür Diskussionen bei Auchter (1996), Hirsch (2012), Hole (1989), Stein (1978).

2.4 Abwehr und Anerkennung der Schuld

Gegenstand der Sozialpsychologie – sowie zum anderen die psychodynamische Abwehr der Schuld, welche sich an der Psychoanalyse bzw. Tiefenpsychologie orientiert. An dieser Stelle soll v. a. die intrapsychische, psychodynamische Abwehr der Schuld erläutert werden und die andere Form der Beschreibung von sozialen Abwehrprozessen dann im vierten Kapitel unter »Soziale Zuschreibung und Opferentwertung« erfolgen.

Die Schuld bzw. der Schuldaffekt wird v. a. aus Gründen der Angst, aber auch bei »starkem psychischen Schmerz« abgewehrt (Haesler, 2010; Hirsch, 2012). Die Angst, die sich hinter der Schuld verbirgt, ist die Angst vor Vernichtung, vor Vergeltung oder/und vor Rache. Die Abwehr der Schuld hängt bei Haesler v. a. vom lebensgeschichtlich verankerten Angstniveau des Individuums ab. Das »unreifere«[15] Angstniveau ist das, welches beispielsweise die Vernichtung befürchtet, das »reifere« fantasiert z. B. Rache. Diese Ängste werden, wenn ein Subjekt bedroht ist bzw. sich bedroht fühlt, davon überwältigt zu werden, abgewehrt. Insofern ist das Phänomen Schuldkonflikt[16] angstgeflutet. Neben der Abwehr der Angst erfolgt in der Schuldabwehr aber auch die Regulierung von zu großem Schmerz, z. B. der Schmerz des Verlustes (Hirsch, 2012).

Schuld kann als Form der sogenannten narzisstischen Abwehr von sich gewiesen werden (Hirsch, 2012). Dazu zählen massive Aggressionen gegen jeglichen Verdacht und in der Abwehr erfolgt eine Vorwegnahme narzisstischer Kränkung. Jede Auseinandersetzung über Schuld wird bereits im Keim erstickt. Umgekehrt aber gibt es auch die viel zu rasche Anerkennung von Schuld, welche letztlich trotzig ist und in anderen Schuldgefühle weckt (ebd., S. 59).

Der Abwehr der Schuld steht insgesamt die gesamte Bandbreite der (»reifen«) neurotischen Abwehrmechanismen zur Verfügung (Hirsch, 2012; Haesler, 2010; Mentzos, 2000). D. h. Schuld wird verleugnet, auf andere projiziert, verdrängt, rationalisiert usw. Hirsch (2012) führt ein eindrückliches Beispiel von Kafka an, in welchem behauptet wird, dass wir doch alle schuldig seien; wie könne denn da einer schuldig werden? (ebd.). »Schließlich machen es doch alle so« ist ein Beispiel für eine projektive Rationalisierung von Schuld (ebd.). Die psychodynamische Abwehr der Schuld wird in dieser Arbeit in der empirischen

---

15 Die Begriffe »reifes« und »unreifes« Angstniveau beziehen sich hier auf die Struktur der Persönlichkeit. Struktur ist definiert »als die Verfügbarkeit von psychischen Funktionen, für die Organisation des Selbst und seiner Beziehungen zu den inneren und äußeren Objekten (Rudolf, 2006, S. 58). Abwehrmechanismen auf der Basis einer geringen Ausstattung der Struktur sind entsprechend »unreifer« Natur und bedeuten eine unzureichende Verfügbarkeit der genannten Funktionen.

16 Der Begriff stammt hier von Haesler (2010, S. 48).

Untersuchung aufgegriffen und anhand von »individuellen Schuldgeschichten« aufgezeigt und vertieft.

Schuldzuweisungen sind häufige Formen der Schuldabwehr. Diese gelang bereits Adam, welcher die Schuld Eva zuwies, sie gelingt aber auch über Zuweisungen auf das Schicksal, oder noch dramatischer, auf Opfer (Hirsch, 2012). Besonders die Schuldzuschreibung auf Opfer findet sich häufig im Zusammenhang mit Trauma und Verursachung von Traumatisierungen. Dieser Zuschreibung liegt nicht nur eine besondere Form der Attribution bei einer/m VerursacherIn zugrunde, sondern sie wirkt darüber hinaus entwertend für Opfer. Diese Thematik wird im Kapitel der Attribution – der Zuschreibung – nochmals aufgegriffen und dann auch als Forschungsgegenstand in der empirischen Untersuchung mit beleuchtet.

Eine sehr bekannte Form der Schuldabwehr – der Sündenbockmechanismus – soll an dieser Stelle erläutert werden. Der Sündenbock ist jemand, dem man Schuld zuschiebt, auf den Schuld projiziert wird. Der Begriff selbst ist ein biblischer[17], der an einem Tag der Sündenvergebung durch Handauflegen ermöglicht, Schuld symbolisch auf einen Ziegenbock zu übertragen. Dieser wird anschließend in die Wüste vertrieben und mit ihm ziehen Schuld und Sünden dahin. Psychologisch betrachtet gilt die soziale Rolle des Sündenbocks als »Opfer« eigener Schuldzuschreibung und somit Schuldentlastung. Brinton-Perera (1992) sieht im Sündenbockmechanismus den Versuch das eigene Böse zu eliminieren, Anteile hinauszuschleudern und in der Projektion dieser Anteile das Böse bei den anderen zu finden. Da dem anderen meine Wut, meine Aggression und mein Hass zugeschrieben werden, wird er in meiner Vorstellung so spiegelbildlich aggressiv, grausam, brutal sein. Doch grundsätzlich gilt, dass Sündenböcke »nachwachsen und neue erfordern« (Hirsch, 2012, S. 61), denn letztlich können eigene Anteile nicht dauerhaft eliminiert bzw. »fremduntergebracht« werden.

Das »Watergate-Syndrom«, welches sich kurz formuliert als Missbrauch von Regierungsvollmachten[18] umschreiben lässt, ist – so Auchter (1996) – nur auf der Basis der Deformation des Gewissens in Richtung eines abweichenden Wertesystems möglich. Auch diese Deformierung ist ein Beispiel der Schuldabwehr.

Schuldabwehr zeigt sich aber ebenso auch in der vorschnellen Aussöhnung mit Schuldgefühlen, als Weigerung des Subjektes, eigenes und fremdes Leiden, an welchem die Person mitverursachend ist, anzuerkennen (Hubbertz, 1992). Um-

---

17 Aus dem Buch Levitikus: Lev 16,1-28.
18 Der Watergate-Skandal bezeichnet eine ganze Reihe von gravierenden Verfehlungen von Vollmachten innerhalb der Amtszeit des US-amerikanischen Präsidenten Richard Nixon zwischen 1969 und 1974.

2.4 Abwehr und Anerkennung der Schuld

gekehrt ist auch die Wendung der Aggression gegen die eigene Person abwehrend, wenn Schuldgefühle zu massiven Selbstanklagen und negativen Bewertungen führen. Wer sich selbst fortwährend anklagt, ist nicht mit anderen auseinandersetzungs- und dialogfähig und es wird auch Verantwortung und ggf. Versöhnung – aber auch Schuldanerkennung – abgewehrt. Nicht zuletzt schreibt Hubbertz (1992), dass aggressive Schuldabwehr auch dahingehend verstanden werden kann, dass jede Schulderfahrung eine radikale Infragestellung von Selbst- und Weltbild des Menschen darstellt, in welcher Ohnmacht und Leiden verleugnet werden müssen. Die Gefahr abgewehrter Schuld sieht Wachinger (1996) in der Erstarrung der Persönlichkeit, die Mündung in Empfindungslosigkeit, Spaltung oder »automatisiertes« Weiterleben: Er nennt dies unkonfrontierte Schuld. Dies führt zur Frage der Anerkennung von Schuld.

Unter Anerkennung der Schuld versteht Hubbertz (1992) die Annahme und Anerkennung des eigenen Schattens. Er bezieht sich hierin auf den Begriff des Schattens in der Jung'schen analytischen Psychologie. Die Integration von verleugneten und negativ bewerteten Seiten eigener Persönlichkeit ist für Hubbertz unerlässlich für die Anerkennung von Schuld. Allerdings bleibt Hubbertz meines Erachtens in dieser Formulierung etwas undifferenziert: Zwar erscheint mit einleuchtend, dass die Akzeptanz eigener Unvollkommenheit und Schwäche bedeutend ist, aber gerade der Schatten der Person enthält auch all unsere »gemeinen, geizigen und geilen« Aspekte. Gerade diese könnten aber zu Selbstbeschuldigung führen, wenn jemand beispielsweise für den Tod einer anderen Person (mit-)verantwortlich ist bzw. sich verantwortlich fühlt. Mit anderen Worten, aufgrund meiner Nachlässigkeit und Arroganz (Schatten) ist der Unfall mit Todesfolge geschehen. Es folgt quasi die Identifikation mit dem Schatten, so meine hier formulierte Sorge. Schuld einsehen und anerkennen, im Sinne eigener Fehlbarkeit, kann nur das Individuum selbst; Schuldvergebung kann nur durch das Opfer erreicht werden, betont Auchter (1996). Die Anerkennung der Schuld impliziert für ihn eine Kontingenzerfahrung: Eigenes Handeln ist die Ursache für eine Wirkung; diese Selbstwirksamkeit gilt als grundlegende Voraussetzung für die Entwicklung der Fähigkeit zur Verantwortung. Insofern beinhaltet Schuldanerkennung die Möglichkeit zur Erfahrung eigener Kompetenz.

Dass zur Anerkennung der Schuld der Dialog über diese unerlässlich ist, betonen mehrere Autoren, allerdings aus verschiedenen Zusammenhängen heraus. Für Hubbertz (1992) ist der kommunikative Austausch über das schuldhafte Handeln wie ein Verantwortungsdiskurs, ein Argumentationsverfahren zu verstehen, in welchem die sozialen und logischen Regeln des Argumentierens in einer Symmetrie der Sprechbedingungen als Voraussetzung gelten. Der gelungene Dialog kommt nicht ohne entsprechende Merkmale aus: Gegenseitigkeit von Rede und Antwort,

Fairness als Bemühen zur Chancengleichheit und Symmetrie von Sprechakten, Echtheit der Übereinstimmung zwischen Verhalten und Gefühl und Ganzheitlichkeit des Sich-Einlassens (S. 86). Hubbertz unterscheidet dabei drei Dialogebenen des Schuldkonfliktes: die rechtliche, die moralische (Symmetriebedingungen der aktuellen Sprechsituation, Fragen der Diskursethik, Verantwortungsnorm) sowie die hermeneutische (Verstehen von Innenwelt und Handlungsweise, Einfühlung, Selbstoffenbarung). In diesem verstehenden Dialog geht es im Gegensatz zum moralischen Dialog um Kontextbezogenheit. Dieses Verständnis von Schuld basiert meines Erachtens auf dem Schuldkonflikt innerhalb einer (dynamischen) Beziehung. Dem soll nun Haesler gegenübergestellt werden, für den der Schuldkonflikt primäre Angst bedeutet und »das Sprechen über« nicht primär bereits in einer Diskursethik geregelt ist, sondern den Versuch darstellt, dass dieses überhaupt erst ermöglicht wird und nicht im Sinne der Angstüberwältigung verunmöglicht.

Die Anerkennung der Schuld setzt nach Haesler (2010) immer die Triangulierung voraus. Um dies zu erläutern, vorerst zur Anerkennung: Im Sinne Haeslers bedeutet die Anerkennung der Schuld, dass ein Subjekt formulieren kann: »Ich erkenne mich an als jemand, der sich durch das eigene Denken oder Handeln schuldig gemacht hat« (Haesler, 2010, S. 57). Die Triangulierung bedeutet die Überwindung eines bloßen Zweiheitsverhältnisses (ebd., S. 56), indem das Individuum auf seinem psychischen Strukturniveau »heranreift« in ein in seiner Angst nie ausschließliches Ausgeliefertsein an den anderen oder aber an die fantasierte Instanz der Vergeltung der Schuld. Die Triangulierung bedeutet, dass ein klärender, konstruktiver und insofern triangulärer Verständigungsdiskurs grundsätzlich möglich wird. In diesem Zusammenhang formuliert Hubbertz (1992), dass Schuld immer ein Beziehungsgeschehen bedeutet; im Sinne Haeslers würde man annehmen, dass Schuld immer zu einem Beziehungsgeschehen werden muss. Der Anerkennung im Weg steht aber nicht nur die strukturelle Reife der Persönlichkeit und damit die Fähigkeit zur Triangulierung, sondern auch das narzisstische Gleichgewicht des Individuums (Haesler, 2010, S. 58): Beschämung, Verlust des Selbstwertes und Verletzung des Stolzes fördern die Abwehr der Schuld. Auch Wachinger (1996) betont, dass erst wenn Schuld erzählbar wird, sich diese vom Fremdkörper (in unserem Sinne Spaltung) zur seelischen Wunde (in unserem Sinne Integration) entwickeln kann.

2.5 Juristische Aspekte der Schuld: Fahrlässigkeit

Schuld ist auch ein Hauptbegriff der Jurisprudenz, zumindest muss v. a. innerhalb dieser Disziplin festgehalten werden, was Schuld ist, wer schuldhaft ist und wer schuldlos. Wie immer der Begriff der Schuld und der Zugang zu ihr gewählt wird, innerhalb der Gesetzgebung gibt es Festlegungen von Schuld, die uns als gesellschaftliche Mitglieder an ihre Rechtsgültigkeit binden. Schuld »muss« in der Jurisprudenz quantifiziert werden. Vordergründig ist in der Rechtslage die Frage zu stellen, ob die Beurteilung von Schuld an der *Beabsichtigung* einer Tat – und somit am Handlungsbegriff – an einem *Schaden* oder an den direkten *Folgen* zu bemessen ist. Besonders im Zusammenhang mit der (Mit-)Verursachung des Todes oder Verletzung anderer stellt sich die Frage der rechtlichen Regelung dieser Ereignisse.

Einleitend zur Erläuterung der rechtlichen Aspekte der Schuld soll nochmals Friedrich Nietzsche zitiert werden, welcher bereits 1887 zu folgenden Aussagen kam: »Haben sich diese [...] Genealogen der Moral auch nur von der Ferne Etwas davon träumen lassen, das z. B. jener moralische Hauptbegriff ›Schuld‹ seine Herkunft aus dem sehr materiellen Begriff ›Schulden‹ genommen hat? Oder dass die Strafe als eine V e r g e l t u n g sich vollkommen abseits von jeder Voraussetzung über Freiheit oder Unfreiheit des Willens entwickelt hat? – und dies bis zu dem Grade, dass es vielmehr immer erst einer h o h e n Stufe der Vermenschlichung bedarf, damit das Thier ›Mensch‹ anfängt, jene viel primitiveren Unterscheidungen ›absichtlich‹, ›fahrlässig‹, ›zufällig‹, ›zurechnungsfähig‹ und deren Gegensätze zu machen und bei der Zumessung der Strafe in Anschlag zu bringen.« Und weiter: »[...] der so unvermeidliche Gedanke [...] der ›Verbrecher verdient Strafe, weil er hätte anders handeln können‹ ist thatsächlich eine überaus spät erreichte, ja raffinirte Form des menschlichen Urtheilens und Schliessens« (Nietzsche, 2011, S. 52; Schreibweisen und Sperrungen wie im Original).

Soziale Verhältnisse werden über die Rechtsprechung geregelt; somit kommen dieser regulative und integrative Funktionen zu (Berkemann, 1984). Als Basis rechtlicher Konstruktionen gilt der Handlungsbegriff. Die bewertende Beurteilung eines/r Handelnden wird innerhalb einer sozial erkennbaren und sozial wirksamen Handlungssituation vorgenommen. Bedeutend im Zusammenhang mit dieser Arbeit ist die Rolle der Handlung für das Strafrecht. So schreibt Berkemann (1984): »Erst das eigene Wissen um vorhandene Fakten, die Intentionalität und vorhandene Handlungsperspektiven sind bedeutsame Elemente, welche es zu rechtfertigen vermögen, dem Straftäter einen subjektiven und damit auch sittlich vertretbaren Schuldvorwurf für sein gezeigtes Verhalten zu machen« (S. 807). Und weiter: »Die [...] Analyse des strafrechtlichen Vorsatzes und der Schuld hat eine [...] Differenzierung erfahren« (ebd.). Der strafrechtliche Handlungsbegriff ist bestimmend dafür, welches Verhalten strafbar ist und welches sozial erkennbare Handlungsgeschehen zugrunde gelegt wird. Die Unschärfe der Rechtswissenschaft liegt u. a. darin, über phänomenologisch-anthropologische Vorentwürfe hinaus zu generellen handlungstheoretischen Konstruktionshypothesen zu gelangen, um ihr Ziel, das Ordnen sozialer Verhältnisse, zu erlangen. Der Rückgriff erfolgt auf den Verbrechensbegriff, wenn von Tatbestand, Rechtswidrigkeit und Schuld gesprochen wird, um eigentlich Handlungsverläufe zu rekonstruieren. So wird eine schuldbezogene Pönalisierung auf die Finalisierung im Handlungsgeschehen hinweisen und darauf die Strafbarkeit der gezeigten ›verbrecherischen Energie‹ begründen« (Berkemann, 1984, S. 809). Zusammengefasst also kann festgehalten werden, dass die soziale Gesellschaft von der individuellen Beherrschbarkeit kausaler Abläufe ausgeht, wobei das geltende Recht auf einem normativen und somit wertenden Schuldbegriff basiert. Die rechtliche Orientierung erfolgt an der handelnden Person, welcher zunächst Handlungs- und Schuldfähigkeit unterstellt wird; diese wird dann ggf. in der Interpretation des Geschehens eingeschränkt (ebd., S. 814). Letzteres führt in die Diskussion um die Fahrlässigkeit.

Das Zivilrecht verwendet den Begriff der Fahrlässigkeit hinsichtlich des Verschuldens. Fahrlässigkeit bedeutet das Außer-Acht-Lassen »der im Verkehr erforderlichen Sorgfalt«.[19] Das Strafrecht sieht eine Strafbarkeit für fahrlässiges Handeln vor, wenn dies ausdrücklich mit Strafe bedroht wird.[20] Fahrlässig handelt also, wer die Sorgfalt außer Acht lässt, zu der er nach den Umständen verpflichtet und nach seinen geistigen und körperlichen Verhältnissen befähigt ist und die ihm zuzumuten ist. Es ist eine eigenständige Deliktsform[21][22], welche

---

19 Nach § 276 BGB (Bürgerliches Gesetzbuch).
20 Nach § 15 StGB (Strafgesetzbuch).
21 Das Zivilrecht unterscheidet zwei Arten der Fahrlässigkeit. Leichtfertige Fahrlässigkeit (= die sogenannte grobe Fahrlässigkeit) liegt vor, wenn die erforderliche Sorgfalt in besonderem Maße nicht beachtet wurde. Die einfache Fahrlässigkeit liegt vor, wenn die erforderliche Sorgfalt nicht beachtet werden konnte bzw. mit nicht absichtlicher Unachtsamkeit nicht beachtet wurde. Eine grobe Sorgfaltspflichtverletzung wird angenommen, wenn die Anforderungen an die Sorgfalt jedem anderen in der Situation des Betroffenen ohne Weiteres aufgefallen wären (Quelle: http://de.wikipedia.org/wiki/Fahrl%C3%A4ssigkeit). Zugriff am 26.10.2013
22 Strafrechtlich wird zwischen bewusster und unbewusster Fahrlässigkeit unterschieden. Bei der bewussten Fahrlässigkeit (lat. luxuria) rechnet der Handelnde mit dem möglichen Eintritt, vertraut aber pflichtwidrig und vorwerfbar darauf, dass der Schaden nicht eintreten wird. Der Handelnde darf den Erfolg aber nicht billigend in Kauf genommen haben, sonst liegt bedingter Vorsatz (dolus eventualis) vor. Die unbewusste Fahrlässigkeit (lat. negligentia) ist dadurch gekennzeichnet, dass der Handelnde den Erfolg nicht voraussieht, aber ihn doch bei der im Verkehr erforderlichen und ihm zumutbaren Sorgfalt hätte voraussehen und verhindern können.

aus einem eigenen Unrechts- und Schuldgehalt besteht (vgl. Reiter, 2007). Damit Fahrlässigkeit überhaupt vorliegen kann, bedarf es der Vermeidbarkeit, der Voraussehbarkeit des rechts- bzw. pflichtwidrigen Handelns und der entsprechenden Folge, die sich daraus ergibt. Darüber hinaus muss ein alternatives Verhalten in der jeweiligen Situation zumutbar sein. Die Zumutbarkeit alternativen Verhaltens setzt aber letztlich voraus, dass dieses überhaupt möglich ist und dann auch wahrgenommen wird.

Mit der »Schuld« wird der Person vorgeworfen, nicht mit jener ihr möglichen und zumutbaren Sorgfalt vorgegangen zu sein und beachtet zu haben, was eine »maßgerechte« Person beachtet hätte (vgl. Reiter, 2007). Rechtlich betrachtet muss also die Zumutbarkeit des rechtmäßigen Verhaltens, Schuldfähigkeit sowie die objektive Voraussehbarkeit des (Handlungs-)Erfolges berücksichtigt werden. Dabei spielt der Kausalzusammenhang eine zentrale Rolle: Der Kausalzusammenhang für eine Erfolgszurechnung muss ein Kausalzusammenhang zwischen dem Agieren des potenziellen »Täters« und dem eingetretenen Erfolg sein. Kritisches Element ist die »Handlungseindeutigkeit«[23]. Darüber hinaus können Rechtfertigungsgründe zur Anwendung kommen und die tatbestandsmäßigen Handlungen somit gebilligt werden (vgl. Reiter, 2007). Fehlende Voraussehbarkeit des Handlungserfolges schließt vorsätzliches Handeln im Rechtssinne aus, die vorhandene Handlungsintentionalität bezieht sich lediglich auf ein anderes, indes gewolltes Handeln (Berkemann, 1984). Dabei stellt sich natürlich die Frage, ob vom Subjekt die Vornahme der Handlung erwartet werden konnte. Mit dieser Frage wird aber gleichzeitig der willensbezogene zielgerichtete Handlungsbegriff »allzu leicht überfrachtet« (Berkemann, 1984).

Rechtliche Verantwortung für gezeigtes Verhalten setzt Entscheidungsfreiheit voraus. Das – nun weitere entscheidende – Kriterium ist die Vorwerfbarkeit. Nur wenn die Fähigkeit vorhanden ist, anders zu handeln, als gehandelt wurde, kann der/die Handelnde moralisch und rechtlich für die Folgen seines/ihres Verhaltens belastet werden. Das Verhalten eines/r Zurechnungsfähigen muss objektiv pflichtwidrig und subjektiv vorwerfbar sein (Berkemann, 1984). Die subjektive Komponente führt im Zivilrecht zum Begriff des »Verschuldens« und im Strafrecht zu dem der »Schuld«. Dabei räumt auch Berkemann (1984) ein, dass der strafrechtliche Schuldbegriff kontrovers ist, da er stark von weltanschaulichen Erwägungen geprägt ist, denn Schuld und Willensfreiheit weisen auch in der

---

23 Es gilt die Eliminationsmethode: Wird Handlung »weggedacht«, wird auch der (Handlungs-)Erfolg »weg« sein müssen. Mit anderen Worten: Auch nur der geringste Umstand, der zum Erfolg beigetragen hat, ist als kausal zu identifizieren (vgl. Reiter, 2007).

Pragmatik des Rechts auf Fragen des menschlichen Verhaltens und Handelns hin. Was jedoch nicht Bestandteil der Rechtswissenschaften ist, ist der Irrtum. Ein/e Handelnde/r kann sich irren (Berkemann, 1984). Darüber hinaus ist die Bewertung einer Handlungssituation oft auch noch in einem Handlungszusammenhang mit anderen Subjekten zu sehen (ebd.). Dies führt zum Gedanken der Verkettung, welcher später wieder aufgegriffen wird.

3 Die Verflechtung von Schuld und Trauma

Sowohl Schuld als auch Trauma sind je für sich schwierig einzugrenzende und zu umfassende Phänomene, weder definitorisch eindeutig noch in den jeweiligen Bedeutungsassoziationen einfach zu präzisieren. Beiden gemeinsam ist, dass sie – sozusagen als weiteste gemeinsame Schnittmenge – jeweils sehr existenzielle Fragen des Menschseins betreffen und für die betroffenen Individuen größte Herausforderungen für »ein Leben damit« in sich bergen.

Die Verflechtung von Trauma und Schuld kann in verschiedenen Modi des Zusammentreffens gedacht werden: (1) Schuld bzw. Schuld*gefühle* entstehen, indem eine (Mit-)Verursachung eines traumatischen Ereignisses angenommen wird, und zwar in dem Sinne, dass ein Zusammenhang zwischen dem eigenen Verhalten und einem Ereignis hergestellt wird, wo – offenkundig – keiner besteht. Diesen Modus möchte ich im Weiteren »die Übernahme von Schuld zur Wiederherstellung der Kontrolle« nennen. (2) Der nächste Modus ist die Übernahme von Schuld durch die traumatisierten Opfer, nachdem diese durch den/die TäterIn geleugnet wird. Ich nenne diesen Modus einfachheitshalber hier »stellvertretende Schuld«. Außerdem kann (3) Schuld als Überlebensschuld auftreten: Hierfür ist die Traumatisierung bzw. der Tod anderer konstituierend. Hier wird der Begriff der »übernommenen Schuld« angewandt. Diese Formen werden im Folgenden dargestellt[24].

---

24 Neben diesen Modi finden sich in der Literatur weitere Beschreibungen, die als Modi der Verflechtung zwischen Trauma und Schuld gelten können. Hier wären Fragen der »absichtlichen« Traumatisierung von Gruppen und ganzen Gesellschaften zu nennen: Die Dynamik der TrägerInnen der »Schuld, durch Zufügung von Trauma« sind z.B. aus Diskussionen über den Holocaust oder weiteren Genoziden dieser Welt in der Literatur zu-

3.1 Schuldgefühle zur Wiederherstellung des Kontrollgefühls

Traumata bedrohen unsere fundamentalsten Annahmen von der Welt und uns selbst. Diese Annahmen werden in jedem Fall zu schützen gesucht (Janoff-Bulman, 2002; Andreatta, 2010). Die Illusion der Unverwundbarkeit wird von Individuen möglichst aufrechterhalten. Eine Traumatisierung bedeutet für das Individuum das schutzlose Ausgeliefertsein an eine nicht bewältigbare Situation (Fischer und Riedesser, 2009). Dies geht mit Gefühlen von Hilflosigkeit, Angst und Ohnmacht einher. Trauma im Allgemeinen, aber auch Unfälle im Besonderen werden als Kontrollverlust erlebt (Fischer und Riedesser, 2009; Janoff-Bulman, 2002; Siol et al., 2003). Das zentrale pathogenetische Moment der Traumatisierung ist dabei gerade auf diesen realen oder erlebten Verlust der Kontrolle zurückzuführen.

Gelingt es dem Individuum nun, zumindest subjektiv ein Stück weit sich selbst die Schuld für ein traumatisches Ereignis zuzuschreiben, wird gleichzeitig ein Gefühl für Kontrolle erlebt bzw. zurückgewonnen. Zumindest für die zukünftige Vermeidung des Schrecklichen wird die Kontrollillusion wieder aufgebaut. Die Schuldgefühle erhalten in diesem Falle eine Abwehr- bzw. Schutzfunktion, denn sie fördern die subjektive Aufrechterhaltung oder Wiederherstellung der Kontrolle und der Vorhersagbarkeit von Ereignissen (Janoff-Bulman, 2002; Ehlers, 1999). Sie stehen im Dienst traumakompensatorischer Bemühungen. Insofern bilden Schuldgefühle einen Schutz vor dem Gefühl der völligen Schutzlosigkeit, der totalen Preisgabe und dem Kontrollverlust (Janoff-Bulman, 2002; Ehlers, 1999). Das Schuldgefühl selbst wird als »Preis« in Kauf genommen. Charakteristischerweise findet dabei häufig eine Überbewertung der eigenen Handlungsmöglichkeiten statt (Ehlers, 1999). Becker (1992) bringt dies auf den Punkt, wenn er schreibt: »Die Schuldzuweisung [sich selbst gegenüber, Anm. d. Verf.] kompensiert die Erfahrung der totalen Ohnmacht [...]: Je schuldiger ich an dem Unglück bin, desto weniger bin ich Opfer« (Becker, 1992, S. 248).

Dass Betroffene mit der Kollision zwischen ihren vormaligen sichernden

---

nehmend breiter bekannt und beschrieben. Ebenso ist die Verflechtung von Trauma und Schuld aus der Rechtspsychologie und Erforschung der Delinquenz zu denken, und zwar in der Reihenfolge, wie Traumatisierungen zu späterem »schuldhaftem Verhalten« führen. Unter dem Aspekt der Erforschung der unintendierten Verursachung des Todes anderer, um welche es hier letztlich geht, erscheinen mir die letztgenannten Verflechtungsmodi nicht zum Verständnis beizutragen und werden deshalb hier nicht vertieft.

Grundannahmen und der überwältigenden Information des Ereignisses konfrontiert sind, zeigt sich beispielsweise in der Suche nach Zeichen, z. B. Aussagen wie: »Ich hätte erkennen müssen, dass es zu dem Unfall kommt!« oder in der Suche nach Handlungsmöglichkeiten: »Ich hätte nur rasch genug ausweichen müssen!« (Andreatta, 2010). Schuldgefühle haben in der akuten Situation – wie sich besonders in der Notfall- und Krisenintervention zeigt – eine zentrale Bedeutung, um den eigenen Beitrag im Geschehen zu klären (Lasogga und Gasch, 2002; Andreatta, 2010). Es wird ein kausaler Zusammenhang zwischen dem eigenen Verhalten und einem Ereignis, für das man sonst keine Erklärung hätte, hergestellt (Ehlers, 1999; Price, 1990; Fauth, 2011), wobei nochmals zu betonen ist, dass Betroffene massive Schuldgefühle auch dann empfinden, wenn objektiv kein schuldhaftes Handeln oder Unterlassen einer Handlung vorliegt.

3.1.1 Entstehung der Schuldgefühle nach Trauma: eine Akkommodationsleistung

Im Sinne des psychodynamischen Modells der Traumatisierung (Fischer und Riedesser, 2009) und seiner Formulierung auf der Basis eines Ansatzes von Jean Piaget kann die Entstehung von Schuldgefühlen nach einem Trauma als spezifische Anpassungsleistung, als Akkommodation, verstanden werden. Es sei kurz an die sensomotorische Zirkulärreaktion und die Begriffe Assimilation und Akkommodation in Piagets Konzept erinnert. Schemata unterliegen Piaget zufolge einem Regulationsprinzip, welches im Prozess der Adaptation an eine Situation zweierlei Funktionen beinhaltet, den Assimilations- und den Akkommodationsvorgang (vgl. Montada, 1995b). Assimilation bedeutet die Einordnung von Umwelterfahrungen in schon vorhandene subjektive Bezugssysteme, z. B. die Aufnahme von Information in bestehende kognitive Schemata. Führt neue Information zu einer Änderung der kognitiven Schemata der Person, wird von Akkommodation gesprochen. Die Schemata der Person werden reorganisiert. Glasersfeld (1997) versteht unter Akkommodation die Reaktion eines Individuums, die dann eintreten kann, wenn das Ergebnis einer Handlung nicht der Erwartung des Subjekts entspricht. Die Überraschung oder Enttäuschung kann zu einer Änderung des Handlungsschemas oder zur Bildung neuer Schemata führen. Man könnte mit anderen Worten sagen, dass etwas, das wir nicht kennen und nicht beherrschen, unsere Assimilationsschemata zwingt Akkommodationsbemühungen zu unternehmen.

Nach den Vorüberlegungen aus dem Modell des Situationskreises und den zirkulären Kreisreaktionen Piagets (vgl. Montada, 1995b) kann nun festgehalten werden, dass Umwelterfahrungen nicht in bereits vorhandene Schemata integriert werden können – wie dies bei einer traumatischen Erfahrung aufgrund der Qualität der Information der Fall ist –, kann die neue Situation also nicht einfach »einverleibt« werden: Es muss eine Akkommodation erfolgen. Die »schemakognitive Krise« kann letztlich nur über die zwei Varianten gelöst werden: Überarbeitung der neuen Informationen, um sie in bestehende Grundannahmen einzupassen und diese aufrechtzuerhalten (Assimilation). Oder: Korrektur der bestehenden Grundannahmen in einer Art und Weise, die einen Zusammenbruch des gesamten Systems verhindert und trotzdem noch die Möglichkeit enthält, die Welt als sicher zu erleben (Akkommodation). D.h. sehr vereinfacht gesagt, ein Individuum muss sich so lange »verändern«, bis es zur traumatischen Information »passt«.

Für Janoff-Bulman und McPherson-Frantz (1996) ist eine zentrale Aufgabe innerhalb der Anpassung und Bewältigung traumatischer Erfahrungen die Neukonstruktion der inneren Welt- und Selbstmodelle. Die Verarbeitung des traumatischen Erlebnisses führt zu folgendem »kognitiven Dilemma«: Einerseits ist es nicht möglich, die traumatischen Informationen in die bereits bestehenden Grundannahmen zu integrieren, andererseits ist durch eine Veränderung der Grundannahmen die Stabilität und Kohärenz des gesamten Systems gefährdet (Janoff-Bulman, 1989). Gelingende Anpassung an das Trauma besteht demnach darin, die vorhandenen Schemata so lange umzuarbeiten, bis die traumatische Information in den vorhandenen Bestand kognitiv-emotionaler Schemata integriert werden kann (Fischer und Riedesser, 2009). Ein wichtiger Einfluss auf die Anpassung übt das Ausmaß aus, in welchem es dem Traumaopfer gelingt, die traumatische Information innerhalb des intrusiven Stadiums in einen bedeutungshaften Bezugsrahmen zu stellen (Horowitz, 2003; Janoff-Bulman, 2002). Dieser Rahmen muss dem Traumaopfer Erklärungen bieten, in welchen nicht in Beziehung stehende Teile zusammengefügt werden können und darüber hinaus verstehen lassen, welche Handlungen unter den bestandenen Umständen warum gesetzt oder unterlassen wurden. Eigene Reaktionen und Handlungen während des Traumas müssen verstehbar und Gedanken logisch oder sequenziell organisiert werden. Traumaopfer stellen also eine Reihe von Bemühungen an, die traumatische Erfahrung zu interpretieren und versuchen, das »alte« Selbst- und Weltverständnis zu erhalten und neuere negative Interpretationen abzuwehren. Zu diesem Zweck werden entsprechende Strategien angewandt. Diese Reaktionen und Verhaltensweisen im Dienste der Anpassung fassen Janoff-Bulman und Thomas (1989) als »self-defeating behaviors« zusammen. Sehr bedeutend sind dabei soziale Vergleichsprozesse, Selbstbeschuldigung bzw. Schuldgefühle und kognitive Umbewertungen (Janoff-Bulman und McPherson-Frantz, 1996; Collins et al., 1990). Letztlich fördert diese »akkommodative« Bemühung des Individuums den Prozess, die traumatische Information so lange zu überarbeiten, bis die Assimilation erfolgen kann.

3.1.2 Die logischen Fehler des Schuldgefühls

Für die Aufrechterhaltung oder Wiederherstellung der Kontrollillusion werden logische Denkfehler in Kauf genommen (Ehlers, 1999; Boos, 2007). Konkrete Anlässe für Schuldgefühle sind Handlungen oder Unterlassungen, die in einen kausalen Zusammenhang zum Ereignis sowie dem »angerichteten Schaden« gebracht werden. Häufig wird die Unfähigkeit, ein Trauma verhindert oder zumindest dessen Verlauf beeinflusst zu haben, angenommen. Ebenso tragen Entscheidungen während eines Ereignisses, eine mögliche Fehleinschätzung der Situation oder der Gedanke, die Situation nicht ernst genommen oder verharmlost zu haben, zur Entwicklung von Schuldgefühlen bei. Drozdek et al. (2006) nennen den Begriff der Situationsschuld.

Boos (2007) beschreibt logische Fehler, welche als »Nachhineineffekt« oder auch »Rückschaufehler« bezeichnet werden. Diese umfassen z. B. die Entscheidungsfindung in der Retrospektive, aus welcher Fehlverhalten abgeleitet wird. Ehlers (1999) systematisiert typische »Denkfehler«: Dazu zählt die Interpretation des Ereignisses im Nachhinein unter dem Einschluss von Wissen, welches vor dem Ereignis nicht verfügbar war. Es kommt zu einem Täuschungseffekt der Retrospektive, aber auch zum selektiven Ausschluss von Zusammenhängen und Bedingungen, z. B. Wetterbedingungen oder andere Umstände, welche maßgeblich zu einem Unfall geführt haben. Im selektiven Denken wird eine Reihe von Aspekten des Ereignisses wie z. B. die Beteiligung anderer als Gründe für bestimmtes Verhalten usw. einfach ausgeschlossen. Die Interpretation von Wahrnehmungsveränderungen während des Ereignisses als Realität ist ebenso ein »Fehler«, welcher begangen wird und als weitere Basis zur Entwicklung von Schuldgefühlen gilt. Peritraumatische Wahrnehmungsverzerrungen wie z. B. der Verlust des Zeitgefühls, Tunnelblick, dissoziative Momente, Depersonalisation sind aber, wie bereits beschrieben, eine Form der von der Handlung entkoppelten Wahrnehmung im Rahmen der akuten Stressreaktionen. Darüber hinaus – so weiter mit Ehlers (1999) – geht sie davon aus, dass wir unsere eigene Verantwortlichkeit überschätzen und nicht zuletzt auch »Doppelstandards« in der

Bewertung anwenden (z. B. ich hätte das Auto sehen müssen, doch wäre jemand anders an meiner Stelle, würde man milder sein und weniger überzeugt, dass dieser andere das Auto hätte sehen müssen/können). Dies kann meines Erachtens durch die Rolle und Kompetenzerwartung der Betroffenen zusätzlich verstärkt werden (z. B. Eltern fühlen sich in besonderer Weise für ihre Kinder verantwortlich, TourenführerInnen für eine Gruppe und Vorgesetzte für ihre MitarbeiterInnen). Ehlers geht weiter davon aus, dass in der subjektiven Verwechslung von Schuldgefühlen und Schuld (»Ich fühle mich schuldig, also muss ich schuldig sein!«) eine weitere Fehleinschätzung liegt. Insgesamt hält sie eine überstarke Bewertung des eigenen Verhaltens für falsch.

Abschließend soll eine Differenzierung der Literatur zur Kontrollierbarkeit kurz zur Sprache gebracht werden. Die meisten Untersuchungen zu Kontrolle geben im Grunde keine formale Definition, was Kontrolle bedeutet, sondern gehen von einem Allgemeinverständnis des Begriffes aus, kritisiert Thompson (1981). Stressreduzierende Verhaltensweisen werden meist mit Kontrollierbarkeit gleichgesetzt. Thompson definiert Kontrolle als die Annahme, dass man Antwortmuster zur Beeinflussung aversiver Ereignisse zur Verfügung hat. In seinem Artikel mit dem bezeichnenden Titel »Will it hurt less if I can control it? A complex answer to a simple question« (Thompson, 1981, S. 89) nimmt er eine Spezifizierung des Kontrollbegriffes vor und unterscheidet in verschiedene Modi der Kontrolle, um einen Einfluss auszuüben. Für diese Arbeit bedeutend sind dabei die bei ihm sogenannte kognitive Kontrolle und Verarbeitungsmodalitäten, welche zur Verbesserung der Anpassung beitragen. Die Anpassung verbessert sich durch Informationszuwachs – da er v. a. das Gefühl der Kontrolle verstärkt – und verbessert sich durch Bewertung. Thompson erweitert aber auch, um den Begriff der Entscheidungskontrolle, also der Kontrollmöglichkeit, zwischen Handlungen wählen zu können. Er empfiehlt zwischen Kontrollierbarkeit als Vorhersagbarkeit für die Zukunft und potenzieller Kontrollierbarkeit als Verhaltensdisposition zu unterscheiden. Retrospektive Kontrolle bezieht sich bei Thomson auf Annahmen über die Ursachen von Ereignissen im Nachhinein. Die Kontrolle als Vorhersehbarkeit führt zur Stressreduktion, da weniger hohe Wachsamkeit erforderlich ist. Die Kontrollierbarkeit als »Ausdruck des Selbst« beinhaltet motivationale Aspekte von Kontrolle. Mangel an Kontrolle hinsichtlich des Gefühls für Meisterung und persönlicher Kompetenz führt zu Inkompetenzgefühlen und die Kontrollierbarkeit als Wissen über Ereignisse und deren Folgen führen zur Angstreduktion, da Ereignisse als handhabbar eingeschätzt werden. Er bezeichnet dies als »Minimax-Hypothese«: »to minimize the maximum of negative effects« (Thompson, 1981). Insgesamt ließe sich mit

Thompson insofern eine Differenzierung der Schuldgefühle hinsichtlich der jeweiligen Kontrollfunktion, die wiederherzustellen versucht wird, vornehmen.

3.2 Stellvertretende bzw. übernommene Schuld

Im Weiteren werden Modi der traumatischen Schuld erläutert, in welchen entweder Schuld an eines/r anderen statt empfunden wird oder weil andere nicht überlebt haben bzw. einen noch schlimmeren Ausgang eines traumatisierenden Ereignisses erleben als man selbst. Die häufigsten Formen sind die Übernahme der Schuld durch Opfer, die Überlebensschuld und Schuldgefühle, die aus Verlust resultieren. Terminologisch bezeichne ich diese Formen als übernommene oder stellvertretende Schuld.

3.2.1 Die Schuld von TäterInnen wird zum Schuld*gefühl* der Opfer

Diese Überschrift ist eine Aussage von Hirsch (2012, S. 68) und bezeichnet das Phänomen des Schulderlebens der Opfer von Gewaltverbrechen. Gleichzeitig wird die jeweilige Schuld der TäterInnen – und dies erscheint mir besonders zentral – jedoch durch diese geleugnet. Während bei Opfern die Antwort auf ihre Viktimisierung die Entwicklung von Schuldgefühlen ist, wenden TäterInnen Abwehrstrategien wie Projektion, Rationalisierung und Verleugnung an. Dies führt oft zur Beschuldigung von Opfern und zur Annahme, dass die Gewaltanwendung der Fantasie des Opfers entspringt (Herman, 2006). Schlägt dieser Versuch fehl, bleibt noch die Rechtfertigung beispielsweise der Provokation der Gewaltanwendung durch das Opfer. Price (1990) formuliert, dass das »Aufbürden« der Schuld durch die Opfer zwei Merkmale aufweist. Zum einen, dass ein/e TäterIn die Schuld leugnet und dem Opfer diese zuschreibt. Zum anderen Formen von Gewalt und Terror mit der Folge, dass das Opfer wesentliche Teile der Weltanschauung des/r TäterIn inklusive der geleugneten Schuld der/des TäterIn annimmt. Diese Verinnerlichung des Denkens, Affekts und der Absicht des/r TäterIn wird in der Literatur als Stockholm-Syndrom (vgl. Köthke, 1999) bezeichnet und infolge einer Geiselnahme im Jahre 1973 in Schweden mit entsprechenden Beobachtungen und Bewertungen der Folgen für die Opfer beschrieben. Lickel und KollegInnen (2005) betonen, dass stellvertretende Schuld besonders von der Abhängigkeit der Opfer von dem/der TäterIn und der Motivation zur Reparation des Fehlverhaltens des/r TäterIn beeinflusst werden. Für

Drozdek und KollegInnen (2006) ist es besonders der Verlust von Würde und Kraft in der Erfahrung von extremer Erniedrigung, welcher zu posttraumatischer Scham und Schuld führt. Folgen sind neben der Schuld der Verlust von Selbstwert, der Selbstachtung und des Gefühls für die eigene Integrität. Darüber hinaus kommt es zum Verlust des Sinns für Kontinuität, zum Gefühl der Unzulänglichkeit, Entfremdung der Opfer.

Der psychodynamische Vorgang zur Erklärung dieser Phänomene wird als Introjektion der Schuld und als Identifikation mit dem Aggressor bezeichnet (Hirsch, 2012). Die Identifikation mit dem Aggressor beschreibt Hirsch in Anlehnung an Ferenci als Prozess, der nach einem gewaltsamen Überschreiten der Ich-Grenzen folgt und zu einer Introjektion der Gewalt, ein In-sich-Aufnehmen dieser als gewaltsame Implantation auftritt (vgl. Hirsch, 2012, S. 114). Die Introjektion der Schuld des/der TäterIn führt dazu, dass sich das Opfer schuldig und wertlos fühlt. Innerhalb dieses Vorganges wird dann die Schuld eines/r TäterIn übernommen. Durch Entwertungen der Persönlichkeit und/oder des Körpers und die aktive Erniedrigung von Opfern durch TäterInnen wird ein Schuldgefühl regelrecht implantiert (Hirsch, 2012). Diese Implantation der Gewalt erfolgt über die Identifikation mit dem aggressiven Introjekt, oder anders formuliert, das Introjekt ist die internalisierte Variante der Gewalt des/der GewaltanwenderIn.

Die Introjektion des Schuldgefühls des/der TäterIn durch das Opfer wird in der Konzeption von Fischer und Riedesser (2009) anders erklärt, und zwar über das Konzept erschütterter Grundannahmen. Fischer und Riedesser (2009) beziehen sich auf die Erschütterung von kognitiven und v. a. moralischen Grundannahmen. Der Bewältigungsversuch des Opfers ist, dass das Selbst die Erschütterung des Selbst- und Weltverständnisses zu unterminieren versucht. Bei einer Gewaltanwendung wird gegen ethische Norm verstoßen, die unser gesamtes Sozialverhalten regelt. Diese Norm und ethische Richtlinie könnte dann erhalten bleiben oder wieder rekonstruiert werden, wenn der/die TäterIn Schuldgefühle und Scham hinsichtlich der Verletzung dieser Norm empfinden würde und weiter zur Wiedergutmachung bereit wäre. Dieser Reparationsversuch bleibt aus und es bleibt dem Opfer überlassen das Selbst- und Weltverständnis zu »reparieren«. Insofern ist die Introjektion des Schuldgefühls, welches der/die TäterIn »haben müsste«, für das Opfer der ohnmächtige Versuch der intrapersonellen Reparation, die nur interpersonell zu erreichen wäre. Fischer und Riedesser vertreten hier aber letztlich eine dialektische Sichtweise, in Anlehnung an Hegel, dass »in der Dialektik der Anerkennung im Opfer das *eigene zugrunde gerichtete menschliche Wesen* [des Täters] erkannt wird« (2009, S. 336; Hervorhebung im Original).

3.2.2 Überlebensschuld und Schuldgefühle durch Verlust

In einer den vorangegangenen Erläuterungen nicht unähnlichen Weise treten bei Überlebenden von traumatischen Ereignissen Schuldgefühle auf. Die Schuldgefühle werden ausgelöst infolge der Tatsache des Überlebens selbst und beziehen sich auf Ereignisse wie Unfälle, aber auch gewaltsam herbeigeführte wie Krieg, Folter und Verfolgung, die überlebt wurden, während andere dies nicht überleben konnten. Dabei kann sich diese »existential survivor guilt« (vgl. Jäger und Bartsch, 2009) entweder darauf beziehen, selbst überlebt zu haben, während andere starben, oder aber darauf, »weniger verletzt« als andere Überlebende zu sein. Hirsch (2012) wendet den Terminus »Überlebendenschuldgefühl« an. Er differenziert dabei in das Überlebendenschuldgefühl derer, die im Vergleich zu anderen nicht gestorben sind, und das Schuldgefühl aus Vitalität, dem Überrunden oder Überholen anderer, die zwar leben, aber angenommenerweise mit »weniger«. Der Begriff der Überlebendenschuld ist eng mit dem von Niederland 1980 geprägten Überlebendensyndrom (vgl. Hirsch, 2012; Niederland, 1980) verbunden und zeigt sich als Apathie, Depression, Selbstvorwurf und -zweifel, depersonalisiertes Erleben und insgesamt geringe Belastbarkeit. Die zusammentreffenden Faktoren für sein Auftreten sind das Überleben des Terrors, aber auch das Weiterleben in Anbetracht des Todes anderer, oft naher Angehöriger (Hirsch, 2012).

Das Überlebendenschuldgefühl wurde durch die Arbeiten von William Niederland durch die Arbeit mit Holocaust-Überlebenden bekannt und in ganz besonderer Weise durch das Herausgeberwerk von Bergmann, Jucovy und Kestenberg (1998) verdeutlicht. Der negativ behaftete Begriff der Überlebensschuld, als ob die Tatsache des Überlebens selbst schuldig macht (Bergmann und Jucovy, 1998, S. 54), beinhaltet die Überzeugung, den Toten etwas schuldig zu sein und bedeutet nicht per se, dass das eigene Leben behindert sein müsste, sondern ein Engagement bewirkend, welches äußerst lebensbejahend ist. Bergmann (1998) beschreibt weiter, dass Überlebensschuld eng mit der Kernidentität des Betroffenen verbunden bleibt und zum primären Organisator des Lebens werden kann (Bergmann, 1998, S. 351). Für Bergmann (1998) gilt die Überlebensschuld als Hindernis für die Anpassung an eine neue Welt, ist aber auch ein Schutz des Individuums vor der Identifizierung mit dem Aggressor.

Hirsch (2012) erklärt Überlebendenschuldgefühle wiederum mit der Dynamik der Identifikation mit dem Aggressor, allerdings formuliert er, dass im Grunde die Identifikation mit dem Aggressor nur so funktionieren kann, dass die erlittene Traumatisierung (bereits) als Bestrafung durch (internalisierte) Elternfiguren

3 Die Verflechtung von Schuld und Trauma

– im Sinne der Über-Ich-Funktion – erlebt bzw. interpretiert wurde. Letztlich ist das Überlebendenschuldgefühl mehrfach determiniert (Hirsch, 2012). Zum einen als Konflikt zwischen dem menschlichen Grundrecht zu leben und dem Wunsch, sich das Liebesobjekt zu erhalten. Zum anderen, tief greifender, die Internalisierung schwerer Gewalt im Sinne der Implantation und daraus erfolgter Identifikation mit dem aggressiven Introjekt. Überlebensschuld ist auf der Basis eines Überlebensrechtes in der Situation im Konzentrationslager speziell, denn Überleben scheint wie eine Auszeichnung und besondere Gnade. Im Überleben liegt außerdem das Gefühl des Verrats des/der Toten.

In dieser Diskussion sollen zwei theoretische Erklärungen der Überlebensschuld anhand eines Beispiels gegenübergestellt werden. Ein Symptom des Syndroms von Niederland, »das Bild des lebendigen Leichnams«, welches er bei »überlebenden Opfern« im Überlebensyndrom beschreibt, wird theoretisch von Hirsch (2012) und Fischer und Riedesser (2009) verschieden gedeutet: Für Hirsch ist das von Niederland beschriebene »Gefühl der Brandmarkung der Opfer« durch die unmenschlichen Verbrechen ein Beispiel für die traumatische Internalisierung, also die Implantation, Introjektion und die Identifikation. Bei Fischer und Riedesser (2009) gilt dies als Beleg für die traumabedingte Erstarrung und kompensatorische Erschöpfung: einerseits – als Vorläufervariante der PTSD – die Vermeidungsreaktion, andererseits als – so nehme ich an – Schockreaktion und unterbrochene Handlung. Ob psychodynamisch als Introjektion formuliert oder in anderer Weise theoretisch begründet, die Phänomenologie zeigt sich gleich: Die Überlebenden fühlen sich schuldig, klagen sich des Verlassens an, der eigenen Ohnmacht oder des »Nicht-gerettet-Habens« bei zugleich völliger Unmöglichkeit der Beeinflussung. Drozdek und KollegInnen (2006) differenzieren die Überlebensschuld in die Überlebensschuld für das Überleben der Gefahr, in die Todesschuld, überlebt zu haben, während andere starben oder verletzt worden sind, sowie in die Zuschauerschuld, anderen in Not nicht geholfen zu haben und letztlich in die Situationsschuld für das Handeln entgegen persönlicher Werte durch die Macht der Situation.

Die Schuld, überlebt zu haben – dies stellt einem weiteren Modus der Schuld-Trauma-Verflechtung dar – tritt aber auch bei überwiegend traumatischen Verlusten von Geschwistern, nachfolgenden Generationen, Mitgefangenen sowie auch transgenerational auf. Überlebende bringen in ihre Elternschaft nicht nur die »normalen Identifizierungen und Gegenidentifizierungen mit ihren eigenen lebenden oder gestorbenen Eltern und Geschwistern mit ein, sondern darüber hinaus auch Identifizierungen mit Personen, die Teil ihrer Verfolgungserfahrung gewesen sind [...] durch diese Erweiterung der üblichen Identifizierungen auf

Verfolger und Opfer lassen sie die (Holocaust-)Atmosphäre in ihrem Heim wiederaufleben« (Kestenberg, 1998, S. 120). Jedenfalls können auch nicht betrauerte oder betrauerbare Verluste zu schweren Schuldgefühlen führen. Der Erklärungsmodus hierfür wäre bei Hirsch abschießend nochmals die Introjektion. Das Introjekt als eine Form der verinnerlichten Einwirkung auf das eigene Selbst, »als fremdkörperartiges Gebilde, Abkömmling von Gewalt oder unbetrauerter Verluste erzeugt [...] Selbstwerterniedrigung, Strafbedürfnis, Aggression und Schuldgefühl« (Hirsch, 2012, S. 109).

3.2.3 Exkurs: Philosophische Theorie über die Meta-Emotion Überlebensschuld

An dieser Stelle möchte ich mich in eine andere Fachdisziplin bewegen und die Theorie der Meta-Emotionen von Jäger und Bartsch (2009) vorstellen und diese mit Lang (2009) für die traumatische Überlebensschuld erörtern. Bei Jäger und Bartsch (2009) wird in dem Aufsatz *Prolegomena zu einer philosophischen Theorie der Meta-Emotionen* diese definiert als »akute oder dispositionale intentionale affektive Zustände oder Vorgänge, die ein Subjekt in einem bestimmten Zeitraum oder zu einem bestimmten Zeitpunkt hinsichtlich akuter oder dispositionaler affektiver Zustände oder Vorgänge hat, in denen es sich – im selben oder einem anderen Zeitraum oder Zeitpunkt – befindet oder zu befinden glaubt« (Jäger und Bartsch, 2009, S. 116f.). Lang (2009) vereinfacht uns diese Definition in seiner Aufgliederung und fasst vorerst zusammen, dass Meta-Emotionen Emotionen über Emotionen sind. Ein Beispiel hierfür wäre, dass ich mich meiner Angst schäme. Dabei hebt Lang (2009) besonders hervor, dass in der Konzeption Jägers und Bartschs diese Meta-Emotionen intentionale Relationen charakterisieren, d. h., Meta-Emotionen sind auf etwas gerichtet. Lang skizziert ein Beispiel eines posttraumatischen Schuldgefühls, einen Flugzeugabsturz überlebt zu haben, während andere starben. Eine erste Antwort, weshalb der Überlebende Schuldgefühle entwickelt, findet Lang (2009) bei David Velleman (2009), welcher davon ausgeht, dass das Schuldgefühl von Katastrophenüberlebenden eher eine Art Furcht vor negativen Reaktionen wie beispielsweise Strafen, Neid oder Repressalien anderer ist als ein wirkliches Schuldgefühl. Langs Hauptkritik daran ist jedoch, dass die EmotionsträgerInnen in Velleman der Vorwurf einer falschen Sprachanwendung treffen würde: Warum Schuld sagen und aber eigentlich Furcht meinen? (Lang, 2009; Jäger und Bartsch, 2009).

Innerhalb der Mehrkomponententheorie von Emotionen von Jäger und

Bartsch spielt die kognitive Bewertung eine zentrale Rolle. Zur Erinnerung: Die fünf Komponenten einer Emotion umfassen phänomenale Qualitäten, physische Zustände, kognitive Komponenten, Einstellungen und behaviorale Tendenzen und Motivationen (2009, S. 127). Im Hinblick auf Meta-Emotionen betonen Jäger und Bartsch nun die kognitive Komponente, sie führt zur Bewertung der Emotion. Dabei gelten die Situationsveränderung und ihre Bedeutung im Hinblick auf persönliche Ziele, die subjektive Valenz sind, die normative Adäquatheit und die Kontrollierbarkeit sind, als zentrale Bewertungskriterien. Emotion entsteht überwiegend auf der Basis situativer Bewertungen. Am Beispiel des Absturzüberlebenden skizziert nun Lang (2009), dass die Person die Emotion (Überlebens-)Freude erlebt (Situationsveränderung) und sie diese Emotion als positiv ansieht (hedonische Valenz). Zugleich aber erscheint ihr diese positive Emotion als moralisch inadäquat (normative Bewertung) und das Vorhandensein dieser Emotion widerspricht gewissen Zielen, z. B. dem der sozialen Anerkennung (Zielrelevanz). Eine Theorie der Meta-Emotionen versucht also das Phänomen der Überlebensschuld nun auf folgende Weise zu erklären: »Angesichts ihres Überlebens […] empfinden die Betroffenen einerseits Erleichterung, Freude, Dankbarkeit usw. Zugleich jedoch stellen sich ob des immensen Ausmaßes an Leid, das das Ereignis für andere mit sich brachte, Schuldgefühle hinsichtlich dieser positiven Emotionen ein« (Lang, 2009, S. 4). Das Schuldgefühl würde sich hier also auf die eigene positive Reaktion der Erleichterung und Freude beziehen, man könnte sagen, auf die »Überlebensfreude« (Lang, 2009; Jäger und Bartsch, 2009).

Lang (2009) versucht nun – über diesen Ansatz hinaus – entscheidende bislang ungestellte Fragen hinsichtlich dieser Theorie aufzuwerfen. Wie lässt sich die Entwicklung von Schuldgefühlen bezüglich der positiven Emotion der Freude, das Unglück überlebt zu haben, verstehen? Lang unterscheidet vorerst zwischen Schuld und Verantwortung: Es gilt Schuld als Verstoß, für den man verantwortlich ist, wobei dieser nicht »bewusst« sein muss. – Hier würde ich den Begriff der Absichtslosigkeit und nicht den der »Bewusstheit« anwenden. – Durch den Umstand des »nicht bewussten« Verstoßes differenziert Lang in eine Übernahme der Verantwortung, aber nicht in die Übernahme der Schuld. Im normativen Schuldbegriff wird eine gewollte unethische Handlung bewertet, wobei das entscheidende Bewertungskriterium das der Vermeidbarkeit der unethischen Handlung ist. Langs (ebd.) Vorgehensweise verfolgt den Zweck zu zeigen, dass es verwirrend ist, das genannte Phänomen als »Überlebensschuld« zu bezeichnen (S. 5). Die Kritik richtet sich also nicht gegen eine Meta-Emotionstheorie, sondern dagegen, mit welchem Ausdruck das Phänomen bezeichnet wird. Der Überlebende des Flugzeugabsturzes hat, kurz gefasst, keine Handlung zum Überleben ausgeführt. Die Zuschreibung müsste an Glück, Zufall oder andere Tatbestände, aber nicht an die eigene Handlung erfolgen. Das Phänomen wird laut Lang (ebd.) mit einem unpassenden Ausdruck bezeichnet, wenn Jäger und Bartsch (2009) die Überlebensschuld als eine Form von Schuldgefühl bezeichnen. Zunächst, da An-etwas-schuld-Sein keinen objektiven oder nur einen schwer nachvollziehbaren Auslöser hat, und dann aber v. a., dass sich die Person angesichts ihres Überlebens freut (Überlebensfreude). Angesichts der Katastrophe, des Leides und der Trauer der Angehörigen der Verstorbenen erscheint ihr seine Emotion der Freude als unpassend. Man müsste also eine moralische Norm formulieren, die etwas so lauten würde: »Du sollst dich nicht freuen, wenn andere Menschen aufgrund desselben Ereignisses zum selben Zeitpunkt leiden« (Lang, 2009, S. 6). Der eigentliche Verstoß gälte also der moralischen Norm dieser Art. Der Überlebende ist also nicht am Überleben schuld, sondern an seiner (unangebrachten) Freude. Somit müsste man von »Freudensschuld« sprechen, um die Frage zu beantworten, mit welchem Ausdruck man das Phänomen am korrektesten bezeichnen sollte. Was aber passiert, wenn man Dankbarkeit und nicht Freude als die Emotion, auf die sich die Meta-Emotion bezieht, wie dies Jäger und Bartsch (2009) selbst ebenso vorschlagen, bedenkt? Treffend fragt Lang, ob sich auch eine Norm formulieren ließe, die besagt: »Du sollst nicht dankbar sein (für dein Überleben), wenn andere Menschen angesichts dieses Unglücks leiden« (S. 9). Und – so Lang treffend weiter – aufgrund des Verstoßes gegen diese Norm fühlt sich eine überlebende Person schuldig? Es müsste geklärt werden, ob die Kombination Freude/Schuld oder Dankbarkeit/Schuld lautet. Abschließend nochmal Lang, der meint, dass er Schuld als eine relativ »starke« Emotion ansieht, die man schon aus Gründen des Selbstschutzes nicht leichtfertig auf sich nimmt (Lang, 2009, S. 10).

3.3 Theoretische Verankerung der Trauma-Schuld: einige Überlegungen

Die im Vorangegangenen beschriebenen Modi der Verknüpfungen von Trauma und Schuld erklären Schuldgefühle erstens als Versuch der Wiederherstellung der Kontrolle, zweitens als Übernahme der Schuld durch das traumatisierte Opfer und drittens als Schuld des Überlebens von Trauma, während andere starben. Theoretisch betrachtet sind die Erklärungen zur Entwicklung der Schuldgefühle in den genannten Zusammenhängen entweder die, dass das Individuum eine Anpassungsleistung im Sinne der Akkommodation unternimmt oder die psychodynamische Erklärung, in der das Individuum die Überwindung der Situation durch die Introjektion versucht.

Was mir letztlich im Sinne der theoretischen Verankerung aber fehlt, ist eine Erklärung für die Situation der (Mit-)Verursachung des Todes oder Verletzung anderer, die zwar nicht willentlich intendiert, aber dennoch geschehen ist. Diese Form der »Schuld«, in all der Undifferenziertheit des Begriffes, ist als »Empfindung« weder eine »bloße« Anpassungsstrategie noch ein zu einem Introjekt gewordenes Implantat (Hirsch, 2012), aber wohl auch nicht einfach nur überwiegend anders »aufgebürdet«, wie bei der Überlebensschuld im eigentlichen Sinne. Vor keinem dieser Hintergründe lässt sich die »Trauma-Schuld« der (Mit-)Verursachung ausreichend verstehen.

Ein weiteres Kriterium der »Unzulänglichkeit« der Aufklärungen des Zusammenhanges zwischen Trauma und Schuld ist, dass die bisherigen theoretischen Konzepte nicht zwischen *Schuld* und *Verantwortung* unterscheiden. Am Beispiel der »Wiederherstellung der Kontrolle«: Opfer fühlen sich schuldig, dass sie eine Traumatisierung nicht verhindern konnten, aber fühlen sie sich deswegen auch verantwortlich für die Ursache des Ereignisses? Am Beispiel der Überlebensschuld: Personen fühlen sich schuldig infolge ihres Überlebens, aber zeichnen sie sich explizit verantwortlich für den Tod anderer?

Die Auseinandersetzung mit den offenen Fragen führt mich zu folgenden Überlegungen: Ich möchte die theoretische Begründung der Trauma-Schuld auf zwei Pfeilern aufgebaut vornehmen. Zum einen traumatheoretisch bzw. traumadynamisch und zum anderen auf der Basis des theoretischen Zuganges zur Verantwortung. Dies soll allerdings vor dem Hintergrund der Ergebnisse der empirischen Forschung geschehen und insofern im Anschluss an die »erzählten Geschichten der (Mit-)VerursacherInnen« zur Vertiefung gelangen. Die Denkrichtung soll hier angerissen werden.

Zunächst denke ich, die »Trauma-Schuld« als jene »Schuld«, die ein Individuum aufgrund traumatischer Ereignisse erlebt, muss traumatheoretisch (1) aus der Sicht der Erschütterung des Selbst- und Weltverständnisses betrachtet werden und darüber hinaus (2) über die Traumadynamik hinausgehend, mit dem Begriff der »Schulddynamik« erklärt werden. Mit anderen Worten, die Traumadynamik, die aus der »traumatisch unterbrochenen Handlung« erwächst, möchte ich um die zusätzliche Dynamik durch Schuld – die Schulddynamik – erweitern. Theoretisch bewege ich mich hier vom Konzept des »Traumas als *unterbrochene* Handlung« in die Vorstellung von »Trauma-Schuld als *blockierte* Handlung«. Hierfür wird anhand des Verlaufsmodells von Fischer und Riedesser (2009) der theoretische Bezug herzustellen sein.

3.3 Theoretische Verankerung der Trauma-Schuld: einige Überlegungen

Der zweite Pfeiler der theoretischen Begründung – hierfür sind noch weitere Vorüberlegungen im Hinblick auf Handlung, Verantwortung, Attribution und Absicht, im nächsten Kapitel in einen Zusammenhang zu bringen – sei skizziert: Ein durch (Mit-)Verursachung erlebtes Schuldgefühl fußt in der durch das Trauma stattfindenden übergeneralisierten Erschütterung der Selbst- und Weltbezüge, muss aber darüber hinaus zur Erklärung seiner Phänomenologie als *Zuschreibungsphänomen in einer mehrdeutigen Situation* verstanden werden: Der assoziative Bedeutungshof von Schuld, welcher auch das Schuldempfinden prägt, täuscht letztlich über die komplexeren Zusammenhänge von Handlung, Absicht, Verantwortung, Attribution sowie Rechtfertigung hinweg und gibt ein – traumatisch bedingtes – zu einfaches Antwortmuster zur Übernahme von Schuld und Verantwortung vor. Diese theoretischen Vorüberlegungen werden noch zu erläutern und vertiefen sein.

4 Verantwortung, Handlung und Verursachung

Bislang wurde im Hinblick auf die (Mit-)Verursachung des Todes anderer insbesondere vom Erleben der Schuld geschrieben und die Entstehung von traumatischen Schuldgefühlen nachvollzogen. Dabei wurden Schuldgefühle zwar differenziert und auch die Abwehrprozesse des Schuldaffekts berücksichtigt, dies geschah jedoch letztlich vor dem Hintergrund des »Bedeutungshorizonts« der Schuld: Es wurde von »Schuld als Phänomen« per se geschrieben. In den zugrunde gelegten theoretischen Konzepten wurde bislang nicht – wie dies im Übrigen auch sehr häufig umgangssprachlich geschieht – zwischen Schuld und Verantwortung unterschieden. Das Folgende Kapitel soll zur Differenzierung beitragen: Verantwortung, Handlung, Absicht, Zuschreibung von Ursache und Rechtfertigung werden erörtert. Zunächst wird eine Reihe an Befunden zu Studien über Schuldgefühle nach Traumatisierungen dargestellt und kritisch betrachtet werden, da auch diese Studien nicht zwischen der Zuschreibung der Verantwortung, dem Erleben von Schuldgefühlen und der Frage der Verursachung unterscheiden. Vor diesem Hintergrund wird der Begriff der Verantwortung dem der Schuld gegenübergestellt und die Zuschreibung von Verantwortung anhand der Attributionstheorie skizziert. Verantwortung ist ohne Handlung nicht zu denken. Es wird die Handlung und die Rolle der Absicht innerhalb der Handlung herausgearbeitet, um vor diesem Hintergrund die Handlungsfolgen-Verantwortung im Hinblick auf die Verursachung zu beschreiben. Die Fragen der Reduktion von Verantwortung durch Rechtfertigung, der Monokausalität des Verursachungsgedankens und der sozialen Zuschreibung und damit einhergehenden Opferentwertung runden dieses Kapitel ab.

4.1 Vor-Befunde zu traumatischer Schuld und Verantwortung

In der Forschung über Schuldgefühle infolge von Trauma findet sich eine Reihe an Befunden, die auf die Thematik der Verursachung bzw. Verantwortung hinweisen. Die Grundidee in vielen Forschungszugängen ist dabei überwiegend die Frage, *ob* Schuldgefühle nach traumatischen Erfahrungen auftreten und *inwiefern* diese die Bewältigung beeinflussen. Bislang zeigt sich allerdings, dass die Ergebnisse hierfür widersprüchlich sind und eine Systematisierung dieser Ergebnisse aussteht; v. a. besteht keineswegs definitorische Klarheit über die Konstrukte, die jeweils erhoben und angewandt wurden. Hinter der einfachen Formulierung eines Forschungsitems wie: »Ich fühle mich für das Ereignis schuldig« stecken so unterschiedliche Varianten wie: »Ich habe eine Entscheidung getroffen und nun trage ich die Verantwortung für das Ereignis.« Oder, nach einem tätlichen Überfall: »Ich bin selbst schuld, ich hätte nicht ... sollen.« Die bereits beschriebene Übernahme der Schuld von TäterInnen durch Opfer lässt sich mit diesem Item ebenso abbilden wie die Selbstbeschuldigung im Sinne der Wiederherstellung der Kontrolle, z.B. die Übernahme von Verantwortung in tatsächlichen Fehlentscheidungen. Die untersuchten Opfer in einigen Studien mit ähnlicher Fragestellung sind so verschiedener Natur wie Opfer von Unfällen, Opfer von sexueller Gewalt oder Opfer von kriegerischen Auseinandersetzungen. Im Folgenden sollen wesentliche Forschungsergebnisse zur Schuld an traumatisierenden Ereignissen vor- und gegenübergestellt werden.

4.1.1 Forschungsergebnisse zu »Schuld bei traumatisierenden Ereignissen«

Wenn im Folgenden verschiedene Studien vorgestellt werden, werden Begriffe wie Verantwortung, Attribution, Selbst- oder Fremdbeschuldigung – so wie sie innerhalb der Studien angeführt sind – verwendet.

In einer älteren Studie aus dem Jahr 1977 von Janoff-Bulman und Wortman finden sich Befunde, dass die Verantwortungszuschreibung für ein traumatisches Ereignis an sich selbst zu einer besseren Verarbeitung desselben führt. Janoff-Bulman und Wortman (1977) erhoben den Zusammenhang zwischen der Ursachenzuschreibung für einen Unfall und der Bewältigung an 29 seit einem Unfall querschnittgelähmten Personen. Die Schuldzuschreibung für das Ereignis an andere (blaming others) und das Gefühl, dass der Unfall hätte verhindert werden können, sind – so ihre Ergebnisse – Prädiktoren für schlechtere Bewältigung (poor coping). Selbstbeschuldigung (self-blame) hingegen geht mit besserer Bewältigung einher. Gleichzeitig jedoch kommen Janoff-Bulman und Wortman (1977) außerdem zu dem Ergebnis, dass Reue oder Bedauern (regret) sowie damit verbundene Wiedergutmachungswünsche ebenso Eigenschaften der »poor copers« sind. Auch wenn inzwischen weitere 35 Jahre Forschung vergangen sind, hat diese Studie nichts an Bedeutung verloren und wird immer wieder zitiert bzw. es finden sich Bestätigungen dieses Ansatzes.

Sholomskas et al. (1990) fanden, dass Selbstbeschuldigung (self-blame) funktional für die Anpassung des Individuums ist und erweitern den Ansatz von Janoff-Bulman und Wortman (1977). Nach Sholomskas und KollegInnen unterscheiden Betroffene nicht zwischen den Konzepten von Verantwortung (responsibility), Schuld (fault) und Beschuldigung (blame) für die Unfallursache. Sie nehmen außerdem eher die Attribution der Ursache auf das Verhalten vor als auf den Charakter (behavioral versus characteriological self-blame), wobei Alkoholkonsum vor dem Unfall der beste Prädiktor für die Selbstbeschuldigung ist. Fremdbeschuldigung (blaming others) führt nach dieser Studie zu schlechterer Bewältigung.

Besser verarbeitet werden Unfallsituationen – und nun beziehe ich die Frage der Bedeutung der Kontrolle mit ein –, wenn zwischen dem eigenen Verhalten und dem Unfallgeschehen ein kausaler Zusammenhang hergestellt werden kann. Eine gute Prognose wird berichtet, wenn der Unfall als eine Art logische, unvermeidbare Konsequenz erlebt werden kann (Janoff-Bulman und Wortman, 1977). Einen weiteren Befund, der einen Zusammenhang von wahrgenommener Kontrolle und die Schuldzuschreibung an sich selbst bzw. Entwicklung von Schuldgefühlen annehmen lässt, erhalten wir von Siol et al. (2003). Sie erhoben die Situation des Lokomotivführers bei Schienenunfällen und kontrollierten als Risikofaktoren für die Entwicklung von PTSD u. a. das (subjektive) Erleben von Schuld. Der Zugführer fährt mit relativ hoher Geschwindigkeit; es ist unmöglich eine Kollision mit einer Person in suizidaler Absicht zu verhindern und es gibt auch keinerlei Möglichkeit zum »instinktiven Ausweichverhalten«. Es handelt sich also um eine Situation, die sich deutlich außerhalb der Kontrollierbarkeit bzw. Beeinflussbarkeit für die Person befindet. Trotzdem bzw. gerade in dieser »Ausweglosigkeit« entwickeln Betroffene Schuldgefühle. Dies bestärkt überdies Ergebnisse von Bölter et al. (2007), dass der Verlust der kognitiven Kontrolle einen Risikofaktor für PTSD darstellt. Das Erleben von Schuldgefühlen und nicht die reale Verantwortlichkeit v. a. bei gleichzeitigem Verlust der Kontrollierbarkeit der Situation stellen also, nach diesen Ergebnissen, ein Risiko dar.

Das nächste Kriterium ist die Zuschreibung der Ursache für das Ereignis. In

Hinblick darauf kommen Janoff-Bulman und Wortman (1977) zu dem Ergebnis, dass die Ursache und Schuld an einem Ereignis deutlich häufiger einer Person als den Umständen (Personattribution versus Umweltattribution) zugeschrieben wird. Innerhalb der Personattribution sind die Ergebnisse aber schon nicht mehr so stringent: Blanchard et al. (1996) formulieren beispielsweise, dass ein Gefühl der Nicht-Verantwortlichkeit für einen Verkehrsunfall zu geringerer PTSD-Belastung führt. Demgegenüber kommen Janoff-Bulman und McPherson-Frantz (1996) zu dem Schluss, dass die Zuschreibung der Ursachen für einen Unfall an die eigene Person mit einer besseren Verarbeitung des Ereignisses einhergeht.

Tennen und Affleck (1990) kommen in einer Übersichtsarbeit zu gegenteiligen Befunden: Beschuldigung anderer führt zu weniger effektivem Coping. Andere Studien unterscheiden innerhalb der Personattribution zwischen Verantwortungsattribution an sich selbst gegenüber der Verantwortungsattribution an andere, doch auch hier sind die Ergebnisse nicht stringent (vgl. einen Überblick bei Sholomskas et al., 1990).

Auch Kubany et al. (1995) befassen sich mit der Rolle der Schuld innerhalb der posttraumatischen Anpassung. Schuld wird bei diesen Autoren sowohl als negativer Affekt als auch als negative Kognition bzw. als Set von zusammenhängenden Glaubenssystemen (inter-related beliefs) betrachtet. Sie betonen die Rolle der Schuld bei der Aufrechterhaltung von PTSD-Symptomen. Als Schuldkomponenten beschreiben die Autoren verschiedene Determinanten der Schuld: Die Wahrnehmung von Verantwortung für die Ursache, den Mangel an Erklärungsmöglichkeiten für das Ereignis, den Glauben an die Rechtfertigung der eigenen Handlung und die Einschätzung darüber, inwieweit das Verhalten eigenen moralischen Normen widersprochen hat. Die (Aufrechterhaltung der) posttraumatische(n) Belastung hängt nun einerseits davon ab, wie sehr das Individuum ein Ereignis bzw. seine Folgen negativ beurteilt, andererseits aber auch davon, inwiefern der Betroffene annimmt, das Ereignis verursacht und dabei seine persönlichen Moralvorstellungen verletzt zu haben. Hinsichtlich dieser Befunde wurde jedoch der Traumatypus nicht differenziert. Die Untersuchungen von Kubany et al. (1995) wurden bisher im Zuge sogenannter man-made disasters durchgeführt, im Besonderen an Vietnam-Veteranen und an Opfern von sexueller Gewalt. Ich gehe davon aus, dass bei Opfern von sexueller Gewalt diesen nicht die Verursachung zugeschrieben werden kann, es sei denn, sie tun dies wiederum zur Wiederherstellung der subjektiven Kontrolle. Dem würde aber der Begriff der »Verursachung« nicht gerecht werden.

Im Laufe der Jahre wenden viele Studien zunehmend mehr den Zugang zur Einschätzung von Coping, Bewältigung und Anpassung über die posttraumatischen Reaktionen und Störungen (im engeren PTSD). Das Auftreten der PTSD (Posttraumatic Stress Disorder) soll Aufschluss über die Anpassung geben: Je höher die PTSD-Werte, desto belasteter ist das Individuum, so die jeweilige Annahme.

Hickling und KollegInnen (1999) untersuchten Personen, die nach einem Unfall PTSD aufweisen und gleichzeitig sich selbst für das Ereignis verantwortlich zeigen. Es zeigen sich initial weniger Symptome und die Personen erholen sich innerhalb des ersten halben Jahres nach dem Unfall rascher als Unfallbeteiligte, die andere für den Unfall verantwortlich machen. Dies würde den Schluss zulassen, dass jemand, der/die (juristisch) schuld ist, auf Dauer weniger belastet ist. In diesem Zusammenhang sei auch ein Befund von Peltzer und Renner (2004) erläutert. Die Autoren fanden heraus, dass die Übernahme der Verantwortung für ein traumatisches Unfallereignis zu Selbstbeschuldigung und familiären Belastungen führte, jedoch weniger Stressreaktionen und insgesamt ein höheres Wohlbefinden damit einhergehen, während die Verantwortungszuschreibung an andere zu mehr Stress und weniger Wohlbefinden führte. Auch Ho et al. (2000) zeigten, dass Personen, welche sich nicht selbst die Verantwortung für den Unfall zuschreiben, ein schlechteres Wohlbefinden aufweisen als diejenigen, die Verantwortung übernehmen. Die Verantwortungszuschreibung an andere (blaming others) ging mit höheren Stresswerten und geringerem Wohlbefinden einher.

Das Schuldgefühl – und damit zu einem weiteren Befund – steht in Zusammenhang mit den Folgen des Ereignisses wie etwa einem erlittenen Verlust (Montada, 1995a). Montada differenziert erlittene Verluste dahingehend, ob jemand aufgrund eines zufälligen oder schicksalhaften Ereignisses, aufgrund menschlicher Willkür oder als Folge der Erfüllung eigener Bedürfnisse Opfer geworden ist. Dabei sind Situationen, die als ungerecht und unverschuldet eingeschätzt werden, schwerer zu bewältigen (ebd.). Hinsichtlich der Frage der Verantwortung für ein negatives Ereignis kommt Montada (1995a) zu dem Schluss: Selbstbeschuldigung tritt häufiger auf als die Beschuldigung anderer, wobei auch bei ihm die Personattribution deutlich häufiger ist als die Umständeattribution.

Des Weiteren ist – in der Sichtung der Forschungsliteratur – für diese Arbeit bedeutend, dass Betroffene den Verlust relativieren, indem sie sich »einreden«, dass es noch viel schlimmer hätte kommen können (Janoff-Bulman, 2002). Auch die Suche nach Gewinn in dem Verlust, z.B. als Sinnsuche, wird beschrieben (ebd.). Bedeutsam in diesem Zusammenhang ist das »Teilen« des Verlustes mit anderen, wenn es beispielsweise mehrere Opfer gibt. Insgesamt ist zu bemerken, dass je leichter sich Opfer alternative positive Ausgänge der Situation vorstellen können, es umso schwieriger ist die negativen Konsequenzen wie etwa den Verlust zu ertragen. Doch letztlich ist mit Montada (1995a) zu betonen, dass die

Schuldzuschreibung an das eigene Selbst (self-blame) per se kein zuverlässiger Prädiktor für Bewältigung von Belastungen oder Verlusten ist. Die mit der Schuldattribution einhergehenden Gefühle wie Schuld, Scham und Ärger, welche der Hoffnung auf zukünftige Vermeidbarkeit bestimmter Ereignisse und einem Gefühl von Kontrolle gegenüberstehen, sind dabei schon eher bedeutsam. Positiv wirkt Selbstbeschuldigung, als Strategie gegen Hilflosigkeit, gegen Angst vor Wiederholung, gegen Empörung und Hass und als Strategie gegen überflutende Ungerechtigkeitsgefühle (Montada, 1995a).

Zu ergänzen sind die bisherigen Befunde durch die Untersuchungsergebnisse von Winter (1996), die bei Schuldgefühlen nach Verkehrsunfällen auch wirklich den »tatsächlichen Verursacherhintergrund« überlegt. Winter fand in mehreren aufeinanderfolgenden Studien zur Posttraumatischen Belastungsstörung (PTSD) nach Verkehrsunfällen zu einem Drittel Personen, die unter Schuldgefühlen leiden. Diese stehen auch im Zusammenhang mit der Unfallverursachung. Winters Ergebnisse weisen in die Richtung, dass bei Personen mit Schuldgefühlen kurz nach dem Unfall höhere Belastungswerte vorliegen und die Personen mit Schuldgefühlen überwiegend internal attribuieren. Die Schuldgefühle beziehen sich darauf, einen Fehler gemacht zu haben. In weiteren Studien, die sie in ihrem umfassenden Gesamtwerk ausführt, zeigen sich aber später keine Unterschiede mehr in den PTSD-Belastungsgruppen hinsichtlich der Schuldgefühle bzw. Attribution. Bedeutend ist darüber hinaus der Zusammenhang zwischen Kontrollverlust und Schuldgefühlen auch bei Winter: Potenzielle VerursacherInnen erleiden einen höheren Kontrollverlust. Allerdings zeigt sich, dass diejenigen, die den Unfall nicht verursacht haben, ein höheres PTSD-Risiko aufweisen. PTSD und Kontrollverlust stehen somit in einem nicht-linearen Zusammenhang, der von der Verursachung beeinflusst wird. Die UnfallverursacherInnen zeigen auch ein entsprechend höheres Gefühl für Verantwortung. In ihrer dritten Studie fand Winter dann letztlich keinen korrelativen Zusammenhang zwischen Schuldgefühlen und PTSD bei Unfallbetroffenen. Zur Arbeit von Winter (1996) muss kritisch angemerkt werden, dass die Antwortkategorien hinsichtlich des Schuldgefühls nur auf ja oder nein lauten und keine Nuancierung hinsichtlich des Schulderlebens zulassen.

4.1.2 Unschärfen in Konstrukten: Kritische Betrachtung der Ergebnisse

Bei der Sichtung der Forschungsliteratur respektive der Studien zur Thematik der Schuldgefühle infolge von Trauma fällt auf, dass in den letzten Jahren –

zumindest soweit für mich recherchierbar – kaum Untersuchungen zur systematischen Erforschung der Thematik hinzugekommen sind. Zwar finden sich zunehmend Studien zu Unfällen und PTSD, aber nach wie vor überwiegend ohne Berücksichtigung der Verursacherthematik. Auf diese lässt sich, wenn überhaupt, höchstens indirekt schliessen. Die Erhebung von auftretenden Schuldgefühlen nach traumatisierenden Ereignissen lässt letztlich aber keinen Aufschluss darüber zu, ob Menschen tatsächlich Verursachende sind oder juristisch schuld sind oder aber »nur« unter Schuldgefühlen leiden, indem sie eine Schuldzuschreibung an sich selbst vornehmen. Jedoch ist »Schuldgefühle haben« nicht dasselbe wie das »Tragen der Verantwortung«. Die verwendeten Items innerhalb quantitativer Studien zur Erhebung von »Schuld« streuen in der Literatur zwischen »Schuldgefühle haben«, »schuld sein«, »Verantwortung für das Ereignis«, »Belastung durch die legale Situation« und bilden Konstrukte wie »charakterologische« bzw. personbezogene und verhaltensbezogene Selbstbeschuldigung (Janoff-Bulman, 1989), Fremdbeschuldigung oder einfach auch nur »Schuld« (guilt) ab. In der englischsprachigen Literatur wird zudem überwiegend nicht zwischen Schuld und Schuldgefühlen unterschieden und beides meist als »guilt« beforscht. Die kritische Hinterfragung gilt an dieser Stelle der Verwendung von Begriffen, die sehr verschiedene Dinge abbilden und der entsprechenden Interpretation der Ergebnisse, dass z. B. Schuldgefühle adaptiv sind oder dass die Verursachung der Wiederherstellung der Kontrolle dient.

Nimmt man die erwähnte Unterscheidung zwischen »charakterologischer« und verhaltensbezogener Selbstbeschuldigung heraus, lässt sich daran eine eigene kritische Diskussion knüpfen. Janoff-Bulman (1989, 2002) unterscheidet zwischen verhaltensbezogener (behavioral self-blame) und personbezogener (characterological self-blame) Schuldzuschreibung: Die »Beschuldigung« eigenen *Verhaltens* ermöglicht die Kontrolle über zukünftige Situationen, das Vulnerabilitätsgefühl wird verringert und vorhandene Grundannahmen können entweder beibehalten oder nötige schemadiskrepante Informationen zu einem beträchtlichen Teil vernachlässigt werden. Personbezogene Schuldgefühle hingegen bedeuten, dass sich die Person nicht nur für gesetzte oder versäumte Handlungen beschuldigt, sondern sie *ist* als *Person* schuld. Hier geschieht eine Abwertung der eigenen Person, und zwar im Gesamten. Diese Entwertung passiert global, übergeneralisiert und stabil (ebd.). Es wird also mittels der Minimierung des Selbstwertes eine Reduktion der Willkür des Zufalls und des Gefühls des Ausgeliefertseins erlangt. MacLeod (1999), welcher diese Modi der Zuschreibung hinterfragt, führt in seiner Argumentation die Konsequenzen des Ereignisses als zentrale Determinante an, wie die Zuschreibung erfolgt. Sind die Folgen eher gering, ist der

Verlust von Selbstwert durch Selbstbeschuldigung vermutlich vernachlässigbar. Hingegen führt bei schwerwiegenderen Folgen jede Form der Selbstbeschuldigung (verhaltens- und personbezogen) zu Gefühlen von Vulnerabilität und vermindertem Selbstwert. Weiter geht er davon aus, dass personbezogene versus verhaltensbezogene Schuldzuschreibung nicht »Verschuldung«, also Schuld (blame) per se bedeutet. Vielmehr entsprechen verhaltensbezogene Schuldgefühle einer »Selbst-Attribution« der *Ursache*, hingegen meint die personbezogene Beschuldigung die »Selbst-Attribution« der *Verantwortung*. Ursachenzuschreibung zeigt jedoch wiederum größere Zusammenhänge zur wahrgenommenen Kontrolle, hingegen liegt die Verantwortungszuschreibung der Frage des Selbstwertes näher. Es ist vermutlich gar nicht präzise zu trennen zwischen dem, was man aufgrund seines eigenen Verhaltens als Ursache für ein Unglück betrachtet, ohne dabei nicht auch sich selbst als Person etwas vorzuwerfen. Die Trennung zwischen verhaltensbezogener und personbezogener Schuldzuweisung erscheint insofern theoretisch problematisch.

Es wird zudem – um wieder zur allgemeinen Kritik an den Studien zurückzukehren – kaum über die »Verarbeitung des Schuldgefühls« geschrieben, sondern vielmehr über die Anpassung an das Ereignis, in welchem das Schuldgefühl zumeist im Dienste der Wiederherstellung der Kontrolle auftritt. Es wird abgewogen, ob Selbst- gegenüber Fremdbeschuldigung oder Person- gegenüber Umständeattribution besser für die Anpassung geeignet sind, aber kaum konkreter der Hintergrund einer wirklichen Verursachung hinterfragt. Anpassung wird darüber hinaus meist mit weniger oder mehr PTSD-Symptomen abgebildet und damit das Nicht-Auftreten oder Abklingen von Reaktionen mit »guter Anpassung« gleichgesetzt. Es ist fraglich, ob die Verarbeitung einer Situation sich wirklich mit PTSD abbilden lässt. Beispielsweise gehen Ansätze von Posttraumatischem Wachstum davon aus, dass diese nicht im Widerspruch mit PTSD stehen (vgl. Calhoun und Tedeschi, 2006). Mit anderen Worten, »gute Bewältigung« schließt möglicherweise das Vorhandensein einer PTSD per se nicht aus, vielmehr erscheinen mir die Faktoren zur Aufrechterhaltung einer PTSD bedeutend (Ehlers und Clark, 2000).

Die Rolle der Schuldattribution für den Prozess der Anpassung, aber auch für die Entwicklung posttraumatischer Symptomatik zu untersuchen, setzt meines Erachtens eine Unterscheidung hinsichtlich des erlebten Traumatypus voraus. Opfer sexueller Gewalt, Vietnam-Veteranen und Opfer eines Verkehrsunfalls fühlen sich schuldig, doch die Gründe und Konsequenzen hierfür erscheinen mir äußerst verschieden. Diese Verschiedenheit bildet sich aber in den zitierten Studien nicht oder kaum ab, wenn bei allen drei Gruppen das Auftreten von Schuldgefühlen gleich interpretiert wird. Die Art der Traumatisierung müsste mit herangezogen werden, um ein vertieftes Verständnis des Phänomens Schuldgefühl zu erlangen. Es müsste zumindest unterschieden werden zwischen von Menschen herbeigeführten Traumata, v. a. Beziehungstraumata durch sexuellen Missbrauch oder Gewalt, und (plötzlichen) Unfallereignissen, welchen zumindest nicht willentliche Schädigung anderer zu unterstellen ist, sogar wenn wir es mit dem Tatbestand der Fahrlässigkeit zu tun hätten.

4.2 Verantwortung in Gegenüberstellung zu Schuld

In der allgemeinen Diskussion um Schuld vollzieht sich eine Entwicklung hin zum Begriff der Verantwortung (Matt, 2002). Diese Veränderung ist für ihn besonders dort sehr bedeutend, wo es in der – gesellschaftlichen wie juristischen – Reaktion auf das Fehlverhalten von Menschen zu einer Formulierung von Alternativen kommt: zu einer Reaktion auf Verantwortung, der Ermöglichung von Verantwortungsübernahme und entsprechender Handlung zur Wiedergutmachung. Statt Strafe wird Restauration angestrebt, dabei wird der Begriff der Verantwortung im Alltag anders gebraucht als im Strafrecht. Die Schuld im Strafrecht ist im Grunde sehr eindeutig, aber auch sehr spezifisch. Dem gegenüber steht der Begriff der Verantwortung, ihm wird viel zugetraut, doch auch er ist vielschichtig und oft ungenau und unspezifisch (Matt, 2002). Die Anwendung des Schuldbegriffs bleibt letztlich schwierig und zu problematisieren. Schuld wird einmal als Ursache gesehen, setzt damit aber die Zuschreibung der Ursache voraus, Schuld wird andererseits aber auch als Folge, als Konsequenz aus (falscher) Handlung gesehen, wobei dies wiederum nur gelten kann, wenn »falsche« Absicht zu unterstellen ist oder andere Handlung denn überhaupt möglich wäre, um nur einige Ungenauigkeiten hervorzuheben. Es wird im Folgenden der Begriff der Verantwortung herausgearbeitet. Letztlich kann dies jedoch nicht ohne die Klärung dessen erfolgen, was Handlung ist. Handlung, die Rolle der Absicht in der Handlung, die Rechtfertigung von Handlungen zur Reduktion von Verantwortung, die Zuschreibung von Verantwortung und letzten Endes der Zusammenhang zwischen diesen Begriffen wird beschrieben.

4.2.1 Der Begriff der Verantwortung

Mit Verantwortung befassen sich sehr verschiedene Traditionen, entsprechend vielschichtig ist auch der Begriff. Die Verantwortungsthematik ist philosophisch nah an der Diskussion um Freiheit, v. a. die Freiheit des Willens, theologisch ist sie nah an der Schuld und Sühne, juristisch mit der Zurechenbarkeit einer Handlung assoziiert, soziologisch mit Anforderungen des Sollens gegenüber Rollen- und Funktionsträgern. Doch allen Wissenschaften zugrunde liegt dabei die anthropologische Grundannahme, dass der Mensch ein Subjekt mit Handlungsspielräumen ist (Graumann, 1994). Verantwortung kann also ohne den Begriff Handlung nicht gedacht werden. Dies macht es – insbesondere auch im Rahmen dieser Arbeit – notwendig, sowohl den Verantwortungsbegriff als auch den Handlungsbegriff nachzuvollziehen. Bevor dies erfolgt, sollen einige Positionen von verschiedenen AutorInnen zur Verantwortung herausgearbeitet werden.

Nida-Rümelin unterscheidet in seinem 2011 erschienenen Werk über Verantwortung, welches den dritten Teil einer Trilogie[25] darstellt, in Subjekte und Objekte der Verantwortung und weiter in Formen der Verantwortung. Zu den Ersteren zählt die Verantwortung für Handlungen, für Überzeugungen und für Einstellungen. Über sie stellt der Autor einen Zusammenhang zur Identität her. Die Formen der Verantwortung beschreibt Nida-Rümelin als die Verantwortung für Folgen (über die Folgenverantwortung wird hier noch zu schreiben sein) sowie als die kooperative, die korporative, die politische, die wissenschaftliche und die moralische Verantwortung. Nida-Rümelin (2011) geht also über den Verantwortungsbegriff für Handlungen hinaus und erweitert ihn auf Überzeugungen und emotive Einstellungen und macht dies argumentativ an den Gründen bzw. der Begründung als handlungsleitende Instanz fest. Es kann mit Montada (1988) darüber hinaus zwischen personaler und positionaler Verantwortlichkeit unterschieden werden. Von einem/r PositionsinhaberIn wird erwartet, die in einem gesellschaftlichen System definierten Erwartungen gemäß der gesellschaftlichen Funktion zu erfüllen und ebenso auch die personalen Fähigkeiten zu haben, diese Position zu erfüllen. Unterschieden werden kann außerdem in die Selbstverantwortung (vgl. Matt, 2002), in die Handlungsfolgen-Verantwortung und in die Fürsorge-Verantwortung. Erstere stammt aus dem Rechtssystem und entspringt der Frage der Zurechenbarkeit. Darin liegt der Verantwortungsbegriff dem Schuldbegriff nahe und führt weiter zu den Fragen subjektiver Bedingungen, Intentionen, Absichten und Voraussicht im Hinblick auf Ereignisse. Im Rechtssystem erfolgen Beschuldigung und Verantwortung als Zuschreibung von Kausalität. Mit anderen Worten, ein Ereignis ist durch eine Handlung oder

---

25 Seine Abhandlung über Verantwortung ist der dritte Teil der Trilogie: Die beiden vorausgehenden Werke befassen sich mit der strukturellen Rationalität und mit der menschlichen Freiheit.

eine Handlungsunterlassung der Person hervorgebracht worden. Es geht um Zuschreibung der Verantwortung und in dieser Form dann um einen objektivierten Schuldbegriff (Matt, 2002). Darin enthalten ist ein Werturteil, dass eine andere Handlung möglich gewesen wäre.

Zur Übernahme der Verantwortung schreibt Hubbertz, dass er darin die tätige Stellungnahme eines ichfähigen und mündigen Menschen sieht, welcher nicht den Abwehrmechanismen erliegt, sondern sein schuldhaftes Handeln erkennen und annehmen kann (Hubbertz, 1992, S. 59). Für ihn ist Verantwortung prinzipiell dialogisch zu betrachten. Er weist auf das Verantwortlich-*für*-etwas Sein, über das man sich *gemeinsam* verständigt, hin. Dagegen betont Hirsch den selbstreflexiven Anteil der Verantwortung.

Für Kaiser (2004) kann Verantwortung nicht ohne Schuld gedacht werden, womit er die Relationalität der Begriffe hervorhebt: Verantwortung ergibt sich bei ihm aus dem Schuldverständnis insofern, als Schuld einsehen und Schuld bekennen für ihn die Übernahme der Verantwortung darstellt. Er postuliert einen Verantwortungsbegriff, bei welchem die »Differenz von kausaler Erklärung und persönlicher Schuldzuschreibung nicht zugunsten der kausalen Erklärung aufgehoben wird, sondern die Zurechnung der Handlung gefordert wird« (Kaiser, 2004, S. 5). Diese Zurechnung der Handlung wird allerdings nicht nur insgesamt auch juristisch, sondern von den meisten anderen AutorInnen gefordert, jedoch ohne Verantwortung in Schuld »hineinzudenken«. Letztlich vertritt Kaiser (2004) einen Verantwortungsbegriff, der eine entsprechende Tat, genauer eine/n schuldhafte/r TäterIn, auch als solche/n identifiziert wissen möchte. Demgegenüber kann nochmals Hirsch (2012) angeführt werden, wonach eine Haltung der Verantwortlichkeit v. a. die Freiheit und die Notwendigkeit, beinhaltet, eine persönliche Gestaltung des eigenen Schuldumgangs zu suchen. Und noch weiter erläutert Hubbertz dazu: »[...] mit der anthropologischen Grundanschauung des mündigen und ichfähigen Menschen hebt der Verantwortungsbegriff jenen Widerspruch zwischen Ohnmacht und Vollkommenheitsanspruch in sich auf, welcher bereits als Hintergrund für Prozesse der Schuldabwehr [gilt].« (Hubbertz, 1992, S. 52). Der gleiche Autor hebt nochmals hervor: »Verantwortung hält am Ideal des freien und selbstbestimmten Daseins fest, ohne in die Allmachtsfantasie einer willkürlichen Verfügbarkeit und Gestaltbarkeit individueller Lebensbezüge abzugleiten [und] umfasst die Fähigkeit zur Selbstlenkung ebenso wie die Beziehungsstruktur« (ebd.). Die Formulierungen über Verantwortung zeigen also eine Bandbreite zwischen der Identifizierung von VerantwortungsträgerInnen als »TäterInnen« bis hin zu einer individualistischeren Sichtweise des »Verantwortung-Habens« vor dem Hintergrund persönlicher Freiheit.

4 Verantwortung, Handlung und Verursachung

Die Frage der Reflexivität der Verantwortung wird auch von anderen Autoren hervorgehoben, jedoch weniger stark *selbst*reflexiv fokussiert. Nida-Rümelin (2011) hebt hierfür den Begriff der Verantwortung in seinem Wortlaut hervor: Verantwortung als »Antwort gebend«. Es wird in der Verantwortung immer etwas beantwortet, was auch im Englischen in dem Wort »responsibility« durch »respond« enthalten ist. Auch für Matt (2002) ist »antworten« im Zusammenhang mit der Verantwortung bedeutend. Verantworten heißt im Sinne eines Antwortens, auf einen Zustand zu reagieren. Sich verantworten ist ein kommunikativer Akt und so wie in der Verantwortung ist auch in der Anklage ein stark dialogisches und kommunikatives Element enthalten. Insofern weist der Verantwortungsbegriff bei Matt (2002) deutlich über den Schuldbegriff hinaus. In der Reflexivität der Verantwortung ist eine Person für eine Entscheidung anderen Personen gegenüber verantwortlich, denn einfach nur (per se) verantwortlich zu sein bleibt unbezogen (Nida-Rümelin, 2011).

Der Verantwortungsbegriff weist auf drei Dimensionen hin: den/die TrägerIn der Verantwortung, die Instanz und den normativen Bezugsrahmen, also Wertungen innerhalb des sozialen Kontextes (Matt, 2002). Durch die Formulierung eines/r TrägerIn der Verantwortung ist der Verantwortungsbegriff bei Matt nicht auf die Aspekte der willentlich intendierten Hervorbringung von Zuständen reduziert, sondern umfasst die ganze Person, die die Verantwortung trägt, und zwar für sich selbst, aber auch als moralisch handelndes Wesen, welches seine Mitgliedschaft in der Gemeinschaft mitgestaltet (Matt, 2002, S. 90). Nur als Verantwortung tragende Person kann sie sich selbst als »Autor eigener Handlungen« sehen (ebd.). Zu unterscheiden ist dabei auch, zwischen verantwortlich *für* und verantwortlich *gegenüber* etwas oder jemanden/jemandem zu sein. Mit Matt wäre zu spezifizieren: verantwortlich *für* eine Handlung, Tat oder Unterlassung und *gegenüber* einer Person, Gruppe oder Autorität. »Für« und »gegenüber« sind wie die objektive und subjektive Seite der Verantwortung. Ersteres als subjektiver Sinn, für etwas verantwortlich sein, letzteres als Verweis auf den sozialen Kontext und dessen Bewertung. Diese Bewertungen sind dann wiederum Zuschreibungen von Verantwortung und Schuld. Die subjektive Seite der Verantwortung öffnet den Raum für Schuldgefühle (Matt, 2002). Verantwortung hat insofern einen reflexiven Bezug auf das eigene Gewissen hin, dies wird in der moralischen Instanz deutlich, der gegenüber wir annehmen Rechenschaft schuldig zu sein. Die moralischen Instanzen beinhalten Konzeptionen, basierend auf Gesellschaft, Gericht und Gott (Matt, 2002). Der Verantwortungsbegriff bei Matt weist insofern in die zentralen Momente der Verursachung und ich fasse zusammen: (1) Indem eine Person ursächlich für die Handlung verantwörtlich ist, (2) indem der Begriff der Intention, also die Absicht zentral ist, (3) indem der Status der Person als schuldfähig berücksichtigt und (4) indem die Reaktion, als Notwendigkeit der eigenen Reaktion auf Handlungen, als Stellungnahme (z. B. im Sinne der Wiedergutmachung) mitgedacht ist. Hier wird der dynamische Charakter von Verantwortung deutlich: Einmal ist sie hinsichtlich der eigenen Person selbstreflexiv, zum anderen aber hinsichtlich sozialer Regulation dialogisch.

»Schuldige werden zur Verantwortung gezogen« oder anders formuliert: »Verantwortung wird ›getragen‹, ›jemandem aufgebürdet‹ oder ›abgenommen‹ «, bringt Graumann (1994, S. 185) seine Position auf den Punkt. Graumann (1994) formuliert Verantwortung als soziales Konstrukt (S. 184). In seinem Aufsatz äußert er, dass in der Psychologie die Verantwortungsthematik auf zweierlei Arten beforscht ist: zum einen innerhalb der Verantwortungsattribution und zum anderen in den Arbeiten zum prosozialen Verhalten. Zwischen den beiden Arten besteht aber kaum ein Zusammenhang (Graumann, 1994). Er wirft der Sozialpsychologie vor, dass sie die Forschung über Verantwortung zusammenhanglos betreibt und außerdem konzeptionelle Unbestimmtheiten bestehen. Über sozialpsychologische Aspekte der Zuschreibung von Verantwortung, genauer die Attribution, wird im Folgenden geschrieben.

4.2.2 Attribution: Die Zuschreibung von Ursache und Verantwortung

Aus soziologischer und psychologischer Perspektive sind Verantwortung und Verantwortlichkeit Zuschreibungsphänomene. Doch dieser »[...] Streit um Verantwortlichkeit verläuft nicht regellos« (Montada, 1988, S. 16). Die Zuschreibung von Ursachen – die Attribution – läuft nach bestimmten Mustern ab. Attributionen versuchen Fragen zu klären, wie unsere Alltagsumgebung verstehbar, vorhersagbar und kontrollierbar ist (Meyer und Försterling, 1993). Gegenstand der Attributionstheorie sind Bedingungen und Prozesse für Ursachenzuschreibungen. Attributionen sind Bestandteile naiver Theorien. In den ursächlichen Erklärungen sozialer Erscheinungen geht es also um Alltagserklärungen über Handlungen. Sie versuchen Antworten auf »Warum-Fragen« zu geben und werden zumeist dann eingesetzt, wenn sozial-kognitive Schemata als nicht reflektierte implizite Annahmen keine ausreichende Antwort liefern (ebd.). Insofern sind es also überwiegend nicht erwartete Ereignisse, also schemadiskrepante Informationen, die besondere Erklärungen nach dem »Warum« herausfordern. Die Attributionsforschung untersucht Ursachen, Verantwortungs- und Schuldzuschreibungen, auf welche eine Person ein beobachtetes oder erlebtes Ereignis zurückführt (»attribuiert«). Attributionen sind komplex und differenzieren, wenn es um die Erklärung des Zusammenwirkens von Ursachenfaktoren geht. Handlungsergebnisse werden, um sie einer Interpretation zuzuführen, von zwei Determinanten abhängig gemacht: von Personen und der Umgebung. Ist die Umgebung keine ausgeprägte effektive Kraft für das Ergebnis einer Handlung, dann ist das Ergebnis der Person zuzuschreiben. Umgekehrt, hat eine Person kein Zutun, dann ist die effektive Kraft die Umwelt, das Ergebnis ist so gut wie ausschließlich der Umwelt zuzuschreiben. Entsprechend bilden sich Attributionen auf Personen oder Situationen heraus (Meyer und Försterling, 1993). Dies kann im Sinne verschiedener Attributionsmuster ausdifferenziert werden: Personen können Fähigkeiten haben oder sich bemühen (Macht versus Motivation). Die Umgebung oder Situation als Determinante »von außen« kann als besondere Schwierigkeit hinzukommen oder der Zufall kann in Kraft treten. Globale Ursachenkategorien, auf die attribuiert wird, können spezifiziert werden: Dazu zählen die handelnde Person, ein konkreter Handlungsauslöser (Reize, Entitäten) und die allgemeinen Umstände (Modalitäten, Zeitpunkte) (vgl. Witte, 1994, S. 303). Die Zuordnung geschieht in Form einer naiven Varianzanalyse der Person und erfolgt dann als verschiedene »Stile« einer Attribution. Diese sind die (1) Person- bzw. Persönlichkeitsattribution: Als die Ursache für die Handlung wird die Person selber, der/die Handelnde, angesehen, z. B. der Autounfall hat sich ereignet, weil der/die FahrerIn ein/e unfähige/r LenkerIn ist. (2) Die Reizattribution: Die Ursache für eine Handlung wird in einem Handlungsauslöser (spezifischer Reiz) gesehen. Der Autounfall ist geschehen, weil den/die sonst routinierte/n LenkerIn ein Sekundenschlaf übermannt hat. Und (3) die Umständeattribution, in welcher die Umstände als Ursache angesehen werden: Infolge eisglatter Fahrbahn und der schlechten Witterung war der Autounfall nicht mehr zu verhindern.

Menschen unterliegen einem *fundamentalen Attributionsfehler*. Dies erscheint mir im Zusammenhang mit dieser Arbeit besonders wichtig. Es erfolgt im Vorgang der Attribution, besonders in der westlichen Kultur, eine Überbetonung der Personattribution, wohingegen die situativen Verhaltensdeterminanten zu wenig berücksichtigt werden. Wir »verzerren« die Wirklichkeit, indem wir dazu neigen, eher auf die Person als die Situation zu attribuieren. Die Person wird über- und die Situation unterschätzt (Meyer und Försterling, 1993). Besonders hinsichtlich der Thematik der (Mit-)Verursachung des Todes anderer erscheint mir dieser Attributionsfehler zentral und wird in der theoretischen Begründung der Trauma-Schuld mit zu berücksichtigen sein.

Determinanten der Attribution hängen von der Art des Ereignisses, der subjektiven Bedeutung der Handlungsergebnisse und der zur inhaltlichen Zuordnung zur Verfügung stehenden Information ab. Vereinfacht gesagt wird zwischen Gründen (personbezogene Erklärung) und Ursachen (sachbezogene Erklärung) unterschieden. Hinsichtlich der Person wird zur Vorhersehbarkeit und Voraussagbarkeit entweder auf die *Absicht* oder die *Disposition* einer Person attribuiert (ebd.). Liegt eine Attribution auf die Absicht der Person vor, so ist auch eine persönliche Kausalität gegeben. Es wird zugeschrieben, ob bzw. dass jemand etwas mit Absicht getan hat und hinterfragt, welche Disposition – welche Persönlichkeitseigenschaft – die Person veranlasst hat so zu handeln. Es kommt vonseiten der attribuierenden Person zu motivationalen Verzerrungen. Attributionen werden insofern auch »systematisch verzerrt«, z. B. ob man Akteur oder BeobachterIn ist (ebd.). Wenn das Verhalten einer Person nicht den sozialen Erwartungen entspricht, wird eher auf eine Disposition des/der Handelnden geschlossen, mit anderen Worten, korrespondierende Schlussfolgerungen sind stärker (ebd.). Attributionen bestimmen mit, wie auf das Ereignis reagiert wird, gerade auch deshalb, da Attributionen dem Bedürfnis nach Vorhersagbarkeit und Kontrollierbarkeit der Welt entspringen. Die Wirkungen von Attributionen betreffen zahlreiche Variable wie Meinungen, Einstellungen, Gefühle, Selbstwert und Informationsverarbeitung. Sie sind bis zu einem gewissen Grad auch dem Selbstwert dienlich, z. B. bei der Zuschreibung von Erfolg an eigene Fähigkeiten. Ursachenzuschreibungen des Geschehens, ob auf Personen oder Bedingungen, haben also Auswirkungen.

In der Zuschreibung der Verantwortung sind Handlung und handelnde Personen adressiert. Die Attribution der Verantwortung ist das Ergebnis einer spezifischen Handlungsbewertung (Albs, 1997). Die Übernahme oder Zuschreibung von Verantwortung für ein Ereignis hat die Entscheidungs- und Handlungsfähigkeit zur Voraussetzung (Montada, 1988). Die Freiheit des Willens bzw. die Wahl zwischen Alternativen ist impliziert vorausgesetzt. Montada (1988) spezifiziert, dass die Klärung der Verursachung nicht die Frage der Verantwortung(-szuschreibung) beantworten kann, sondern Aspekte der Vorhersehbarkeit, Kontrollierbarkeit, Wahl bzw. Absicht und zumutbare Handlungsalternativen mit bedacht werden müssen, um über Verantwortung urteilen zu können. Der Zusammenhang zwischen Ursächlichkeit und Verantwortung ist komplex. Die Zuschreibung der Verantwortung für ein negatives Ereignis ist eine Funktion des Ausmaßes der zugeschriebenen Verursachung, wahrgenommenen Handlungsfreiheit und des Ausmaßes, in dem der entstandene Schaden nicht vorhergesehen wurde (Reichle, 1994). Im Alltag sind wir nicht geübt, alle Faktoren, die ursächlich zu einem Ereignis führen, zusammenzutragen, sondern die Kausalerklärung macht sich zumeist am »ungewöhnlichsten Moment« fest, der vom Üblichen abweicht (Nida-Rümelin, 2011). Die ursächliche Erklärung erfolgt ausgerechnet über den Überraschungsmoment: Man wird verantwortlich »gemacht«. Mit anderen Worten: Verantwortung wird attribuiert, wenn eine Handlung hinter Erwartungen und Zielvorstellungen zurückbleibt, und dies bezieht sich v. a. auf unerreichte Ziele oder Schaden (Albs, 1997), wobei die mit einem Ereignis auftretende Emotion selbst als »engagierte Bewertung« nicht per se eine Attribution darstellt, aber dazu führen kann. Es muss nicht immer ein attributives Geschehen erfolgen, jedoch die auftretende Attribution der Verantwortung ist insofern meist eine Form moralischen Urteilens. Eine spezifische Form der Verantwortungszuschreibung ist dann der Schuldvorwurf (Albs, 1997).

Zusammengefasst kann die Urheberschaft für Ereignisse bei der Person, bei den Umständen, beim Zufall (als Abwesenheit von Kontrollinstanzen) oder beim »Schicksal« (als Sammelbegriff für »höhere Instanzen«) gefunden werden, jedoch die Verantwortlichkeitszuschreibung erfolgt nur hinsichtlich handlungsfähiger Instanzen (Reichle, 1994). Verantwortlichkeit kann nicht für Verhalten, jedoch für Handlungen zugeschrieben werden (Montada, 1988).

4.2.3 Die Rolle der Attribution für Anpassung: Wozu wird »verantwortet«?

Studien, welche sich mit Schuld, Trauma und Phänomenen der Zuschreibung befassen, wurden bereits vorgestellt. Im Folgenden soll vor dem Hintergrund der Attribution die Rolle der Zuschreibungen von Schuld und Verantwortung in ihrer Funktion für die Anpassung und Bewältigung von traumatischen Erfahrungen vertieft werden. Die meisten bereits erörterten Befunde sind letztlich vor dem Hintergrund der Herstellung des Gefühls der Kontrolle zu verstehen. Ich denke, es wäre bislang aus der Forschung zusammenzufassen, dass jede Art von Erklärung für das Ereignis adaptiv ist, auch wenn sie selbstbeschuldigend ist. Besser bewältigt werden Unfallsituationen, in welchen zwischen dem eigenen Verhalten und dem Unfallgeschehen ein kausaler Zusammenhang hergestellt werden kann (Ehlers, 1999; Janoff-Bulman, 2002). Zusammengefasst kann gesagt werden, dass die Zuschreibungsprozesse für die Anpassung bedeutend sind und hierfür auch »Pakete der Verantwortung« übernommen werden. Dabei ist grob zu sagen, dass – so die Literatur – »bestes Coping« sich aus folgenden Determinanten ergibt: Eine gute Prognose wird berichtet, wenn der Unfall als Art logische, unvermeidbare Konsequenz erlebt werden kann, wenn er als unvermeidlich angenommen werden kann und wenn das Bedürfnis nach Sinnfindung – das zweite zentrale

Bedürfnis neben der Kontrolle –, mit Annahmen oder Erklärungen gestillt werden kann.

Janoff-Bulman und Lang-Gunn (1988) erkannten, dass Selbstbeschuldigungen häufig in Zusammenhang mit Ereignissen wie Krankheiten, Verbrechen oder Unfällen auftreten und keineswegs maladaptiv sein müssen. Die Entstehung von Schuldgefühlen bei Traumaopfern – dies wurde bereits erläutert – kann als Schutz- bzw. kognitiver Abwehrprozess gesehen werden. Die Entwicklung von Schuldgefühlen, eine Attribution der Verantwortung für das Ereignis an die eigene Person, ermöglicht die subjektive Aufrechterhaltung oder Wiederherstellung der Kontrolle und der Vorhersagbarkeit sozialer Ereignisse. Insofern bilden Schuldgefühle einen Schutz vor dem Gefühl der völligen Schutzlosigkeit, der Preisgabe und dem Kontrollverlust (Janoff-Bulman, 2002; Ehlers, 1999). Becker (1992) bringt dies auf den Punkt, wenn er schreibt: »Die Schuldzuweisung [sich selbst gegenüber] kompensiert die Erfahrung der totalen Ohnmacht und ersetzt sie, indem sie eine selbstzerstörerische Potenz etabliert: ›Je schuldiger ich an meinem Unglück bin, je weniger bin ich Opfer.‹ Diese Identitätsbestimmung hilft aber nicht weiterzuleben, sondern bestätigt nur die erlittene Zerstörung und macht sie zu einem festen Bestandteil der Persönlichkeit« (Becker, 1992, S. 248). Neben der Rolle der Kontrollierbarkeit geht es auch um das Sinnfinden (making sense of the event). Janoff-Bulman und Lang-Gunn (1988) gehen davon aus, dass Attributionen einerseits ein Versuch sind das »why me« zu beantworten und andererseits selbstbeschuldigende Attributionen, warum das Ereignis im Besonderen eingetreten ist.

Erfahrungen von Verantwortung ermöglichen Erfahrungen von Kontingenz. Für Auchter (1996) beinhaltet die Wahrnehmung der Verantwortung eine grundlegende Erfahrung der Kontingenz und Selbstwirksamkeit: Das eigene Handeln ist Ursache für eine Wirkung und dies wiederum ist basale Voraussetzung für die Entwicklung der Fähigkeit zur Selbstverantwortung, d. h. Übernahme der Verantwortung für die Effekte eigenen Tuns.

Ganz allgemein formuliert tritt die Selbstbeschuldigung häufiger auf als die Beschuldigung anderer bzw. der Verzicht auf Beschuldigung von der Opferseite (Montada, 1995a). Er fand außerdem in einer Untersuchung an querschnittgelähmten Unfallopfern heraus, dass Vorwürfe und feindselige Gefühle gegenüber anderen Beteiligten Anpassungsschwierigkeiten bewirken. Zur Bewältigung und Regulierung bzw. Vermeidung von Schuldvorwürfen und Ungerechtigkeitsgefühlen wenden Betroffene verschiedene Strategien an. Es bietet sich ein Abwärtsvergleich an: Anderen geht es noch schlechter. Weiters ist zu beobachten, dass Betroffene den Verlust relativieren, indem sie sich einreden, dass es noch viel schlimmer hätte kommen können (Montada, 1995a; Janoff-Bulman, 2002). Die Suche nach Sinn bzw. Gewinn in dem Verlust wurde bereits genannt. In diesem Zusammenhang ist aber auch das »Teilen des Verlustes« bedeutend, beispielsweise »gibt es mehrere Opfer oder bin ich das einzige?«

Die bessere Bewältigung derer, die sich (mit-)schuldig fühlen, ist nicht nur auf die höhere Kontrollierbarkeit der Situation zurückzuführen, sondern v. a. auch auf die bessere Einschätzung zukünftiger Ereignisse. Gleichzeitig beinhaltet die Selbstbeschuldigung aber auch Belastungen und führt keineswegs immer zu besser Anpassung. Die Zuschreibung der Verantwortung an sich selbst kann Schuld-, Scham- oder Ärgergefühle bewirken und diese führen zur Abwertung der eigenen Person. Je leichter sich Opfer positive Ausgänge der Situation vorstellen können, umso schwieriger ist es die negativen zu ertragen (Montada, 1995a, S. 20).

Doch letztlich räumt auch Montada (1995a) ein, dass die Schuldzuschreibung an das eigene Selbst (self-blame) per se kein zuverlässiger Prädiktor für die Bewältigung von Belastungen oder Verlusten ist. Die mit der Schuldattribution auftretenden Gefühle wie Schuld, Scham und Ärger, die einer Hoffnung auf zukünftige Vermeidbarkeit und einem Gefühl von Kontrolle gegenüberstehen, sind dabei schon eher bedeutsam. Feindselige Gefühle und Gefühle der Ungerechtigkeit des Schicksals wirken sich ungünstig aus. Positiv wirkt Selbstbeschuldigung, als Strategie gegen Hilflosigkeit, gegen Angst vor Wiederholung, gegen Empörung und Hass und als Strategie gegen überflutende Ungerechtigkeitsgefühle. Letztlich bleibt das Thema komplex und es sind noch die Fragen zu klären, inwieweit Ursachenattribution zur Anpassung beiträgt und welche Variablen des Zusammenhangs letztlich eine Rolle spielen.

4.3 Handlung und die Rolle der Absicht

Wer über Verantwortung nachdenkt, der denkt über Handlung nach, denn ohne den Handlungsbegriff ist der Verantwortungsbegriff nicht zu klären (vgl. Albs, 1997; Montada, 1988; Nida-Rümelin, 2011). Es ist im Folgenden zu klären, was der Begriff Handlung meint und welche Rolle die Absicht innerhalb der Handlung hat. Handlung ist, vereinfacht gesagt, eine zielgerichtete, geplante Aktivität (vgl. Albs, 1997). Konstituierend sind Momente des Abwägens (zwischen Handlungsmöglichkeiten), des Feststellens von Handlungsalternativen sowie der Entschlussfassung. Dies unterscheidet die Handlung auch vom Verhalten. Erst der intentionale Charakter von Verhalten lässt dieses zur Handlung werden (Nida-Rümelin, 2011). Handlungskonstitutive Intentionalität zeigt sich als vorausgehende Absicht, dies ist nichts anders als eine Entscheidung. Eine wesentliches Element des Handlungsbegriffes ist die Absicht: Absichtlichkeit des die Handlung realisierenden Verhaltens und eine vorausgehende Absicht, als Entscheidung, die durch die Handlung erfüllt wird.

Über die Rolle der Absicht schreibt Anscombe (1976) in ihrem englischsprachigen Werk *Intention* ausführlich. Anscombe – eine Schülerin Wittgensteins – geht der Frage nach intentionaler Handlung bzw. der Intention in der Handlung nach. Kurz gefasst lassen sich intentionale Handlungen als solche bezeichnen, welche eine Antwort auf die Frage nach dem »Warum« (ist so gehandelt worden) geben können. Ist diese Antwort nicht zu geben, ist die einzige alternative Antwort, dies nicht zu wissen. Es geht Anscombe darum, ob die Frage zugelassen oder zurückgewiesen wird. Wie ich Anscombe verstanden habe, zeigt sich die Zurückweisung der Warum-Frage in der Angabe von »unbewussten Motiven«, die keine Erklärung liefern (S. 38). Als Beispiel: Ich habe Pilze gegessen, aber mir war nicht bewusst, dass sie giftig waren. Letztlich geht es Anscombe darum – und das genügt für ein Verständnis hier – Motive für Handlungen herauszuarbeiten. Kennzeichnend für absichtsvolles Handeln ist die Möglichkeit der Angabe eines Handlungsgrunds (reason for acting). Handlungsgründe werden Beweisgründen (evidence) gegenübergestellt. Es soll aus ihnen hervorgehen, warum einer Darstellung »geglaubt« werden sollte. Anscombe unterscheidet zwischen der Grammatik der Absicht, dem zukunftsbezogenen sprachlichen Ausdruck der Absicht, dem absichtlichen Handeln und der Absicht, mit welcher gehandelt wird. Gemeinsam ist allen der Handlungsgrund. Absicht meint diesen Handlungsgrund[26]. Diese Gründe basieren auf einem Wissen. Darin zeigt sich, dass Intention auf die Zukunft gerichtet ist. Die Betonung der Gründe für Handlung ist auch im Werk Nida-Rümelins (2011) zentral.

Von einer Handlung wird nur dann gesprochen, wenn sich eine Person auch anders hätte verhalten können, also eine Wahl hatte. Albs (1997) fasst die konstituierenden Merkmale in folgenden Aspekten zusammen: Das Bestehen von Handlungsalternativen, deren subjektive Wahrnehmung sowie erlebte oder zugeschriebene Kontrolle über die Initiierung. Kurz gefasst bedeutet das: Wer

---

26 Hier wäre auch die Theorie des begründeten Handelns zu erwähnen: Die Theorie des begründeten Handelns (Fishbein und Ajzen, 1975) enthält – komprimiert formuliert – die Annahme, dass Verhalten durch Verhaltensintention bestimmt wird und weiter, dass Handeln rational begründet ist. Später wurde diese Theorie durch Determinanten wie Einstellung und Normen erweitert und die Theorie des geplanten Verhaltens, unter welchem ein zielgerichtetes Handeln zu verstehen ist, formuliert.

handelt, muss eine Handlungsalternative festgestellt haben[27]. Hierbei geht es nicht um tatsächlich bestehende Alternativen, sondern um subjektiv als solche wahrgenommene. Albs (1997) schreibt hierzu: »Kann eine Person keine Handlungsalternativen feststellen oder hat nicht die Wahl und/oder die Kontrolle zur Durchführung oder Unterlassung, soll nicht von einer Handlung gesprochen werden« (S. 17). Und hier möchte ich Albs Formulierung erweitern: Auch subjektiv angenommene Alternativen, die in Wirklichkeit gar keine sind, müssen berücksichtigt werden, besonders wenn es sich – wie in unserem Kontext – um das Auslösen eines Unfalles handelt, welcher als (Fehl-)*Handlung* interpretiert wird. Auch hier kann konsequenterweise also nicht von Handlung gesprochen werden. Zumindest jedoch wird in der »angenommenen Alternative« die Subjektivität der Bewertung einer Handlung deutlich. An dieser Stelle sei mit Riedel angemerkt, dass Handlungstheorien immer auch interpretative Ansätze sind (Riedel, 1978). Konstituierend für Handlung – und damit weiter in der Erläuterung, wann von Handlung gesprochen werden kann – ist die Möglichkeit des Abwägens: Wer handelt, wägt zwischen Handlungsmöglichkeiten ab. Neben personspezifischen Faktoren wie Wissen und Erfahrung z. B. hängt dieses Nachdenken über Handlungsmöglichkeiten auch von situativen Variablen wie z. B. Entscheidungsdruck, Stress, Schock etc. ab. Fehlt die Vorhersicht von Handlungsfolgen, kann dies als sowohl verantwortungsmindernd als auch verantwortungsbegründend anzusehen sein. Zur Vorhersicht von Handlungsfolgen bezieht Albs (1997) hier auch die Vorhersehbarkeit in den Prozess der Verantwortungsattribution mit ein (S. 19). Und schließlich die Frage des eigentlichen Entschlusses zur Handlung: Wer handelt, hat sich entschlossen, eine bestimmte Handlungsalternative durchzuführen. Diese steht am Ende eines Nachdenkprozesses über die Qualität und die Auftrittswahrscheinlichkeit von Handlungsfolgen. Als Ergebnis eines Entscheidungsprozesses kann die bereits genannte Absicht stehen, auch die Zielerreichung als handlungskonstituierendes Merkmal ist Absicht (Montada, 1988).

Die Wahl zwischen Handlungsmöglichkeiten beinhaltet, dass wir uns eine Vorstellung über die Folgen der Handlung machen können, also das Handlungsergebnis vorhersehen können. Zu bedenken ist, dass beabsichtigte Handlungen unbeabsichtigte Wirkungen haben können. Die Un- oder Absichtlichkeit von Handlungsfolgen interagiert vermutlich mit deren Vorhersicht. Mit anderen

---

27 Dazu zählt, dass Handlungsalternativen natürlich auch als solche subjektiv wahrgenommen werden müssen und internale Kontrolle über Initiierung und Verlauf des Ereignisses vorhanden sein muss. Zu spezifizieren ist hier mit Albs (1997) die sensorische Bewusstheit der Alternative.

Worten, nur vorhergesehene Folgen können beabsichtigt sein (Albs, 1997, S. 20). Sind unbeabsichtigte Folgen vorhergesehen worden, entspricht das einer Inkaufnahme der Folgen; sind hingegen Folgen eingetreten, die weder beabsichtigt noch vorhergesehen waren, so gilt in der Verantwortungsfrage ein entlastendes Argument. Montada (1988) formuliert die fehlende Absicht eines Handlungsergebnisses bzw. einer Handlungsfolge als Entlastungsargument für Verantwortung. War eine Handlung beabsichtigt, die Folgen jedoch nicht, so gilt dies als Fehlhandlung. Es wäre eine »ähnliche« Handlung beabsichtigt gewesen. Für die Bewertung gilt hier also nicht die Intention an sich, sondern die Intentionalität eines bestimmten Ereignisses, welches zur Bewertung herangezogen wird (Albs, 1997).

Diese scheinbare Objektivierbarkeit von Handlung wird – nochmals mit Riedel – etwas »gelockert«, wenn sie schreibt, dass Handlungen kontextabhängige Interpretationskonstrukte sind. Intentionalität ist per se Interpretation, diese ist kontextabhängig (Riedel, 1978, S. 139f.). Es tritt außerdem noch die Eintrittswahrscheinlichkeit einer Folge dazu. Riedel (1978) geht hier noch weiter: Menschliches Handeln ist mehr als zielgerichtete Aktivitäten, es geht um »Stellungsbezug« und um sprachliche Akte. Handelnde deuten ihre Handlungen. In die Rekonstruktion eigenen Verhaltens fließt eine ganze Reihe an Bewertungskriterien ein, beispielsweise personen- beziehungsweise situationsbezogene Merkmale. Der Bezugsrahmen des Handelns ist also über die Biografie (Individuum), die Sozialität (Gruppe, Gesellschaft) und die Geschichte herzustellen (vgl. Albs, 1997). Handeln im Alltag unterliegt Angemessenheitskriterien und Bewertungen. Handlungsentwurf und Handlung erfolgen in der Welt entsprechend ihren Einschränkungen, eigenen Intentionen und Widerständen und damit vor dem Hintergrund der Möglichkeit von nicht intendierten Regelverletzungen (Matt, 2002). Die Vorstellung, wie auf Verfehlung zu reagieren ist, ist Bestandteil alltagsweltlicher Handlungs- und Deutungsmuster (Matt, 2002). Handeln erfolgt also immer unter vorgegebenen Umständen und diese können wiederum das Handeln einschränken und Handlungsweisen aufzeigen, die nicht gewollt sind.

4.4 Die subjektive Wahrnehmung von Schuld in der Verursachung

Vor dem Hintergrund der Herstellung einer subjektiven Verbindung zwischen Verursachung, Handlung und Verantwortung für Folgen wird nochmals auf einige zu Beginn dieses Kapitels erläuterte Studien zurückgegriffen werden, um Einsicht in das *Zusammenspiel* zwischen Verantwortung, Rechtfertigung und Zuschreibungsphänomenen zu gewinnen. Es gibt wenige Modelle, die hier differenzieren. Dies bildet sich meines Erachtens auch in der subjektiven Welt Betroffener ab: In der subjektiven Wahrnehmung wird Schuld »bereitwillig« übernommen.

Den Schuldvorwurf sieht Albs (1997) als Ergebnis einer spezifischen Form der Verantwortungszuschreibung, welche vor dem Hintergrund des Handlungsbegriffes und seinen Voraussetzungen geschieht, also als ein Geschehen, als Handlung verstanden wird. Personen, deren Handlungen und Handlungsfolgen werden bewertet, damit es zur Beurteilung von wahrgenommener Schuld kommt. »Als Ergebnis dieses Bewertungsprozesses wird persönliche Schuld für eine Handlung, deren Ergebnisse oder Ergebnisfolgen einer Person zugeschrieben oder diese Person ent-schuldigt« (Albs, 1997, S. 38). Albs (1997) führt in diesem Zusammenhang den Begriff des Soll-Wertverstoßes ein. Dieser ist eine Übertretung, Nichtachtung oder Verletzung einer gültigen Norm, wobei die verletzte Norm einen moralischen, rechtlichen, sozialen oder anderen Sollwert darstellt. Ist eine gültige Norm auch eine persönliche, entsteht demnach der Selbstvorwurf. Schuldvorwürfe an andere sind darauf begründet, dass eine Handlung bzw. Handlungsfolgen eine Norm verletzen, in welcher der/die Handelnde als verantwortlich für die Normverletzung betrachtet wird. Bedeutend hierbei ist, dass die Normverletzung dann Schuldvorwürfe auslöst, wenn sie mit dem Erleben von Ungerechtigkeit oder Unrecht einhergeht (Albs, 1997). Montada (1988) verwendet für Schuldvorwürfe den Begriff »heiße Kognitionen«, verbunden mit Ärger über Zielbehinderungen, Empörung über erfahrene Ungerechtigkeiten, Verletzung von Ansprüchen, Neid auf Erfolg anderer, Schuldgefühlen, wenn dem eigenen Anspruch nicht genügt wurde.

Zur Frage der Verantwortung für ein negatives Ereignis unterscheidet Montada (1995a) zwischen Selbstverantwortlichkeit, Verantwortung anderer und dem Zufall und kommt zu dem Schluss: Selbstbeschuldigung tritt häufiger auf als die Beschuldigung anderer, wobei auch bei ihm die Personattribution deutlich häufiger als die Umständeattribution auftaucht. Eine weitere Frage ist nun jene nach der Regulierung der erlebten Schuldgefühle, wobei v. a. zur Vermeidung von Schuldvorwürfen und Ungerechtigkeitsgefühlen Betroffene unterschiedliche Strategien anwenden.

Tennen und Affleck (1990) kommen in einer Übersichtsarbeit zu etwas anderen Befunden. Sie formulieren ein integratives Modell der Verantwortungszuschreibung an andere. Die drei wesentlichen Faktoren sind die Situation, die

4.4 Die subjektive Wahrnehmung von Schuld in der Verursachung

Person und die Reaktion der anderen. Die situativen Faktoren umfassen das Vorhandensein einer anderen Person zum Zeitpunkt des Ereignisses, deren »Autorität«, die Beziehung zu dieser Person und die Folgen bzw. Ernsthaftigkeit des Ausganges des Ereignisses. Die persönlichen Charakteristika umfassen ereignisbezogene Bewertungen, dazu zählt z. B. eine soziale Vergleichsmöglichkeit (andere hat es noch schlimmer erwischt), der individuelle Attributionsstil wie z. B. dispositioneller Optimismus. Diese situativen und personbezogenen Faktoren führen in weiterer Folge zu einer Verantwortungszuschreibung an andere und dann in weiterer Folge zu intra- und interpersonellen Mediatoren, also u. a. zu Reaktionen anderer. Aus dieser dritten Einflussgröße dann ergibt sich das Muster für die Anpassung an das Ereignis. Mit diesem Modell wollen Tennen und Affleck (1990) sowohl psychodynamische als auch sozialpsychologische Perspektiven integrieren und knüpfen darüber hinaus an die Attributionstheorie an. Problematisch an diesem Modell erscheint, dass sich neben der Komplexität nur schwer eine Prädiktion für die Anpassung ableiten lässt, da die verschiedenen Einflussgrößen zwar zentral bedeutend sind, aber die »Qualität des Zusammenspiels« nicht klar genug hervorgehoben wird. Mit anderen Worten: Für die Fragen von Schuldübernahme nach traumatischen Ereignissen erscheinen die Folgen (Ausgang des Ereignisses) um Stufen mehr ins Gewicht zu fallen als andere Situationsfaktoren, welche möglicherweise sogar sehr zu vernachlässigen wären, wie z. B. die Anwesenheit einer »wissenden Autorität«.

Als Komponenten, welche zum Schulderleben beitragen, beschreiben Kubany et al. (1995) verschiedene Determinanten, die vor dem Hintergrund der subjektiven Wahrnehmung zu verstehen sind. Für diese Autoren ist Schulderleben nach Traumatisierungen auf Annahmen basiert, dass man anders hätte denken, fühlen oder handeln sollen. Das Ausmaß der Schuldbelastung hängt davon ab, wie sehr das Individuum das Ereignis als negativ beurteilt, wie groß das Stresserleben ist, wie sehr das Individuum annimmt, das Ereignis verursacht zu haben, die persönlichen Standards (Moral) verletzt bzw. überschritten zu haben, annimmt, dass eigene Verhaltensweisen (un-)gerechtfertigt waren und man es »besser hätte wissen« können. Anders formuliert sind die Einflussfaktoren auf das Erleben von Schuldgefühlen nach traumatischen Ereignissen: die Wahrnehmung von Verantwortung für die Ursachen, der Mangel an Erklärungsmöglichkeiten (lack of justification) für das Ereignis, die Rechtfertigung der eigenen Handlung und die Einschätzung darüber, inwieweit das Verhalten eigenen moralischen Normen widersprochen hat. Gerade der Mangel an Erklärungsmöglichkeiten für das eingetretene Ereignis führt häufig zu einer Fehleinschätzung der Situation, da im Nachhinein Wissen zur Interpretation eingeschlossen wird, welches vor und während des Ereignisses so nicht vorhanden war. Boos (2007) fasst vier Typen von Schuldgedanken zusammen: Dies sind zum einen die wahrgenommene Verantwortung für die Verursachung eines Traumas, die fehlende Rechtfertigung für das eigene Verhalten während und nach dem Trauma, der Verstoß gegen eigene Wertvorstellungen und die wahrgenommene Vermeidbarkeit und Vorhersehbarkeit des Ereignisses. Mit anderen Worten: Es sind verschiedene Merkmale, die jeweils auf unterschiedliche Arten auf unserer Wahrnehmung basieren und für den subjektiven Zusammenhang von Schuld und Verursachung mitverantwortlich sind.

Janoff-Bulman (1989, 2002) unterscheidet – dies wurde bereits erläutert – grundsätzlich in verhaltensbezogene und personbezogene Schuldzuschreibung. Die Verantwortungszuschreibung an eigenes Handeln oder Handlungsversäumnisse ermöglicht zumindest die Kontrolle über zukünftige Situationen, das Vulnerabilitätsgefühl wird verringert und vorhandene Grundannahmen können entweder beibehalten werden oder nötige schemadiskrepante Informationen werden zu einem beträchtlichen Teil vernachlässigbar. Personbezogene Schuldgefühle hingegen bedeuten, dass sich die Person nicht nur für gesetzte oder versäumte Handlungen beschuldigt, sondern sich vielmehr als Ganzes abwertet. Diese Entwertung passiert global, übergeneralisiert und stabil. Es wird also mittels der Minimierung des Selbstwertes eine Reduktion der Willkür des Zufalls und des Ausgeliefertseins erlangt. In Anlehnung an diese Unterscheidung betont MacLeod (1999), dass Attributionen den Individuen einen Sinn für Bedeutung, Kontrolle und Vorhersagbarkeit vermitteln. Er stellt sich jedoch die Frage, warum Attributionen überhaupt auftreten, und kommt in seinen Überlegungen zu dem Schluss, dass der subjektive Eindruck gewonnener Kontrolle keineswegs durch den Attributionsstil gekennzeichnet ist, also die von Janoff-Bulman (1989) bezeichnete adaptive Verhaltensbeschuldigung durchaus mehr Stress erzeugen kann als andere Beschuldigungsformen. Zur Erläuterung ein Beispiel über Modi der Zuschreibung der Ursache nach einem Raubüberfall durch Wohnungseinbruch: »Ich habe das Fenster offen gelassen« (Verhaltenszuschreibung). »Ich bin vergesslich« (personbezogene Schuldzuschreibung). Und: »Die Welt wird immer schlechter« (Fremdbeschuldigung anderen Personen oder Situationen gegenüber). Welcher Stil nun der adaptivere ist, hängt nach MacLeod (1999) von unterschiedlichen Faktoren ab. Er berücksichtigt in diesem Zusammenhang die Konsequenzen eines belastenden Ereignisses. Sind diese eher gering, ist der Verlust von Selbstwert durch Selbstbeschuldigung vermutlich vernachlässigbar. Hingegen führt bei schwerwiegenderen Folgen jede Form der Selbstbeschuldigung (verhaltens- und personbezogen) zu Gefühlen von

Vulnerabilität und vermindertem Selbstwert. Bei MacLeod (1999) entsprechen verhaltensbezogene Schuldgefühle einer »Selbst-Attribution der Ursache«, hingegen repräsentiert die personbezogene Beschuldigung die »Selbstattribution der Verantwortung«. Ursachenzuschreibung zeigt jedoch wiederum größere Zusammenhänge zur wahrgenommenen Kontrolle, Verantwortungszuschreibung liegt der Frage des Selbstwertes näher. Darüber hinaus betont MacLeod (1999), dass der Zeitfaktor zu berücksichtigen ist. Beispielsweise kann das Fehlen einer Ursachensuche in der Zeit kurz nach einem Trauma adaptiv sein, wohingegen das Auftreten von Ursachenzuschreibungen zu einem späteren Zeitpunkt hilfreich ist. Darüber hinaus ist die Zuschreibung intersubjektiv und somit methodisch nicht leicht zugänglich. Es ist vermutlich gar nicht präzise zu trennen zwischen dem, was man als Ursache für ein Unglück aufgrund seines eigenen Verhaltens betrachtet, ohne dabei nicht auch sich selbst als Person bzw. Persönlichkeit etwas vorzuwerfen.

Ein weiteres interessantes Ergebnis ist der Zusammenhang zwischen Ursachenattribution der Schuld und Vermeidbarkeit des Unfalls (Janoff-Bulman, 2002). Bei genauerer Betrachtung bezieht sich die Unvermeidbarkeit eher auf die Frage nach üblichen gegenüber unüblichen Aktivitäten, welche im Zusammenhang zum Unfall gesehen werden. Wenn man beispielsweise normalerweise den Bus nimmt, diesmal aber mit jemandem mitgefahren ist, wäre, so wird angenommen, der Unfall zu verhindern gewesen. Ist man jedoch bei einer üblicheren Verhaltensweise verunfallt (ich fahre immer diese Strecke), scheint deutlicher, dass das Ereignis aus einer »impliziten Statistik heraus« bewertet eines Tages eben eintreten konnte.

Das Schuldgefühl steht – und somit zur nächsten Diskussion – in Zusammenhang mit den Folgen des Ereignisses wie etwa einem erlittenen Verlust oder anderen Veränderungen (Montada, 1995a). Montada unterscheidet bei erlittenen Verlusten, ob man Opfer von blindem Zufall, Schicksal, menschlicher Willkür oder der Folgen der Erfüllung eigener Bedürfnisse (z. B. bei einer Freizeitaktivität) geworden ist. Der erlittene Verlust bezieht sich auf die eigene Gesundheit, aber auch auf andere Aspekte wie Status, Macht, ökonomische Ressourcen oder Freiheit. Dabei sind Situationen, welche als ungerecht und unverdient eingeschätzt werden, schwerer zu bewältigen. Unverdient bedeutet in diesem Zusammenhang unfreiwillig und unverschuldet, ungerecht wäre demgegenüber zwar auch von anderen verschuldet, aber dies im Sinne der Vermeidbarkeit der Situation. Als weitere zentrale Frage erläutert Montada (1995a) die Frage der Verantwortung für ein negatives Ereignis und unterscheidet dabei zwischen Selbstverantwortlichkeit, Verantwortung anderer und dem Zufall bzw. Pech. Dabei ist beispielsweise die feste Überzeugung – das assertorische Urteil –, ungerechterweise Opfer geworden zu sein, stärker emotionsinduzierend.

Nicht zuletzt sind auch die Befunde von Flett et al. (1990) zu nennen, die nach ihrer Untersuchung zu (moderaten) Depressionen und komplexen Attributionen ein multidimensionales Attributionsmodell für Ereignisse fordern. Sie selbst fanden heraus, dass moderate Depressionen im Allgemeinen mit komplexeren Attributionen einhergehen, und zwar ungeachtet dessen, ob dies eine Verantwortungszuschreibung an sich selbst oder andere bedeutet. Der starke Zusammenhang zwischen Depression und Verantwortungszuschreibung an sich selbst ist ein zusätzlicher Befund, der die subjektive Wahrnehmung beeinflussen kann, und wäre im Zusammenhang mit dem zentralen traumatischen Situationsthema (ZTST) relevant.

Innerhalb dieser Diskussion wurden bislang als Einflussfaktoren v. a. Attributionen herangezogen. Anzunehmen ist jedoch, dass die Herstellung eines subjektiven Zusammenhangs zwischen Schuld und Verantwortung darüber hinaus noch von weiteren Determinanten beeinflusst wird: von der psychodynamischen Abwehr von Schuld, dem Bedürfnis nach Zugehörigkeit zur sozialen Gemeinschaft und sozialer Harmonie (Shnabel und Nadler, 2008) und sozialen Zuschreibungs- und Abwehrprozessen von Verantwortung und Schuld, um nur einige zu nennen.

4.5 Die Reduktion von Verantwortung: Vermeidbarkeit und Rechtfertigung

Aspekte der Vermeidbarkeit und der Rechtfertigung, der Versuch der Reduktion von Verantwortung durch die Neutralisationsverhandlung, die soziale Rechenschaftsepisode sowie ein Konzept des Fehlverhaltens werden im Folgenden skizziert. Einleitend formuliert rankt sich die Reduktion der Verantwortung grundsätzlich v. a. um die Frage, ob ein Nichtwissen oder ein nicht Wollen einer Person vorliegt (Matt, 2002). Strafrechtlich zumindest wird dies unterschieden. Wobei mit Montada (1988) gleichzeitig anzuerkennen ist, dass es zwischen einer Verantwortungszuschreibung, einer Schuldzuweisung und der jeweiligen Strafe keine Entsprechung gibt. Es folgen Ausführungen zu den einzelnen Aspekten zur Reduktion von Verantwortung.

Juristisch betrachtet reduziert sich die Verantwortung bzw. die Zurechenbarkeit der Schuld durch die Variable der Vermeidbarkeit des Ereignisses mit tödlichem Ausgang. Insofern ist die Vermeidbarkeit ein juristischer Begriff, welcher die Schuld und somit auch Strafe regelt. Die – strafrechtliche – Vermeidbarkeit

4.5 Die Reduktion von Verantwortung: Vermeidbarkeit und Rechtfertigung

formuliert eine Theorie zur objektiven Zurechnung bei Strafrechtsbeständen, die mit dem Vorwurf der Fahrlässigkeit in Verbindung stehen. Im deutschen Rechtswörterbuch steht geschrieben, dass »nach der herrschenden Vermeidbarkeitstheorie der eingetretene Erfolg dem Täter nur dann objektiv zurechenbar [ist], wenn feststeht, dass er bei gehöriger Sorgfalt mit an Sicherheit grenzender Wahrscheinlichkeit vermieden worden wäre«[28]. D. h., dass die Vermeidbarkeit eines Unfalles dann gegeben ist, wenn ein/e Unfallbeteiligte/r bei Einhaltung der zulässigen Geschwindigkeit und Fahrregeln und bei zumutbarer Reaktionszeit einen Unfall hätte verhindern können. In der Unfallrekonstruktion wird spezifischer von einer »menschlich zuzumutender Reaktion«[29] gesprochen, welche die Kollision hätte verhindern können. Wäre ein Unfall vermeidbar gewesen und ist der Vorwurf mangelnder Sorgfalt erhoben, gilt Fahrlässigkeit als Anklage.

Gegenüber der juristischen Formulierung der Vermeidbarkeit gilt die Rechtfertigung als »psychische Variante« der Reduktion von Verantwortung. Die Rechtfertigung ist ein Bemühen zur Verringerung des Schuldvorwurfes (Albs, 1997). Rechtfertigungen bestreiten die Schuldzuweisung, aber nicht die Verantwortung für ein Geschehen (Montada, 1988). Hinter Rechtfertigungen steht der Hinweis, dass ein anderes Handeln möglich gewesen wäre, dieses jedoch nicht angemessen oder nicht zumutbar gewesen wäre (ebd.). Strategien können hier der Verweis auf die Verantwortlichkeit Dritter oder auf übergeordnete Werte sein, welche angestrebt wurden. Hierzu zählen beispielsweise bestimmte Ziele, die Wahrung von Gerechtigkeit oder aber auch der Verweis auf eine Provokation. Insgesamt kann Verantwortlichkeit durch das Bestreiten der Verursachung, des Handelns, der Regelwidrigkeit, der Vorhersehbarkeit, der Absicht oder der Folge infrage gestellt bzw. zurückgewiesen werden (ebd.). Es ist zu betonen, dass Rechtfertigungen das Akzeptieren der Verantwortlichkeit für das Handeln und die Handlungsfolgen voraussetzen, jedoch die darin enthaltende »Schuld« reduziert oder geleugnet wird.

Ein weiterer Aspekt ist die Frage nach Verantwortung. Als verantwortlichkeitsreduzierend ist mangelnde Wahlfreiheit anzusehen (Albs, 1997; Reichle, 1994). Keine Verantwortlichkeit wäre gegeben, wenn die Inkaufnahme negativer Folgen nicht gegeben ist, mit anderen Worten, wenn zwar eine Handlungsabsicht, aber keine Schadensabsicht bestanden hatte, wenn also negative Folgen

---

[28] Quelle: Deutsches Rechtswörterbuch Web-Link: http://www.rechtswoerterbuch.de/recht/v/vermeidbarkeitstheorie/, (Zugriff am 10.06.2015)

[29] Quelle: Begriffe der Unfallrekonstruktion. Web-Link: http://www.unfallaufnahme.info/begriffe-der-unfallrekonstruktion/index.html, (Zugriff am 10.06.2015)

der eigenen Handlung für eine Person nicht einfach in Kauf genommen worden sind. Eine Inkaufnahme eines Schadens setzt nach Reichle (1994) ein Absehen der negativen Handlungsfolgen voraus. Nur vorhergesehene Folgen können beabsichtigt sein, jedoch beabsichtige Handlungen können unbeabsichtigte Wirkungen oder unerwünschte Nebeneffekte haben. Sind Folgen eingetreten, die weder vorhergesehen noch beabsichtigt waren, so gilt dies als Entlastungsargument (Montada, 1988; Albs, 1997). Eine Rechtfertigung gilt auch dann, wenn für ein – und damit immer gegen ein anderes – Wertesystem entschieden wird und wenn das gleichwertige Nebeneinander unterschiedlicher Deutungen anerkannt werden soll (Matt, 2002). Das bedeutet, dass wir als Individuen in Situationen geraten, in welchen wir eine Entscheidung für eine Handlung treffen, die unseren moralischen Werten entspricht, aber damit gleichzeitig gegen ein anderes, ein normatives Regelsystem. Ein Beispiel wäre die sogenannte Zivilcourage. In der Erläuterung der Absicht, also im rechtfertigenden Argument, liegt die Möglichkeit zur Entlastung von einem Vorwurf. Rechtfertigungen zielen auf eine Revision des Schuldvorwurfs (Albs, 1997).

Mit Fritsche (2003) kommt eine weitere Perspektive auf Rechtfertigung hinzu. Für ihn gilt, dass Rechtfertigung und auch Rechenschaft – v. a. in den kommunikationswissenschaftlichen und sozialpsychologischen Traditionen – als interpersonales Phänomen gelten. Eine individuumszentrierte Sichtweise reicht nicht aus: Rechtfertigungen basieren nicht auf singulären Akteuren, sondern auf Interakteuren (ebd.). Kurz gefasst: Eigenes Verhalten wird im Vorfeld »neutralisierend« erläutert. Er führt die Neutralisationstheorie[30] weiter, wobei vorerst zwischen Neutralisation und Rationalisierung unterschieden wird. Rationalisierungen schützen vor Selbst- und Fremdvorwürfen, die Neutralisation hingegen ist eine Vorfeldperspektive, welche normwidriges Verhalten erst ermöglicht. Die Basis für Neutralisation und Rationalisierung – so fasst Fritsche die ursprünglichen Autoren und weitere Konzepte zusammen – sind die Ablehnung der Verantwortung, die Ablehnung des Schadens, Verdammung der Verdammenden, Verweis auf höhere Verpflichtung sowie weitere Rechtfertigungsstrategien (für einen Überblick: Fritsche, 2003, S. 13). In der Reihenfolge tritt zuerst die Neutralisation auf, dann das normabweichende Verhalten und dann die Ratio-

---

30 Die Neutralisationstheorie stammt ursprünglich von M. Sykes und D. Matza. Sie gilt als eine Theorie innerhalb der Delinquenzforschung. Die ursprüngliche Formulierung ist zu finden bei Sykes, M. & Matza, D. (1968). Techniken der Neutralisierung. Eine Theorie der Delinquenz. In F. Sack & R. König (Hrsg.). Kriminalsoziologie (S. 360-371). Frankfurt a.M.: Akademische Verlagsgesellschaft.

nalisierung. Wer im Vorfeld ein normabweichendes Verhalten neutralisiert, ist in der Lage die Norm zu brechen (ebd., S. 11). Fritsche spricht hier von einer Neutralisationsverhandlung (S. 204). Nach einem Normverstoß erfolgt die nachfolgende Rechenschaft: die sogenannte Rechenschaftsepisode. In der interpersonalen Rechenschaftsepisode wird nach einem Normverstoß dieser von einer anderen Person im Sinne eines Vorwurfs zur Sprache gebracht. Die Reaktion auf diesen Vorwurf kann als Rechenschaft bezeichnet werden. Dann erfolgt die Bewertung der Rechenschaft durch den Opponenten. Dies umfasst die Rechenschaftsepisode. Neutralisations- und Rechenschaftsepisode bilden zusammen ein integratives Moment von Rechenschaft. Es gibt darüber hinaus auch die intraindividuelle Rechenschaftslegung, welche gänzlich ohne Opponenten möglich ist. Beispiel hierfür ist die Erklärung eigener Misserfolge unter Einsatz externaler Ursachenzuschreibungen, somit bleibt der individuelle Selbstwert geschützt. Das soziale Skript der intrapersonalen Rechenschaftsepisode wird auf die intrapersonale Anwendung übertragen. Dies würde auch ein internes »Tribunal« erklären (Fritsche, 2003).

Neben den genannten Konzepten zur Rechtfertigung soll an dieser Stelle der Begriff der (Fehl-)Handlung im Anschluss an Matt (2002) erläutert werden. Der Begriff der (Fehl-)Handlung bzw. des (Fehl-)Verhaltens rückt das Verhältnis von Recht und Moral in den Vordergrund (Matt, 2002). Handeln findet sich als moralisches Handeln, gegen das »gefehlt« wird. In der Analyse des (Fehl-)Verhaltens werden mehrere Schritte durchlaufen. (1) Es wird festgestellt, dass einer Regel nicht gefolgt, diese nicht eingehalten wird. Befolgung setzt Wissen voraus, wissend oder unwissend können Regeln gebrochen werden. (2) Es stellt sich die Frage nach der Motivation, die »bewusst« gewollte Verletzung der Regel. Wissen um eine Regel ist nämlich noch keine Motivation für Handeln. Gründe für die Regelverletzung sind mitunter Ignoranz oder Delinquenz, aber auch aus Gründen der Autonomisierung eigenen Handelns, des zivilen Ungehorsams usw. kann »anders« gehandelt werden. D. h. dann (3) in der Analyse zu betrachten, ob der Regelbruch die Folge von konfligierenden Handlungsalternativen darstellt. Somit wertet auch Matt (2002) die Entscheidung und Intention für Handlung als Möglichkeit der Verantwortungsreduktion, präziser als Reduktion des Schuldvorwurfes. Matt (2002) betrachtet (Fehl-)Verhalten v. a. aus der Perspektive einer »Restorative Justice«: Zum einen stellt sich hierin die Frage nach den Gründen, den Ursachen der Verursachung und dann aber die Frage, was infolgedessen »zu tun« ist, also Umgang statt Ursachenfokus. Der Zusammenhang zwischen moralischer Integrität und Zugehörigkeit zu einer Gemeinschaft wird hier deutlich, der Autor spricht von teilnehmender Verantwortung (ebd.).

4.6 Handlungsfolgen-Verantwortung im Hinblick auf Verursachung

Im Hinblick auf die (Mit-)Verursachung eines Unfalles im Allgemeinen oder das (Mit-)Verursachen des Todes oder schwerer Verletzung anderer ist die Frage nach der Verantwortung für Handlungsfolgen sehr zentral. Reichle (1994) betont, dass die Verursachung eines Ereignisses nicht mit der Verantwortlichkeit für dieses gleichzusetzen ist. Verantwortlichkeit erfordert Urheberschaft. Die (Mit-)Verursachung eines Ereignisses führt im Folgenden zur Frage nach der Verantwortung für die Folgen unseres Handelns. Bei Albs (1997) steht Verantwortung für Handlungen und Handlungsfolgen im Mittelpunkt, wobei ich nochmals die Kriterien der Handlungsbewertung, welche sich im sozialen Kontext vollzieht, herausstreichen möchte. Verantwortung hat ein Subjekt für seine Handlungen einschließlich der Unterlassungen und Handlungsfolgen gegenüber einem Adressaten, vor einer bestimmten Instanz, in Bezug auf ein normatives Kriterium im Rahmen eines gegebenen Handlungsbereiches (vgl. Albs 1997). Mit anderen Worten, es gelten die Fragen: Wer ist verantwortlich für was, wem gegenüber, vor welcher Bewertungsinstanz in Bezug auf welche Bewertungskriterien und in welchem Kontext (Albs, 1997)? »Wer« ist eine Person oder eine Instanz wie z. B. die Schule, der Staat, die Lawinenkommission. »Was« kann als retrospektive oder als prospektive Verantwortungszuschreibung erfolgen, als z. B. Verantwortung für etwas Getanes (Graumann, 1994). Doch in diesem Zusammenhang liefert Albs (1997) das entscheidende Argument, dass nämlich zwischen einer identifizierbaren Handlung oder Handlungsunterlassung und dem Ereignis eine Beziehung bestehen muss, die eine Verantwortungszuschreibung erlaubt. Wir schreiben einer Person genau dann ein Verhalten als eine ihrer Handlungen zu, wenn wir sie verantwortlich machen für das, was sie tut. (Albs, 1997, S. 29). Dies bedeutet also, Verantwortung und Handlung werden simultan zugeschrieben, wobei der Grad der zugeschriebenen Verantwortlichkeit vom Grad des zugeschriebenen Handlungscharakters abhängt. Vereinfacht gesagt wird jemand, der zur Verantwortung gezogen wird, nicht als »voll« verantwortlich eingestuft, Handlungen müssen dann durch Angabe von Gründen gerechtfertigt werden. Mit anderen Worten, die Beurteilung der Verantwortung beruht auf der Art der Beziehung, die zwischen einer Handlung und einem Ereignis konstruiert wird (Albs, 1997). Das hieße, dass ein Verursachungszusammenhang als »Beziehung« anzunehmen ist, damit sich die Verantwortungsfrage stellen lässt. Darüber hinaus wird auch zwischen kausaler Urheberschaft und der definierten Zuständigkeit als Grundlage von Verantwortungszuschreibungen unterschieden. Montada (1988) spricht in

4.6 Handlungsfolgen-Verantwortung im Hinblick auf Verursachung

diesem Zusammenhang von positionaler Verantwortung. Festzuhalten aus diesen Argumenten ist also jener hergestellte »Beziehungsaspekt«: Damit ist die Frage der Verantwortung für Handlungsfolgen aber noch nicht zu Ende geklärt. Die Frage, inwiefern wir für Folgen verantwortlich zu machen sind, ist noch offen.

Handlungsverantwortung ist nicht gleich Folgenverantwortung, darüber schreibt Nida-Rümelin (2011). Kurz gefasst formuliert Nida-Rümelin, dass wir für Handlungen verantwortlich sind, nicht für die Folgen (S. 108). Einem Unfall liegt – soweit vorweg – kein Handlungscharakter zugrunde (ebd.). Jedoch auch wenn wir handeln, können wir die Folgen im Blick haben? Die Beantwortung dieser Frage führt in die Grundlagen des Zustandekommens von Entscheidungen und der Wahrscheinlichkeit des Auftretens von Folgen. Letztlich orientieren wir uns im Alltag an einer Art Entscheidungstheorie. Mit einer Handlung entscheide ich mich für eine Wahrscheinlichkeitsverteilung über ihre möglichen Folgen. Auf den Punkt gebracht, wir entscheiden uns für eine Wahrscheinlichkeit (ebd.). Wenn eine Person am Straßenverkehr teilnimmt, muss sie mit einer – wenn auch geringen Wahrscheinlichkeit – damit rechnen, dass sie einen Unfall verursacht (ebd.), und ich zitiere: »Selbst bei Aufmerksamkeit und Einhaltung der Verkehrsregeln kann die Beteiligung am Straßenverkehr schuldlos dazu führen, dass eine Person getötet wird« (ebd., S. 109). Ein Verantwortungsextremist – so seine Formulierung – wird die Entscheidung am Straßenverkehr teilzunehmen und die damit verbundene Bewusstheit über die Risiken, auch das Tragen der Folgen dieser Entscheidung, als Verantwortung festlegen. Darin verbirgt sich letztlich die Frage, ob es denn überhaupt zu verantworten ist am Straßenverkehr teilzunehmen. Auf was Nida-Rümelin jedoch zielt, ist der Tatbestand, dass es nicht um Verantwortung für Folgen gehen kann, sondern um die Entscheidung hinsichtlich der Wahrscheinlichkeit. Handlungen beinhalten immer auch eine Wahrscheinlichkeitsverteilung über mögliche Handlungsfolgen. Wörtlich schreibt Nida-Rümelin: »Ich muss mich für die Wahrscheinlichkeitsverteilung über Handlungsfolgen rechtfertigen und trage dafür die Verantwortung. Dass die eine und nicht die andere Handlungsfolge realisiert ist (bzw. wird), ist ›Zufall‹ und dafür trage ich nicht die Verantwortung. Ich trage also insofern die Verantwortung auch für die Folgen meiner Handlung, als dass ich mit jeder Handlung, für die ich mich entscheide, auch die Wahrscheinlichkeitsverteilung über Handlungsfolgen akzeptiere« (ebd., S. 111). Die wesentliche Gewichtung erfolgt über die Wahrscheinlichkeit. Ich bin verantwortlich für Handlungen und für die Wahrscheinlichkeitsverteilung über Handlungsfolgen, die diese Handlung verursacht. Darüber hinaus gibt es keine eigenständige Folgen-Verantwortung (ebd., S. 112).

4 Verantwortung, Handlung und Verursachung

Ein Individuum muss sich also Gedanken über die Wahrscheinlichkeit machen. Denn mit der Entscheidung für eine Handlung wird die durch die Handlung verursachte Wahrscheinlichkeitsverteilung ihrer Folgen akzeptiert. Für den Straßenverkehr beispielsweise gilt dann, dass ein Subjekt nicht für die Unfallfolgen verantwortlich zu machen wäre, für die Entscheidung der Teilnahme am Straßenverkehr bzw. an speziellen Bedingungen dafür schon. Damit ist aber im Grunde etwas ganz wesentlich anderes angesprochen als die Verantwortung für die Folge, nämlich den Tod oder die Verletzung anderer.

Das Verhältnis zwischen Verursachung und Intention zeigt die Differenz zwischen moralischer und strafrechtlicher Auslegung von Schuld auf (Matt, 2002). Unabsichtliches kann moralisch getadelt werden, denn strafrechtlich sind auch nicht intendierte und nicht vorsätzliche Handlungsweisen beanstandet: Dazu zählen die Fahrlässigkeit, die Unwissenheit, die Nachlässigkeit und der Leichtsinn. Juristisch wird dann die »Schwere der Schuld« erschlossen. Auch in der Handlungsfolgen-Verantwortung ist v. a. die Zuschreibung von Verantwortung, das Verantwortlich-gemacht-Werden, zentral. Letztlich gibt es dann keine Unterscheidung mehr zwischen dem Ausmaß der Verantwortlichkeit und Schuld (Reichle, 1994). Die Zuschreibung der Verantwortung für ein negatives Ereignis ist anzusehen als eine Funktion des Ausmaßes der zugeschriebenen Verursachung, wahrgenommenen Handlungsfreiheit und des Ausmaßes, in dem der entstandene Schaden nicht vorhergesehen wurde. Wird die Verantwortungszuschreibung akzeptiert, wird darin auch der Schuldvorwurf angenommen. Die Zuschreibung von Schuld ist eine soziale Übereinkunft (Shaver, 1985, S. 159). Entschuldigungen und Rechtfertigungen gelten dann als Revisionsbemühungen zur Veränderung der getroffenen Urteile, und zwar die Entschuldigung auf den Schuldvorwurf und das Verantwortlichkeitsurteil und die Rechtfertigung nur auf den Schuldvorwurf.

Entscheidend in der Verantwortungszuschreibung im Hinblick auf Handlungsfolgen sind aber auch Fragen nach dem Handlungsspielraum (Graumann, 1994) und den bereits erläuterten Handlungsalternativen (Albs, 1997) sowie den Entscheidungsdilemmata, welche Handlungskonflikte darstellen. Aus verschiedenen Rollen entstehen verschiedene Verpflichtungen, sei es als Interrollenkonflikt oder als moralisches Bezugssystem, z. B. Grundrechte gegenüber Freiheitsrechten. In den meisten Fällen erfolgen pragmatische Lösungen für eigenes Handeln; zwischen ethischen und anderen Merkmalen führen wir eine Werteabwägung klärend durch, um diese für das anstehende Handlungsproblem in Betracht zu ziehen, wobei die Referenz meist das Alltagsleben selbst ist und Handeln auf der Basis praktischer Notwendigkeiten des Alltagslebens erfolgt (Matt, 2002). Hier ist der prospektive Aspekt von Handlung im Sinne der Handlungsfolgen angesprochen und ebenso v. a. die Anerkennung pluraler Situationen, also der Berücksichtigung unterschiedlicher Wertesysteme und konfligierender Kontexte (Matt, 2002). Letztlich ist auch in der Bewertung der Handlungsfolgen wie in der Struktur moralischen Handelns die Motivation tief verankert. Diese ist im Wechselspiel aus der Autonomie des Individuums, der sozialen Rolle sowie der identitätsbezogenen Motivation (z. B. Ziele, Absichten, Werte) zu verstehen.

Exkurs: Verursachung in Anbetracht von Fehlerketten

In unserer Zuschreibung, aber v. a. auch subjektiven Wahrnehmung, werden Ursachen für Fehler überwiegend im Individuum – im eigenen oder in dem des anderen – gesucht. Aus dem Desastermanagement sind aber noch ganz andere Sichtweisen in der Beschreibung von Fehlermodellen bekannt (z. B. Reason, 1990; Wiedemann, 2012). Fehlermodelle haben gemeinsam, dass sie Fehlerursachen im System suchen und höchstens zu einem Teil im Individuum. Vorfälle und Unfälle sind immer das Ergebnis einer Verkettung von Fehlleistungen und misslichen Gegebenheiten. Grundsätzlich führt nicht jeder Fehler zu einem Vorfall und nicht jeder Vorfall wird zu einem Unfall. Reason (1990) unterscheidet zwischen Irrtümern und Fehlern. Ein Irrtum ist etwas, was getan wird, in der Annahme, es sei richtig und somit auch ungefährlich. Solche Handlungen erfolgen absichtlich und bewusst. Doch mit der Konsequenz der Handlung wurde nicht gerechnet. Fehler dahingegen sind Handlungen, die unbeabsichtigt waren, auch Handlungen, die gegen die eigene Absicht ablaufen können. Ein Fehler liegt insofern dem »aus Versehen« näher. Aus der Risikoforschung ist bekannt, dass Risiken eher dann systematisch unterschätzt werden, wenn die Gefahr nicht anschaulich – z. B. ein bedrohlicher Signalreiz – aufgezeigt ist. Risiken werden auch dann unterschätzt, wenn sie nicht konkret vorstellbar sind. In diesem Zusammenhang werden auch Schadenswahrscheinlichkeiten unterschätzt (Stones et al., 1994). Die Risikoeinschätzung beinhaltet auch die Tücke, dass wir zwar ein Risiko sehen, aber davon ausgehen, dass es nicht uns trifft. Nicht jeder Fehler entsteht aus einem Irrtum, sondern auch beizeiten aus einer Übertretung.

Fehler(ketten)analysen haben mittlerweile verschiedene Zugänge, werden aber als eine Art wie ein Zahnradgetriebe verlaufende Maschinerie von Irrtum und Störung betrachtet. Das genannte Reason-Modell stellt mögliche Fehler im Gesamtsystem dar, die ursächlich mit einem Unfall in Verbindung stehen. Dazu zählen auch Ausbildung, Systemebenen wie das Management, Ressourcen und Umgebungsfaktoren. Das Shell-Modell (vgl. Wiedemann, 2012), welches überwiegend für Fehlerkettenanalysen im Flugverkehr herangezogen wird, befasst sich mit dem System, das zwischen Mensch, Struktur, Umwelt und Maschine entsteht. Indirekt geht es davon aus, dass der Fehler überwiegend in den Zonen zwischen diesen Bereichen entsteht. Das Individuum selbst ist also nur ein Teil »des Fehlers«. Innerhalb des Individuums wird v. a. die begrenzte menschliche Kapazität, gleichzeitig eine Fülle von Informationen zu verarbeiten, welche zu Fehldiagnosen und Fehlbewertungen einer aktuellen Situation führt, hervorgehoben (Wiedemann, 2012; Reason, 1990). Letztlich gehen Individuen dann selektiv vor und bilden ein Urteil eher nach auffälligen, aber nicht unbedingt den wichtigsten Informationen, wobei die zuerst eintreffende und vorhandene (und nicht fehlende) Information priorisiert wird. Ist jedoch einmal ein Urteil gebildet bzw. eine Diagnose gestellt, ignoriert die Informationsverarbeitung des Menschen widersprüchliche Informationen eher, als dass neue Diagnosen gesucht werden. Die Tendenzen zur Informationsverzerrung nehmen unter Stress zu. Zugunsten der Schnelligkeit wird die Genauigkeit verringert. Fehler, also auch Handlungen, entstehen insofern häufig durch Routine. Mit Routinen sind jedoch weniger bewusste Aufmerksamkeit, schwereres Umlernen und Automatismen verbunden.

Die häufig getroffene Aussage von Personen nach einem Unfall: »Wenn ich besser aufgepasst hätte, wäre das nicht passiert«, ist eine Anspielung auf die eigene Aufmerksamkeit und impliziert, dass die eigene Aufmerksamkeit willentlich steuerbar ist (wenn ich will, kann ich immer aufpassen), und wenn man aufpasst, bemerkt man auch, was wichtig ist. Doch diese Voraussetzungen gelten nur eingeschränkt, denn unsere Fähigkeit zur Aufmerksamkeit und Konzentration ist zeitlich nur begrenzt möglich und hängt von vielen Bedingungen ab. Faktoren wie Müdigkeit, Sorgen, Traurigkeit, Emotionen wie Wut oder Ärger führen zu kurzfristigen Wahrnehmungsblockaden. Umgebungsfaktoren sind außerdem sehr zentral für unsere Wahrnehmung. Beispiele wären die Übersichtlichkeit einer Straße, die Lesbarkeit von Anzeigen, Farbkontraste oder die Ablenkung durch andere (wichtige) Information wie z. B. Geräusche, Geschrei, Hektik oder aber auch zu wenig Anregung und damit fehlende Stimulation: Der immer gleiche Hinweis wird auf Dauer eher ignoriert. Zudem ist Aufmerksamkeit grundsätzlich auf das *gerichtet*, was wichtig erscheint, und nicht einfach mehr oder weniger *vorhanden*. Darüber hinaus sind Kommunikationsfehler oft bedeutend, verstärkt durch Hierarchie- und Statusunterschiede (Amalberti, 1993).

Wenn allerdings ein Fehler passiert, beginnt typischerweise eine Suche nach dem/r »Schuldigen«, da wir menschliches Verhalten nicht als solches betrachten, sondern unter dem Aspekt der Ergebnisse, also der Folgen (Hertwig, 1993). Grundsätzlich haben wir bei negativen Ereignissen die Tendenz Ursachen zu sehr in der Person zu suchen und weniger in der Situation (Van de Vliert und Prein, 1989). Dies entspricht auch dem bereits erläuterten fundamentalen Attributionsfehler (Meyer und Försterling, 1993). Von außen und im Nachhinein betrachtet wirken Fehlhandlungen viel unvermeidbarer, als es der betreffenden Person in der Situation im Entscheidungsmoment erschien. Fehler werden jedoch schnell mit Schuld in Verbindung gebracht. Einen Fehler zuzugeben ist oft problematischer als ihn zu vertuschen. Es wäre Aufgabe des Managements, das Zugeben von Fehlern zu honorieren, den Fehler zu analysieren, nach der »Logik des Fehlers« und nicht nach dem Sündenbock zu suchen. Dazu mehr im Folgenden.

4.7 Soziale Zuschreibung und Opferentwertung: Sündenbock und Stigma

Die Zuschreibung von Schuld ist ein »disputed social judgement« (Shaver, 1985, S. 159). Es handelt sich um ein – in meinen Worten – »Feilschen um Bewertung« und damit einhergehend auch die soziale Bewertung anderer. Darüber hinaus haben Verantwortungsattributionen Folgen. Zum einen das Erleben von Ärger, zum anderen das Erleben von Schuldgefühlen. Beide Emotionen setzen Urteile über Verantwortung voraus: Schuldgefühle bedeuten dabei die wahrgenommene Eigenverantwortung, Ärger wiederum ist die Verminderung der wahrgenommenen Eigenverantwortung (Albs, 1997). Wie erwähnt, beginnt nach Unfällen und nach Fehlern, die passiert sind, typischerweise eine Suche nach »dem/r Schuldigen«. Ist er oder sie gefunden, werden damit alle anderen auch gleichermaßen »unschuldig«. Im Folgenden werden soziale Zuschreibungs-, aber auch Entwertungsprozesse erläutert.

Bekannte Zuschreibungsphänomene aus der Sozialpsychologie sind der »Sündenbock-Mechanismus«, »Blaming the Victim« und Stigmatisierungsprozesse. Die ersten beiden wurden bereits kurz im Abschnitt 3.4 »Abwehr und Anerkennung der Schuld« erläutert: Der Sündenbock ist jemand, dem man Schuld zuschiebt, auf den Schuld projiziert wird. Psychologisch betrachtet gilt die soziale Rolle des Sündenbocks als »Opfer« der Schuldzuschreibung und somit Schuldentlastung. Brinton-Perera (1992) sieht im Sündenbock-Mechanismus den Versuch das eigene Böse zu eliminieren, Anteile hinauszuschleudern und in der Projektion diese Anteile bei den anderen zu finden. Da dem anderen die eigene Schuld, Aggression oder Hass zugeschrieben wird, wird er in der Vorstellung spiegelbildlich so schuldig, aggressiv und grausam. Doch grundsätzlich gilt, dass Sündenböcke »nachwachsen und neue erfordern« (Hirsch, 2012, S. 61), denn

letztlich können eigene Anteile nicht dauerhaft eliminiert bzw. »fremduntergebracht« werden. Sozialpsychologisch betrachtet soll die Schuldzuschreibung an
andere bzw. das Finden »eines/r Schuldigen« andere entlasten. Der Mechanismus ist, wie alle Prozesse der attributiven Zuschreibung, komplexitätsreduzierend.

Die Beschuldigung des Opfers (Blaming the Victim) entsteht auf der Basis des »Glaubens an die gerechte Welt« (Lerner, 1980). Gerechtigkeit ist eine
wichtige kommunikative Funktion in der sozialen Beziehungsregelung innerhalb
unterschiedlicher sozialer Systeme. Zentrale Annahme innerhalb des »Glaubens
an die gerechte Welt« (ebd.) ist ein zugrunde gelegtes Verteilungsprinzip, eine
unhinterfragte Hypothese, dass das Auftreten von Ereignissen und ihr Ausgang
einem Muster bzw. einer Ordnung folgen. Nicht zuletzt ist darin aber auch die
Verteilung von Vorkommnissen und Gütern geregelt. Durch den Glauben an eine gerechte Welt neigen wir eher dazu Opfern mehr Schuld zuzuschreiben, da
jeder bekommt, was er verdient (Montada, 1995a; Janoff-Bulman, 2002). Besonders die Schuldzuschreibung auf Opfer findet sich häufig im Zusammenhang mit
Trauma und Verursachung von Traumatisierungen. Diese Zuschreibung wirkt
sich jedoch entwertend für Opfer aus. Sie führt zur *sekundären Viktimisierung*
durch die Verletzung der Ansprüche von Opfern und führt neben der Abwertung
der Opfer zur Abweisung von Unterstützung. Dies führt zur Reduktion von Mitgefühl und sozialer Hilfestellung für Opfer und reduziert die Bereitschaft einer
weiteren »gerechteren« Beurteilung der Situation. Bei unzureichender Information über Verursachung und Verantwortlichkeit wird dem Opfer [mehr] (Anm.
der Verfasserin) Schuld zugeschrieben (Montada, 1988). Darüber hinaus führt
das Wissen um einen schlimmeren Ausgang eines Ereignisses für andere zu einer
höheren Tendenz dem Opfer mehr Fehler vorzuwerfen und mehr Verantwortlichkeit zuzuschreiben. Je schlimmer die Tat, desto größer die Tendenz, multiple
Verantwortlichkeiten und Ursachen anzunehmen: Der/die TäterIn ist dann zwar
besonders verwerflich, aber auch das Opfer hat mehr Fehler gemacht (Montada,
1995a).

Nicht zuletzt kommt es zur sozialen *Stigmatisierung* von VerursacherInnen.
Die Erforschung des Stigmas geht v. a. auf Erving Goffman zurück und wurde
später in der Forschung zu Etikettierung und »Labeling«, v. a. psychisch Kranker,
aufgegriffen. Es sei dabei auf die Experimente von Rosenhan verwiesen (Rosenhan, 1973). Ein Stigma ist wie ein »Zeichen« oder »Brandmal« und bezeichnet
ein Kriterium, das Personen in spezieller Weise von anderen unterscheidet, dies
wird jedoch übergeneralisiert und der gesamten Person zugeschrieben. Mitunter genügt jedoch bereits der Verdacht, dass Stigmatisierungsprozesse ausgelöst
werden (Goffman, 2003). Letztlich erfolgt die Stigmatisierung über Prozesse der

Stereotypisierung – als eine Form der Attribution – von Personen und stellt soziale Vorurteile dar. Insofern führt Stigmatisierung häufig zu Diskriminierung. Ein Stigma führt letztlich zum Ausschluss von sozialer Gemeinschaft und von sozialer Anerkennung und hat darüber hinaus identitätsstiftende Komponenten (Goffman, 2003). Prozesse der Stigmatisierung bewirken eine Minderung des Selbstwertes des Individuums.

Der Sündenbock-Mechanismus, die Beschuldigung der Opfer und die Stigmatisierung von Personen sind häufig zu betrachtende Phänomene im Zusammenhang mit der (Mit-)Verursachung des Todes oder Verletzung anderer. Wie bereits in der Einleitung der gesamten Schrift angemerkt, sind dies auch Prozesse, die nicht selten bereits durch mediale Berichterstattung »angestoßen« und perpetuiert werden.

5 Ent-Schuldigung? Konflikt und Intervention

Wo Schuld ist bzw. wo Schuld empfunden wird, stellt sich die Frage nach Ent-Schuldigung, wobei diese im weitesten Sinne gedacht ist. Infolge der (Mit-)Verursachung des Todes anderer soll den Fragen nach dem intraindividuellen wie interpersonellen Konflikt nachgegangen werden. Dabei wird die individuelle Anpassung, aber auch die Kommunikation mit Hinterbliebenen und Opfern sowie deren Anliegen zur Sprache kommen. Von Entschuldigung, Vergebung, Wiedergutmachung, die Erwiderung von Initiativen und Versöhnung handelt dieser Abschnitt. Es werden ebenso Erkenntnisse aus zwei Forschungsprojekten – eine explorative Studie mit Opfer nach femdverschuldeten Unfällen sowie die Herausforderungen für Intervenierende bei »Schuld« – vorgestellt.

5.1 Intraindividueller Konflikt: Anpassung an die traumatische Erfahrung

Zur intrapsychischen Verarbeitung der traumatischen Schuld nach der unintendierten Verursachung des Todes anderer steht systematische Forschung aus. In einer eindrücklichen Schilderung einer Therapiegeschichte schreibt Rösch (2005) über das Leben nach dem fahrlässig verursachten Tod eines Kindes. Ein Vater verliert durch einen Unfall sein Kind, der Vorwurf der Fahrlässigkeit steht dabei hinsichtlich mehrerer Personen im Raum. Einige Dinge zeigen sich deutlich: Die bloße Rekonstruktion der Fakten des Unfalles sind hinsichtlich des »Begreifens« zu wenig. Fakten sind unabkömmlich zur Klärung, aber greifen subjektiv letztlich doch immer zu kurz, um die individuelle Katastrophe zu »verstehen«. Die Klärung der objektiven Situation bildet nicht ab, was Betroffene erleben. Rösch (ebd.), die einen Therapieprozess mit dem genannten Vater beschreibt, trennt mit ihm in eine Traumperson und Realitätsperson und ich darf übersetzen, dass Betroffene de-realisieren und teils auch dissoziieren. Das Abspalten von Empfindungen wird besonders deutlich bei Trauma und noch mehr bei Schuld. So schreibt auch Rösch davon, dass in ihrem Fall die Unerträglichkeit der Wirklichkeit zum Schutz führt durch die Abspaltung der Empfindung. Ohnmächtiger Hass bricht sich häufig Bahn. Suizidalität kann häufig auftreten (Rösch, 2005) und häufig, so nehme ich an, bleibt diese unausgesprochen und im Verborgenen. Die Warum-Frage ist stark ausgeprägt und verknüpft sich mit Themen eigener Verantwortlichkeit. Eine Ent-Schuldigung im Sinne der Entlastung von Schuld wird – so kann angenommen werden – dringend gebraucht.

In der Praxis der Krisenintervention und Notfallpsychologie zeigt sich, dass das plötzliche »Schuldsein« bei vielen (Mit-)Verursachenden einen tief greifenden Schock auslöst. Entsprechend finden sich auch verschiedenste Reaktionen. Manche UnfallverursacherInnen zeigen extreme Hilfsbereitschaft in der Hoffnung den Schaden unmittelbar wieder gutmachen zu können oder zumindest zu minimieren. Dies zeigt sich z. B. auch, indem sie die Einsatzkräfte unterstützen wollen. Durch schuldhaftes Handeln entsteht ein Beziehungsungleichgewicht, vergleichbar mit einer »Täter-Opfer-Konstellation«. Dieses Beziehungsgefälle möchten »Schuldige« häufig ausgleichen. Es besteht aber darin auch die Gefahr, dass infolge des stark beeinträchtigten Selbstwertgefühls die Personen über ihre Grenzen der Belastbarkeit gehen würden. In dieser Situation können viele selbst keine Hilfe annehmen oder können die Wertschätzung anderer nicht »ertragen«. Nicht selten zeigen sich in der Akutpraxis in den Reaktionen auch Signale von Scham: Wegdrehen des Gesichtes, Vermeidung von Kontakt, gesenkte Augen, gebückte Haltung oder blockiertes Verhalten. Laut Clark und Welles (1995) sind dies Schutzmechanismen, der Betroffene wünscht zu flüchten, zu verschwinden oder sich zu unterwerfen. Es kann aber z. B. auch scheinbare Anteilslosigkeit ein Selbstschutz vor Stigmatisierung sein: Solange ich mich nicht schuldig zeige, trage ich keine Verantwortung und es kann mir auch niemand die Schuld geben. Dies wäre dann der »Umkehrschluss« der Schuldgefühlsdynamik (Ich fühle mich schuldig, also muss ich schuldig sein). Es kann sein, dass die Schwere des Schadens verharmlost oder die eigene Verantwortlichkeit geleugnet wird. Es besteht aber auch die Möglichkeit, dass Betroffene panisch versuchen sich zu rechtfertigen. Grundsätzlich bergen die massiven Schuldgefühle die Gefahr von Verzweiflungstaten und Kurzschlusshandlungen bzw. Suizidalität. All dies sind Beobachtungen, die in der Praxis der Krisenintervention zu machen sind.

Eine offene Frage ist dabei in Anlehnung an Fischer und Riedesser (2009),

5.1 Intraindividueller Konflikt: Anpassung an die traumatische Erfahrung

wann die traumatische Situation beendet ist. Solange die Ungewissheit anhält, solange die Gefahr nicht gebannt ist, solange die Person nicht handeln kann, solange der Ausgang unklar ist, solange kein Abschied möglich war, solange der Alltag nicht wieder begonnen werden kann, ist die akute Phase nicht »gebannt« (Juen und Kratzer, im Druck). Eine weitere Frage ergibt sich aus der juristischen Situation, und zwar ob diese als eine praktische und symbolische Möglichkeit der Schuldentlastung dienen kann. Der Begriff des Opfers hat bei (Verkehrs-)Unfällen keinen Gegenbegriff, welcher komplementär läge (Trappe, 2001). Ein/e Unfall(-mit-)verursacherIn ist kein/e »TäterIn«. Hier bleibt eine Unschärfe, die in der Situation dennoch angemessen ist, auch wenn der Opferbegriff dadurch diffuser wird. Doch auch wenn »Geschehenes nicht ungeschehen gemacht werden kann, so ist doch der komplexe, interpersonale Vorgang von Vergebung eine zentrale Möglichkeit, die Ereignisse von ihrer reinen Negativität zu befreien und sie ein Stück weit zugänglicher werden zu lassen« (Trappe, 2001, S. 5). Das Verstehen dessen, was passiert ist, meint letztlich mehr als das Stillen eines Kausalitätsbedürfnisses (ebd.). Es ist vermutlich zu fragen, wer zu welchen Anteilen an was »Verantwortung trägt«. Unfälle geschehen nicht monokausal, sondern als Verkettung und als Ereignissequenzen. Im Sinne der generalisierten Erschütterung des Selbst- und Weltverständnisses durch Traumata nehme ich an, dass ein »Erkennen des rechten Ausmaßes« – sofern dies zu objektivieren wäre – nahezu unmöglich ist. Ein »Zuviel« an Schuld wird aufgeladen oder möglicherweise »alles von sich gewiesen«. Starke Übergeneralisierungen gegenüber Verleugnung bilden dabei Extreme.

Ein weiteres Charakteristikum des intrapsychischen Konfliktes ergibt sich ausgehend von der Traumadynamik aus dem Riss innerhalb der Erfahrungsbestände (sozial-kognitiver Schemata) und der damit einhergehenden Erfahrung des Bruchs in der Identität. Dieser Identitätsbegriff zielt auf das Subjekt in seiner Selbstwahrnehmung, aber auch in der Vorstellung des Subjektes der »neuen« Annahmen anderer. Hier spielt das »Öffentlich-Machen« von Schuld mehrfach hinein. Dies gilt auch medial. Gerät eine Person ohne ihr Zutun in eine Notlage, wird ihr mit Sympathie begegnet (Bierhoff, 2010) und prosoziales Verhalten anderer wird angeregt. Bei »Selbstverschuldung« jedoch wird Hilfsbereitschaft anderer nicht einfach angeboten, sondern in komplexer Weise spielen als die intervenierenden Variablen die Legitimität der Notlage und auch die Abhängigkeit des Opfers mit hinein. Mit anderen Worten, es gibt eine große Abhängigkeit von der Betrachtungsweise, ob eine Person als »Unschuldige oder als schuldige (Mit-)Verursacherin« gesehen wird.

Intrapsychisch ist auch die Frage nach der Erwartung von Strafe gegeben. Zöller (1997) hat dem Thema der Strafen und Bestrafung im zwischenmenschlichen Bereich einen ganzen Sammelband gewidmet. Die Entwicklung des Strafverständnisses, Kontexte von Strafen, »Nebenwirkungen«, aber auch das Recht auf Strafe werden als Thematik erörtert. Hier spielen entwicklungspsychologische Prozesse eine zentrale Rolle. Der Zusammenhang zwischen Entwicklungspsychologie und Schuld wurde bereits aufgezeigt und die eigene Geschichte gilt auch hier als bedeutsame Basis für die Bearbeitung von Schuld und ihre Auswirkungen auf Selbstwertgefühl, Selbstachtung und Mut.

Schuldkonflikte versteht Hubbertz als Beziehungskonflikte und vor diesem Hintergrund schlägt er Schritte zur Bewältigung vor. Schuld ist bei ihm nicht per se intrapsychisch aufzuheben und bedarf der Versöhnung. Doch auch dies muss durch die eigene Schuldanerkennung »intrapsychisch vorbereitet« werden, um dann eine Neudefinition innerhalb einer Beziehung zu erwirken. Bei Hubbertz (1992) enthält dieser Prozess zusätzlich ein affektives Element: Das schmerzliche Bedauern über eigenes Versagen, aber auch den Wunsch und dann die Absicht, alles zu tun, um den angerichteten Schaden wieder in Ordnung zu bringen. Intrapsychisch zählt für Hubbertz erstens in Anlehnung an die Arbeiten von Carl G. Jung die Annahme des eigenen Schattens, also der Integration von Persönlichkeitsanteilen, welche mit dem schuldhaften Handeln verknüpft sind, zur zentralen Aufgabe. Zweitens der Dialog (mit dem anderen): der kommunikative Austausch über schuldhaftes Handeln. Er nennt hierbei den Dialog einen Verantwortungsdiskurs, ein kommunikatives Argumentationsverfahren (S. 86), in welchem die sozialen und logischen Regeln des Argumentierens in einer Symmetrie der Sprechbedingungen als Voraussetzung gelten: Gegenseitigkeit von Rede und Antwort, Fairness als Bemühen zur Chancengleichheit und Symmetrie von Sprechakten, Echtheit der Übereinstimmung (Verhalten und Gefühl) und Ganzheitlichkeit des Sich-Einlassens. Die drei Dialogebenen umfassen die rechtliche, die moralische und die hermeneutische. Drittens die »Umkehr und Neuentscheidung«: der Versuch nach Annahme und dialogischer Verarbeitung der eigenen Schulderfahrung, sein Selbstkonzept und Handeln neu und wieder auszurichten.

Nicht zuletzt gilt Trauer als weitere intrapsychische »Aufgabe« zur Schuldverarbeitung. Hubbertz (1992) vermutet, dass mit der Unfähigkeit zu trauern auch die Unfähigkeit Schuld zu empfinden einhergeht. In ähnlicher Weise schreibt auch Kogan (1991) von einer Patientin, welche erst durch die Wiederherstellung der Fähigkeit Schmerz zu empfinden auch fähig wurde Schuldgefühle zu empfinden, nachdem sie rücksichtslos (ebd., S. 62) einen Unfall verursachte, in welchem ihr Säugling verstarb. Für Wachinger (1996) geht es in der Verarbeitung der Schuld um den schwierigen Versuch ein Stück Lebensgeschichte aufzublättern, einhergehend mit Angst, Abwehr und Widerstand, und es ist entscheidend, die künftige Richtung der Lebensgeschichte zu hören, zu verstehen und mitzubestimmen. Zentral sind bei ihm die Kommunikation über Schuld – Schuld-erzählen ist per se schon »therapeutischer Prozess« –, die Entwicklung der Fähigkeit Schuld zu empfinden statt dem »Gefühl anonymer Unverantwortlichkeit«, um dann der Person die Erfahrung der Versöhnung näherzubringen. Der Schulddialog wird auch bei Auchter (1996) betont. Schuldarbeit bedeutet bei ihm kurz gefasst den Prozess von verstehen (was passiert ist) – anerkennen – vergeben – verzeihen, wobei er sich gegen eine vorschnelle Vergebungs- und Versöhnungsideologie stellt.

5.2 Interpersoneller Konflikt: Hinterbliebene und Opfer

In den letzten Jahren gibt es zunehmend eine breitere Perspektive auf interpersonelle Konfliktprozesse. Disziplinen wie die Politikwissenschaft, Erziehungswissenschaft, Psychologie, Soziologie, aber auch die Rechtswissenschaft, bemühen sich um einen interpersonellen Zugang zu Konflikt, Frieden und Versöhnung. Als Pionier in der Konfliktforschung gilt Johann Galtung. In seinem Modell berücksichtigt er drei Konfliktebenen: die Unvereinbarkeit von Annahmen, das Verhalten und der Widerspruch (vgl. Galtung, 2007). Die allgemeinste Definition von Konflikt findet sich bei Baros als das »Aufeinander-Stoßen miteinander unvereinbarer Handlungstendenzen« (Baros, 2004, S. 208) und ermöglicht die Unterscheidung sozialer Konflikte zwischen verschiedenen Akteuren, also von interpersonalen Konflikten und von individuumsbezogenen Konflikten. Das Anliegen einer Konfliktarbeit ist zunächst eine gesellschaftlich motivierte soziale Praxis, die insbesondere im Rahmen der internationalen Konflikt- und Friedensbemühungen auf politischer Ebene, wie beispielsweise durch die Wahrheits- und Versöhnungskommission, zum Tragen kommt. Diese kommunikativen Prozesse sehen sich primär als politische Prozesse. Nichtsdestotrotz können die Friedensforschung sowie die Konfliktlösungs- und Versöhnungsmodelle (Karger, 2012; Shnabel und Nadler, 2008; Gobodo-Madikizela, 2002; Matt, 2002) dieser Untersuchung Aufschluss über die Situation von Opfer und VerursacherInnen hinsichtlich verschiedener Charakteristika wie Begrifflichkeit, Bedingung, dyadische Konstellation etc. geben und dienen als erste Grundlage. Die Untersuchung des kommunikativen Prozesses der Wiedergutmachung nimmt dabei einen zentralen Stellenwert ein.

Die Loslösung der Verursacher-Thematik von der Individuumszentrierung hin zur Betrachtung des »Konfliktfeldes« erscheint wichtig. Matt (2002) regt einen nicht ausschließlich auf das Individuum bezogenen Umgang mit (Fehl-)Verhalten an, sondern dessen soziale Einbettung, ein Zusammenspiel von Individuum, sozialer Gemeinschaft und dem Recht. Interpersonelle Konflikte nach der (Mit-)Verursachung des Todes oder schweren Schadens anderer erscheinen mehrfach determiniert: Zum einen ergeben sich diese aus den sozialen Zuschreibungen durch die Umgebung, welche bis zum Stigma führen kann, zum anderen handelt es sich um Prozesse aus der Berichterstattung und der Rechtsprechung. Ein psychosozialer Konflikt ergibt sich aber auch aus der Konfrontation mit den Hinterbliebenen oder überlebenden Opfern, welche durch die (Mit-)Verursachung Schaden erlitten.

5.2.1 Die Situation der Opfer und Hinterbliebenen

Die Situation des/der (Mit-)VerursacherIn wurde bereits erläutert. Die Situation der Hinterbliebenen und Opfer blieb bislang unbeleuchtet. Hinterbliebene sind – charakteristischerweise infolge von Unfällen – mit der Todesnachricht oder der Nachricht der schweren körperlichen Verletzung ihrer Angehörigen konfrontiert. Darüber hinaus bringt aber die Tatsache einer (Mit-)Verursachung durch andere einige Besonderheiten mit sich. Ist beispielsweise der Vorwurf der Fahrlässigkeit naheliegend, ist das »Opfer-geworden-Sein« auch gleich mehrfach zutreffend. Auch wenn ein (Unfall-)Opfer keinen Gegenbegriff aufweist, nämlich den des/der TäterIn, wird ein Straftatbestand wie der der Fahrlässigkeit subjektiv den Verlust einer nahestehenden Person in ein anderes Licht rücken.

Ganz generell gesprochen haben Hinterbliebene nach dem tödlichen Unfall entsprechende Bedürfnisse. Oft über Jahre bleibt die Unbegreiflichkeit und Unwirklichkeit des Todes aufrecht und daraus ergibt sich die Notwendigkeit intensive Informationen über den Unfall, die Unfallaufnahme und Einleitung der schrittweisen Verwirklichung des Todes zu ermöglichen (Trappe, 2001). Die Konfrontation als persönliches Abschiednehmen ist dabei genauso wichtig wie das Aufsuchen oder auch die Rückkehr zum Unfallort. Information ist v. a. auch auf den Unfall selbst bezogen: Verlauf, Verursachung, Verletzung, Todesumstände, denn diese Informationen schützen die Opfer vor den Mächten der Fantasie, Gewalt der Bilder und dem ungehemmten Wuchern verzerrter Erinnerung (ebd.). Angehörige haben häufig den Wunsch mit ErsthelferInnen in Kontakt zu treten, als Möglichkeit, sich dem Geschehen zu nähern. ErsthelferInnen sind letzte Kontaktstelle zum Unfallopfer (ebd.), aber eben (Mit-)VerursacherInnen auch.

5.2 Interpersoneller Konflikt: Hinterbliebene und Opfer

Nicht selten ergibt sich bei Ereignissen ein Wettlauf mit der Zeit durch mediale Berichterstattung; häufig erfolgen Falschinformation und es besteht auch die Notwendigkeit, Informationen über den Verfahrensablauf zu erhalten. Besondere Belastungen für Angehörige in der Akutphase sind häufig die Ungewissheit oder mitunter das Warten auf die Todesnachricht, das Ausfüllen von Identifikationsformularen, die kriminalpolizeilichen Vernehmungen, eine notwendige Identifizierung, die Plötzlichkeit des Todes und der Mangel an Möglichkeiten zur Verabschiedung, die Verwehrung der Möglichkeit, den/die Verstorbene/n zu sehen und entsprechend das Nicht-wahrhaben-Können, die Mächte der Fantasie, die Todesmitteilung an weitere Familienmitglieder usw. (Juen et al., 2012b).

Zu den bedeutenden Fragegruppen der Opfer bei der Überbringung der Todesnachricht (Trappe, 2011; Juen et al., 2012b) zählen neben den Fragen hinsichtlich des Opfers selbst die Fragen nach dem Hergang und der Schuld. Die Verursachungsfrage ist also bereits sehr zeitnah entscheidend und hier besonders die Frage, ob der Unfall, genauer genommen der Todesfall, als »Naturereignis« eingeordnet wird oder als menschlich verursachtes Trauma. Die Rolle der Ursache, der Attribution der Verursachung ist zentral. Montada (1995a) betont, dass wenn erlittene Verluste als ungerecht und unverdient gelten, dies eher negative Auswirkungen auf die Bewältigung hat. Wer andere beschuldigt und wer sich empört und feindselige Gefühle hat, bewältigt schlechter, d. h. starke Kritik belastet die Opfer selbst. Gefühle von Empörung sind aber oft naheliegend. Opfer, die Schuldvorwürfe erhaben, haben durchschnittlich die größeren Schwierigkeiten ihre Situation zu bewältigen (Montada, 1995a).

In Hinblick auf interpersonelle Problematiken konfligieren die Bedürfnisse von (Mit-)Verursachenden und Hinterbliebenen oder Unfallopfern. Während sich, so kann angenommen werden, eine (mit-)verursachende Person Schuldentlastung erhofft, hoffen Angehörige häufig auf die Klärung der Schuldfrage und dass die verantwortungstragenden Instanzen zur Verantwortung gezogen werden. Interpersonelle Konflikte sind vermutlich dann gegeben, wenn es zu unerwünschter Konfrontation kommt. Kritisch anzumerken ist nochmals mit Montada, dass das Erleben von Ungerechtigkeit auf einer subjektiven Konstruktion beruht, zu der es in jedem Fall auch alternative Sichtweisen gibt über Rechte und Ansprüche der Opfer, über Norm- und Pflichtverletzungen Dritter, über Verantwortlichkeiten für den Ausgleich der Verluste (Montada, 1995a, S. 25). Doch genau im Tod von Nahestehenden erscheint alles andere als die genannten Konstruktionen eben auch häufig einer Überforderung gleichzukommen. Entscheidend sind also das wahrgenommene Ausmaß der Ungerechtigkeit (Montada, 1995a) und die Attribution der Verantwortung (Janoff-Bulman, 2002; Peltzer und Renner,

2004; Shaver, 1985). Außerdem wurde erhoben, dass Opfer sich besser fühlen, wenn sie sehen, dass ein/e TäterIn sich schuldig fühlt (Baumeister et al., 1995). Für Opfer geht es um Selbstachtung und das Erkennen eigener Bedürfnisse (Govier, 1999). Gefühle von Wut und Ärger sind naheliegend und besonders dramatisch, wenn mitunter durch fahrlässige LenkerInnen Demütigungen (z. B. durch alkoholisierte LenkerInnen) erfolgen. Konflikte mit der »Gegenpartei« des/r (Mit-)VerursacherIn sind vermutlich vorprogrammiert und durch besondere Konstellationen verstärkt. Wenn sich Hinterbliebene und (Mit-)VerursacherIn kennen oder aber verwandt sind, sind nochmals spezifische Konstellationen gegeben. Die spezifische Situation zwischen Opfern und VerursacherInnen bzw. Opfern und Hinterbliebenen nach Unfällen ist theoretisch noch kaum untersucht worden.

5.2.2 Projekt: Opfer von fremdverschuldeten Unfällen

In einer explorativen Studie, im Rahmen einer von mir geleiteten Forschungsgruppe zum Thema »Trauma und Schuld«, wurden Unfallopfer nach fremdverschuldeten Unfällen in einem Diplomarbeitsprojekt der Erziehungswissenschaft durch Christine Hochgruber unter meiner Supervision untersucht (Hochgruber, 2011). Sie befasst sich mit folgenden Fragen: Welche Verarbeitungsstrategien wenden Opfer nach unverschuldeten oder fremdverschuldeten Unfällen an? Welche Schutzfaktoren unterstützen den Verarbeitungsprozess? Welche Grundannahmen eines Opfers werden durch unverschuldete oder fremdverschuldete Unfälle erschüttert? Zeigt sich infolge eines traumatischen Unfalls ein Prozess des posttraumatischen Wachstums? Und schließlich: Wie gehen Menschen mit dem Thema der Verursachung des Unfalls, mit Schuld und Wiedergutmachung um? Die genannte Autorin befragte fünf Unfallopfer nach fremd- bzw. unverschuldeten Unfällen, die diese zwar überlebt haben, aber lebenslang mit den anhaltenden körperlichen Folgen der schweren Verletzungen leben. Die Opfer der fremdverschuldeten Unfälle sind zwischen 27 und 56 Jahre alt, wobei die Zeitpunkte der Unfälle von drei bis 23 Jahre zurückreichend streuen.

Im Wesentlichen zeigt sich bei der Verarbeitung des Geschehens durch die Opfer, dass das Wiedererlangen der Handlungsfähigkeit und Selbstständigkeit nach dem Unfall von großer Bedeutung ist (Hochgruber, 2011). Als Copingstrategie tritt der soziale Vergleichsprozess (Janoff-Bulman, 2002) auf, d. h. Betroffene stellen nach dem Unfall den Vergleich mit Menschen an, denen es noch schlechter ergeht als ihnen selbst. Hinsichtlich der Bewältigung der Unfallopfer zeigt

5.2 Interpersoneller Konflikt: Hinterbliebene und Opfer

sich außerdem, dass die soziale Unterstützung, der Rückhalt von Angehörigen, welche – trotz der körperlichen Beeinträchtigung infolge des Unfalls – in der Beziehung zu ihnen keinen Unterschied zu einem Zeitpunkt vor dem Ereignis machen, wichtig sind (Hochgruber, 2011). Auch positive Erlebnisse im Pflegeumfeld mit ÄrztInnen, anderen PatientInnen sowie KrankenpflegerInnen werden als hilfreiche Faktoren genannt. Hinsichtlich der von Hochgruber mit erhobenen Grundannahmen in Anlehnung an Janoff-Bulman (2002) sowie des posttraumatischen Wachstums (Calhoun und Tedeschi, 2006) zeigen sich verschiedene Ergebnisse. Die Grundannahme der Gerechtigkeit bleibt – zumindest in dieser untersuchten Gruppe – überwiegend erhalten:

> Ich war [selbst] unmöglich schnell unterwegs und [...] so etwas bremst dann ein. Und ich habe gedacht, ob ich das gebraucht hab, dass ich da ein bisschen weniger beweglich bin, dass ich einfach mehr auch die anderen Sachen finde, die im Leben wichtig sind. (Interview 5, Auszug 335: Hochgruber, 2011, S. 84).

Annahmen über den Zufall ändern sich insofern, als dass der Zufall als Verteilungsprinzip nach dem Unfall infrage gestellt wird. Über die Sinn- und Bedeutungshaftigkeit (Janoff-Bulman, 2002) wird lange Zeit gegrübelt, es wird aber häufig »Glück im Unglück« gefunden und damit die Grundannahme des Sinnzusammenhangs erhalten. Hinsichtlich des posttraumatischen Wachstums sprechen Opfer von tieferen Lebenseinsichten durch die neue Situation nach dem Unfall. Hochgruber (2011) formuliert als Ergebnis, dass die InterviewpartnerInnen angeben, dass sie das Leben nach dem Trauma mehr genießen, zufriedener sind, intensiver leben und bescheidener denken, weil sie sich der eigenen Verwundbarkeit bewusster sind. Ferner ist zu erwähnen, dass Lehren für das Leben und persönlicher Gewinn aus dem Geschehen gezogen werden. Mehr Lebenszufriedenheit, eine Verschiebung der Bewertungen und intensiver zu leben zeigen sich ebenso (Hochgruber, 2011). Gleichzeitig jedoch geben die Betroffenen auch – mitunter erst im Laufe der Zeit und beeinflusst durch den Alltag – an, dass sie doch wieder in die alten Muster und Verhaltensweisen zurückgefallen sind und nicht mehr so bewusst leben wie unmittelbar nach dem Unfall. Es kommt auch vor, dass die Opfer weder über das »Warum« noch über einen sonstigen »tieferen Sinn« des Unfalles und die Folgen, wie z. B. nachhaltige körperliche Schädigungen erlitten zu haben, nachdenken. Finanzielle Zuwendungen werden von den Opfern als »Ausgleich« gewünscht, sind jedoch gleichzeitig kein Ausgleich für den erlittenen Schaden (Hochgruber, 2011). Dabei spielt auch der zeitliche Aspekt der Schadensersatzzahlungen eine Rolle, da bei Erhalt des Schadensersatzes die Spätfolgen des Unfalls oft noch nicht absehbar sind. Der gerichtliche Prozess wird von den Unfallopfern als belastend erlebt, als »kräfteraubend und unpersönlich« (I3, A686 u. I4, A331; Hochgruber, 2011, S. 105).

Zur Vertiefung werden Fragen nach den Einstellungen der Opfer zu dem/r UnfalllenkerIn und Beziehungsaspekten zwischen Opfer und (Mit-)VerursacherIn aus der Opferperspektive beleuchtet. Die Fragen im Detail richten sich nach den Einstellungen und Emotionen des Opfers gegenüber dem/r (Mit-)VerursacherIn, den Erwartungen der Opfer an die (Mit-)Verursachenden und somit einer Vorüberlegung zu den möglichen »Aufgaben« der VerursacherInnen aus der Opferperspektive. An dieser Stelle möchte ich den Fall einer Mutter einer infolge eines fremdverschuldeten Unfalles schwerverletzten jugendlichen Tochter schildern:

Ein alkoholisierter Unfalllenker rast mit weit überhöhter Geschwindigkeit in einem Kreisverkehr in eine Gruppe Jugendlicher. Drei Jugendliche sterben: einer sofort, einer nach wenigen Stunden und einer erliegt nach wenigen Tagen den schweren Verletzungen. Einzig eine 16-Jährige überlebt schwerverletzt. Der Fahrer begeht Fahrerflucht, wird später aufgegriffen und nach längerer Leugnung gibt er die Unfallverursachung zu. Die Überlebende ist mehrere Wochen im Koma, mittlerweile ansprechbar und leidet unter verschiedenen schweren Folgeschäden. Die Mutter wird ca. acht Wochen nach dem Ereignis vorstellig, da plötzlich die Symptome einer traumatischen Belastungsreaktion bei ihr auftreten, welche aber nicht von Anfang an bestanden. Auf mein Nachfragen können wir gemeinsam identifizieren, dass die Symptome ab dem Zeitpunkt auftreten, ab dem die Mutter mit dem Unfallverursacher persönlich konfrontiert war. Er ist für sie völlig überrumpelnd ins Krankenhaus gekommen, hat sich unter einem anderen Vorwand vorgestellt – es ginge um Spendengelder für die Tochter – und dann letztlich den Unfall und insbesondere den Zustand der Tochter bagatellisiert, sinngemäß mit Aussagen der völligen Verharmlosung. Dies war der Punkt, an welchem die Mutter, wie sie es nannte, »zusammenbrach«. Sie erzählt, dass sie – alle Eltern, die es betraf – auch »irgendwie zum Verzeihen bereit gewesen wären«, doch das Verursacherverhalten traf sie letztlich sehr und es traten Belastungssymptome hervor.

Nach fremdverschuldeten Unfällen stellt sich bei den Opfern die Frage nach eigener Mitschuldung und zwar auch dann, wenn ihnen gegenüber keine Schuld im juristischen Sinne angelastet wird. Zur Belegung und Verdeutlichung sollen – jeweils in Kursiv – Auszüge aus den Interviews, die Hochgruber (2011) geführt hat, ausgewählt werden. *Diese Frage ist lange gekommen, bin ich wirklich*

5.2 Interpersoneller Konflikt: Hinterbliebene und Opfer

nicht schuld gewesen? Obwohl sie es genau rekonstruiert und die Polizei festgestellt hat, dass ich die Schuld eben der andere hat (I3, A315-A319)[31]. Der Unfallcharakter des Ereignisses macht es für die Opfer mitunter schwer nachvollziehbar, was genau passierte, und es kommt zur Hinterfragung eigener Beteiligung. Unfallopfer nehmen gegenüber dem/der (Mit-)VerursacherIn verschiedene Haltungen ein: Es zeigt sich entweder eine eher akzeptierende, positive Haltung, eine neutrale Einstellung, oder aber eine negative. Dabei fällt auf, dass sich diese durch bestimmte Einflüsse oder Informationen über den Unfall oder den/die VerursacherIn ändern kann. Die akzeptierende Haltung zeigt sich in Aussagen wie: *Ich geb ihm nicht die Schuld an dem Unfall, er hat mich nicht gesehen und fertig, sonst hätte er mich nicht überfahren*, aber auch in der konkreten Formulierung, dass kein Vorwurf gemacht wird: *[Wir] haben alle gesagt [...] wir machen ihm keinen Vorwurf* (I2, A498f.). Eine neutrale Einstellung bzw. Gleichgültigkeit zeigt sich bei einer Person als *ich hab mir ganz am Anfang über ihn nichts gedacht* (I5, A368). Eine negative Einstellung und Ärger zeigen sich bei einer Person infolge von »Sorglosigkeit« und wahrgenommener Ignoranz durch den Verursacher, welchem sie immer wieder bei einer Radfahrt durch die Stadt begegnet, ohne dass er sie erkennt: *Er fährt gemütlich durch die Gegend, die Zigarette im Maul. Denkt er sich überhaupt etwas? Er lebt sein Leben weiter, für ihn hat sich nichts geändert [...] da komm ich mir oft so verarscht vor* (I2, A543).

Bedingungen, welche die Haltung dem/der VerursacherIn gegenüber beeinflussen, sind das Auftreten von Schmerzen als Langzeitfolge des Unfalles – *als es angefangen hat weh zu tun sind die Gedanken gekommen* (I3, A120) – oder aber Informationen über die Unfallursache oder den Unfalllenker, wie z. B. dass dieser unter Alkoholeinfluss stand: *Wenn ich heute noch höre von einem Unfall, wo eben ein Betrunkener einen Unfall verursacht, dann kommt schon diese Aggression immer wieder oder der Ärger* (I3, A298ff.). Dies löst Zorn, Ärger oder Aggression aus. Das Auftreten von Schmerzen beim Opfer – gegenüber der Unverletztheit bei dem/der (Mit-)VerursacherIn – lässt die erlittene Ungerechtigkeit nochmals deutlicher hervortreten. Bei Montada (1995a) wird betont, dass das assertorische Urteil, ungerechterweise Opfer geworden zu sein, stark emotionsinduzierend beispielsweise für Gefühle wie Empörung wirkt. Die Tatsache, das Unfallopfer von einem/r alkoholisierten LenkerIn zu sein, macht die »Opferschaft« zu ei-

---

31 Die Angabe der Interviewstellen erfolgt nach den Transkripten der Originale, welche mir Christine Hochgruber freundlicherweise zur Verfügung gestellt hat. I steht für Interview, die Ziffer bezieht sich auf die Nummer des Interviews und A steht für den jeweiligen Auszug bzw. die Textstelle.

ner Folge von blindem Zufall oder menschlicher Willkür (Montada, 1995a) und erschwert besonders die Sinn- und Bedeutungssuche Janoff-Bulman, 2002). Als dritte Komponente zur Veränderung der vormals neutralen oder offenen Haltung ist zu nennen, wenn der/die UnfallverursacherIn nicht adäquat reagiert.

Es zeigen sich verschiedene Konfrontationen, Begegnungen oder Berührungspunkte zwischen (Mit-)VerursacherInnen und Opfer. Insgesamt wird deutlich, dass Unfall(mit-)verursacherInnen jedoch eher die Situation bzw. die Opfer mit ihrem Verhalten noch mehr belasten, als dass es hilfreich ist. Die Kontaktaufnahmen der Verursacher laufen eher »ungeschickt« über Familienmitglieder oder im Krankenhaus hinterlegte Pralinen, über Briefe, die ihre eigene Situation in den Mittelpunkt stellen und nicht empathisch dem Opfer gegenüber sind oder aber, wenn sie über unangemeldete und völlig überrumpelnde Konfrontationen als Krankenbesuche stattfinden. Außer in einem Fall, in welchem bereits vor dem Unfall eine Freundschaft zwischen zwei jungen Männern bestand, die durch diesen Unfall nicht zerbrach, gelingt es den VerursacherInnen keineswegs, sich in die Opfer einzufühlen. Es fällt auf, dass nicht die Berührungspunkte per se die jeweilige Situation zum Schlechteren führen, sondern die Art des Kontaktes und v. a. das Verhalten der (Mit-)VerursacherInnen gegenüber den Opfern.

Erwartungen von Opfern an Verursacher werden meines Erachtens mit erstaunlicher Klarheit präzisiert. Erwartet wird, dass ein/e VerursacherIn sich mit dem Opfer konfrontiert: *Einmal sich da blicken lassen, das verlang ich, das kann man von jedem verlangen* (I2, A496f.), bzw. dass er/sie sich der Situation – und auch der Verantwortung – stellt: *Wenn ich so einen Unfall baue, dann muss ich dazu stehen* (I2, A496f.). Weiterhin wird Interesse am Befinden des Opfers erwartet: *Aber einmal nachfragen, wie es dem anderen geht, das wäre wichtig gewesen* (I3, A665). Relevant ist auch, dass sich der Verursacher zeigt, den Mut hat, sich den – gegebenenfalls auch negativen – Reaktionen eines Opfers zu stellen: *Die Courage haben, und wenn ich vom Opfer zusammengeschissen oder rausgeworfen werde* (I2, A496f.). Dabei wird auch seine/ihre Hilflosigkeit respektiert: *Wenn er nur hereingekommen wäre und blöd dreingeschaut hätte, dann wäre er wenigstens gekommen* (I2, A485). Es wird explizit von zweien gesagt, dass keine Entschuldigung erwartet wird: *Er hätte nie kommen müssen, um sich zu entschuldigen, aber einmal nachfragen* (I3, A665b), jedoch mit Sorglosigkeit und Interesselosigkeit können die Opfer ganz besonders schwer umgehen. Es wird im Grunde ein Zeichen als humanitärer Grundsatz erwartet: *Er kann ja der Meinung sein, er ist unschuldig, aber ich glaub, eine Menschlichkeit ist, wenn man hingeht und sagt: ›Wie geht es dir?‹* (I3, A665a). Zumindest wird ein Zeichen erhofft.

Enttäuschte Erwartungen haben Konsequenzen. Es entstehen Empörung und

5.2 Interpersoneller Konflikt: Hinterbliebene und Opfer

Wut: *das ist das, was mich brutal grantig macht* (I2, A496f.), es entstehen Gefühle der Willkür, des Ausgeliefertseins: *so hab ich halt das Gefühl, jetzt hab ich halt einen überfahren, aber ist eh Wurst,* und sie führen zu Unverständnis: *sich überhaupt nie zu melden, nach [so etwas], das ist für mich nicht nachvollziehbar* (ebd.), sowie zu retrospektiven Annahmen über den VerursacherIn: *Was ist denn das für jemand, der sich auch überhaupt nicht interessiert, was mit dir ist, ob du überhaupt überlebt hast oder nicht* (I4, A127). Es gibt auch einen Zeitfaktor, der eine weitere Auseinandersetzung nicht mehr ermöglicht: *Nach zwei Jahren noch eine persönliche Entschuldigung? Das ist zu spät* (I2, A669). Durch die unerfüllten Erwartungen, dass die Verursachenden entsprechend reagieren, geht Bereitschaft zu einem Gespräch (*Ich hab mit ihm [dann] nichts [mehr] zu tun haben wollen* (I5, A192)) und zu Formen der Vergebung verloren: *Das ist etwas, was ich ihm nie mehr verzeih. [...] Dass er sich nie gekümmert hat* (I2, A469f.). Wobei dies die Opfer selbst mitunter nicht abschließen lässt: *Was mich nicht abschließen lässt ist halt, dass der andere nie gekommen ist, gefragt hat, wie's mir geht* (ebd.). Was dann bleibt, ist Wut: *Wenn ich an ihn denke, habe ich immer noch Zorn* (I5, A386). Diese Ergebnisse sind Hinweise, die Montada (1995a) bestätigen, wonach feindselige Gefühle und Vorwürfe anderen gegenüber Schwierigkeiten in der Bewältigung und Anpassung zur Folge haben. Vermutlich stellt sich doch die Frage nach Anerkennung von Schuld. Reemtsma (2002) bemerkt hierzu, dass die Anerkennung, dass ein Verbrechen Unrecht und nicht Unglück war, wesentlich ist (S. 82). Sich als Opfer eines/r UnfallverursacherIn nach dem Konsum von Alkohol zu realisieren, kommt – zumindest subjektiv – doch möglicherweise ersterem näher: es wird als Unrecht erlebt und nicht vordergründig als Unglück.

Hinsichtlich der Vergebung wäre hier jede Aussage meines Erachtens zu weit führend. Die Interviewten geben zwar teilweise an, keine Entschuldigung zu erwarten, doch erscheint mir dies, in Anbetracht der Einstellungen und misslungenen Konfrontationen mit Verursachenden, etwas »großzügig« oder – wenn man so sagen kann – resignativ formuliert; zumindest bleiben Alternativen offen. Jedenfalls scheinen Prozesse der unilateralen Vergebung (»Unilateral Forgiveness«; Govier, 1999) im Gange, wonach Opfer ihre Emotionen, Werte und persönliche Beziehung zum Verursacher hinterfragen. Zentral bei der unilateralen Vergebung ist dabei vor allem, den Selbstwert und die Selbstachtung des Opfers wieder herzustellen. Ein Ausgleich wird weniger angestrebt, denn beim »klassischen Szenarium« (Govier, 1999) wäre die konkrete Beteiligung zweier Personen vorhanden. Zumindest stellt, so Trappe (2001), der komplexe und interpersonale Vorgang von Reue und Vergebung eine wichtige Möglichkeit dar, die belastenden Ereignisse von ihrer reinen Negativität zu befreien und sie damit ein Stück zugänglicher werden zu lassen und sie in der Folge in die individuelle wie soziale Dimension des Lebens zu re-integrieren (S. 15).

An dieser Stelle sei betont, dass diese Studie keinesfalls einen repräsentativen Charakter beansprucht und die Übertragbarkeit der Ergebnisse auf andere Fälle nicht leisten kann. Sie versteht sich als explorative Untersuchung, um sich dem »Phänomen«, Opfer von Fremdverschulden zu sein, anzunähern.

5.3 Über Entschuldigung, Wiedergutmachung, Initiativen und Versöhnung

Die vermutlich einfachste Reaktion auf das Erleben zugefügten Übels ist die affektive Abfuhr des Impulses der Rache. Rache und Vergeltung sind Formen eines archaischen Bedürfnisses nach Ausgleich, jedoch destruktiv (Sachsse, 1990). Da ist das – dem gegenüberstehende – Talionsprinzip (»Auge um Auge«) im Grunde bereits ein Kulturfortschritt durch Berechenbarkeit. Der Begriff der Versöhnung ist der, über welchen innerhalb der Strafsysteme am meisten gespottet wird (Bianchi, 1988). Und über Vergebung: »Noch so ein Begriff, über den man sich nur zögernd in einem Buch zu sprechen getraut [...], doch es hat wirklich nur wenig Sinn, von den schönsten Traditionen der menschlichen Kultur Abstand zu nehmen, wegen des [...] Untertons der Begriffe« (ebd., S. 40f.). Konflikt- und Versöhnungsarbeit als eine gesellschaftlich motivierte soziale Praxis bemüht sich differenzierte Formen zu finden. Hierzu werden verschiedene Bedingungen und dyadische Konstellationen untersucht. Dabei gibt es zumindest einige »Regelwerke«, wie entsprechende Prozesse, wie beispielsweise Entschuldigung, Bitte um Vergebung, Versöhnung, beschaffen sein sollen, um zu gelingen. Eine Differenzierung von Begriffen soll im Folgenden grob erfolgen. Dazu wird die Entschuldigung, das Erwidern von Initiativen, Vergebung und Versöhnung sowie Wiedergutmachung vorgestellt werden. Die Restorative Justice wird kurz vorgestellt, eine Vertiefung muss an dieser Stelle nicht angestrebt werden.

Entschuldigungen und das Setzen von Initiativen sowie deren Erwiderung sind soziale wie kommunikative Prozesse. Für Goffman gelten Prozesse der Entschuldigung als Interaktionen, in welchen durch die wechselseitige Anerkennung der jeweiligen Akteure »Gesicht« (face work) hergestellt und Identität erlangt werden kann (Goffman, 1971). Entschuldigungen geschehen vor dem Hintergrund der Akzeptanz von Verantwortung (Albs, 1997). Emotionale Betroffenheit, welche die Echtheit des Schuldgefühls zeigt, Bekräftigung der Regelgeltung, Akzeptanz der Verantwortung und der Schuld sowie ein »guter Vorsatz« sind

5.3 Über Entschuldigung, Wiedergutmachung, Initiativen und Versöhnung

dabei zentrale Komponenten. In der »wahren Bitte um Entschuldigung« (Goffman, 1971) erläutert der Autor, dass durch die Bitte um Entschuldigung eine Anerkennung der verletzten Normen gegeben ist und dass die Person ihre Verantwortlichkeit für die Normverletzung ebenso anerkennt wie die Zurechenbarkeit (einer Tat). Ein Kernpunkt ist außerdem, dass implizit ein anderes mögliches Handeln »zugegeben« wird. Darüber hinaus wird in der Entschuldigung anerkannt, dass das Opfer die Person ist, die um Verzeihung zu bitten ist (Montada, 1988). In der Entschuldigung findet sich auch der Gedanke des »Ausgleichs der Schuld«. Wo die Sprache zur Entschuldigung nicht in Worten gelingt oder nicht ausreicht, wird häufig der Ausdruck über das Ritual gewählt. Es ist die Macht des Rituals sich in Handlungen ausdrücken zu können (Van de Loo, 2009).

Gobodo-Madikizela (2006), ein Mitglied der Wahrheits- und Versöhnungskommission in Südafrika (Truth and Reconciliation Commission), welche die Aufgaben hatte Ursprünge, Motive und Hintergründe der Unterdrückung aufzudecken und Gedankengänge der TäterInnen nachzuvollziehen, spricht vom zentralen Element der *Reue,* welcher in der Entschuldigung glaubhaft hervortreten muss, um »Wirkung« zu haben. Die Reue ist neben der Anerkennung des Fehlverhaltens und der ausgesprochenen Entschuldigung unerlässlich. Indem die Person Reue zeigt, macht sie klar, dass die Handlung, die sie bereut, nicht ihr normales Verhalten darstellt (Van de Loo, 2009). Durch die Reue erlangt die betroffene Person Kontrolle über ihre Handlungen zurück und ist imstande, die jetzige Situation von der »herbeigeführten Situation«, der Tat, zu differenzieren. Für Van de Loo ist ebenso wie für Gobodo-Madikizela die Reue zentral und der Entschuldigung vorangestellt. In der Reue wird deutlich, dass weder Abwehr noch Rechtfertigungen als Strategien angewandt werden.

Über das Annehmen von Entschuldigungen bzw. die *Erwiderung von Initiativen* wie Entschuldigungen gibt uns bereits 1968 Osgood mit seinem Aufsatz über »Wechselseitige Initiativen« Aufschluss (Meyer, 2004). Als zentrales Element zur Erwiderung von Initiativen gilt die Vertrauensbildung zwischen den Parteien. Zu einem graduellen Abbau und Prozess der Vertrauensbildung führt die GRIT-Strategie (»Graduated and Reciprocated Initiatives in Tension Reduction«), welche v. a. sozialpsychologische Grundsätze zur Vertrauensbildung berücksichtigt (Meyer, 2004). Vertrauensfördernde Prinzipien umfassen hierin u. a., dass geplante Schritte in einem konsistenten Rahmen aufeinander aufbauen, um dem Gegenüber die Interpretation zu erleichtern. Die Vermeidung von Fehlinterpretationen soll durch die klare Ankündigung einzelner Initiativen erreicht werden. Initiativen müssen wie angekündigt durchgeführt werden, um objektiv glaubwürdig zu sein. Auch bei ausbleibenden Reaktionen sollten Initiativen fortgeführt werden. Die Freiwilligkeit der Initiative wird durch die öffentliche Selbstverpflichtung deutlich, also Dritten kommt eine Bedeutung zu. Vertrauensförderung wird aber auch durch Kontakt erlangt (Kontakthypothese: vgl. Boehnke et al., 2004). Durch Kontakt wird Feindseligkeit abgebaut. Insbesondere in Krisensituationen nützen Kommunikation und Kontakt dem Frieden.

Als »das Jahrhundert der *Vergebung*« bezeichnet Derrida das 20. (Derrida, 2000) und spielt damit auf die öffentliche Inszenierung des Verzeihens und entsprechender Ritualisierung an. Müller-Fahrenholz (1996) sieht die Gefahr der Institutionalisierung von Vergebung: Vergebung als Machtinstrument. Die Begriffe Versöhnung, Vergebung und Verzeihung werden oft bedeutungsähnlich verwendet (Karger, 2012) und sind stark miteinander verwoben. *Versöhnung* ist in der Konflikt- und Friedensforschung noch wenig differenziert untersucht und der Begriff wird bis in die 90er-Jahre nicht behandelt (Adam und Aßhauer, 2007). Versöhnung meint die Wiederherstellung eines besseren Verhältnisses zwischen Feinden oder zwischen Opfern und Tätern, und zwar in vier Dimensionen: interpersonell, intrapsychisch, sozial und metaphysisch (Karger, 2012). Ziel ist die Gewaltminderung, um ein Zusammenleben zu sichern. Das Problem der Schuldanerkennung ist dabei wichtig, und zwar personal als Verantwortungsübernahme. Versöhnung ist interpersonell; das Vergeben und Verzeihen sind soziale Akte, wobei die Überwindung negativer Emotionen keineswegs im Vordergrund steht. Versöhnung ist ein Prozess, die mit der Bereitschaft zur konstruktiven Konfliktlösung einhergeht und die Entwicklung neuer Einstellungen gegenüber der eigenen Rolle im Konflikt erfordert. Als Rahmenbedingungen der Versöhnung gelten Ökonomie, Justiz und Kultur. Erstere spornt die Zusammenarbeit an, zweitere – die Justiz – stellt die Reparation für Schäden bereit und innerhalb der Kultur kann Würde hergestellt und ein Zusammentreffen gefördert werden (Adam und Aßhauer, 2007, S. 163). Dem gegenüber steht das *Verzeihen*. Verzeihen bedarf mindestens zweier Menschen. Niemand kann zunächst sich selbst verzeihen, sondern nur der, dem bereits vom anderen verziehen ist, kann sich selbst verzeihen (Karger, 2012). Doch das Verzeihen bezieht sich auf Menschen, nicht auf Handlungen. Die Person steht im Mittelpunkt. Die *Vergebung* zielt auf die Überwindung der negativen Emotion (ebd.). Sie ist also insofern ein psychologischer Entwicklungsvorgang, denn sie meint eine Einstellungsänderung auf der Seite der vergebenden Person (Weingardt, 2000). Verschiedene Autoren sind sich nicht einig darüber, ob Vergebung ausschließlich oder eben nur primär innerpsychisch abläuft (vgl. Van de Loo, 2009; Karger, 2012; Weingardt, 2000). Worüber aber Einigkeit besteht, ist die Tatsache, dass die Vergebung als Akt zwar einen intrapsychischen Vorgang darstellt, welcher im Vollzug – in der Gewährung von

5.3 Über Entschuldigung, Wiedergutmachung, Initiativen und Versöhnung

Vergebung – die interpersonale Komponente erfährt. Der Unterschied nun zwischen Vergebung und Verzeihen ist, dass Vergebung eindeutig zu einem Erlass von Schuld führt, was beim Verzeihen nicht notwendigerweise eintritt (Van de Loo, 2009). Das Gewähren von Vergebung wird ausschließlich den Opfern zugeschrieben. Unter der Gewährung wird verstanden, dass das Opfer seine negativen Gefühle gegenüber der Täterseite aufgibt. Faktoren, die Vergebung erleichtern können, sind der räumliche und zeitliche Abstand zur Tat, das Bewusstsein, dass es für die eigene Person schädlich sein kann, wenn sie nicht vergeben kann, der Wunsch nach einer Weiterführung der Beziehung oder aber die Fähigkeit, sich in die Lage des Täters einfühlen zu können (vgl. Van de Loo, 2009). Die Versöhnungsbereitschaft von Opfern hängt insgesamt von der subjektiven, individuellen Betroffenheit derselben ab (Weingardt, 2000). Sie betont, dass nicht der objektive Tatbestand einer Schädigung oder körperlichen Verletzung maßgeblich für die subjektive Betroffenheit ist, sondern die Attribuierung des Verhaltens hinsichtlich der Beweggründe und Motive. Dies wiederum hängt auch von Vorerfahrungen, aber auch von der Empathiefähigkeit und dem Selbstwertgefühl des Opfers ab. Zentrale Elemente in einem Versöhnungsprozess sind die Konfrontation mit dem Ereignis (»Begegnung mit der Tat«) und die Einfühlung bzw. Empathie als verbindende Perspektive, die als subjektive Wahrheit der jeweils anderen Seite wahrgenommen werden (nicht geteilt) (Van de Loo, 2009).

Das Versöhnungsmodell von Scheuer (2010) umfasst mehrere bereits genannte Determinanten der Versöhnung, aber auch die Frage, was überhaupt »versöhnbar« ist. Dazu zählen Entzweiung, Konflikte und Straftaten. Bei einer Straftat wird ein bestehender Konflikt auf eine Art und Weise ausgetragen, die ethisch als auch rechtlich nicht vertretbar ist. Hier kann der interpersonelle Konflikt fehlen. Negative Gefühle wie Ärger, Wut, Hass oder aber Schuldgefühle sind Teil einer »versöhnbaren« Situation. Im Modell von Scheuer bilden das Tateingeständnis und die Verantwortungsübernahme gemeinsam mit Reue dann die wesentliche Voraussetzung für eine Entschuldigung. Aus dieser erfolgt die Bitte um Vergebung und die Absicht der Wiedergutmachung. Das Verzeihen durch Opfer ist dann weiterhin von der Art des Vergehens, der Form der Grenzverletzung und der sozialen Beziehung zwischen TäterIn und Opfer abhängig. Auf dieser Basis kann Versöhnung angestrebt werden. Die Versöhnungsbereitschaft ist bei verschiedenen Determinanten erhöht. Dazu zählen bis vor dem Ereignis wichtige Beziehungen, soziale Einstellung, hohes Selbstwertgefühl, Akzeptanz eigener, auch negativer Persönlichkeitsanteile, das Vorhandensein von Einsicht, Verantwortungsübernahme und Reue, das Angebot einer Entschuldigung sowie bisherige positive Erfahrungen mit dem Verzeihen und Versöhnen. Zu einer Verringerung der Versöhnungsbereitschaft führen eine sehr enge Beziehung zwischen TäterIn und Opfer, aufgrund der großen Enttäuschung, sowie die Zuschreibung böswilliger Absicht. Die Schwierigkeit in der Versöhnung liegt darin, dass sie voraussetzt, was sie bewirken soll: das Herstellen von Würde und Respekt, gegenseitige Anerkennung und Formen der Wertschätzung (Van de Loo, 2009). Sie betont, dass im Versöhnungsprozess die Übernahme von Verantwortung mit einer darin enthaltenen Selbstdistanzierung von der Tat wie auch Identifizierung mit der Tat notwendig ist. »Die Schuldfrage muss gestellt werden, ihre Beantwortung wird jedoch für den Prozess nicht vorausgesetzt« (Van de Loo, 2009, S. 76).

Von einem *bedürfnisorientierten Ansatz der Versöhnung* (»Need Based Model of Reconciliation«) gehen Shnabel und Nadler (2008) aus. Die Versöhnung ist bei ihnen ein Akt sozialen Austausches, in welchem jedoch sehr verschiedene Bedürfnisse von VerursacherIn und Opfer formuliert werden. Letztlich ist der Fokus der jeweiligen Bedürfnislage einerseits die »Wiederherstellung der individuellen Bezüge«, aber gleichzeitig auch der Schlüssel zu gegenseitiger Einfühlung. TäterInnen weisen insbesondere das Bedürfnis nach sozialer Akzeptanz und der Wiederherstellung des »Images« auf, wohingegen Opfer meist das Gefühl des Kontrollverlustes eingrenzen möchten und die Wiederermächtigung sowie die Wiederherstellung des eigenen Selbstwertes zentrale Anliegen sind. Für VerursacherInnen von Leid geht es dabei v. a. um das Eingeständnis der Motive für Handlungen, aber auch Gefühle der Scham und Schuld; auch Angst, und zwar Angst vor Strafe, und Wut auf die eigene Person, aber auch auf das Opfer (Mitverantwortung), sind bedeutend. Auch Trauer darüber, nicht fähig gewesen zu sein anders zu handeln oder Trauer über die eigenen Motive oder das veränderte Verhältnis zum Opfer (Van de Loo, 2009; Weingardt, 2000) führen dabei zu besonderen Bedürfnislagen. Werden diese Bedürfnisse – und zwar je bei Opfern und bei VerursacherInnen – befriedigt, wird dadurch erst die Bereitschaft zur Rekonziliation hergestellt. Das Modell von Shnabel und Nadler (2008) basiert auf einer motivationalen Perspektive auf den sozio-emotionalen Prozess der Versöhnung, indem es die spezifischen Motivationen und deren Beziehung untereinander sowie gegenüber den Konfliktparteien berücksichtigt. Neu in diesem Ansatz ist, dass nicht nur Opfer in ihrer Verletzung bzw. Schädigung betrachtet werden, sondern auch TäterInnen bzw. VerursacherInnen mit Bedürfnissen ausgestattet wahrgenommen werden.

Zur *Wiedergutmachung* gibt es hinsichtlich des Begriffes kritische Stimmen (Müller-Fahrenholz, 1996; Matt, 2002). Müller-Fahrenholz (1996) nennt ihn ein Unding. Die Wiedergutmachung gibt begrifflich vor, dass ein Zustand wiederherzustellen sei, was bei vielen Taten oder Ereignissen nicht möglich ist. Schadensbe-

5.3 Über Entschuldigung, Wiedergutmachung, Initiativen und Versöhnung

grenzung mag mitunter möglich sein, aber eine Wiedergutmachung im Sinne der Wiederherstellung des ursprünglichen Zustandes nicht. Müller-Fahrenholz (1996) betont, dass es nicht um Wiederherstellung der vormaligen Verhältnisse geht, sondern um glaubwürdige Versuche, die aus der Anerkennung der Schuld gewonnene Einsicht zur Errichtung besserer Verhältnisse einzusetzen. Bedeutend – wie bereits bei der Handlung selbst – ist auch hier die Absicht, in diesem Falle die Absicht der »Gutmachung« (Müller-Fahrenholz, 1996; Van de Loo, 2009). Eine Wiedergutmachungs- oder Ausgleichshandlung ist insofern symbolisch zu verstehen. Die Leistung einer Wiedergutmachung – im Sinne einer Ausgleichsbemühung – ist jedoch bedeutend für das eigene Selbstbild, die Aufrechterhaltung oder Wiedergewinnung von Beziehungen und die Mitgliedschaft in sozialer Umgebung (Matt, 2002). Bei Matthiesen (2010) ist die Wiedergutmachung ein Oberbegriff und kann als Restitution (restitution), Schadensersatz (compensation) und Genugtuung (satisfaction) verstanden werden. Neben der »traditionellen« Form, der Strafe, ist die Wiedergutmachung die primäre Ausdrucksform von Umkehr und Sühne (Van de Loo, 2009). Der Grundgedanke der Wiederherstellung und Wiedergutmachung findet sich im Ansatz der Restorative Justice im Folgenden.

Die Frage nach »ausgleichender Gerechtigkeit« ist v. a. eine alltagsweltliche (Matt, 2002). Die Vorstellung, wie auf Verfehlung zu reagieren ist, ist Bestandteil alltagsweltlicher Handlungs- und Deutungsmuster. Matt (2002) propagiert eine *Restorative Justice*. Diese umfasst die Einbeziehung der Situation des Opfers, Einbindung des Opfers in den Prozess plus Betonung der Eigenverantwortlichkeit des Täters für Tat und Tatfolgenausgleich (S. 10). Sullivan und Tifft (2006) widmen dem Ansatz der Restorative Justice ein umfassendes Werk, in welchem verschiedene Zugänge vorgestellt und systematisiert werden. Die Ansätze der Restorative Justice[32] (»wiederherstellende Gerechtigkeit«) umfassen Praxen und Prozesse, welche alternativ zu gerichtlichen Strafverfahren soziale und gesellschaftliche Initiativen zur positiven Beeinflussung von Konflikten anstreben. Bekannte Beispiele hierfür sind der Täter-Opfer-Ausgleich bzw. der sogenannte außergerichtliche Tatausgleich. Konflikttransformation, aber v. a. auch die »heilende Dimension« der Restorative Justice (ebd., S. 1), wird in den Friedensprozessen

---

32 Die Retributive Justice hingegen fordert juristische Bestrafung für den Bruch des Gesetzes (vgl. Villa-Vicencio, 2012, S. 389f.). Schuld, insbesondere die Schuld hinsichtlich der Gesellschaft, soll beglichen werden. Die Bestrafung richtet sich dabei vor dem Hintergrund des Talionsprinzips (»Auge um Auge«) nach dem Verbrechen, wobei die Rechtsprechung dem Staat obliegt und nicht den direkt Betroffenen oder Geschädigten. Diese sind in den Prozess nicht eingebunden, eine Behebung des Schadens ist nicht gefordert.

angestrebt. Das »dynamische Gerechtwerden« gegenüber allen Konfliktparteien (vgl. Van de Loo, 2009) ist Ziel. Besonders hervorzuheben ist die Wiederherstellung von Grundannahmen in dem Ansatz der Restorative Justice, wenn Kauffman (2006) über die »Restoration of the Assumptive Worlds« schreibt (ebd., S. 221). Kauffman bezieht sich damit explizit auf den Ansatz der Assumptive Worlds von Janoff-Bulman (2002), auf welchen in dieser Arbeit bereits mehrfach hingewiesen wurde. Die Erschütterung der Grundannahmen ist ebenso unmittelbare wie lang anhaltende Folge der Traumatisierung. Das Wiedergewinnen von Vertrauen und die Wiederherstellung von Schutzmechanismen nach erfahrener Ungerechtigkeit sind dabei besonders hervorzuheben. Der soziale Zugang der Restorative Justice birgt hinsichtlich menschlich (mit-)verursachter Traumata diese Chance.

Das zentrale Steuerungselement innerhalb der Restorative Justice sind die Prozesse der Vermittlung zwischen den Konfliktparteien: die Mediation. Die Mediation basiert auf der Freiwilligkeit der Parteien zur Erarbeitung von Konfliktlösungen, welche außergerichtlich erarbeitet und vollzogen werden. Die Lösung weist Rechtsverbindlichkeit auf. Der/die MediatorIn soll diesen Prozess anleiten und begleiten, spricht jedoch den zu vermittelnden Parteien große Selbstverantwortlichkeit zu. Mediationsverfahren kommen in den letzten Jahren bei Konflikten in verschiedenen Bereichen zum Einsatz, stehen aber nach meinem Wissens- und Forschungsstand für Mediationsprozesse nach der Verursachung des Todes oder Verletzung anderer noch aus.

5.4 Psychosoziale Intervention

Im Folgenden gilt die Aufmerksamkeit der psychosozialen Intervention nach der absichtslosen Verursachung des Todes oder der Verletzung anderer. Dabei wird zwischen der akuten und der mittelfristigen Intervention unterschieden. Ebenso werden erste Hinweise auf die Intervention der Interaktion zwischen (Mit-)VerursacherIn und Hinterbliebenen bzw. Opfer gegeben. Richtlinien für die Intervention werden dann insbesondere auch in den Schlusskapiteln nochmals aufgegriffen.

5.4.1 Akutintervention

In der Literatur zur psychischen Notfall- und Akutversorgung ist die Thematik der Schuld und Verursachung bislang kaum vertreten. Es soll ein kurzer Überblick über verschiedene Arbeiten gegeben werden.

5.4 Psychosoziale Intervention

In seinem Handbuch der Notfallpsychologie und Traumabewältigung erläutert Hausmann (2003) zwar kurz die notfallpsychologische Situation der Verursachung, diese aber v. a. mit Blick auf die Entwicklung starker Emotionen der Hinterbliebenen und damit auch deren Betreuung. Die Hinweise zur Arbeit mit »Schuld und Verantwortung« bauen dann auf den Arbeiten zum Umgang mit Schuldgefühlen von Ehlers (1999) auf und fokussieren insofern überwiegend auch den Umgang mit Schuldgefühlen als Folge des Kontrollverlustes. In dem Werk zur Notfallpsychologie von Lasogga und Gasch (2002) wird das Thema zwar ebenso kurz erwähnt, aber nicht ausgeführt. Es wird jedenfalls geraten, abzuwarten, ob Betroffene diese Thematik selbst ansprechen, und auf die längerfristigen psychischen Beeinträchtigungen durch stärkere Schuldgefühle hingewiesen. Aktives Zuhören wird als Intervention vorgeschlagen. In der Notfallpsychologie und Trauma-Akuttherapie, welche von Gschwend (2004) verfasst wurde, werden neben der Vielfalt von Belastungsfaktoren wie Entsetzen, Kontrollverlust, Hilflosigkeit, Sorgen um andere und Scham weder Schuldgefühle noch die »Wirklichkeit der Schuld« angeführt.

Ausführlicher greift Müller-Cyran (2006) die Thematik in seinem Werk zur peritraumatischen Intervention auf. Er hat darin den bereits erwähnten Begriff »schuldlos schuldig werden« geprägt. Erläutert werden bei ihm auch Formen von (juristischer) Fahrlässigkeit, in welcher jede/r KriseninterventionshelferIn besonders herausgefordert ist, die Situation mit den Betroffenen zu ertragen und das schicksalhafte Ereignis weder zu bagatellisieren noch zu leugnen. Sachlich völlig unbegründete Schuldgefühle können jedoch den Trauerprozess zusätzlich komplizieren (Müller-Cyran, 2006). Betroffene verbleiben dann in der fixen Idee, das Ereignis wäre absolut verhinderbar gewesen, und der Übergang vom Trauma zur Trauer ist erschwert (Müller-Cyran, 2006).

In einem neueren Werk von Shah und Weber (2013) wird die Schuldthematik aus der Sicht der Angehörigen eindrücklich geschildert und die Übernahme der Verantwortung eingefordert. In ihrem kürzlich erschienenen Band zur Krisenintervention und Notfallpsychologie, herausgegeben von Juen und Kratzer (2012), wird der Schuldthematik ein ganzes Kapitel gewidmet.

Im Folgenden sollen eine Beschreibung der Akutsituation sowie Richtlinien zur Intervention angeführt werden[33]. Das plötzliche Schuldig-Sein bzw. Verantwortungsgefühl bei traumatischer Schuld bedeutet eine massive Bedrohung des

---

[33] Wo dies nicht anders angegeben ist, lehne ich mich dabei an den Artikel über *Schuld, Schuldgefühle und Suizidalität infolge von Schuld* von Andreatta und Unterluggauer (2012) an.

Selbstwertgefühls des/der UnfallverursacherIn. Die Wertschätzung und Unterstützung anderer, aber auch professionelle Hilfe kann nur schwer angenommen werden. Nicht selten zeigen sich Signale von Scham: Wegdrehen des Gesichtes, Vermeidung von Kontakt, flüchten oder verschwinden wollen (Drozdek et al., 2006). Insofern gehört zur »Schuldarbeit« auch häufig die »Schamarbeit« (Auchter, 1996).

Angst zeigt sich aber auch in Form von extremer Hilfsbereitschaft noch am Unfallort, vermutlich als erster Versuch der Wiedergutmachung. Es kann aber auch scheinbare Teilnahmslosigkeit oder massive Leugnung beobachtet werden. Schuldabwehr zeigt sich auf verschiedenste Weisen wie z. B. Aggression gegen jeglichen Verdacht, jede Auseinandersetzung wird im Keim erstickt (Hirsch, 2012). Betroffene reagieren dann auf jede Form der Annäherung mitunter aggressiv. Es kann aber auch zu deutlichen Schuldzuweisungen kommen. Diese Schuldattributionen können – zur Abwehr des eigenen Versagens – den Opfern gelten, »Blaming the Victim« (Das Opfer ist selbst schuld!). Die Schuld kann auch im Sinne des Sündenbock-Mechanismus anderen Personen oder Personengruppen zugeschrieben werden (Brinton-Perera, 1992; Hirsch, 2012).

Zu den Grundprinzipien im Umgang mit Schuldgefühlen zählt die Haltung des Zuhörens. Das strukturierte Erzählen sollte gefördert werden (Juen et al., 2012a). Dies unterstützt die »Objektivierbarkeit« der Situation und dient bereits der Reduktion von Schuldgefühlen und der fairen Bewertung der Verantwortlichkeit. Das Differenzieren von Schuld und Schuld*gefühlen* sollte unterstützt werden. Auf positives Handeln und hilfreiches Verhalten hinzulenken ist eine weitere Möglichkeit zum Umgang mit Schuldgefühlen. Das Durcharbeiten von Schuldgefühlen erfordert meist Zeit und erfolgt zirkulär. Es ist dabei bereits Erfolg, dass der/die Betroffene zumindest eine (weitere) alternative Erklärung erwägt. Der Versuch der Entlastung von Schuldgefühlen in der Krisen- und Akutintervention läuft meist fehl, denn letztlich geht es in der Verarbeitung um die Neukonstruktion der inneren Welt- und Selbstmodelle und die Hinterfragungen infolge der Schuldgefühle sind mitunter ein Teil davon. Insgesamt sind bagatellisierende, aber auch entlastende Äußerungen zu vermeiden (Juen et al., 2012a; Müller-Cyran, 2006). Ehlers (1999) hat unterstützende Fragen im Umgang mit Schuldgefühlen formuliert: Beispielsweise »Wie viel Zeit hatten Sie tatsächlich, um genau zu überlegen und sich dann zu entscheiden, wie Sie sich am besten verhalten könnten?« oder »Wie viel Einfluss hatten Sie tatsächlich darauf, was passiert ist?« oder »Gibt es noch andere Erklärungen für die Folgen?« oder »Was war zur Zeit des Ereignisses der Grund sich so zu verhalten?«, um nur einige zu nennen. Diese finden sowohl bei »irrationalen« wie »begründeten« Schuldgefühlen Anwendung.

Es hat sich in der Krisenintervention gezeigt, dass ein erstes Verabschieden von der verstorbenen Person im Rahmen der Akutbetreuung eine deutliche Verbesserung der Schuldgefühle bewirken kann. Abschiednehmen ist ein wesentlicher schuldgefühlsreduzierender Mechanismus (Juen et al., 2012a). Darüber hinaus kann das erste ›Wahr-haben‹ die weniger adaptiven Formen der Schuldattribution deutlich günstig beeinflussen. Auch ein nur kurzzeitiges Begreifen zeigt entsprechend positive Auswirkungen. Häufige begleitende Themen bei Schuldgefühlen sind neben Scham- und Versagensgefühlen in erster Linie auch die »Warum-Fragen« (»Warum konnte ich nicht ein paar Minuten später fahren, dann wäre das alles nicht passiert«), aber auch die »Was-wäre-wenn-Fragen«. Besonders bei personbezogenen Schuldgefühlen (Janoff-Bulman, 2002) und massiver Selbstentwertung ist in der Akutsituation auf suizidale Impulse oder Handlungen zu achten; es besteht die Gefahr von Verzweiflungstaten. Diese akute Form der Suizidalität zeigt dabei wenige Kriterien einer suizidalen Entwicklung, sondern kann als suizidale Überwältigungsreaktion (Andreatta und Beck, 2006) im Vordergrund stehen.

Der juristische Ablauf und beispielsweise die polizeiliche Erhebung sowie mediale Berichterstattungen sind jeweils zentrale Elemente der Belastung, können aber auch zu einer Entlastung beitragen. Schon bei der Unfallaufnahme fallen wichtige Vorentscheidungen, die den gesamten Verarbeitungsprozess nachhaltig und v. a. irreversibel bestimmen können (Trappe, 2001). Solange die Ungewissheit anhält, die Gefahr nicht »gebannt« ist und Gefühle von Bedrohung auftreten, solange die Person nicht handeln kann und der Ausgang unklar ist, solange kein Abschied möglich war und der Alltag nicht wieder begonnen werden kann, dauert die Akutphase an (Juen und Kratzer, im Druck).

5.4.2 Mittelfristige Intervention und Intervention der Interaktion

Richtlinien für die mittelfristige Intervention und Einrichtungen für eine Begleitung für (Mit-)Verursachende sind wenig beschrieben. Eine Ausnahme bildet dabei das Buch von Paul mit dem Titel: Schuld – Macht – Sinn (2010). Dieses Arbeitsbuch für die Begleitung von Schuldfragen im Trauerprozess beleuchtet wie kein anderes mir bekanntes Arbeitsbuch im deutschsprachigen Raum die Schuldthematik und den therapeutischen Umgang damit aus den verschiedensten Blickwinkeln und ist sehr praxisnah. Paul geht dabei auf die unterschiedlichsten Situationen des Auftretens von Schuld ein und hält viele Hinweise für die Intervention bereit.

Für die Verursacherthematik sollen insgesamt für die mittelfristigen Interventionen einige Punkte bedacht werden. Es gilt zu erwägen, den juristischen Ablauf wie die Vernehmung oder den juristischen Prozessverlauf, die Gerichtsverhandlung(en) zu begleiten bzw. den/die (Mit-)Verursachende/n in diesen Phasen zu betreuen oder Netzwerke sicherzustellen. Sicherstellung einer Begleitung über längere Zeit kann mitunter hilfreich sein, denn für »Schuldige« folgen oft lange Unsicherheitsperioden wie z. B. Verlust des Arbeitsplatzes, Freistellung während der Verhandlungsphase usw. Die Unterstützung des weiteren Ablaufes bzw. weiterer Handlungsschritte und der Hinweis auf oder die Sicherstellung einer Begleitung über längere Zeit sind essenziell. »Über die Mitteilung ›Ermittlung gegen Sie in Sachen Todesfolge‹ war ich sehr erschrocken«, schreibt Trappe (2001, S. 6) und betont, dass gerade hier das Bedürfnis entsprechend groß ist, über die einzelnen Schritte des Verfahrens, über deren Bedeutung und Tragweite auch persönlich informiert und orientiert zu werden. Neben all der persönlichen Auseinandersetzung haben Ereignisse, welche den Tod oder schwere Verletzung anderer zur Folge haben, v. a. auch berufliche Konsequenzen, man denke an BerufslenkerInnen, TourenführerInnen oder kommunale EntscheidungsträgerInnen.

Es gibt eine ganze Reihe an kritischen Zeitpunkten, die auch mittelfristig wieder zu einer »akuten« Phase führen. Dazu zählen beispielsweise der Beginn von Gerichtsverhandlungen, Zeugenbefragungen, Gedenkfeiern von Angehörigen oder Gemeinden, der erste Besuch am Unfallort und Jahrestage. Diese Ereignisse haben gemeinsam, dass sie wieder dieselben akuten Reaktionen wie das ursprüngliche Trauma hervorrufen und sie weisen retraumatisierendes Potenzial auf. In diesen Zeiten und Phasen ist die Wiederherstellung und Erhaltung der Handlungsfähigkeit zentral. Diese Momente, wenn auch mittelfristig auftretend, sind zeitlich und räumlich meist klar abgrenzbar und es steht das »Beschützen«, Organisieren, Vermitteln und Begleiten im Vordergrund (Juen at al., 2012a).

Prinzipiell Vergleichbares gilt für den zeitlichen wie sachlichen Zusammenhang zwischen Unfall und Urteil. Eine übermäßig lange Bearbeitungszeit – sie wird von allen Beteiligten als ausgesprochen quälend empfunden – verzögert auch die notwendige zügige rechtliche Durchsetzung von Ansprüchen und verhindert es oftmals, dass die verhängte Strafe im Empfinden des/der Verurteilten überhaupt noch in irgendeiner Beziehung zum eigentlichen Geschehen steht (Trappe, 2001). Entsprechend »verliert der [die] Verurteilte so die für ihn nicht selten ›überlebenswichtige‹ Möglichkeit, die Strafe für sich persönlich als ein Stück echter Sühneleistung zu interpretieren« (ebd., S. 7). Bei schuldhaft verursachten Ereignissen setzen sich viele Stressfaktoren und entsprechende psychische Reaktionen des peritraumatischen Zeitraums auch in der posttraumatischen Phase

5.4 Psychosoziale Intervention

fort. Negative Auswirkungen zeigen sich bei einer Chronifizierung der Symptomatik, wenn der/die UnfallverursacherIn anhaltend die Ärger- und Schuldgefühle projiziert oder selbstzerstörerisches oder selbstbestrafendes Verhalten im Vordergrund stehen. Selbstverurteilungen und der wiederkehrende Versuch der Wiedergutmachung können auch zu starken Ritualisierungen und Symptomen der Selbstverleugnung und Selbstbestrafung führen, welche bis zu Symptomen einer Zwangsstörung (wie z. B. Zwangsgedanken oder Zwangshandlungen, die sich als Denkstörungen, Gedankenkreisen, überwertige Ideen, schlimme Befürchtungen oder starkes Zweifeln äußern) anwachsen können (Auchter, 1996).

Zur Bearbeitung von Schuldgefühlen nach traumatischen Ereignissen sind in den letzten Jahren einige Arbeiten für die therapeutische Praxis entstanden (Wolf, 2008; Boos, 2007; Ehlers, 1999). Vorweg soll gesagt sein, dass diese Ansätze besonders bei den »irrationalen Schuldgedanken« Anwendung finden. Dabei betont Boos (2007), dass Schuldgefühle, die »krank machen«, jene sind, welche aus ungerechtfertigter Verantwortungsübernahme stammen. Gefühlsmäßige anhaltende Belastungen, Niedergeschlagenheit und Grübeln sind Folgen und binden an die Traumatisierung. Im Detail empfiehlt Boos jeweils die Auffindung und Durcharbeitung der einzelnen Denkfehler mit dem Ziel der jeweiligen Neubewertung der Situation. Boos beschreibt Denkfehler, dazu zählen der »im-Nachhinein-Effekt«, also das Phänomen, dass Menschen sich, nachdem sie den Ausgang von Ereignissen erfahren, systematisch falsch an ihre früheren Vorhersagen erinnern, die Entscheidungsfindung in der Retrospektive, fehlende Rechtfertigungen für eigenes Handeln oder Tun, Denken oder Fühlen und die Annahme angeblichen Fehlverhaltens. Einige dieser Denkfehler wurden bereits durch die Arbeiten von Ehlers (1999) zur Kenntnis gebracht. Boos (2007) stellt der konkreten Schuldarbeit – wie z. B. Bitten um Verzeihung, Handlungen zur Wiedergutmachung usw. – die gedankliche Auseinandersetzung mit Schuld gegenüber. Sie tituliert dies als einen Prozess, der im »sich selbst verzeihen« mündet und versteht darunter das Annehmen dessen, was passiert ist, sowie das Beenden von Selbstgeißelung (S. 87). Ehlers (1999) unterstützende Fragen im Umgang mit Schuldgefühlen wurden bereits erläutert und Boos integriert diese in ihr Werk.

Wolf (2008) baut ihre Intervention bei Schuldgefühlen auf einem Dreischritt auf, den sie als »ABC« bezeichnet. A steht für die Situation, als etwas, das in etwa die Feststellung, etwas zu tun, zu sagen, zu denken oder zu fühlen umschreiben soll. Mit B wird dann eine Bewertung vorgenommen, ein Selbstgespräch, eine Selbstbewertung über die Merkmale in Situation A. Daraus resultiert dann in C einsprechendes Fühlen, Reagieren, Körperreaktionen und Verhalten. In der

5 Ent-Schuldigung? Konflikt und Intervention

Intervention werden nun für die Schuldgefühle jeweils die Merkmale von A bis C herausgearbeitet und mit dem/der Betroffenen durchgearbeitet. Es können sich somit Bewertungen allmählich in ihrem »umklammernden Effekt« lösen und durch die Umbewertung sich die entsprechenden Verhaltens- oder Reaktionsweisen lösen.

Zöllner et al. (2005) stellen die Disputation des belastenden Schuldgedankens sowie verschiedene Phasen kognitiver Umstrukturierungen in den Mittelpunkt des Umgangs mit übermäßigen Schuldgefühlen. Dabei kommt u. a. der sokratische Dialog zur Anwendung, mit welchem ebenso Denkfehler therapiert werden.

Diesen Ansätzen gemeinsam ist, dass sie aus der verhaltensorientierten Therapierichtung stammen. In allen basiert das Schuldgefühl vereinfacht gesagt auf dem Mangel an Logik, welchen sie mit dem Begriff des »Denk*fehlers*« konnotieren. Die Übernahme der Verantwortung wird außerdem möglicherweise weniger berücksichtigt. Damit ist gemeint, dass sie kaum das Individuum, welches strafrechtlich fahrlässig gehandelt hat, in der Übernahme von Anteilen des Geschehens unterstützen, jedoch überwiegend der Entlastung dienen sollen.

Arbeiten zur Intervention und Mediation der Interaktion zwischen VerursacherIn und Opfer stehen bislang aus, jedoch besteht Bedarf. Trappe (2001) zitiert treffend einen Unfallverursacher: »Ich bin erleichtert, dass die Ehefrau des getöteten Radfahrers mir gegenüber keine Hassgefühle hat, obwohl ich das verstehen könnte. Für die Vermittlung eines Gespräches mit ihr wäre ich sehr dankbar« (S. 4). Auch wenn er Geschehenes nicht ungeschehen machen kann, so stellt doch der interpersonale Vorgang von Vergebung eine wichtige Möglichkeit dar, die belastenden Ereignisse von ihrer reinen Negativität zu befreien und sie damit in die individuelle wie soziale Dimension des menschlichen Lebens zu (re-)integrieren (ebd., S. 5).

Ein Modell zur Krisenintervention zwischen den »Parteien« (Mit-)VerursacherIn und Hinterbliebene bzw. Opfer ist bislang – nach meinem Wissensstand – nicht beschrieben. Es ist Teil dieser Forschungsarbeit ein solches zu überlegen. Teams der Krisenintervention und Akutbetreuung sind jedenfalls mit beiden Parteien konfrontiert und auch mitunter mit Fragen der jeweiligen Partei an die andere. Treffen werden mitunter früh gewünscht, abgewogen oder abgelehnt. Jedenfalls ist an einen bedürfnisorientierten Ansatz zur Konfliktregelung (Shnabel und Nadler, 2008) zu denken. Bedürfnisse von (Mit-)Verursachenden sind dabei herauszuarbeiten. Bei Angehörigen stehen vermutlich Trauer und mitunter Wut im Vordergrund. So gut wie immer geht es um die Klärung von bestimmten, stets wiederkehrenden Fragegruppen, sie beziehen sich auf den Unfall und seinen genauen Hergang, ferner auf das Problem der Schuld. Die Fragen betreffen weiter den (topografischen wie sozialen) Raum, in dem sich der Unfall ereignet hat; d. h., gefragt wird nach dem Ort des Geschehens ebenso wie nach Menschen, die bei dem oder den Verstorbenen anwesend waren (Trappe, 2001). Einflussfaktoren der Kommunikationssituation, die Bedeutung der Konfrontation für die Anpassung müssen erst bestimmt und beschrieben werden, ebenso die Fragen der Gestaltung und der Zeitpunkt für gelingende Konfliktarbeit.

Es gibt Situationen, in welchen die Konfrontation zwischen (Mit-)VerursacherIn und Hinterbliebenen bzw. Opfern gar nicht gewählt werden kann, sondern unvermeidlich ist. Beispiele hierfür sind das Wohnen im gleichen Ort, eine Bekanntschaft oder Freundschaft sowie Verwandtschaft zwischen den »Parteien«. Ebenso bringen Ereignisse mit mehreren Verunglückten, beispielsweise geführte Touren oder Katastrophen, häufig die Konfrontation zwischen (Mit-)verursachenden oder EntscheidungsträgerInnen mit Angehörigen und Hinterbliebenen mit sich. Die Organisation von Treffen zur Informationsweitergabe ist erforderlich und die Anleitung in und Vermittlung von entsprechenden Prozessen wichtig. Auf kommunaler Ebene sind hierbei Rituale für Trauerprozesse mit angestrebt. Wünschenswert wäre es, diese Treffen für alle Betroffenen möglichst »gelingend« zu gestalten und die Kriterien des Gelingens zu kennen und evaluieren zu können. Wenn dabei zumindest keine weiteren Grundannahmen erschüttert werden, kann bereits ein positives Element – die Schadensbegrenzung – verzeichnet werden.

5.4.3 Interventionen bei »Schuld« – Herausforderung für BeraterInnen

Wachinger (1996) schreibt, dass die Gefahr für den/die BeraterIn ist, sich von der Angst einschließen und lähmen zu lassen. Themen um Schuld erzeugen Angst und Spannung. Mit Schuldthemen häufig konfrontiert sind HelferInnen in der Krisenintervention, Akutbetreuung, Notfallpsychologie und ähnlichen Institutionen der psychosozialen Versorgung der Bevölkerung. Sie sind in ihren Einsätzen dabei grundsätzlich mit beiden »Parteien« konfrontiert: Den Hinterbliebenen ist die Todesnachricht bzw. die Unfallnachricht zu übermitteln und eine weitere Unterstützung anzubieten, die (Mit-)Verursachenden als selbst Betroffene werden ebenso psychosozial versorgt. Bereits hier ist ein Spannungsfeld für Konflikte gegeben, wenn nicht interpersonell, so mitunter doch intrapsychisch, nämlich für die Intervenierenden. Die Betreuung bedeutet in besonderem Maße das Erleben eigener Anteilnahme, aber auch Ohnmacht: Weder kann von Schuld entlastet noch – bei Formen der Schuldabwehr oder Opferbeschuldigung

5 Ent-Schuldigung? Konflikt und Intervention

(beispielsweise UnfalllenkerInnen unter Alkoholeinfluss) – Verantwortung zugeschrieben werden. Wo Schuld von anderen zugewiesen wird, entsteht der Impuls zu »beschwichtigen«, wo Schuld abgewehrt wird, häufig der Impuls zumindest im Sinne der »Realisierung« oder faireren Einschätzung zu intervenieren. Die eigene emotionale Anteilnahme gilt es fortlaufend im Einsatz zu überprüfen, denn in allen »Varianten der Schuld« gibt es oft starke Emotionen wie Wut, Hass, Angst, Hilflosigkeit, Schrecken und Trauer. Der Versuch der Entlastung ist im Alltag üblich, jedoch nicht in professioneller Betreuung, und birgt insgesamt auch die Gefahr, dass sich die zu betreuende Person nicht ernst genommen fühlt und innerlich zurückzieht. Aufgabe ist es, weder zu beschuldigen noch »freizusprechen«, sondern zu verstehen und behilflich zu sein, um zwischen Aspekten von Verantwortung (»realer Schuld«) und irrationalem Schuldgefühl unterscheiden zu können und Betroffene dadurch verantwortungsfähiger zu machen.

Darüber hinaus erscheint aber gerade die »traumabedingte« Verantwortungsübernahme vieler (Mit-)VerursacherInnen vielfach eine Gefahr für deren Selbstwert in sich zu bergen. Die Tendenz von Intervenierenden, insbesondere in der akuten Situation, das Ausmaß der Verantwortung hierin argumentativ entkräften zu wollen oder gar zu bagatellisieren, kann leicht gegeben sein. Eine Haltung der Verantwortlichkeit beinhaltet jedoch – so betont Hirsch (2012) – vielmehr die Freiheit und Notwendigkeit, eine persönliche Gestaltung des eigenen Schuldumgangs zu suchen. Letztlich kann das Eingeständnis von Schuld den Betroffenen verantwortungsfähiger machen und das Feld zu einer symbolischen Wiedergutmachung bereiten. »Bestrafung« im juristischen Sinne – wo diese rechtmäßig ist – kann manchen Betroffenen mehr »Würde« zurückgeben als der Versuch der emotionalen Entlastung.

Es ist nicht immer einfach bei Schuldthemen »Neutralität« zu wahren. In der Krisenintervention gilt generell eher die Haltung der »Probe-Identifikation« mit Betroffenen (Fischer und Riedesser, 2009) als die völlige »Abstinenz« als Grundhaltung. Mit anderen Worten heißt das, den Opfern wird in ihrem Schmerz mitunter nähergestanden, als dies in Psychotherapien – mit der deutlicheren Komponente der abstinenten Haltung – geschieht. Wenn es um Schuldthemen geht, gerät diese »nicht neutrale Abstinenz« durch anteilnehmende Bewertungen eher ins Wanken.

Schuldgefühle können ausgesprochen »hartnäckig« auftreten, und das wiederholte Zirkulieren von Unfallbeteiligten in der Schuldgefühlsdynamik lässt HelferInnen die Situation häufig als besonders »gefangen« wahrnehmen. Dies schränkt die Handlungsfähigkeit von HelferInnen ein. Die Hilflosigkeit und Ohnmacht im Gespräch sind vielleicht leichter zu überbrücken, wenn verstan-

5.4 Psychosoziale Intervention

den wird, dass Schuldgefühle als Teil eines »normalen« Verarbeitungsprozesses auftreten können und – auch irrationale Schuldgefühle – vor Kontrollverlust schützen können. Über die expliziten Herausforderungen und Belastungen durch die Arbeit mit »Schuld« ist bislang wenig bekannt.

Projekt: HelferInnen intervenieren bei (Mit-)VerursacherInnen

In einem von mir angeleiteten Forschungsprojekt wurde der Fokus auf die Besonderheiten in der Betreuung nach Unfällen und hierbei v. a. auf die Intervention bei Schuld und Schuldgefühlen gelegt. In der akuten Situation, also in der Zeit unmittelbar nach einem Unfall bis hin zu mehrere Tage nach dem Ereignis, sind Kriseninterventionsteams, Notfallinterventionsteams, aber auch Opferschutzbeamte der Polizei meist mit der Betreuung beauftragt. Die Aufmerksamkeit gilt hierbei der spezifischen Einsatz- und Gesprächssituation mit einer Person, welche einen Unfall verursacht hat oder in der Form an einem Unfall beteiligt ist, dass sie »schuldlos schuldig« (Müller-Cyran, 2006) geworden ist. Es handelt sich hier um ein Projekt, welches von Stephanie Benin als Diplomarbeit verfasst wurde. Benin (2011) bearbeitet die Fragestellung nach dem erleben der Gesprächssituation durch die HelferInnen, insbesondere dem angewandten Interventionskonzept und den in der Gesprächsführung gesetzten Schwerpunkten. Befragt wurden 17 HelferInnen in Notfall- bzw. Kriseninterventionsdiensten. Ereignisse, die als »VerursacherInnen-Einsätze« bzw. »Schuldeinsätze« gelten und in denen die InterviewpartnerInnen tätig wurden, sind z. B. sog. »Signalüberfahrungen« (Haltesignal übersehen) durch Lokführer, die dadurch technische und/oder »Personenschäden« verursacht haben, Unfälle »am Gleis«, Unfälle von BuslenkerInnen, Unfall mit Pistenraupe, Unfälle im (privaten) Autoverkehr. Auf Basis der qualitativen Forschungsmethode des problemzentrierten Interviews (Witzel, 1982) hat Benin Interviews durchgeführt und nach der qualitativen Inhaltsanalyse (Mayring, 2003) ausgewertet. Im Folgenden wird die Auswertung des Projektes skizziert.

Bereits zu Beginn eines Einsatzes bzw. Gespräches sind die Intervenierenden vor die Herausforderung gestellt, dass eine Betreuung überhaupt akzeptiert und angenommen wird. Diese findet zumeist zu einem sehr frühen Zeitpunkt nach dem Ereignis, wo noch kein gegenseitiges Vertrauen vorhanden ist, statt. Spezifisch dabei ist, dass bei den VerursacherInnen rasch der Eindruck einer Verhörsituation entsteht, besonders wenn die Strukturierung des Gespräches, wie üblicherweise in Einsätzen der Krisenintervention, über die Einstiegsfrage »Was ist passiert?« geschieht. HelferInnen erleben es als Schwierigkeit, wenn der/die VerursacherIn oder »schuldlos Schuldige« die eigentliche Verursachungs- und Schuldthematik nicht von sich aus zur Sprache bringt. Es erschwert die Exploration des Geschehens und gibt auch wenig Anhaltspunkte über die Belastung durch Schuldgefühle und Selbstvorwürfe zu sprechen. *Es ist nicht einfach so etwas, das man ansprechen kann, sondern das ist ein brutaler Prozess, wo du selber das Gefühl hast: Mei, bringt's das überhaupt?* (Benin, 2011, S. 57). Interventionen bei Schuld oder Schuldgefühlen lösen in HelferInnen nicht selten Gefühle von Hilflosigkeit aus. Benin (2011) hat dazu Aussagen gefunden wie: *Es fängt mich an zu stressen [...] weil es einfach nicht so funktioniert mit der Schuld. Also es bringt dich in eine hilflose Position.* (ebd.). Dem Zuhören und der Nicht-Kommentierung wird wesentliche Bedeutung in der Intervention zugesprochen: *Ich glaube, nichts sagen ist manchmal besser. Weil das Falsche zu sagen, glaube ich, kann viel mehr zerstören.* (ebd., S. 70). Es können bei HelferInnen, besonders im Rahmen des »Peer-Supports«, leicht Zweifel an der eigenen Kompetenz bzw. Einsatzmöglichkeiten entstehen: *Selber will man sich fast nicht drüber trauen, vielleicht selbst ein bisschen eine Angst in das hinein zu stochern, in die Schuldfrage.* (ebd., S. 57). Oder auch belegend hierfür: *Da habe ich schon gemerkt, also das wird mir einfach zu groß und [...] ich schaffe das nicht* (ebd.). Mit anderen Worten: Zweifel an der eigenen Betreuungskompetenz tauchen bei Schuldgesprächen eher auf. Gerade im »Peer-Support« sind der unmittelbare berufliche Bezug, Fragen von Nähe und Distanz zum/zur VerursacherIn bedeutsam und lösen bei Intervenierenden eigene Betroffenheit aus. *Man leidet mit, mit den Personen. Vor allem, wenn es Sachen betrifft, vor denen man selber Angst hat, dass sie einem passieren könnten.* (ebd., S. 61). Mitunter sind HelferInnen froh, gar nicht alle Hintergrundinformationen zu kennen (Benin, 2011). Sie sind bemüht »Neutralität« zu wahren und Abstand zu gewinnen und keine Bewertungen des Ereignisses vorzunehmen. Umgekehrt stellt gerade auch ein fehlendes Schuldeingeständnis eines Verursachenden für den Helfenden eine Schwierigkeit, wertungsfrei zu bleiben, dar (Benin, 2011).

Zu den wesentlichen Interventionsstrategien bei Schuld und Schuldgefühlen zählen nach der Befragung von Benin (2011), aber auch nach den Arbeiten von Juen et al., 2012a) das Strukturieren des Gespräches und auf positives Handeln Hinlenken: *Auch wenn er etwas falsch gemacht hat, ok, du hast aber die Rettungskette super gemacht, geholfen, Erste Hilfe geleistet* (ebd., S. 67) sowie einen Perspektivenwechsel herbeizuführen: *Den Blick ein bisschen zu verändern, aber nicht zu widersprechen, weil das bringt es nicht* (ebd., S. 68). Als weitere Interventionsvariante wird versucht zu helfen, Schuldgefühle und Schuld auseinander zu halten : *Ist jetzt das tatsächlich eine Schuld oder nur ein Schuldgefühl?* (ebd., S. 71)

5.4 Psychosoziale Intervention

und die Übernahme der Verantwortung zu ermöglichen: *Schuld ist negativ behaftet. Aber ich denke, manchmal hängt es ja auch mit Verantwortung zusammen. Die soll man [...] schon zeigen und [...] die soll der Patient schon wirklich, wenn möglich, dann auch tragen* (ebd., S. 71). Hinsichtlich der Frage nach der Entlastung von Schuldgefühlen zeigt sich in den Interviews von Benin, dass die Intervenierenden nicht unmittelbar auf Entlastung hinarbeiten. *Ich brauche oder habe in meinen Gesprächen nicht die Schuld versucht zu nehmen oder zu geben oder zu klären. Beschuldigen oder Entlasten auf keinen Fall! Ich habe eher mehr geschaut auf die Stabilisierung* (ebd., S. 70). Letztlich stellen Intervenierende fest, dass eine Schuldentlastung »nicht funktioniert«: *Die Schuld abnehmen kann man nicht* (ebd., S. 69). Wobei als besondere Schwierigkeit die »Fixierung« im Schuldgefühl gilt: *Er war nur auf des versteift, dass er den Fehler gemacht hat* (ebd., S. 68). Massive Schuldgefühle und Selbstvorwürfe werden dabei als Blockaden in einem Gesprächsverlauf erlebt (Benin, 2011).

Nicht zuletzt gelten Gespräche mit »schuldlos Schuldigen« (Müller-Cyran, 2006) als besonders herausfordernde Gespräche, die auch mit Belastungen für die Intervenierenden einhergehen. Denn bei einer Krisenintervention ohne das *Thema Schuld in einem Gespräch [...] tue ich mich schon um einiges leichter* (Benin, 2011, S. 68). Weil, wenn *der sagt, ich bin schuld daran, ist das wohl ein recht heikles Thema* (ebd., S. 45), und weiter, *da gibt es ja nicht wirklich etwas, was man bearbeiten kann* (ebd., S. 75). Die Gesprächsmotivation der HelferInnen ist bei Schuldgesprächen eine geringere und diese lösen eine größere Vorsicht bei ihnen aus (Benin, 2011).

6 (Mit-)VerursacherInnen erzählen ...

Im folgenden Forschungsprojekt wird das Erleben und die Biografie der (Mit-)Verursachenden des Todes oder schwerer körperlicher Verletzung anderer Personen in den Blick genommen. Ihre eigene Erzählung steht dabei im Vordergrund. Die Verursachung bezieht sich hier beispielsweise auf unabsichtliches Herbeiführen eines Unfalles mit Todesfolgen, sei dies im Sinne einer Fahrlässigkeit, oder auch – bei einem juristischen Freispruch – ohne fahrlässiges Handeln. In keinem Fall soll bei der Verursachung von einer Absicht oder gar Vorsätzlichkeit ausgegangen werden. Oft handelt es sich um eine Art »schicksalhafte« Tatsache, zur falschen Zeit am falschen Ort gewesen zu sein, um dies etwas vereinfacht zu formulieren.

6.1 Fragen des Forschungsprojektes

Die (Mit-)Verursachung des Todes oder schwerer körperlicher Verletzung anderer ist überwiegend mit Unfallereignissen oder Katastrophen, wie Naturgewalten, verbunden. Es soll das Erleben dessen, was passiert ist, und die subjektive Einschätzung der Situation aus der Sicht der (Mit-)Verursachenden beforscht werden. Dabei gilt es, die Perspektiven verschiedener Disziplinen einzunehmen; genannt seien die der Psychotraumatologie, der Attributionsforschung, der Psychoanalyse, sowie der Konfliktforschung.

Aus der Sicht der Psychotraumatologie werden, neben der eigenen Erschütterung und Traumatisierung z. B. durch Todesgefahr, auch die Traumatisierung durch die Tötung oder massive Verletzung anderer untersucht. Sehr zentral in dieser Untersuchung ist die Frage des Schulderlebens, des Empfindens, ohne Schuld als solche in ihrer Begrifflichkeit zu hinterfragen. Inwiefern wird Schuld erlebt, wie wird sie erlebt, wie zeigt sich die Qualität der Schuldgefühle; dies sind wesentliche Fragen. Weiter soll verstanden werden, inwiefern das Ereignis das Selbst- und Weltverständnis der (Mit-)Verursachenden verändert hat. Die Rolle der Schuld für das eigene Selbstbild aber auch das Verständnis des eigenen Lebens im weiteren Verlauf wird hinterfragt. Die Anpassung an das Ereignis, Bewältigung und v. a. die jahrelange Auseinandersetzung mit den Folgen des Ereignisses wird aus der Sicht der Betroffenen nachvollzogen. Dazu werden auch zeitliche Aspekte – z. B. vereinfacht »Wie lange dauert die Verarbeitung?« – im Rahmen dieses Projektes erforscht.

Wo Schuld von Individuen empfunden wird, stellen sich Fragen von Verantwortung. Damit gelange ich zum nächsten Forschungsbereich: der Attribution. Der eigenen Rollenzuschreibung innerhalb des Ereignisses und dessen Stattfinden überhaupt kommt dabei eine zentrale Bedeutung zu. Die Einschätzung eigenen Verhaltens und angenommenen Fehlverhaltens soll erhoben werden. Hier führt die Forschungsfrage also von der Narration über Trauma und Schuld zur Rechtfertigung bzw. Argumentation von Schuldigwerden. Was die – wieder in ihrer Subjektivität unhinterfragte – Schuld für das Individuum bedeutet, wie und wem Schuld zugeschrieben wird, wer verantwortlich gemacht wird, ist Gegenstand des Interesses. In diesem Kontext soll auch die Frage nach der Abwehr der Schuld erhoben werden. Schuld führt des Weiteren zu Fragen der Bestrafung, sei dies im Sinne des »Bestraftwerdens« oder möglicher Selbstbestrafung. Neben den Stilen der Attribution und verschiedenen Formen der Schuldzuschreibung wird die soziale Dimension der Schuld berücksichtigt. Dazu zählen Merkmale der sozialen Stigmatisierung und v. a. auch die der Beziehung zwischen (Mit-)VerursacherIn und Opfer oder Hinterbliebenen. Damit wird die Forschungsfrage in die »Konfliktfragen« übergeleitet.

Aus konfliktperspektivischer Sicht sind UnfallverursacherInnen und Unfallopfer – so nehme ich an – Konfliktparteien mit unterschiedlichen Bestrebungen und Bedürfnislagen. Von dieser Annahme ausgehend, sind z. B. folgende Aspekte Gegenstand der Analyse: Inwiefern kommt eine Konfliktkommunikation zwischen den genannten Parteien zustande? Wie zeigen sich die Kontakte, wie erfolgt Kontaktaufnahme, gibt es gelungene oder misslungene Gespräche? Dies führt weiter zum Kernstück des Schuld- und Konfliktthemas, zu den Fragen nach Ausgleich, und gegebenenfalls Bedürfnissen nach Wiedergutmachung oder Vergebung.

6.2 Wahl der sozialwissenschaftlichen Erhebungs- und Auswertungsmethode

Zur Untersuchung der Fragestellung fiel die Wahl auf das Befragungsverfahren des narrativen Interviews. Gegenstand des narrativen Interviews ist immer ein zusammenhängendes Geschehen bzw. die Abfolge von Ereignissen, welche die Geschichte eines Ereignisträgers, einer Ereignisträgerin ausmacht (Hermanns, 1995). Hopf (1995) gibt an, dass das narrative Interview besonders im Zusammenhang mit lebensgeschichtlichen Fragestellungen eingesetzt wird. Hauptprinzip des narrativen Interviews ist die Erzählung einer selbst erlebten Geschichte, in welcher vergangene Erfahrungen rekonstruiert und in einen Zusammenhang gebracht werden (Hermanns, 1995). Dabei gilt, dass zunächst eine Ausgangssituation geschildert wird, die Fülle der Erfahrung relevanter Ereignisse ausgewählt und letztlich die Darstellung der Situation am Ende eines Prozesses erzählt wird. Hermanns (1995, S. 183) fasst pointiert zusammen: »Wie alles anfing«, »Wie sich die Dinge entwickelten« und schließlich: »Was daraus geworden ist«. Argumentative Darstellungen von subjektiven Theorien, beispielsweise »warum die Dinge sich so entwickelten«, werden häufig in die Narration eingeflochten. Letztlich ist die Strukturierung des Gegenstandes – das Interview – dem Erzählenden überlassen (Friebertshäuser und Langer, 2010).

Nach der Erhebung von Interviewdaten erfolgt deren Strukturierung sowie Auswertung und dies führt zur nächsten Station des qualitativen Forschungsprozesses. Flick (1995) beschreibt den Forschungsprozess als eine Abfolge von Entscheidungen. Diese Entscheidungsprozesse umfassen eine Dialektik von Authentizität und Strukturierung und zwar sowohl in der Annäherung an das Untersuchte, als auch in der Darstellung der Erkenntnisse. Beispielsweise bedeutet der Moment der Strukturierung, dass aus einer theoretisch-vergleichenden, einer verallgemeinernden und einer abstrahierenden Perspektive gedacht wird. In diesem Sinne habe ich mich zur Auswertung der Daten dem Ansatz der Grounded Theory (Strauss und Corbin, 1996) angenähert. Dabei werden die Daten gegenüber theoretischen Vorannahmen priorisiert. Die Grounded Theory ist eine gegenstandsverankerte Theorie, welche induktiv vorgeht. Dies wird als gegenstandsnahe Theoriebildung beschrieben (Wiedemann, 1995). Dem liegt die Annahme zugrunde, dass Textsequenzen letztlich auch Indikatoren psychischer und sozialer Phänomene darstellen. Diese dienen als Hinweise für Konzepte, welche im fortschreitenden Forschungsprozess aus den Daten erschlossen werden. Der fortlaufende Erschießungsprozess erfolgt in der Grounded Theory über verschiedene Kodierungsprozesse. Strauss und Corbin (1996) beschreiben die Vorgehensweise beim Kodieren als das »Aufbrechen der Daten«, ihre Konzeptionalisierung und neue Zusammensetzung.

In einigen Datensequenzen wird neben der beschreibenden Vorgehensweise – dem theoretischen Kodieren – jedoch auch die Form des thematischen Kodierens gewählt (Hopf, 1995). Bestehende theoretische Vorannahmen werden darin einer Überprüfung zugeführt. Diese Vorgehensweise erfolgt immer dann, wenn eine theoriegeleitete Differenzierung auf der Grundlage vorhandener Forschungsliteratur und Forschungsergebnisse a) eine höhere Vergleichbarkeit von Ergebnissen erbrachte und b) wenn diese quasi unmittelbar thematisch aus dem Stand der Forschung sowie aus verschiedenen theoretischen Traditionen (Psychoanalyse, Sozialpsychologie, Psychtraumatologie, etc.) dies nahelegen.

6.3 Die Teilnehmenden: Geschichten der (Mit-)Verursachenden

Es wurden insgesamt 25 narrative Interviews mit (Mit-)VerursacherInnen des Todes oder einer schweren körperlichen Verletzung eines oder mehrerer Menschen durchgeführt. 17 Interviewpartner sind Männer und zum Zeitpunkt der Befragung zwischen ca. 30 und 64 Jahre alt und acht sind Frauen, welche zwischen 25 und 78 Jahre alt sind. Der Unfall bzw. das Ereignis liegt zum Zeitpunkt der Befragung zwischen zwei Monate und fast 40 Jahre zurück. Bei 17 befragten Personen ging ein Unfall oder ein katastrophales Ereignis mit der Tötung einer oder mehrerer Personen einher. Bei den anderen Befragten ist die Situation entweder durch lebensgefährliche Verletzungen noch offen, der Ausgang unklar oder aber sie sind Opfer mit teils schweren Folgeschäden, wie beispielsweise Querschnittlähmung oder anderen lebenslang anhaltenden Beeinträchtigungen. Die meisten Ereignisse sind Straßen- und Verkehrsunfälle, welche in der Freizeit, auf dem Weg zur Arbeit oder in Ausübung der Arbeit selbst geschehen sind. So waren eine ganze Reihe der befragten Personen mit Fahrzeugen (Bus, Auto oder Motorrad) unterwegs. Auch häusliche Unfälle oder Sportunfälle (wie Klettern oder Radfahren), aber auch Lawinenabgänge kamen als Ereignisse vor. Der Zeitpunkt der Interviews lag zwischen wenigen Wochen bis zu 35 Jahre nach dem Ereignis. Die juristische Verurteilung geht – neben einigen Ereignissen, bei welchen nach erfolgter Begutachtung von einem Verfahren abgesehen wurde –, von bedingten Haftstrafen von mehreren Jahren infolge von fahrlässiger Tötung bis hin zu Freisprüchen. In vielen Fällen ist der juristische Prozess aber noch offen und die Ergebnisse ausständig. Es wurden Personen aus dem österreichischen und mitteldeutschen Raum sowie eine Person aus der Schweiz und aus Holland befragt. Den Weg zu den InterviewpartnerInnen fand ich zum einen über das Polizeikommissariat in Kleve. Durch eine engagierte Gruppe im Polizeikommissariat wurde eine Einrichtung für den Opferschutz gegründet, welche sich um Unfallhinterbliebene kümmert. Bei der Überbringung einer Todesnachricht entsteht dabei bereits »niederschwellig« die Möglichkeit zur Opferbetreuung. Zur Erhebung meines Projektes wurden dabei die Kontakte zu den VerursacherInnen hergestellt und fast ein Drittel der Befragungen durchgeführt. Zum anderen Teil »erhielt« ich Einzelfälle über meine eigene praktische Tätigkeit in der Akutintervention beim Kriseninterventionsteam des Österreichischen Roten Kreuzes. Darüber hinaus wurden mir einige Interviews über eine Kontaktherstellung durch den Österreichischen Alpenverein zur Befragung vermittelt. Die Dauer des Untersuchungszeitraumes umfasst in etwa vier Jahre.

6.3.1 Die Ereignisse – oder »individuellen Katastrophen« – der (Mit-)VerursacherInnen

Die Ereignisse oder Unfälle der Personen werden im Folgenden in ihren eigenen Worten jeweils kurz in Form von Interviewausschnitten dargestellt. Es muss an dieser Stelle darauf hingewiesen werden, dass einige Details verfremdet/verändert wurden, sodass eine Anonymisierung gewährleistet ist. Darüber hinaus ist hier zwar immer wieder von »Mit-Verursachung« die Rede, dies gibt jedoch keinen Aufschluss über die Faktenlage oder juristische Belange. Es handelt sich dabei vielmehr um die subjektive Einschätzung und Schilderung und gibt somit einen Einblick in den Hergang und das Erleben des Unfalles oder die Katastrophe und die damit einhergehende Tötung oder schwere Verletzung einer oder mehrerer anderen Personen aus der Sicht der InterviewpartnerInnen. Viele der im Folgenden Aufgelisteten wurden juristisch »bestraft«, ein überwiegender Teil der Verfahren ist noch offen, ein anderer nicht weiter verfolgt. Einige Verfahren sind eingestellt oder führten auch zu Freisprüchen. Letztlich bleibt aber vielen die individuelle – juristisch unabhängige – Auseinandersetzung mit der eigenen Unfallgeschichte und den damit verbundenen Folgen nicht erspart. Mir erschien zur Darstellung am Geeignetsten, den Schilderungen selbst ohne weitere Kommentierung Raum zu geben:

Interview 1 (I1[34])
Ich habe gebremst, im gleichen Moment knallte der durch die Scheibe rein. (Auszug 48) Ja, man bleibt stehen, man steigt aus [...] Da war eine Krankenschwester dabei, die war dann auch direkt vor Ort und äh da sagte sie direkt zu mir, dass der Mann tot ist. Ja, wie geht es einem dann? Fassungslos. Dann haben wir noch versucht ihn zu reanimieren, das hat ja dann auch nicht geklappt. (A4[35])

Interview 2 (I2)
[...][36] den Wagen nach links gerissen und der kam dann über die, über die andere Fahrbahn, also er kam nicht vom Straßenrand. Und dann habe ich den, den. Ja ich habe rumgerissen und es hat geknallt und dann. Die Scheibe ist kaputt gegangen. Dann [bin ich] ausgestiegen. (Auszug 20) Es war auf einmal ganz komisch, ich hatte es irgendwie sofort im Gefühl, dass, dass er tot war. (A205)

Interview 3 (I3)
Das Einschneidende war, dass unser Sohn, das dritte Kind, vom Gitterbett herausklettern wollte, sich der Schlafsack verhängt hat und das Kind hat sich dadurch stranguliert. (A2) Den Schlafsack haben wir am Gitter festgemacht gehabt, eben als Vorsorge, dass uns das Kind nicht herausfällt (A14) aber diese Schnur hat sich dann verlängert, als es über das Gitter geklettert ist ... Was ich nicht wollte, dass uns das Kind genommen wird von der Leichenbestattung, da wollte ich einfach dabei sein (A52) und bei der Obduktion, die ist nachher auch noch gewesen, da ist mein Bruder mitgefahren und ist dabeigeblieben. Das gab mir Sicherheit (A53). Und, dass der Sarg zu Hause aufgehen muss und nicht zugenagelt sein darf, das habe ich dem Leichenbestatter auch gleich gesagt. (A54)

Interview 4 (I4)
[...] dann hast einen Knall gehört und dann ist es los gegangen und dann hab ich mir gedacht zuerst, ja, was ist jetzt das für ein Knall gewesen, und dann siehst du von rechts die Lawine schon daher kommen und dann hat es alle von hinten mehr oder weniger überspült mit dem Schnee, alle Teilnehmer sind

---

34 Die weitere Bezeichnung der Interviews richtet sich dann nur noch auf die lfd. Nummerierung: I1 ist somit das Interview mit der Person 1, I2 das Interview mit Person 2.

35 Die jeweiligen Interviewauszüge sind für alle Interviews durchnummeriert: Auszug 4 wird in der Kurzfassung zu A4. Auszüge entsprechen kurzen Absätzen im Transkript.

36 In eckigen Klammern sind jeweils entweder der Hinweis, dass hier Text ausgelassen wurde, oder erläuternde Hinweise zum Textverständnis

6.3 Die Teilnehmenden: Geschichten der (Mit-)Verursachenden

der Reihe nach umgefallen und wir haben keine Chance mehr gehabt (A20). Also wie ein riesiger Tsunami ist die runtergeschossen. Ich war komplett frei und der erste Teilnehmer auch, aber mein Kollege hat mir nicht helfen können, jetzt war ich komplett allein, hab halt dann alle nach der Reihe versucht auszugraben. Jetzt habe ich halt den organisieren müssen noch in dem. Wirrwarr, was im Kopf gehabt hast, dass du da...hast halt dem Anweisungen geben müssen, grab du da, ich hab sie gesucht mit dem Pieps, hab die Sonde reingesteckt, zack und wir haben sie ausgraben können [...] zwei, dritte, ja die dritte, die war dann schon blau mit den Lippen und dann habe ich schon gemerkt, die anderen, das ist zu spät. (A22)

Interview 5 (I5)
Und das wirklich das Verheerende war dann, das war eine langgezogene Kurve, äh, äh, kam, äh ein Motorradfahrer entgegen. [...] es macht einen Knall und dann war ich kurz bewusstlos. Also das Motorrad ganz in der Nähe von meinem Auto und er ist einfach über mein Auto drüber geflogen. Dann hör ich von Weiten einen Stöhner, also er hat noch gelebt und ähm, und ähm, dann bin ich in Panik über den Acker weggelaufen. Später im Krankenhaus: Und dann bin ich mit [einem Bekannten] raus [aus dem Krankenhaus] und habe schon auf dem Weg zum Parkplatz gefragt, [Name] was ist mit dem Mann, jetzt sag es mir! Dann saß ich bei ihm im Auto und dann hat er gesagt: [Name] du musst jetzt ganz stark sein. Und dann wusste ich schon was kommt. Und dann habe ich schon total schwer geatmet, naja und dann hat er es auch ausgesprochen: der Mann ist tot. Er gerade vor zehn Minuten ist er gestorben. [...] Und dann habe ich bei ihm im Auto wirklich fast, ja also, ja, verbal getobt: nein, nein, nein. (A2)

Interview 6 (I6)
Ich musste quer über den Weg [mit meinem Wagen] und er ist so gekommen und ich habe ihn nicht gesehen ja, ich habe ihn nicht nein, nein dann ein Aufprall, ich wusste nicht, was passiert jetzt, ich bin ausgestiegen und da lag der Junge da, mein Gott nein, aber der war kreidebleich und dazu ohne Bewusstsein, ja der war nur so bleich, keine Wunde hatte er oder Blut oder ochje, der arme Junge, und dann kam der Krankenwagen. (A1)

Interview 7 (I7)
[Ich] hole sie ab [Freundin] und wir treten gemeinsam die Rückreise an und ca. 500m vor Erreichen ihres Elternhauses kommt es zu einer Verkehrssituation [...]

ich schere aus zum Überholen und es ist zwar nicht verboten, hab da ganz grob gesagt die Kontrolle über das Fahrzeug verloren [...] so war das und dann fand ich mich wieder ohne spürbare Verletzungen, musste allerdings feststellen, dass sie neben mir auf dem Fahrersitz ohnmächtig und auch sichtlich verletzt ist. [...] Meine Freundin wird abtransportiert [...] ich hatte Blut auf dem Arm, aber das war nicht mein Blut. [Im Krankenhaus] behauptet man stets, man könne nichts sagen, man würde noch operieren und in dieser verzweifelten Situation setzen sich bei mir große Befürchtungen frei, die anfangen bei, du liebe Zeit, die hat sich schwer verletzt ja, wie soll das jetzt weitergehen [...] bis hin eben zur Todesnachricht hat es mehrere Stufen gegeben, wo ich immer dachte, es wird immer schlimmer, schlimme Erwartungen, aber die Realität toppt das immer nochmal ein Stück, ja. Es wurde immer, immer, immer schlimmer. (A12a) Als dieser Unfall geschah, da war meine Jugend schlagartig zu Ende, ja. (A12b)

Interview 8 (I8)
Ich war [im Auslandseinsatz] und habe Wachdienst gehabt und wollte meinem Kameraden übergeben und aus irgendwelchen Gründen hat sich ein Schuss gelöst und hat dann eben meinen Partner in die Schläfe getroffen. (A18) War dann tödlich. Ich habe einen Schock gehabt, nicht gewusst warum und wieso und habe alles fallen gelassen, in mich zusammengesackt. (A20)

Interview 9 (I9)
Dann ist die Steilstufe [Berghang] gewesen. Da sind wir aber einzeln gegangen, also mit Abständen. Dann ist der [Name] voraus gegangen, und dann ich, und ja ist dann eingebrochen und das Ganze ist abgegangen. Fünf sind total verschüttet gewesen. Ich war gleich auf, habe gleich geortet, aber das hat nichts genützt, er ist vorgefahren und ist von der Lawine, die ist abgebrochen und dann war eine Stufe und dort hat die Lawine eine brutale Welle gemacht. Die Welle muss ihn genau erwischt haben. Den [Name] haben wir dann ausgegraben und auch Mund zu Mund-Beatmung gemacht. Er hat Glück gehabt. Sie haben wir nicht so schnell ausgraben können. Es hat nichts genützt. (A14)

Interview 10 (I10)
Ich bin dann ich wohl ins Auto gestiegen, ja. Ich weiß nichts mehr. Ich weiß ja nicht einmal mehr, dass ich allein hinausgegangen bin. Aber das habe ich alles nicht mehr gewusst. Dann habe ich natürlich nicht gewusst, was mit dem anderen passiert ist bzw. ich habe ja gar nicht gewusst, dass wer anderer beteiligt war. Und die Polizisten haben dann irgendwie so komische Andeutungen

6.3 Die Teilnehmenden: Geschichten der (Mit-)Verursachenden

gemacht. Und ja dann ist der, der war dann auch da im Zimmer und die haben dann irgendwie so komisch herumgedruckst. Jetzt habe ich mir gedacht, da ist wer gestorben und das war dann da eigentlich das Schlimmste, da war ich selber ziemlich fertig. (A11–21)

Interview 11 (I11)
Ich bin mit zwei Kollegen [mit dem Auto] in die Arbeit gefahren, hinter einem Heuwagen hergefahren und dann hab ich die Abzweigung gesehen und dann ist die Erinnerung auch schon weg bis ich dann ja, sozusagen als ich den Airbag wegdrücke und aussteige [...] mein Beifahrer, der ist nicht vor Ort gestorben, sondern in den nächsten zwei Stunden im Krankenhaus [...] beim [anderen Kollegen] ja da hab ich halt sofort gemerkt, dass der sterben wird und hab aber irgendwie versucht noch was zu machen, aber da wurde ich schon weggezogen, also ich muss längere Zeit bewusstlos gewesen [...] meine Eltern sind gekommen und die haben mir dann auch, also direkt halt sprachlich gesagt, dass er gestorben ist [...] Da war in dem Sinne also ich bin, ich [hatte] keine Reaktion, ich weiss nicht, außer, dass ich den Eindruck hatte, dass es angefangen hat zu rieseln, nicht regnen sondern so hageln, so total. (A4)

Interview 12 (I12)
[...] dann sah ich im Augenwinkel ein Licht von vorne, ich konnte gar nicht erkennen, was das wirklich war, also man sah so ein Licht und dann hat es kurz gerummst im Prinzip und ja dann sind wir sofort angehalten, ausgestiegen und haben wir eben gesehen, dass ein Motorrad bei uns reingefahren ist und der Mann da eben auf dem Boden lag. [...] zuerst war ich noch gefasst doch plötzlich [...] ich war total weg als wenn ich so, ich hab das gar nicht wahrgenommen, dass das jetzt wirklich passiert ist. Dann war so der Punkt, wo ich zusammengebrochen bin und nur noch geweint habe und gedacht habe, oh Gott, du bist da schuld dran. (A12)

Interview 13 (I13)
Ich bin mit dem LKW die Baustelle gefahren. [...] Wie ich bei dem Kind vorbeifahre, winkt das noch, ich winke ihm zurück schau noch in den Spiegel, ist es hinter dem LKW, es ist keine Gefahr mehr gewesen, nicht, dann fahr ich rum und [tschag bum] einen Knall und und du hörst das. Bremst. Schaust in den Spiegel, siehst da was, gehst du zurück und dann siehst du da [das Kind] liegen, das war ein brutaler Anblick [...] da bist du, da kannst du das nicht glauben, was da passiert ist, nicht, wenn du das siehst alles. (A6)

Interview 14 (I14)
Er [der Großvater] ist auf den Kirschbaum raufgestiegen und da ist er dann gestürzt und runtergefallen. Ich habe damals gerade eine Erste Hilfe-Ausbildung gemacht und ich komme dann da hinzu und will natürlich das Beste und helfe. Stabile Seitenlage, Rettung usw. und ja dann haben sie ihn ins Krankenhaus gebracht und dann weiter mit dem Hubschrauber und dann ist er gestorben, weil die Hals- und Brustwirbel waren gebrochen, durch meine rasche Hilfe habe ich natürlich mehr verletzt, als wie sonst schon war. Weil durch das, dass ich ihn gedreht habe, ist es vielleicht erst recht gebrochen und hat es ihn noch mehr verletzt. (A20–24)

Interview 15 (I15)
Ich erfuhr kurz davor, dass meine Mutter ins Krankenhaus gebracht wurde, dass sie Krebs hat und dass sie bald sterben wird. [...] da war ich vielleicht dadurch irgendwie schon beeinflusst. Ich habe gekocht und dann ja und ich war halt, ich habe einfach zu wenig aufgepasst, der hat einen Stuhl genommen, ist hinaufgestiegen und hat den Topf herunter gerissen und hat sich schwer verbrüht. Dann bin ich mit dem Kind ins Krankenhaus gefahren mit dem Auto, ich hab jetzt... ja es war einfach im Schock, ich habe nicht gewusst, was ich machen soll. (A4) Wenn ich heute drüber nachdenke, ich kann bis zu einem bestimmten Punkt, dann kann ich nicht mehr weiter [denken], also, das hat sich derart eingebrannt, jede Sekunde von dem, wie das war. (A16)

Interview 16 (I16)
Wir mit meinem Moped gefahren, er ist mitgefahren, er ist jünger, er hat noch keinen Mopedschein gehabt und dann ist halt irgendwas gebrochen beim Moped. Einen kurzen Moment war ich unachtsam, jetzt ähm Schneeregen ist auch gewesen, ein Sauwetter, ein ganz ein beschissenes, komm ich ins Schleudern und da ist gerade das Brückengeländer, ja sonst weit und breit nichts, gerade das Brückengeländer und dann hat es uns alle zwei [einen Abhang] hinuntergeworfen in den Graben. [...] Ich bin dann zu ihm hin, dann hat er aber eh schon gesagt, er spürt die Beine nicht mehr ... der [Name] ist ja seither querschnittgelähmt. (A2)

Interview 17 (I17)
[...] man schon einen längeren Schusswechsel gehört und ich habe dann gesehen, dass er sich versteckt [...] da hat er mich gesehen und hat auf mich geschossen und [...] dann bin ich wieder raus gelaufen, weil ich habe mir ge-

dacht, der ist verschwunden. Dann bin ich noch einmal zurück und dann sehe ich ihn [...] und ich schrei ihn an [...] und er schießt [...] und dann habe ich geschossen und genau da getroffen. Ja, dann ist er zusammengebrochen. [...] Dann habe ich ihn mit einem Kollegen so gut es gegangen ist zu einem Fenster getragen, wo schon Leute, ein älteres Paar, rausgeschaut haben. Und da weiß ich noch, da sind die Leute da gestanden und ein kleiner Bub mit einem Teddybär und einem Nachthemdchen. Und die älteren Leute haben so auf ihn runter gestarrt und ich habe dann gefragt, ob sie ihn kennen, dann hat er gesagt, ja unser Bub. (A2)

Interview 18 (I18)
Ja am [...] ist meine Tochter mit dem Rad aufgrund [...] abgestürzt und, und ich musste das miterleben, ah, also ich musste alles miterleben, ihren Sturz und das, was danach war. (A2)

Interview 19 (I19)
Dann habe ich meinen Crash gehabt. Äh, drei Monate bin ich dann im künstlichen Tiefschlaf gewesen. Wo ich aufgewacht bin, habe ich gleich einmal festgestellt, aha da fehlen, da fehlt eine Gliedmaße. Oberschenkelamputation rechts. An den Unfall habe ich keine Erinnerung, garnichts, äh, schwere Amnesie. Ich habe ca. zwei Jahre sicherlich, zwei- zweieinhalb Jahre Wissen vor meinem Unfall verloren. Da ist nichts mehr da, schwarzes Loch. (A40) Bei mir ist so ziemlich jeder Knochen im Körper gebrochen gewesen. Ich war öfter klinisch, klinisch tot. Äh, wie gesagt, drei Monate intensivmedizinische Behandlung. Und da setzen sie dich natürlich unter Droge, unter Opiate. Und das Erste, wenn du aufwachst, das ist der schwere Entzug. (A66)

Interview 20 (I20)
Ich war [im LKW] eingeklemmt. Und ich spüre, dass mein Fuß weh tut, dann schaue ich, wo der ist – sehe ich ihn nicht. [...] Die Leute haben mich gleich unter die Arme genommen und auf die andere Seite genommen. Ja, ich habe den Wagen auf der anderen Seite gesehen. Ich wollte zu Fuß gehen, um ihm zu helfen, aber die Leute ließen mich nicht zu ihm gehen. (A20)

Interview 21 (I21)
Ich bin ja Busfahrerin und die Schüler hatten Schulschluss und dann ist es mir passiert, dass ein Mädchen aus dem Gedrängel heraus mir unter den Hinterreifen gekommen ist und ich den Unfall eigentlich gar nicht mitgekriegt habe,

sondern erst die Schüler mich aufmerksam gemacht hatten, was passiert ist. Man will natürlich erst einmal gar nicht wahrhaben. (A4) Man denkt da, mein Gott, das ist jetzt passiert und v. a. wie konnte das passieren. (A6) Ich bin zu dem Mädchen hin, wo sie dann da lag, ich bin auch bei ihr geblieben bis die Rettungskräfte kamen. Dann kommt die Ungewissheit, wenn [man] da eben keine richtigen Informationen hat. Alles war in der Schwebe (A32) ich war völlig alleingelassen. (A36)

Interview 22 (I22)
Ich bin bei der Kreuzung abgebogen und da ist mir ein Mopedfahrer entgegen gekommen, der mich nicht gesehen hat und der ist mir dann frontal ins Auto rein. Ja. [...] sofort Erste Hilfe und helfen [habe ich gedacht], aber das war eine Wahnsinnsschockreaktion, ich bin ausgestiegen, ich hab das gesehen, es war alles voll Blut und ich war überhaupt nicht mehr in der Lage irgendetwas zu tun, also mir hat es die Hände zusammengekrampft, ich hatte total einen Schock gehabt, ich habe nicht mehr aufrecht stehen können. Der Mopedfahrer war vermutlich auf der Stelle tot. Ich habe dann erfahren, dass er 15 Jahre alt war. (A2)

Interview 23 (I23)
Es hat geregnet, war dunkel, und auf einmal sah ich irgendwas im Augenwinkel von links, ich habe nicht gesehen was [...] und dann [sah ich], wie etwas auf meine Scheibe flog. Die Scheibe war kaputt und hab dann ja hab ich erst mal gar nichts gedacht für ein paar Sekunden. [...] Bin ausgestiegen, [Polizei gerufen], sofort bin hinters Auto, ich habe hier nur Schuhe liegen sehen und Strümpfe und dann hat unsere Tochter gesagt, Mama, Mama hier, und dann bin ich dann so um das Auto und dann habe ich ihn da liegen sehen. Ja, der hat sich nicht bewegt und dann habe ich, da lag da eine Jacke, da habe ich ihn zugedeckt, weil es ja kalt war, es war ja richtig kalt und da lag dann irgendwie noch eine Jacke oder eine Decke, ich weiß auch nicht, wo es herkam, die habe ich ihm unter Kopf gelegt, hab ihn angesprochen, er hatte wohl eine Platzwunde am Kopf, ich hatte Blut an den Händen und dann hat meine Tochter mir ihre Jacke noch gegeben, weil der nackte Füße hatte, der hat die Strümpfe und Schuhe verloren. (A2)

Interview 24 (I24)
[...] dort bin ich dann durchgefahren und von der Seite ist dann ein Taxi hineingefahren [...] ist da reingeschleudert. Meine Schwester noch geschrien: Achtung Auto von der Seite! oder so irgendwas. Und ich hab mir nur gedacht,

das muss ein Traum sein. Meine Schwester ist dann, äh, nicht mehr ansprechbar gewesen. Also die hat so, ahm, ein Schädel-Hirn-Trauma gehabt. Sehr kritisch ist es gestanden, um's Leben. (A4–8)

Interview 25 (I25)
Und da bin ich [mit dem Motorrad] fahrend und da hab ich einen Radfahrer angefahren, überfahren, ja abgeschossen, ja wie man das ausdrücken will. (A4) Weil ich gedacht hab, die hinten die haben noch mehr Platz, das wird sich dann schon alles ausgehen und wenn der eh auf dem Weg nach links ist, dann ist er eh aus der Schusslinie. Und in dem Moment [...] hab ich ihn [...] getroffen [...] den hat es, also der ist bestimmt zehn Meter geflogen [...]. (A10) Da bin ich dann auch fünfzig Meter die Straße lang, erst weiter vorne liegen geblieben. (A14)

6.3.2 Die 25 Interviews – ein Überblick

Die Tabelle soll dem Leser, der Leserin, einen Überblick über die 25 Interviews im Hinblick auf die Person, das Ereignis, die Folgen und den Zeitpunkt geben.

Nr.	Stichworte zur Person	Stichworte zum Ereignis	Folgen Bekanntheitsgrad/ Verwandtschaftsgrad	Zeit zwischen Ereignis und Interview
1	56 Jahre, Mann, Berufsfahrer, Deutschland	Berufsfahrer mit Kleintransporter: erfasst Fußgänger, dieser stirbt noch am Unfallort; Fahrer unverletzt; juristisches Verfahren eingestellt, vermutlich da Fußgänger unter Alkoholeinfluss stand	1 Person ist tot / unbekannt	5-6 Mon
2	ca. 60 Jahre, Frau, Waldpflegerin, Deutschland	Unfall mit PKW: alter Mann auf der Straße erfasst, Fahrerin unverletzt. Juristischer Prozess noch im Laufen, v. a. Frage der Vermeidbarkeit	1 Person ist tot / vom gleichen Ort	5 Mon
3	46 Jahre, Mann, Lehrer, Deutschland	Häuslicher Unfall: Kind stranguliert sich am Gitterbett	eigenes Kind verstorben	10 Jahre
4	45 Jahre, Mann, Bergführer, Schweiz	Geführte Schitour; Lawinenabgang	2 Personen sind tot /unbekannt	10 Jahre

6 (Mit-)VerursacherInnen erzählen ...

Nr.	Stichworte zur Person	Stichworte zum Ereignis	Folgen Bekanntheitsgrad/ Verwandtschaftsgrad	Zeit zwischen Ereignis und Interview
5	ca. 50 Jahre, Mann, Selbständig, Deutschland	Unfall mit PKW – Kollision mit Motorrad; Fahrer selbst schwer verletzt	1 Person ist tot / unbekannt	unklar
6	78 Jahre, Frau, Pensionistin, Deutschland	Unfall mit PKW – Kollision mit Motorrad; Fahrerin unverletzt, juristisches Verfahren läuft noch, v. a. Frage der Vermeidbarkeit noch strittig	1 Person schwerverletzt, zum Erhebungszeitpunkt außer Lebensgefahr / unbekannt	5 Mon
7	40 Jahre, Mann, Selbständig, Deutschland	Unfall mit PKW; Mitfahrerin (Freundin) verstirbt; Fahrer unverletzt	1 Person ist tot / Freundin	20 Jahre
8	49 Jahre, Mann, Selbständig, Deutschland	Unfall mit Waffe im Auslandseinsatz; Kamerad verstirbt sofort	1 Person ist tot / Kamerad	25 Jahre
9	54 Jahre, Frau, Bergführerin, Österreich	Geführte Schitour; Lawinenabgang	1 Person ist tot /befreundet	2 Jahre
10	40 Jahre, Frau, Selbständige, Deutschland	Unfall mit PKW; Fahrerin schwer verletzt; Alkoholeinfluss; Verfahren noch offen	1 Person unbestimmten Grades verletzt / unbekannt	2-3 Mon
11	40 Jahre, Frau, Angestellte, Österreich	Unfall mit PKW; 2 Arbeitskollegen mitgenommen, beide versterben	2 Personen sind tot / Arbeitskollegen	5 Jahre
12	25 Jahre, Frau, Studentin, Österreich	Unfall mit PKW – Kollision mit Motorrad; Verfahren wegen fahrlässiger Körperverletzung läuft noch	1 Person ist schwerverletzt / unbekannt	6 Mon
13	40 Jahre, Mann, Berufsfahrer, Deutschland	Unfall mit LKW: erfasst ein 5 jähriges Mädchen; Verfahren läuft noch; Anklage wegen fahrlässiger Tötung	Kind ist tot / unbekannt	2,5 Jahre
14	48 Jahre, Frau, selbständig, Österreich	Häuslicher Unfall mit Leiter: ein älterer Angehöriger stürzt. Interviewpartnerin – damals 17 Jahre – ist unsicher, ob ihre durchgeführte 1. Hilfemaßnahme, nicht nur falsch, sondern todesursächlich war	1 Person ist tot / Angehöriger	30 Jahre

6.3 Die Teilnehmenden: Geschichten der (Mit-)Verursachenden

Nr.	Stichworte zur Person	Stichworte zum Ereignis	Folgen Bekanntheitsgrad/ Verwandtschaftsgrad	Zeit zwischen Ereignis und Interview
15	50 Jahre, Frau, Angestellte, Deutschland	Häuslicher Unfall: schwere Verletzung des eigenen Kindes mit ca. 5 Jahren	Kind ist schwer verletzt, langfristig wenig Beeinträchtigung	20 Jahre
16	36 Jahre, Mann, Angestellter, Österreich	Unfall mit Moped; ein Arbeitskollege und Freund fährt zur gemeinsamen Arbeitsstelle mit; Fahrer ist leicht verletzt	1 Person ist schwerverletzt, langfristig: Querschnitt-lähmung / Freund	20 Jahre
17	64 Jahre, Mann, Pensionist, Deutschland	Schusswaffengebrauch im Dienst	1 Person ist tot / unbekannt	40 Jahre
18	50 Jahre, Mann, Angestellter, Holland	Freizeitunfall: beim Radfahren im Urlaub mit 14 jähriger Tochter stürzt diese schwer; Anklage wegen fahrlässiger Tötung; Interviewpartner wurde später freigesprochen	Tochter ist tot	8-9 Mon
19	36 Jahre, Frau, Angestellte, Deutschland	Unfall mit PKW – Kollision mit entgegenkommendem PKW, beeinträchtigt durch Asthmaanfalls und Alkoholeinfluss. Zum Tod der Unfallbeteiligten führte ein LKW der beide Unfallautos erfasste. Die Lenkerin ist schwerstverletzt und verliert ein Bein, die andere Unfallbeteiligte überlebt nicht.	1 Person ist tot / unbekannt	17 Jahre
20	39 Jahre, Mann, Berufsfahrer, Deutschland	LKW Unfall – Kollision mit Kleintransporter; Fahrer ist verletzt, der 2. Unfallbeteiligte verstirbt	1 Person ist tot / unbekannt	4 Mon
21	35 Jahre, Frau, Berufsfahrerin, Österreich	Buslenkerin erfasst eine 14 jährige Schülerin, Verfahren wegen grober fahrlässigen Körperverletzung noch offen	1 Schülerin ist verletzt, keine Folgeschäden / unbekannt	2 Mon
22	40 Jahre, Mann, Angestellter, Deutschland	Unfall mit PKW – Kollision mit Moped; juristisches Verfahren führte zu Freispruch	1 Person ist tot / unbekannt	5 Jahre

Nr.	Stichworte zur Person	Stichworte zum Ereignis	Folgen Bekanntheitsgrad/Verwandtschaftsgrad	Zeit zwischen Ereignis und Interview
23	40 Jahre, Frau, Angestellte, Österreich	Unfall mit PKW: 70 Jähriger Fußgänger erfasst	1 Person ist tot / vom gleichen Ort	3 Wochen
24	23 Jahre, Frau, Studentin, Deutschland	Unfall mit PKW; Mitfahrerin war ihre Schwester	1 Person wurde schwer verletzt, geringe Folgen	2 Jahre
25	36 Jahre, Mann, Tourenführer, Österreich	Unfall auf geführter Motorradtour im Ausland: Kollision mit Radfahrer; Fahrer blieb unverletzt; Unfallbeteiligter unklaren Grades schwer verletzt; die rechtliche Situation blieb unklar	1 Person unbestimmten Grades verletzt / unbekannt	6 Jahre

Tabelle 1: Übersicht über die 25 Interviews im Hinblick auf die Person, das Ereignis, die Folgen und den Zeitpunkt

6.4 Die Aporie traumatischer Schuld: ... aus den Gesprächen »extrahiert«

Die Themenbereiche umfassen die Traumatisierung der (Mit-)Verursachenden, deren Schock und Erschütterung sowie deren traumatische Reaktionen. Weiterhin werden die subjektive Bedeutung der Schuld, das Schulderleben, verschiedene Formen von Schuldgefühlen und Suizidalität erörtert. Die evozierten Bilder beim Sprechen über Schuld werden – in einem weiteren Themenbereich – zusammengefasst und die Sprachbilder als aufschlussgebend für das subjektive Erleben von Schuld gewertet. Die psychodynamische Abwehr des Schuldaffektes und die Attribution von Schuld erfolgt im nächsten Teil, der damit einhergehenden Opferentwertung wird Raum gegeben. Wie die Auseinandersetzung mit Verantwortung stattfindet, kommt im nächsten Teilbereich zur Sprache. Die Kommunikation mit Hinterbliebenen sowie mit noch lebenden Opfern ist unter dem Titel der Hinwendung angeführt, um dann auf Fragen des Ausgleichs, der Wiedergutmachung und Vergebung einzugehen. Die Themen der Bewältigung, Anpassung und der Veränderungen im Laufe der Zeit runden die gesamte Untersuchung ab. Die Zusammenfassung dieser Untersuchung wird kombiniert mit der Diskussion der Ergebnisse und deren Interpretation. Zum Stand der Forschung wird der Zusammenhang dargestellt.

6.4.1 »Schock« und »Trauma« durch den Tod oder die Verletzung anderer

Die unbeabsichtigte Tötung eines oder mehrerer anderer Menschen bedeutet für fast alle einen großen Schock. Es wird im Folgenden über die Realisierung des Todes, über traumatische Reaktionen und über die Erschütterung des Selbst- und Weltverständnisses geschrieben. Die Tatsache des Todes einer anderen Person wird für die meisten bereits am Unfallort offensichtlich. Dies ist vom Grad der eigenen Verletzung abhängig. Sofern der/die (Mit-)VerursacherIn nicht bei Bewusstsein ist, erhält er/sie die Information über den Tod anderer Unfallbeteiligter überwiegend durch die Polizei, Angehörige oder einen Arzt. Diese Benachrichtigung findet zwischen wenigen Stunden und erst Monaten nach dem Ereignis statt. Häufig fehlt unmittelbar nach dem Ereignis die Information über dessen Konsequenzen und über die Frage der Verursachung. Wo die Information des Todes nicht gegeben wird, wird in der Fantasie meist rekonstruiert, was geschehen ist, bis sich die Wirklichkeit als solche entfaltet.

Die (Mit-)VerursacherInnen sind selbst einer Lebensbedrohung und insofern einer möglichen Traumatisierung ausgesetzt. Es kann in doppelter Hinsicht von einer solchen ausgegangen werden: einerseits durch das bereits genannte Kriterium eigener Todesdrohung und andererseits durch das Erleben, Bezeugen oder Konfrontiert-Sein mit dem Tod anderer. Beide Kriterien gelten als objektive Traumafaktoren nach dem DSM-5 (APA, 2013), und die bedrohlichen Situationsfaktoren nach Fischer und Riedesser (2009) liegen auf der Hand. Entsprechend berichten auch viele der Interviewten von traumatischen Reaktionen. Zu Beginn stehen häufig Schock sowie das Nicht-Realisieren des Geschehenen. Die (Mit-)Verursachenden wollen einerseits die Wirklichkeit nicht wahrhaben, um sich andererseits doch mit den schrecklichen Tatsachen zu konfrontieren. In den Schilderungen werden Fassungslosigkeit, Schrecken und Ausrufe wie: »Nein, nein!«, wiedergegeben. Hierzu einige Passagen:

Ich hab sofort zugemacht, eigentlich sofort [...][37] und dann [...] hab ich die ganze Zeit nur nein nein nein nein nein gesagt. I11, A4

Da sagte sie direkt zu mir: der Mann ist tot. [Ich war] fassungslos. I1, A6

Das erste für mich, [...] wie sich ein Schuss gelöst hat, [...] habe [ich] alles fallen gelassen, in mich zusammengesackt und dann der erste Gedanke war

---

[37] In eckigen Klammern sind jeweils entweder der Hinweis, dass hier Text ausgelassen wurde, oder erläuternde Hinweise zum Textverständnis.

was: was ist los, du hast einen Menschen getötet, was passiert mit dir? I8, A20

Schon auf dem Weg zum Parkplatz habe ich [meine Freundin] gefragt: >Was ist mit dem Mann, jetzt sag es mir<. Dann saß ich bei ihr im Auto und dann hat sie gesagt >[Name] du musst jetzt ganz stark sein<. Und dann wusste ich schon, was kommt. I5, A2a Und weiter: Und dann habe ich bei ihr im Auto wirklich fast, ja also, verbal getobt: >Nein, nein, nein<. I5, A2b

Es war auf einmal ganz komisch, ich hatte es sofort im Gefühl, dass, dass er tot war. I2, A205

Im weiteren Verlauf, wenn realisiert wird, reagieren manche mit emotionaler Überwältigung:

[...]dann war so der Punkt, wo ich zusammengebrochen bin, wo ich da saß und nur noch geweint habe und gedacht habe: Oh Gott, du bist da schuld dran. I12, A12b

Die Überforderung, die mit dem Erhalt der Nachricht und der Realisierung einhergeht, führt auch zu körperlichen Reaktionen:

[...] Da habe ich schon total schwer geatmet und dann hat sie [die Lebensgefährtin] es auch ausgesprochen: >Er ist gerade vor zehn Minuten ist er gestorben. Er hat zu schwere Verletzungen gehabt<. I5, A2b

Etwa ein Drittel der Personen können die Situation vorerst gar nicht fassen. Ausdruck der Überwältigung und Überforderung kann sich bei einer Person auch in der Form der Flucht vom Unfallort zeigen – sie läuft weg, realisiert plötzlich, was geschehen ist und kehrt an den Unfallort zurück.

Dann höre ich von Weiten einen Stöhner, also er hat noch gelebt und ähm, dann bin ich in Panik über den Acker weggelaufen, 50 Meter. Dann habe ich mir gedacht, halt, was machst du jetzt für einen Scheiß, kannst doch nicht einfach weglaufen, das ist doch alles real. Dann bin ich wieder zurück. I5, A2

Ich werte dies als kurze Episode einer dissoziativen Fugue bzw. eines »Laufsyndroms« (Fiedler, 2008). Eine andere Person berichtete vom *Wegkippen*[38] ihres Körpers. Neben der dissoziativen Komponente wird oft auch das Erleben von

---

38 In diesem Text in Kursiv sind jeweils Aussagen aus den Interviewpassagen eingeflochten.

Derealisation und Depersonalisation beschrieben. Dissoziationen werden häufig als veränderte Wahrnehmung von sich selbst oder der Umgebung geschildert. Eine Entkoppelung von Wahrnehmung und Handlung innerhalb der traumatischen Situation (Fischer und Riedesser, 2009) tritt darin zutage. Aus diesen unmittelbaren, peritraumatischen Reaktionen folgen im weiteren Verlauf entsprechende traumatische Stressreaktionen (Horowitz, 2001; Fischer und Riedesser, 2009). In Anlehnung an die Posttraumatische Belastungsstörung, im ICD-10 (WHO, 2010) und im DSM-5 (APA, 2013) beschrieben, zeigen sie die entsprechenden Kardinalsymptome:

Intrusionen umfassen ungewolltes Wiedererleben von Aspekten des Traumas in Form von Gedanken, Bildern, Träumen oder starken emotionalen Reaktionen auf Reize, die an das Trauma erinnern. In den meisten Interviews zeigt sich nicht nur der intrusive Charakter der Erinnerung, sondern es wird auch die damit verbundene emotionale Belastung geschildert. Dazu einige Beispiele aus den Interviews:

Ich habe Angst gehabt vor dem Schlafen, weil im Schlafen kamen dann diese Träume. Ich bin manchmal wach geworden und konnte nicht unterscheiden zwischen, zwischen Traum und Wachsein: >hast du jetzt nochmal einen totgefahren?< Also es war für mich so existenziell real, dass ich mir gedacht habe, jetzt hätte ich nochmal einen totgefahren. I5, A6

Und da kann ich mich noch an das Mündungsfeuer von ihm erinnern, das ich zweimal vor Augen gehabt hab. Es war so zehn, zwölf Meter entfernt. I17, A2

Am Anfang hatte ich das ganz schlimm, dass ich die Bilder immer wieder gesehen hab, also wirklich alle zwei Minuten hatte ich das Bild. I12, A14

Das war schlimm die ersten Tage. Egal ob mit offenen Augen oder zu-en Augen: Der Film ging. Abenteuerlich, das war schon ganz ganz schrecklich. I2, A26

Du hast das im Kopf, das bringst du da gar nicht mehr raus. Überhaupt die Nächte nicht, du hast das Bild fast alle Nächte im Kopf, du siehst das. I13, A4

Es zeigen sich intrusive Geschehen, z. B. bestimmte Sequenzen des Ereignisses, welche wiederkehren. Bilder, Träume und Flashbacks führen die traumatischen

6 (Mit-)VerursacherInnen erzählen ...

Inhalte besonders in der ersten Zeit nach dem Ereignis immer wieder vor Augen. In den meisten dieser Auszüge zeigt sich nicht nur der intrusive Charakter der Erinnerung, sondern es wird auch die damit verbundene emotionale Belastung formuliert.

Das zweite Kardinalsymptom ist die Vermeidung. Dazu zählt im Allgemeinen die Vermeidung von Gedanken, Erinnerungen, Gefühlen zum Ereignis sowie die Vermeidung von Gesprächen, Personen oder Situationen, die diese Erinnerungen wachrufen könnten. Darüber hinaus zählen eine reduzierte emotionale Reagibilität, vermindertes Interesse an früher bedeutsamen Aktivitäten und ein Gefühl der Entfremdung gegenüber anderen Menschen zur Vermeidung. Entsprechend formulieren die Betroffenen auch Vermeidungsverhalten in Bezug auf Orte und Aktivitäten, die an den Unfall erinnern. Manche steigen kaum mehr in ein Auto ein. Allein das Daran-Denken löst oft noch nach Jahren starke Ängste aus. Im Allgemeinen berichten betroffene Personen, dass sie Aktivitäten, Orte oder Menschen meiden, die Erinnerungen an das Trauma wachrufen könnten. Ebenso hat sich ihr Fahrverhalten und Freizeitverhalten geändert, sie seien »zurückhaltender« geworden. Nach Unfällen mit Kindern ist die Beaufsichtigung von Kindern schwieriger geworden. Dazu einige Textpassagen:

Den Weg fahre ich nie wieder, nie wieder. I6, A63

Seitdem fahr ich sehr wenig. Ich bin lange Zeit nicht mehr in ein Auto eingestiegen. I24, A12 Noch verdeutlichter bei I11: Ich habe kein Auto mehr. I11, A50

Wo das passiert ist, da kriegen sie mich mit 10 Pferden nicht mehr drüber [...] ich habe einen anderen Weg genommen. I6, A61

Die Vermeidung kann sich sehr langfristig und hartnäckig auch noch nach mehreren Jahrzehnten nach dem Ereignis wie im folgenden Beispiel der schweren Verletzung des eigenen Kindes bei einer Mutter zeigen:

Wenn ich heute drüber nachdenke, ich kann bis zu einem bestimmten Punkt, dann kann ich nicht mehr weiter, das hat sich derart eingebrannt, jede Sekunde von dem, wie das war. Ich kann es nicht, ich will nicht drüber nachdenken, es geht nicht. I15, A16

Die posttraumatische Übererregung zeigt sich in Form von Störungen des Schlafes und der Konzentration, durch erhöhte Reizbarkeit und übermäßige Wachsamkeit sowie übertriebene Schreckreaktionen. Übererregung ist das dritte Kardinalsymptom der Posttraumatischen Störung wie sie im ICD-10 und im DSM-5 beschrieben ist. Sie wird explizit von einem Drittel der interviewten Personen genannt. Es werden auch körperliche Reaktionen wie schwere Atmung oder das *völlige Zusammensacken* beschrieben – oder die *völlige Entleerung des Darmes*, wie eine Interviewpartnerin formulierte. Diese Ergebnisse zur akuten und posttraumatischen Reaktion decken sich mit Untersuchungen zur Posttraumatischen Belastungsstörung nach Verkehrsunfällen (Winter, 1996; Peltzer und Renner, 2004; Hickling et al., 1999). Es sei an dieser Stelle vermerkt, dass Norris (1992) davon ausgeht, dass Verkehrsunfälle die häufigste Ursache für traumatischen Stress in der westlichen Welt darstellen.

Die Erschütterung des Selbst- und Weltverständnisses zählt zu den unmittelbaren, aber auch dauerhaften Folgen von Traumatisierungen (Andreatta, 2010). Sie ist Bestandteil der Traumadefinition von Fischer und Riedesser (2009), wonach Traumatisierungen zu einer dauerhaften Erschütterung führen. Janoff-Bulman hat in ihrer Arbeit zu den *Assumptive Worlds* die Forschung zu Grundannahmen und ihrer Zerstörung durch traumatische Lebensereignisse systematisiert und das Selbst- und Weltverständnis differenziert beschrieben (Janoff-Bulman, 2002). In dieser Untersuchung wird in Anlehnung an Janoff-Bulmans theoretische Konzeption der Verlust der Grundsicherheiten und erschütterten Grundannahmen gefunden. Das Empfinden von Ungeschütztheit und Angst, Vorsicht und v. a. das Wittern allgegenwärtiger Gefahren sind dabei verschiedene Aspekte des Verlustes des Sicherheitsgefühls. Die Interviewauszüge zeugen vom Zusammenbrechen der sicher erlebten Welt, vom schlagartigen Ende des bisher Gewesenem und davon, ein anderer Mensch geworden zu sein – und insofern seither ein anderes Selbstverständnis zu haben.

Dann ist einfach eine Welt zusammengebrochen. I4, A33

Als dieser Unfall geschah, da war meine Jugend schlagartig zu Ende. I7, A12

Es wird nie wieder so wie vorher. I12, A34

In Summe sind die Personen verunsicherter, ängstlicher und vorsichtiger geworden, aber auch deutlich in ihrem Selbst- und Weltverständnis getroffen. Dies gilt auch langfristig. Sie empfinden sich nicht mehr als dieselben Menschen wie vor dem Ereignis. Lebensabschnitte gehen jäh zu Ende, der Selbstwert ist erschüttert, Grundannahmen über die Welt sind zerstört. Es sind insgesamt 15 der 25 interviewten Personen, welche davon erzählen. Das Suchen nach Erkennungsmerkmalen für eine bevorstehende Katastrophe sowie nach eigenen Einflussmöglichkeiten auf Situationen steht im Dienste des Selbstschutzes und damit der Wiederherstellung der Kontrolle. Diese Suche dient auch der Antizipation der Zukunft und insofern der Prävention zukünftiger Ereignisse, auch wenn die Antwort auf die Suche mitunter – wie in dieser Untersuchung – zu Lasten des eigenen Selbstwerts geht. Dies kann theoretisch mit dem traumakompensatorischen Schema von Fischer und Riedesser (2009) erklärt werden. Innerhalb der Traumakompensation werden naive Vorstellungen zur Prävention, Reparation und Ätiologie des Traumas gebildet, um die traumatische Überflutung »in Schach« zu halten. Dies gelingt nur mit Einschränkungen. Die Einbußen sind häufig Vermeidung, die Entwicklung von Schuldgefühlen (Ehlers, 1999) oder, wie sich hier zeigt, der verminderte Selbstwert, indem angenommen wird, dass man einfach nicht die Kompetenz hat, ein Ereignis zu verhindern. Schuldgefühle und Selbstwert werden thematisch an anderer Stelle vertieft. Besonders hervorheben möchte ich jedoch noch diese Aussage einer Mutter infolge der schweren Verletzung ihres Kindes Jahrzehnte später:

Das hätte ich doch merken müssen! Dass ich nicht fähig bin das zu merken. Ich zweifle stark, dass ich überhaupt fähig bin auf ein Kind aufzupassen. I15, A71

Neben diesen Formen der Anzweiflung des eigenen Selbst zeigen sich auch Veränderungen des Identitätsgefühls. Die InterviewpartnerInnen geben an, durch die Schuldbelastung »andere Menschen« geworden zu sein:

Das Schuldbewusstsein schlägt einfach volle zu [...] man wird ein anderer Mensch. [...] Danach, ich war einfach anders. I4, A51 und A101

Und in vergleichbarer Weise:

Ich [...] habe meine bis dahin gültige Identität verloren. I7, A12a sowie auch: Ich bin nicht mehr derselbe Mensch. I20, A116

Zur anhaltenden Veränderung im Identitätserleben kommt außerdem auch Angst dazu:

Es ist [...] Angstgefühl, Angst ist auch dabei. Das kann ja auch nicht sein, dass ich einen Menschen umgebracht habe und vielleicht gar nicht notwendig gewesen wäre. I17, A4

Ich hab eine irrsinnige Angst gehabt, um meine Existenz. Wie geht es weiter? I8, A56

6.4.2 Die Qualen des Schulderlebens

Das Erleben von Schuld steht im folgenden Fokus. Die Schuld selbst entzieht sich einer Objektivierbarkeit – weder ist sie quantifizierbar noch in ihrer Qualität zu erklären, jedoch zu erleben. Mehr als zwei Drittel aller Interviewten sprechen über Schuldgefühle. Dazu Textstellen aus den Interviews:

Schuldgefühle, Schuldgefühle, das ist schlimm, ich habe niemanden etwas angetan, aber das sind schlimme Gefühle, da kann man nicht mit leben. I6, A83

Da sind immer die Schuldgefühle, die Schuldgefühle, man lässt sie nicht los, man ist fest mit ihnen verbunden. Da hast du keine Chance. I4, A49

Die Schuld ist es einfach, dass ich das Leben einfach ausgelöscht habe [...] die Schuld ist einfach beinhart da. I8, A78

Diese quälenden Schuldgefühle werden ausgesprochen deutlich bei dieser Mutter, nach der schweren Verletzung ihres Kindes, wobei das Ereignis selbst nun ca. 30 Jahre zurückliegt:

Ich glaube nicht dass ich jemals sagen könnte, ich fühl mich nicht mehr schuldig. I15, A28 Und: Am letzten Tag meines Lebens werde ich mich auch noch schuldig fühlen. I15, A4

Die Qual der Schuldgefühle geht entsprechend mit emotionaler Belastung, mit Niedergedrücktheit und Depression einher:

[Ich bin] in eine Depression gefallen. Ich bin oft daheim gelegen auf dem Boden und habe auf die Wand gestarrt, tagelang. I4, A39 Und weiter: Da hast du keine Chance, ich bin da nicht rausgekommen. I4, A49

Man ist zusammengeschlagen [niedergeschlagen]. [...] kommst du dir doch so schuldig vor. Das ist ein Menschenleben und ein Kind [tödlich verletztes] auch noch. I13, A64 Und weiter: Es haut mich manchmal so zusammen, da fang [ich zu] weinen an, weil man einfach das Kind sieht. I13, A84

Ich fühlte mich erinnert an die Textzeile von Paul McCartneys Yesterday – suddenly there is a shadow hanging over me – es drückte förmlich. I7, A12b

Das ist schon brutal, wenn du da hinkommst [zur Unfallstelle]; ein Lichtermeer, da bist du fertig. I13, A46

All diese Aussagen von verschiedenen InterviewpartnerInnen geben einen Eindruck vom Leiden an Schuldgefühlen. Sie sprechen vom Erleben der Schuld. Scham- und Versagensgefühle treten bei Schuldgefühlen deutlich hervor. Das *Anschauen anderer Menschen* bzw. den *Blick abwenden müssen* und *sich am liebsten verstecken wollen* (I4, A33) werden formuliert:

> *Das war so schlimm, dass ich jedes Mal, wenn ich einen Menschen angeschaut hatte [...] ich konnte nicht mehr anschauen, ich musste wegschauen, war richtig verzweifelt. I11, A24b*

Ebenso wird aus Gründen der Scham vermieden, nach Hilfe zu fragen, oder die (Mit-)VerursacherInnen verbergen ihre wirklichen Beweggründe, wenn sie es tun. *So habe ich natürlich auch viel heimlich gemacht.* (I5, A8a) Dass der Schamaffekt bei Schuld nicht wegzudenken ist, bestätigen auch die Arbeiten von Hirsch (2012), Barrett (1995), Drozdek et al. (2006) oder Seidler (1997), um nur einige zu nennen. Scham führt zur Abwertung der eigenen Person (Montada, 1993).

Besonders hervorzuheben ist aber auch die Frage der eigenen Vitalität. Vorerst die Aussage eines werdenden Vaters:

> *Meine Frau ist da schwanger gewesen. Du hast dich auf das Kind nicht mehr freuen können, das ist komplett weg gewesen. I4, A39*

Über die Einschränkung der eigenen »Lebendigkeit« bzw. Lebensfreude geben auch folgende Aussagen Auskunft:

> *Ich bin ein sehr ein fröhlicher Mensch gewesen, da fällt alles weg, da merkst, man kann nicht mehr lachen, man wird nur mehr ernst. I4, A51b*

> *Ich empfinde das Leben als Qual, als Last. Als etwas, was schnell vorübergehen soll. I18, A175*

> *Ich bin aggressiv geworden. I4, A101*

Der Verlust von Fröhlichkeit und Humor wird beschrieben sowie auch Stimmungsveränderungen angeführt werden. Den Begriff der Lebens-Schuld fasst Hirsch (2012) weiter in seiner Formulierung des Schuldgefühls aus Vitalität. Die Einschränkungen eigener Vitalität zeigen sich in den Interviews vielfach. Hervorzuheben ist aber auch die Auswirkung auf die Vitalität im Sinne der »Weitergabe« des Lebens. Mehrfach stehen eigene Kinder in der inneren Diskussion zur Wahl, vom Schicksal als Bestrafung genommen zu werden. Dies zeigt sich mitunter im Moment der Geburt.

Dann ist das erste Kind gekommen, der Bub, und dann war [...] der Gedanke, [dass] dein Bub [...] auch so genommen wird. I8, A70

Dieses Zitat wird im Hinblick auf die Thematik »vom Leben bestraft« zu werden – im nächsten Abschnitt – nochmals vertiefend aufgegriffen. Verlust der Freude oder Angst vor Strafe zeigen sich hier besonders schmerzhaft. Es zeigt sich übrigens, dass sich keine der »schuldbelasteten« Personen in der Auswertungskategorie der psychodynamischen Abwehr befinden. Schuldabwehr schließt also – so könnte hier kurz gesagt werden – die Belastung durch Schuld aus.

Das Überlebensschuldgefühl – eine weitere Qualität von Schuld – trifft auf ein Grundrecht, leben zu wollen und erfasst insofern auch die eigene Vitalität (Hirsch, 2012). Überlebensschuld, also ein Schuldgefühl, selbst überlebt oder den Unfall – im Gegensatz zur anderen Person – heil überstanden zu haben, ist vielfach zu finden. Ein eindrücklich formuliertes Zitat stammt von dem Interviewpartner, der in jungen Jahren den Tod seiner Freundin mit seinem PKW, in welchem sie – zu dem Zeitpunkt 17-jährig – mit ihm mitgefahren ist, mitverursacht hat:

Nachdem es einen Menschen mitten aus dem Leben [...] reißt, der Mensch hätte gerne weitergelebt und es war ihm nicht vergönnt und ich Arschloch darf weiterleben, dann darf es mir dabei nicht gut gehen. I17, A14a

Es steht, vereinfacht gesagt, im Dienste einer ausgleichenden Gerechtigkeit, dass man selbst dafür sorgt, dass es einem dann auch schlecht geht. Wenn die (Mit-)VerursacherInnen selbst nicht verletzt waren, sind die Überlebensschuldgefühle eher höher. Weniger drastisch, aber auch deutlich zeigt sich Überlebensschuld, wenn das Unfallopfer – hier der Freund, welcher mit ihm auf dem Moped mitfuhr – körperlich schwer geschädigt bleibt und der Unfallmitverursacher körperlich unversehrt ist.

Mit der Situation kann man irgendwie schwer umgehen: er hockt da [im Rollstuhl] und du kannst herumhüpfen und tanzen gehen. I16, A68

Oh Gott, der Mann, den ich erwischt habe, der könnte jetzt auch hier so sitzen. I12, A14

Selbstbestrafung und Suizidalität sind, nach den bisherigen Interviewaussagen, naheliegend. Zunächst zur Suizidalität. Es zeigt sich, dass UnfallverursacherInnen in einem bedeutenden Ausmaß mit Suizidalität belastet sind, und zwar findet sie sich bei insgesamt einem Drittel der Interviewten. Die Suizidalität wird als ein Gedanke an das Aufgeben formuliert, aber auch als Versuch, einer Unerträglichkeit zu entkommen oder auch kein Recht mehr auf Leben zu haben.

Ich habe [...] Suizidvorhaben entwickelt und warum es letztendlich nicht geschehen ist, das hatte in den ersten Tagen damit zu tun, dass ich dachte, jetzt kannst du nicht gehen, du musst zumindest die Beerdigung absolvieren, dann habe ich an meine Mutter gedacht [...] ich dachte nein, nein jetzt kannst du sie nicht alleine lassen, und so hat sich die Umsetzung dieser Entscheidung immer weiter hinausgezögert und mich über die Zeit gerettet, aber ich habe immer wieder mal diesen Vorsatz entwickelt. I7, A12

Eine Aussage, welche von I13 erst nach der Tonbandaufnahme gemacht wurde – bei diesem Unfall verstarb ein Kind, nachdem die Reifen des LKWs dieses erfasst hatten – lautet aus dem Gedächtnisprotokoll in etwa: *Weil irgendwie weißt du da ja selber nicht, ob du weiterleben sollst oder dich auch wegtun.* (Postskript I13) Suizidalität tritt bei Eltern, nach Unfällen mit schweren oder tödlichen Folgen für ihr Kind, besonders stark ausgeprägt und anhaltend auf. Dies zeigt sich im Besondern in den folgenden Auszügen von Eltern:

[...] ich habe diese enorme Todessehnsucht [...]. Dass ich nicht mehr leben wollte und auch gedacht habe, ich habe gar kein Recht mehr zu leben. Ich möchte sterben. I5, A6

Sie haben mir [...] eine Beruhigungsspritze gegeben [...]. Ich wollte mich ja an Ort und Stelle herunter stürzen. I18, A151

Ich kann das nicht sagen, ich wäre am liebsten, wäre ich gestorben. I15, A4

Der Gedanke ans Aufgeben ist immer wieder da. Das ist so ein verdammter Gedanke. I18, A127

Selbstbestrafung und anhaltende Hartnäckigkeit von Schuldgefühlen kommen in dieser Untersuchung drastisch zum Vorschein. Zunächst ein Auszug aus I5, nachdem die Person nach ihren Angaben verhöhnt wurde:

Dann habe ich mir gedacht: ja, jetzt trifft es den Richtigen. Das war alles sozusagen meine Art meine Schuld abzutragen. I5, A8b Und weiter: Ich bin abends um elf, zwölf zu Fuß manchmal zehn, fünfzehn Kilometer [nach Sitzungen] heim gelaufen [...] es hat mir gut getan, so nach dem Motto, jetzt hast du ordentlich wieder gebüßt. I5, A8c

6.4 Die Aporie traumatischer Schuld: ... aus den Gesprächen »extrahiert«

Oft treten Bestrafungstendenzen und Selbstbestrafung zutage, es wird auf Freude, Essen, Wohlbefinden und auf Lebendigkeit »verzichtet«. Sie umfassen aber auch die Annahme und Erwartung, keine Empathie oder Hilfe verdient zu haben. Soziale Angebote, unterstützt oder bedauert zu werden für das Unglück, werden nicht zugelassen. Viele glauben – noch weiter gehend – gar keine Hilfe oder Unterstützung verdient zu haben, wie sich in den folgenden Auszügen zeigt:

Der, den es trifft, hat die Schmerzen, der muss damit leben [...] man hat das Gefühl, ja, der [Verursacher] soll Ruhe geben und soll damit fertig werden mit der Schuld. I15, A32

Die Hilfe muss an die Opfer gehen und nicht an die, die es getan haben. I6, A43 und A49

Ich will nicht, dass mich jemand damit bedauert [...] ich glaube auch gar nicht, dass man mich da verstehen muss. I15, A30

Ich bin untersucht worden und habe dann gesagt: ›Lasst mich und kümmert euch um den [...] mir steht gar keine Hilfe zu‹. I5, A2

Selbstbestrafungstendenzen finden sich auch in der Form, dass es schwer fällt neue Lebensentwürfe zuzulassen, wie sich im nächsten Ausschnitt zeigt, nach dem Tod der Lebensgefährtin:

[Ich fand heraus], dass ich in der Folge bewusst gar nicht daran interessiert war, dass Beziehungen funktionieren und diese immer wieder zum Scheitern brachte.« I7, A28

Die Selbstbeschuldigung und damit häufig einhergehende Selbstentwertung können anhaltend und wie »festgefahren« sein. Insgesamt finden sich Hinweise für diese Formen des Schulderlebens bei beinahe zwei Drittel aller Befragten. Die »Fixierung« meint dabei, dass am Schuldgefühl festgehalten wird, dass keinerlei Entlastung akzeptiert oder angenommen wird. Die Hartnäckigkeit und das »Nicht-Abrücken« vom Schuldgefühl zeigen sich wie folgt:

Ich bin von meinem Standpunkt aber nicht weggegangen, dass ich diese Waffe bedient habe, dass ich diese geführt habe, und geladen habe [...] ist eben mein Fehler, meine Schuld. Wir haben stundenlang darüber geredet, aber im Endeffekt sind wir auf dem gleichen Punkt stehengeblieben. I8, A124

Nach meiner Definition hab ich den Großvater umgebracht. I14, A43-48

Neben diesem Festhalten an der Schuld, bis hin zur Anlastung eines Mordes an sich selbst, scheint eine Entlastung vom Schuldgefühl – insbesondere durch die Umgebung – nicht möglich. Dazu zumindest ein Beispiel:
> *Wenn mir jemand gesagt hat: >es ist ein riesen Unglück<, dann habe ich das gar nicht verstanden. Ich konnte das auch nicht annehmen, ich hab dann immer gedacht, nein, du bist dran schuld.* I12, A30

Die Fixierung im Schuldgefühl zeigt sich in der Antizipation, dass dieses auch lebenslang bestehen bleibt. Die bereits zitierte Annahme, *sich noch am letzten Tag des Lebens schuldig zu fühlen* (I15, A4), ist ein Indiz für diese Unverrückbarkeit. Alternative Erklärungen für eine Unfallverursachung über das eigene Fehlverhalten hinaus werden nicht akzeptiert und häufig stark dementiert. Empathisches Einfühlen durch andere, soziale Unterstützungsangebote oder Argumentationen wider die Selbstbeschuldigung werden häufig rigoros abgelehnt oder lösen selbstentwertende Kommentierungen aus. Viele glauben, gar keine Hilfe oder Unterstützung verdient zu haben – wie auch nicht, Glück im Leben verdient zu haben.

Bevor der Aspekt der »Bestrafung« durch andere(s) als sich selbst – gemeint sei beispielsweise die Erwartung vom Leben bestraft zu werden – im Anschluss an die Erläuterungen zur Selbstbestrafung aufgegriffen werden, soll an dieser Stelle noch auf eine Unterscheidung von Schuldgefühlen – verhaltensbezogene versus personbezogene – eingegangen werden.

Die Unterscheidung in der Literatur zwischen verhaltens- versus personenbezogenen Schuldgefühlen innerhalb eines Individuums kann in dieser Arbeit nur teilweise bestätigt werden. Dazu kurz zu dieser Unterscheidung, welche auf Janoff-Bulman (1989) zurückgeht und insbesondere in der Akutintervention Berücksichtigung findet. Verhaltensbezogene Schuldgefühle entstehen vor dem Hintergrund einer Bewertung von Handlungen oder von Verhalten. Es wird eine Annahme über das eigene Verhalten oder Unterlassen einer Handlung getroffen. Ihr gegenüber stehen die personenbezogenen Schuldgefühle, welche nicht die eigentliche Handlung bewerten, sondern – quasi darüber hinaus – die Person und deren Charakter. Innerhalb der personenbezogenen Schuldgefühle kommt es zur Beschuldigung des eigenen Charakters (Janoff-Bulman, 1989). Die charakterologische (characterological) Selbstbeschuldigung führt zur Abwertung der eigenen Person. In der Akutintervention wird zur Einschätzung der Situation, insbesondere wegen der bestehenden Gefahren bei Menschen mit starken personbezogenen Schuldgefühlen (z.B. Suizidhandlungen), die genannte Unterscheidung innerhalb eines Individuums getroffen. Die Befunde dieser Arbeit zeigen jedoch, dass hier wesentlich zu differenzieren wäre. Zunächst möchte ich mich – zur Argumentation – den Erzählungen der (Mit-)VerursacherInnen zuwenden. Es sind beide Formen von Schuldgefühlen, verhaltensbezogene und personenbezogene, in den Interviews zu finden. Zunächst eine deutlich verhaltensbezogene Formulierung des Schuldgefühls:

Ich habe Gedanken gehabt, die waren immer die gleichen: dass ich nicht richtig gehandelt habe, dass es von mir eine Fehlhandlung war und nicht richtig war. I14, A121

In den folgenden beiden Interviewstellen zeigt sich der Wechsel zwischen verhaltens- und personbezogenen Schuldgefühlen. Und zwar im ersten Teil, wie die Person um die verhaltensbezogene Formulierung »ringt«:

Man macht sich Selbstvorwürfe, totale, und dann musst du immer arbeiten, du musst kämpfen dann, dann gehst wieder die Punkte durch, ich habe das richtig gemacht, ich habe das richtig gemacht, aber das hilft dir alles nicht in diesem Moment. Das ist wie ein Radl. Und dann schlagt das andere, das Schuldbewusstsein schlägt einfach wieder volle zu und da merkst du, du kommst nicht aus. I4, A51a

Im zweiten Teil zeigt sich, wie die Interviewpartnerin die Schuldgefühle zunehmend personbezogen formuliert.

Ich fange schon wieder an, das hätte ich ja merken müssen, anders ist es: ich hätte es merken müssen, muss ich anders formulieren. Ich bin nicht fähig das zu merken, also ich zweifle stark eben, dass ich überhaupt fähig bin [...]. I15, A71

Es zeigt sich, dass die Schuldgefühlsäußerungen manchmal verhaltensorientiert formuliert sind, dann jedoch diese Formulierung noch im gleichen Aussagenteil in Richtung personbezogen verstärkt wird. An diesen Beispielen wird deutlich, dass auch verhaltensbezogene Schuldgefühle zur Abwertung der Person als Ganzes führen können. Die zwei folgenden Textstellen zeigen personbezogene Formulierungen, welche umgekehrt keineswegs mehr verhaltensbezogen zu lesen sind:

Man erschreckt vor sich selber halt die ganze Zeit. Da gibt es die Erkenntnis, dass da durch einen jemand gestorben ist. I11, A52

Den Anblick werde ich nie vergessen, wie meine Tochter – [bricht ab]. Also praktisch sie verkörpert die Unschuld und ich verkörpere die Schuld. I5, A4

Abschließen möchte ich die Darstellung von verhaltens- versus personbezogenen Aussagen mit einem Interviewauszug, der das personbezogene Versagensgefühl sehr tragisch auf den Punkt bringt:
Der regelmäßige Gang zum Friedhof [...] ein Kreuzweg für mich, der jedes Mal mein Versagen vor Augen führt. I18, A155

Es zeigt sich, dass die Schuldgefühle manchmal verhaltensorientiert formuliert sind, dann jedoch noch im gleichen Aussagenteil in Richtung personenbezogen verstärkt werden: *Das hätte ich ja merken müssen. Das muss ich anders formulieren: Ich bin nicht fähig das zu merken, also ich zweifle stark, dass ich überhaupt fähig bin.* Als wichtiges Ergebnis erscheint mir, dass die Abwertung der Person, die mit personenbezogenen Schuldgefühlen einhergeht, auch bei verhaltensbezogenen Schuldgefühlen zu finden ist. *Man erschreckt vor sich selber halt die ganze Zeit. Da gibt es die Erkenntnis, dass da durch einen jemand gestorben ist.* Die Selbstbeschuldigung führt hier generell zur Abwertung der eigenen Person. Die Infragestellung nicht nur der eigenen Kompetenz, sondern darüber hinaus des eigenen Selbstwertes, wird deutlich. Die Formulierung einer adaptiven Bedeutung der verhaltensbezogenen Schuldgefühle durch Janoff-Bulman (1989) ist damit infrage gestellt. Einem Individuum lässt ausserdem nicht ausschließlich die eine oder andere Beschuldigungsform erkennen, sondern diese variiert innerhalb desselben Individuums. In einer weiteren, älteren Studie kommen Janoff-Bulman und Wortman (1977) zu dem Schluss, dass die Selbstbeschuldigung (self-blame) für ein Ereignis mit besserer Bewältigung einhergeht. Ihre Erklärung hierfür ist die Wiederherstellung der Kontrolle. Demgegenüber stellt Montada (1995a) fest, dass die Selbstbeschuldigung letztlich kein zuverlässiger Prädiktor für die Anpassung ist. Eher, so Montada weiter, sind mit der Selbstbeschuldigung einhergehende Gefühle in Betracht zu ziehen: Scham, Ärger und Gefühle der Ungerechtigkeit führen zu negativen Wirkungen. Positiv wirkt Selbstbeschuldigung als Strategie gegen Hilflosigkeit und gegen Angst vor Wiederholung (Montada, 1995a). In ähnlicher Weise kommt MacLeod (1999) zu dem Schluss, dass die von Janoff-Bulman bezeichnete adaptive Verhaltensbeschuldigung durchaus mehr Stress erzeugen kann als andere Beschuldigungsformen. Er berücksichtigt in diesem Zusammenhang die Konsequenzen eines belastenden Ereignisses. Sind diese eher gering, ist der Verlust von Selbstwert durch Selbstbeschuldigung vermutlich vernachlässigbar. Hingegen führt bei schwerwiegenderen Folgen jede Form der Selbstbeschuldigung zu Gefühlen von Vulnerabilität und vermindertem Selbstwert. Den Tod einer anderen Person (mit-)verursacht zu haben wird als schwerwiegende Folge gelten. Zu berücksichtigen ist meines Erachtens aber

v. a. auch der Zeitfaktor: Unmittelbar nach einem Unfall treten andere Formen von Schuldzuschreibungen und Schuldgefühlen auf als nach Monaten oder Jahren bei der Rekonstruktion des Geschehen.

6.4.3 »Schuld erfordert Bestrafung«: Die subjektive Straferwartung

Der Kernpunkt ist dieser Schuldaspekt und die damit verbundene Tendenz in irgendeiner Form Strafe herbeizuführen, herbeiführen zu wollen. I7, A34

Mit diesem Eingangszitat soll eröffnet werden: Schuld zieht Bestrafungstendenzen nach sich. Die Tendenz zur Selbstbestrafung wurde im Vorhergehenden thematisiert, doch im Kommenden wird das »Leben selbst« als bestrafend befürchtet. Zunächst zur Erwartung bestraft zu werden:

Wie kriegst du das zurück? Das kann nicht sein im Leben, dass man einen Menschen das Leben nimmt, und dass man ungeschoren davon kommt. I8, A66

[Eigener Name], du hast dem Leben etwas genommen und du musst dem Leben etwas zurückgeben, das leuchtet ein. I11, A16

Es war immer [in Gedanken]: man muss bestraft werden, das muss kommen. Dann ist die Familie gekommen, dann ist das erste Kind gekommen, der Bub, und dann war oft der Gedanke, ja wird die Strafe sein, dass dein Bub [...] auch so genommen wird. I8, A70

Der letztgenannte Auszug stammt – nochmals zur Erinnerung – von einer Person, die im Auslandseinsatz zur Friedenssicherung einen Kameraden bei der Übergabe mit der der Dienstwaffe tödlich getroffen hat. Die Erwartung vom Leben bestraft zu werden ist stark verankert im Denken der Betroffenen. Insgesamt sprechen neun Personen, also rund ein Drittel aller Interviewten, davon. Die Erwartung von Vorwürfen von anderen Personen zeigt sich auch im Folgenden:

Ich habe gedacht, wenn jetzt der Vater nach Hause kommt, dann haut der mir eine rein. Ich hatte die [...] Befürchtung, ich hatte die Erwartung, dass ich jetzt übelsten Vorwürfen ausgesetzt bin. I7, A12a

Ich hab da eine irrsinnige Angst gehabt, um meine Existenz, dass ich weggesperrt werde oder irgend so bestraft. I8, A56

Es zeigt sich, dass es hinsichtlich der Erwartung von Strafen oder der Angst vor Strafe nicht um den juristischen Strafbegriff geht, sondern um das subjektive Gefühl der Erwartung, von anderen, vom Schicksal, vom Leben bestraft zu werden. Die Angst richtet sich darauf, dass einem etwas genommen wird, sogar das eigene Kind. Es werden Zusammenhänge hergestellt, wo in Wirklichkeit keine sind. Bei einigen Interviewten wird die Erwartung einer Strafe in Form eines Ausgleichs gedacht. Dabei gilt hier auch zu hinterfragen, wie »groß« die Strafe sein muss und inwiefern der »verdienten Strafe« eine ausgleichende bzw. ent-schuldende Funktion zukommt.

Egal welche Strafe da kommt, die kann gar nicht groß genug, die kann gar nicht passend sein. I5, A6

Das wäre mir ja ganz gleich gewesen [wie sie mich bestrafen]. Sie hätten mich einsperren können, echt, das wäre für mich kein Problem gewesen. I15, A16

Für viele Leute kann das vielleicht schon befreiend sein [bestraft zu werden]. Ich glaube nicht, dass das für mich befreiend wäre, wenn ich bestraft worden wäre. I16, A97

Zusammengefasst gesagt würde Bestrafung also akzeptiert werden, aber Strafe kann nicht wirklich befreien, da sie die Schuld nicht abträgt. Bestraft zu werden oder zumindest Vorwürfe zu erhalten kann Betroffene aber auch möglicherweise entlasten, wie im nächsten Abschnitt – bei I7 nach dem Unfalltod der Freundin – zu lesen ist:

Es gab Zeiten, da habe ich gedacht, wäre es mal so gewesen, dass man mir Vorwürfe gemacht hätte, dass man mir vielleicht sogar eine reinhaut, dann wäre es für mich vielleicht leichter zu ertragen gewesen. I7, A12b

Die Straferwartung und Angst steigert sich bis hin zu Erwartungen, dass einem durch andere Gewalt angetan wird oder bis zu Verfolgungsgefühlen. So zumindest interpretiere ich die nächsten Interviewpassagen:

Ich habe dann auch Angst gehabt, wenn du jetzt jemand deine Telefonnummer gibst, dann, dann kommt jemand und bestraft dich oder schlägt dich tot oder sonst was. Also es waren so irrationale Ängste. I5, A6

Diese Verfolgungsgefühle werden bei I8 auf einen ganz anderen Bereich übertragen, dies möchte ich ausführen. Nach der Mitverursachung des Todes eines

6.4 Die Aporie traumatischer Schuld: ... aus den Gesprächen »extrahiert«

Kameraden im Auslandseinsatz durch eine Dienstwaffe tritt er wenige Wochen nach dem Ereignis der Bergrettung bei, um einer lebensrettenden Tätigkeit nachzugehen, wie er schildert. Dann jedoch klagen ihn die »Ungeretteten« an:

Wir haben am Berg Unfälle gehabt oder Tote geborgen, was mich ein Monat verfolgt hat in der Nacht, untertags wo ich gearbeitet habe, da [war das] kein Thema, aber kaum war ich im Bett und hab die Augen zugemacht, da habe ich ihn vor mir gesehen, der hat mich verfolgt, bis ich dann auch aufgestanden bin und gesagt habe: >bitte lass mich in Ruhe, ich habe dir nichts getan, ich habe dich nur geborgen<. I8, A128

Die geborgenen, aber nicht mehr geretteten Toten der Berge klagen ihn –so interpretiere ich – in seiner Fantasie an, und er fühlt sich von ihnen verfolgt, bis er sie bittet, ihn in Ruhe zu lassen und ihnen mitteilt, dass er sie doch nur retten wollte. Von I8 ist bekannt, dass ihm nie ein Kontakt zu den Hinterbliebenen des Freundes gelang, was er als Hauptgrund bezeichnete, dass er nach mehr als zwei Jahrzehnten das Ereignis immer noch als unabgeschlossen erlebt, wobei er an anderer Stelle betont[39], dass es die ungeklärte Situation mit den Angehörigen ist, welche ihn nach 23 Jahren immer noch keinen Abschluss finden lässt. Ich möchte die Verfolgungsgefühle mit den Arbeiten Bions interpretieren. In seiner Arbeit zum Angriff auf Verbindungen (Bion, 1990) fokussiert Bion die Verbindung zwischen Objekten, welche aus Gründen der Angst angegriffen wird. Die Angst ist, dass der Hass auf die Verständnisfähigkeit eines guten und verständnisvollen Objektes zur Zerstörung desselben führt. Psychodynamisch betrachtet geschieht hier eine Abspaltung. Dies hat häufig die Verfolgung durch das zerstörte, ausgestoßene Objekt zur Konsequenz. Eine Verbindung, so Bion, kann einen kreativen Akt hervorbringen, die Abspaltung nicht. In unserem Fall, so meine Interpretation, erfolgt der destruktive Angriff in dieser Abhandlung in der Fantasie. Die Fantasie fungiert hier wie ein »Dolchangriff von innen« (Bion, 1990, S.113). Die Verfolgung durch »ungerettete Tote der Berge« ist eine Verschiebung der Situation des Unfalls von damals: Sein Kamerad bricht nach

---

39 Auszug von I8 im Hinblick auf die Unabgeschlossenheit aufgrund der ungeklärten Situation mit den Angehörigen: *Es ist 23 Jahre her, aber [es ist] ehrlich gesagt unabgeschlossen. Gerichtlich schon abgeschlossen, aber für mich selber unabgeschlossen, weil da kommen wir wieder auf den Kontakt [...] seine Verwandten, Elternteile, Bruder, wie auch immer. Ich habe mir oft schon gedacht, soll ich jetzt den Kontakt auch noch suchen, nach 23 Jahren, zu seinen Leuten hin, ich weiß es nicht. [Vielleicht sagen sie] warum kommst du jetzt und warum nicht dazumal, wäre gescheiter gewesen, jetzt ist es zu spät.* I8, A46 und A134-138

dem tödlichen Schussunfall neben ihm zusammen, er selbst erstarrt und kann ihn nicht mehr retten. Er hält aber auch die Verbindung zum Objekt »Freund« nicht mehr aufrecht, was sich darin zeigt, dass er sagt, er habe nie den Kontakt zu seiner Familie hin geschafft – und auch deswegen könne er nicht abschließen. Darin sehe ich, vereinfacht gesagt, auch »keinen Kontakt« und keine Verbindung zum Objekt zu haben. I8 bringt sich insofern auch um die potenzielle Verständnisfähigkeit des Objektes für einen schrecklichen Unfall und muss in der Fantasie die Verfolgung – letztlich durch seinen Angriff auf die Verbindung – »ertragen«.

6.4.4 Bilder, die das Sprechen über Schuld evoziert: Kain, wo ist dein Bruder Abel?

Die sprachliche Repräsentation der traumatischen Erfahrung spielt bei der Verarbeitung von Traumatisierung eine wichtige Rolle. Es gibt Belege, dass der Organisationsgrad des Narrativs über die traumatische Erfahrung eine relativ verlässliche Aussage darüber gestattet, ob es zu einer höher geordneten Verarbeitung traumatischer Erfahrungen kommt (vgl. Scheidt und Wallner, 2006). Damit stellt sich ganz allgemein die Frage nach der sprachlichen Kohärenz von Narration über Trauma. Diese gilt bei Scheidt und Wallner (2006) als wesentlicher Indikator für die Bindungsorganisation. Die Frage des Narrativs in der Trauma- und Schulderfahrung kann hier nicht im Hinblick auf die genannte Kohärenz der Narration beantwortet werden, aber zumindest im Hinblick auf beteiligte Gedächtnissysteme und kognitive Prozesse. Anders ausgedrückt soll an dieser Stelle die Repräsentation der Schuld in der Bildersprache der Interviewten betrachtet werden. Es wird dabei davon ausgegangen, dass sich die »Schuldrepräsentanzen« in Bildern zeigen. Diese Bilder werden entweder konkret formuliert oder über ein Sprachbild evoziert. Das Evozieren entsprechender Bilder über Schuld und auch entsprechender Geschichten, »wie Schuld ist«, erfolgt dabei über Metaphern, über Vergleiche, über Allegorien oder über das Hinweisen auf Mythen. An dieser Stelle wird nicht ausdifferenziert, um welche sprachliche Anwendung bzw. Operation es sich handelt, ob Metapher oder Analogie oder anderes, sondern ausschließlich auf den Bildinhalt, welcher evoziert wird, Bezug genommen, um weitere Rückschlüsse auf das Erleben von Schuld ziehen zu können.

Schuld ist eine Last, davon zeugen die folgenden Interviewauszüge:
Dieses Schuldgefühl, das hat mich so runtergedrückt. I11, A24

6.4 Die Aporie traumatischer Schuld: ... aus den Gesprächen »extrahiert«

Ich habe es eingepackt, also das Rucksäckle hinten sozusagen. I11, A44a

Also, man empfindet das Leben als, als Qual, als Last. I18, A175a

Es drückte förmlich. I17, A12b

Es wird Last ausgedrückt. Bilder von Gewicht, das auf einem lastet, von dem man hinuntergedrückt wird, das man – im Rucksack – tragen muss, werden beschrieben. Im Sinne der Metaphernanalyse nach Lakoff und Johnson (2008) würde dies einer ontologischen Metapher entsprechen, das heißt komplexe und abstrakte Erfahrungstatsachen – »das Leben«, »die Schuld« – werden als einfache Objekte betrachtet: als ein Gewicht, eine Last. Verstärkt werden diese Bilder der Last durch einen Hinweis von I11 mit der Anwendung des Begriffes *hinten*. Dies kann als eine sogenannte Orientierungsmetapher im Sinne von Lakoff und Johnson (ebd.) verstanden werden. In dieser Form der räumlichen Anordnung wird die Metapher negativ konotiert. Schuld ist also ein Gewicht und die InterviewpartnerInnen werden durch sie hinuntergedrückt. Schuld bedeutet gezeichnet und gebrandmarkt zu sein und ein Stigma zu tragen. Dies ist das Thema in den nächsten Auszügen:

Diese Schuld [...] man traut sich fast nicht mehr daran zu denken, weil das für einen schon die Hölle ist, so zeichnet einen das, brandmarkt einen das. I11, A44b

Wenn ich heute drüber nachdenke, ich kann bis zu einem bestimmten Punkt, dann kann ich nicht mehr weiter, das hat sich derart eingebrannt, jede Sekunde von dem, wie das war. I15, A16

Die Zeichnung und Brandmarkung wird beim ersten der beiden genannten Interviews deutlich; im zweiten wird das *Eingebranntsein* auch traumatheoretisch – und als die Verlängerung bzw. Folge des Erstarrens (freeze-reaction) und damit das Einbrennen des Anblicks und der traumatischen Erfahrung – ausgedrückt. Dieses *Gezeichnetsein* wird aber nochmals verdeutlicht, indem betont wird, dass ein Stigma wie angeheftet ist, dazu im Folgenden:

[...] sich diese Schuld mir angeheftet hat, dass ich jemanden umgebracht habe. I14, A36

Je mehr man eigentlich so lebt und so die Jahre vergehen [...] und ist das unbedingt religiös, ist das etwas, das sie empfinden, da was weiter lebt also. I11, A44a

Die Schuld ist angeheftet, wie ein Mal, und diese Erfahrung verstärkt sich bei I11, die auch noch betont, dass da, wenn die Jahre vergehen, immer noch etwas weiter lebt. Um im Bild des Males zu bleiben, dieses wächst nach. Diese Aussagen evozieren das Bild des Kainsmales, als Zeichen der Schuld. Biblisch betrachtet wäre das Kainsmal ein Schutzzeichen, welches vor der gerechten Strafe – dem Tod – schützt. Darüber hinaus sind in den letzten angeführten Interviewauszügen Feuerbilder angesprochen, die Hölle, die Brandmarkung sprechen dafür. Im Erzählen über Schuld klingen immer wieder biblische Geschichten und religiöse Bilder an. Dies ist auch das Thema in den nächsten Auszügen:

Den Anblick werde ich nie vergessen, wie meine Tochter, also, praktisch: sie verkörpert die Unschuld und ich verkörpere die Schuld. I5, A4

In der Nacht sind dann schon diese Gedanken gekommen [...] das kann nicht so sein in dem Leben, dass man einem Menschen das Leben nimmt und dass man ungeschoren davon kommt. I8, A66

I8 spricht von *ungeschoren davonkommen* und insofern von einem Vorgang, dem Scheren (eigtl. bei Tieren). Die Formulierung in dem anderen Interviewzitat, in welchem die Tochter die Unschuld verkörpert, der Vater aber die Schuld verkörpert, löst in mir eine Assoziationskette hin zu biblischen „Opferlämmern"[40] aus. Opferlämmer spielen in verschiedenen Religionen eine bedeutende Rolle, wo Lämmer als Opfertiere verwendet werden. In der christlichen Religion ist das Lamm ein Symbol bzw. eine Analogie für ein »Menschenopfer«, in welchem der Sohn (Gottes) durch Folter stellvertretend die Schuld abträgt. In dem biblischen Text des Buches Jesaja (Jes 52, 13ff.) heißt es über die Symbolik des

---

40 3. Buch: Mose 14, 2-19: Reinigungsopfer und Gebräuche für Aussätzige
2 Dies soll das Gesetz des Aussätzigen sein am Tag seiner Reinigung [...] 4 dann soll der Priester gebieten, dass man für den, der zu reinigen ist, zwei lebende, reine Vögel nehme [...] 8 Und der zu reinigen ist, soll seine Kleider waschen und all sein Haar scheren [...] 10 Und am achten Tag soll er zwei Schaflämmer ohne Fehler nehmen und ein weibliches Schaflamm, einjährig, ohne Fehler [ ] 11 Und der reinigende Priester soll den Mann, der zu reinigen ist, zusammen mit diesen Dingen an den Eingang des Zeltes der Begegnung vor den HERRN stellen. 12 Und der Priester nehme das eine Lamm und bringe es als Schuldopfer dar [...]. 19 Und der Priester soll das Sündopfer opfern und für den Sühnung erwirken, der von seiner Unreinheit zu reinigen ist. Danach soll er das Brandopfer schlachten. Aus: Revidierte Elberfelder Bibel (Rev. 26) © 1985/1991/2008 SCM R.Brockhaus im SCM-Verlag GmbH & Co. KG, Witten; © 2015 ERF Medien & Deutsche Bibelgesellschaft, Stiftung Christliche Medien, Genfer Bibelgesellschaft, Katholisches Bibelwerk, Crossway, Biblica, ERF Medien Schweiz, TWR.

Lammes, dass »er (der Gottesknecht) misshandelt wurde und niedergedrückt, aber er seinen Mund nicht auf tat. Wie ein Lamm, das man zum Schlachten führt [...] so tat auch er seinen Mund nicht auf«. Diese Analogie erscheint mir hier »heraufbeschworen«, wenn ein Vater formuliert, dass er den Anblick der Tochter nicht vergessen wird und wie sich die Verteilung von Schuld und Unschuld auf sie beide zeigt und *verkörpert*, wobei die Tochter die „unschuldig Geopferte" ist.

Um religiöse Bilder und Assoziationen soll es auch noch im Weiteren gehen. Vorerst zur Buße:

[...] mir ein hohes Strafmaß gewünscht habe, um sozusagen die Buße abzuarbeiten. I5, A8

Buße zu tun und damit die Schuld abzutragen wird hier als Wunsch formuliert. Im Weiteren werden zwei Textstellen ausgewählt, in denen das Kreuz vorkommt bzw. angedeutet ist:

Der regelmäßige Gang zum Friedhof. Also auch ein äh, ein Kreuzweg für mich, der jedes, jedes Mal mein Versagen vor Augen führt. I18, A155

Im Prinzip steckt man drinnen, da fühlst du dich wie an die Wand genagelt. I4, A33

Im ersten Auszug wird ein Kreuzweg thematisiert. Der Kreuzweg wird auch als »Via Dolorosa« – als Weg des Schmerzes – bezeichnet. Wem die 14 Stationen vertraut sind, der weiß, dass es um einen Prozess, um Stationen geht, welche damit beginnen, zum Tode verurteilt zu sein, das Kreuz zu schultern, mehrfach darunter zu fallen, der eigenen Kleider beraubt zu werden und letztlich ans Kreuz genagelt zu werden, um dort zu sterben. Nochmals herausgegriffen sei dabei das »der eigenen Kleider beraubt Werden«, welches ich hier als Ausdruck von Pein im Sinne der Beschämung verstehe, und I18 spricht ja auch von *Versagen, welches vor Augen geführt wird,* und damit sind wir beim Schamaffekt, welcher oft mit der Schuld einhergeht. I4 hingegen spricht von *an die Wand genagelt*, was zwar weniger biblisch zu assoziieren wäre, aber es sei hier die Idee »der Wand« leicht mit der »ans Kreuz« zu ersetzen, ohne überinterpretieren zu wollen.

Im nächsten Abschnitt wird Bildern von Bedrohung und Gewalt nachgegangen. Die Bedrohung zeigt sich im Folgenden durch herunterhängende Decken, durch dunkle Begrenzungen und durch Schatten, die plötzlich über einem sind:

Es hängt [...] wie so eine tief hängende Decke über mir. I11, A44b

6 (Mit-)VerursacherInnen erzählen ...

> *Ich hatte das Gefühl [...] dass da tief eine dunkle Begrenzung [war]. Ich fühlte mich erinnert an die Textzeile von Paul McCartneys ›Yesterday‹ [...] ›suddenly there is a shadow hanging over me ...‹. I17, A12a*

Bedrohtheit wird mit Bildern von Gewalt in den nächsten beiden Auszügen nochmals verdeutlicht:
> *Dann gehst wieder die Punkte durch, ich habe das richtig gemacht, das richtig [...] aber das hilft dir alles nicht [...] dann schlagt das Andere, das Schuldbewusstsein, schlägt einfach wieder volle zu. I4, A51b*

> *[Da] bist du ganz anders. Man ist zusammengeschlagen. Du magst da nicht mehr. I13, A64*

Von Schuld ist man *zusammengeschlagen*, das Schuldbewusstsein *schlägt zu*. Dabei fällt die Personifizierung auf, es wird in den letzten beiden Interviewauszügen Nichtmenschliches als menschlich angesehen. Im Sinne von Lakoff und Johnson (2008) ist dies eine Spezifizierung einer ontologischen Metapher. In der ontologischen Metapher wird eine abstrakte Erfahrungstatsache als Objekt betrachtet und kann wie ein gegenständliches Objekt funktionieren; in der Personifizierung erfolgt dann die Gleichsetzung eines Objektes mit einer Person.

Krieg und Kampf sind die evozierten Bilder in den nächsten Auszügen:
> *Letzten Endes [...] sich das bewusster zu machen, dass das Auto ja auch eine Waffe ist. I5, A8a*

> *Wäre er gestorben, würde ich mich schon als Mörder sehen, denn wenn ich betrunken in ein Auto steig, bin ich ja wie eine tödliche Waffe. I10, A608*

> *Dann gab es so Neben-, Nebenkriegsschauplätze, wo mich Leute trösten wollten, weil ich mich ja so schuldig gefühlt habe. I5, A8b*

> *Beim Herfahren habe ich schon meine Gedanken gehabt [...] werde ich jetzt mit Fragen bombardiert? I8, A162*

> *[Die Therapie] war dann ein Befreiungsschlag, wenn man das so sagen kann. I4, A45b*

Das Auto ist eine Waffe, es gibt Nebenkriegsschauplätze, man muss immer kämpfen, man wird mit Fragen bombardiert und man stellt sich etwas, all

6.4 Die Aporie traumatischer Schuld: ... aus den Gesprächen »extrahiert«

dies sind Formulierungen, Redewendungen, Vergleiche oder Metaphern, welche die Bilder von Kampf und Krieg hervorrufen. Mit sprachlichen Hinweisen von Tötung und von Exekution wird das Bild von Kampf und Krieg nochmals hervorgehoben:

Du wirst ja an die Wand gestellt, du weißt ja gar nichts mehr dann. I4, 41

So möchte ich niemals mit meinem Unfall umgehen, [...] das zu tabuisieren und zu verdrängen und zu leugnen, weil da tötest du ja dein Opfer noch einmal. I5, A8

Damals gesehen, habe ich ihn umgebracht. Das hab ich mir nicht eingeredet, das war mein Gefühl, dass ich ihn umgebracht habe. I14, A29

Die Schuld ist, dass ich das Leben einfach ausgelöscht habe. I8, A78

Sein Opfer getötet zu haben – als Formulierung für ein Unfallgeschehen – und *an die Wand gestellt zu werden* evoziert Bilder von Exekution und von der Tötung einer Person. Jemanden umgebracht zu haben oder ein Leben ausgelöscht zu haben gehen in eine ganz ähnliche Richtung. Metaphern von Bewegung, welche aber mitunter ins Leere führt, sollen im nächsten Auszug dargestellt werden, wobei nochmals die Aussage von I4 aufgenommen wird:

[Du] musst immer arbeiten, du musst kämpfen, das ist wie ein Radl und dann schlagt das Andere, das Schuldbewusstsein schlägt einfach wieder volle zu. I4, A51a und b

Hier erinnert das Bild an die neuzeitliche Rezeption der Sisyphusfigur – als Metapher für sinnlose Mühe und die Sisyphusarbeit, die durch wiederkehrende Muster geprägt ist. Es ist I4 so zu verstehen, dass er sich bemüht, gegen den negativen Affekt der Schuld anzukämpfen, bis er den Kampf verliert und das Schuldgefühl »volle zuschlägt« und all das wie ein sich drehendes Rad wiederkehrt. Bei den anderen Auszügen soll *ein Leben schnell vorübergehen* (I18, A175b), *es geht nur mehr bergab* (I18, A111) und es *wird etwas abgetragen* (I5, A8). All dies wären im Sinne von Lakoff und Johnson (2008) Bewegungsmetaphern, wobei die Raum-Richtung der Bewegung nach unten weist und damit zusätzlich ein negatives Bild gezeichnet wird. Ergänzt werden die Aspekte der Bewegung noch durch weitere sprachlich evozierte Bilder:

[Dann bin ich] in eine Depression gefallen. Ich bin oft daheim gelegen auf dem Boden und du starrst auf die Wand rauf, tagelang. I4, A39

> *Bevor man einschlaft, schreckt man auf, weil man das Gefühl hat, man fällt irgendwo runter oder wie so ein Sog [...] der wird stärker und man kommt da nicht mehr weg [...] wie so in einem Strudel drinnen. I10, A607*

Es wird in die Depression gefallen und in der Erstarrung, die folgt, ist auch die Bewegung zu Ende. Dies bedeutet in letzter Konsequenz den Tod. Die Bewegung im Sinne des Fallens, also eines Absturzes, wird auch bei I10 deutlich, wenn sie das Gefühl hat, runter zu fallen und dann – und hier die nächste Verstärkung des Bildes – ist man in einem Strudel und wird auch noch angesogen. Hier verengt sich der Raum und die mögliche Idee dahinter wäre ein Vakuum oder ein »schwarzes Loch«. Ein schwarzes Loch bedeutet maximale Anziehung und Verdichtung bei gleichzeitiger minimaler Ausdehnung, also Enge. Der räumliche Einschluss wird auch im nächsten sprachlichen Vergleich deutlich:

> *Andere haben es gesehen, dass ich mich da selbst bestrafe [...] dass ich mich da in irgendeiner Form in eine Zelle eingeschlossen habe und den Schlüssel weggeworfen habe. I7, A28*

Hier wird ein Vergleich mit einer Gefängniszelle unternommen.

Die Bilder und Geschichten, die die Narration über Schuld evoziert – und damit zu einer Zusammenfassung des Letzten – sind Bilder der Last, welche *hinunter drückt*, von Gewichten, von *Rucksäcken* und Lasten, die drücken. Leid wird *getragen* und auch *mitgetragen*. Die Bilder, Vergleiche und Metaphern zeugen auch weiter von *Gezeichnet-* und *Gebrandmarktsein*, also einem Stigma. Dieses Stigma ist *eingebrannt* oder aber auch *angeheftet* wie ein Mal, was das Bild des Kainsmales evoziert. Biblische Geschichten klingen auch in Bildern über *verkörperte* Schuld bzw. Unschuld und das *Ungeschoren-Davonkommen* an, hier stelle ich die Verbindung zum Bild des Opferlammes her. Noch deutlicher wird die Verbindung zur Religion im Symbol des Kreuzes, wenn der *Gang zum Friedhof zum Kreuzweg* wird – der Via Dolorosa – und man sich wie *an die Wand genagelt fühlt*. Bilder von Bedrohung werden in der Formulierung von *tiefhängenden Decken* und *Schatten, welche über einem hängen*, heraufbeschworen. Wenn dann weiter davon gesprochen wird, dass ein Schuldbewusstsein *zuschlägt*, man sich mit Schuldgefühlen *rumschlägt* und überhaupt wie *zusammengeschlagen* ist, zeigen sich Bilder von Gewalt. Kampf und Krieg als Metaphern für Schuld finden sich in der Bezeichnung eines Autos als *tödliche Waffe*, in Formulierungen, dass man mit Fragen *bombardiert* wird, dass man sich *dem stellen muss*, dass es *Nebenkriegsschauplätze* sind, wenn andere Trost zu spenden versuchen und Therapien als *Befreiungsschlag* wirken. Die Konkretisierung des Kampfes und Krieges erfolgt auch noch vertiefend über Formulierungen, welche an Exekutionen und Tötungen denken lassen. Es wird vom *an die Wand gestellt werden*, vom sein *Opfer nochmals töten*, vom *Umbringen* und von der *Auslöschung* des Lebens erzählt. Bewegungsmetaphern zeigen, dass es *bergab* geht, dass das *Leben vorübergehen* soll und dass man tödliche Verkehrsunfälle emotional *abträgt*. Die Bilder der Bewegung zeigen aber auch die sinnlose Mühe in der Bewegung des *Rades*, eine Sinnlosigkeit, die an Sisyphus erinnert. Die Bewegung zeigt sich auch als Absturz, wenn man in die Depression *fällt* und dann auf dem Boden liegt und an die Decke starrt. Das *Hinunterfallen* kann aber auch in einem *Sog*, in einem *Strudel* enden, was einem Vakuum oder einem schwarzen Loch gleichkommt.

Was mir bei den Sprachbildern über die Schuld bedeutend erscheint, ist, dass sie, vereinfacht gesagt, ein wesentlich düstereres Bild zeigen als die Antworten auf die Warum-Frage und die entsprechenden Attributionen hierzu. Die Warum-Frage wird in fast jedem Interview aufgeworfen und dann meist mit einer Attribution auf das Schicksal, den Zufall, Glück versus Pech oder aber mit einer Art höherer Sendung beantwortet. Es ist dabei kein Hinweis auf eine Verdammnis, einen Fluch Gottes oder ähnliches zu erkennen, welche sich in den Sprachbildern zeigen, die von schwarzen Löchern, Verfolgungen, Exekutionen, Krieg, Sisyphus, Kreuzigung usw. sprechen.

Erfahrungen, Erinnerungen und Vorstellungen bilden psychische Repräsentanzen (Ermann, 2004). Der Begriff der mentalen Repräsentanz (Fonagy, 2006) spielt innerhalb der Objektbeziehungstheorie eine zentrale Rolle. Objekte werden mental hinsichtlich ihrer Qualität, z. B. als freundlich oder böse, als an- oder abwesend repräsentiert. Repräsentanzen stellen in der Rezeption Bowlbys (1969) komplexe innere Arbeitsmodelle, welche das Erleben und Verhalten beeinflussen, dar. Ich gehe davon aus, dass diese Bilder als entsprechende Repräsentanzen fungieren. Bilder, Metaphern, Allegorien, Vergleiche sind meines Erachtens als Repräsentanzen der Schuld aufzufassen. Sie können wie mentale Objekte betrachtet werden, besonders wenn Schuld personifiziert formuliert ist, wie in den sogenannten ontologischen Metaphern (Lakoff und Johnson, 2008). In ontologischen Metaphern sind komplexe und abstrakte Erfahrungstatsachen (Schuld) als einfache Objekte (Last) vermittelt, und in der Personifizierung *verkörpert ein Vater die Schuld*, um ein Beispiel zu nennen. Repräsentanzen geben letztlich nicht nur einen Hinweis auf Gedächtnissysteme und kognitive Prozesse, sondern ebenso auf das Erleben von Schuld. Darüber hinaus können Schuldrepräsentanzen in Bildern auch als Skripts oder Schemata betrachtet werden. Die Bilder geben insofern Aufschluss über die Repräsentation von Schulderleben und die Wirkung der Schuld hinsichtlich der neu gebildeten Schemata bzw. Skripts – als Schuld-Schema bzw. als Schuld-Skripts.

6.4.5 Die psychodynamische Abwehr der Schuld: verdrängt, verleugnet, projiziert ...

Die psychodynamische Abwehr der Schuld umfasst intrapsychische Prozesse, in denen sich die (Mit-)VerursacherInnen vor dem Schuldaffekt schützen und sich von diesem entlasten. Die Abwehr der Schuld bzw. präziser: die Abwehr des Schuldaffektes gelingt einerseits über psychodynamische Prozesse, andererseits über die Attribution. Mentzos (2000) stellt die psychodynamischen Abwehrmechanismen den psychosozialen gegenüber, welche nicht mehr nur intrapsychisch, sondern interaktional und interpersonell bedeutend sind. Diese beiden Arten von Abwehr schließen sich keineswegs aus. Es handelt sich um verschiedene theoretische Konzeptionen: zum einen um tiefenpsychologische Zugänge mit ihrer psychodynamischen Formulierung, zum anderen um die sozialpsychologische Tradition der Attributionsforschung, also der Zuschreibung von Eigenschaften. Zu beiden finden sich Aussagen in den Interviews. In der psychodynamischen Abwehr finden sich überwiegend die reifen Abwehrmechanismen (Mentzos, 2000). Dazu zählen beispielsweise die Verleugnung der Schuld, die Verschiebung, Verdrängung und die Projektion.

Vordergründig narzisstische Thematik und aggressive Abwehr

Schuld ist eng verbunden mit Scham. Der Schameffekt weist auf eine narzisstische Problematik hin und insofern auch auf narzisstische Abwehrformen (vgl. dazu v. a. Hirsch, 2012). Entsprechend strebt die Abwehr auch häufig die Regulierung des Selbstwertes an und die Abwehrbemühungen bleiben narzisstisch-selbstbezogen. Dazu folgendes Zitat aus einem Interview nach dem Unfalltod eines Jugendlichen, welcher infolge der Kollision zwischen PKW und Moped verstarb. Im juristischen Verfahren wurde der Interviewpartner freigesprochen. Er schildert im Folgenden seine Gedanken hinsichtlich der Eltern des 15-Jährigen:

Ich sage jetzt mal ganz offen, ich glaube, es ist eine egoistische Neugierde von mir, aus einer Neugierde heraus sage ich ganz egoistisch, zu schauen, wie es ihnen [Eltern des tödlich verunglückten Jugendlichen] geht, wie sie es sehen. [...] wenn man sich trifft, dann kann sein, dass die Mutter hergeht und mir einfach

6.4 Die Aporie traumatischer Schuld: ... aus den Gesprächen »extrahiert«

eine kläscht und sagt >Du hast meinen Sohn umgebracht<. Ist vielleicht nicht das Highlighterlebnis. Oder sie kann auch sagen, nein es tut ihr so leid, dass du das mitgemacht hast und du kannst nichts dafür. Ist eine gewisse Bauchpinselei, ja. I22, A50

Es zeigt sich hier, dass es nicht um ein Interesse an den Empfindungen der Eltern geht, welches ihn beschäftigt, sondern um Neugierde. Es werden mögliche Reaktionen der Mutter antizipiert – Wut oder Bedauern – und diese lapidar als *Highlighterlebnis* oder *Bauchpinselei* bezeichnet, jedenfalls erfolgt keine Perspektivenübernahme oder empathische Einfühlung. Die eingenommene Perspektive bleibt narzisstisch selbstbezogen. Dies wird noch verstärkt, indem betont wird, dass die Eltern der 15-Jährigen *nicht die eigentlich richtig Beschädigten* sind, und sollten diese den Wunsch nach einem Kontakt verspüren, hätten sie diesen auch von sich aus aufzunehmen. Dazu im Folgenden in Bezug auf die Eltern des verstorbenen Jugendlichen:

Ich habe mir dann auch Gedanken gemacht, ob ich zu dieser Familie Kontakt aufnehmen soll, ob sie das wollen. Habe aber für mich entschieden, dadurch, dass sie jetzt eigentlich die nicht richtig, wenn man das jetzt hart sagen darf, Beschädigten sind. Auch, wenn sie den Wunsch haben, dann müssen sie kommen. I22, A4

Auch in diesem Interviewauszug unterstelle ich also narzisstische Abwehr, wenn Hinterbliebene, in diesem Falle Eltern, sollten sie den Wunsch nach einem Kontakt verspüren, den auch von sich aus aufzunehmen hätten. Die narzisstische Thematik sehe ich auch in einem anderen Interview beim formulierten Versuch der *Befriedigung* aus *Geldtöpfen* (I25, A22), um den Schaden am eigenen Motorrad zu begleichen, nachdem aber umgekehrt völlig unklar und offen blieb, wie schwer die andere Person wirklich verletzt war und ob sie die Verletzungen überlebte. Der Unfall hatte sich in einem asiatischen Land ereignet. Weitere Formulierungen eines anderen vergleichen den für die andere Person tödlichen Unfall mit einem *Spiel* – es wird hier beinahe die Szene eines Duells skizziert – *das tagtäglich im Straßenverkehr stattfindet* und *es* dann *dumm läuft* und der *bezahlte Preis* das Leben selbst darstellt (vgl. I22, A40). Die eigene mögliche Beteiligung erscheint dabei verharmlost und abgewehrt. Den eigenen Körper zum »Schauplatz« eines exklusiven Erlebens nach einem unter Alkoholeinfluss verursachten Unfall mit schweren, vorerst unklaren Verletzungen einer anderen Person zu machen, ist meines Erachtens eine andere Variante narzisstischen Abwehrgeschehens. Die Interviewpartnerin schilderte, wie *wahnsinnig toll die Erfahrungen* waren, die sie erlebte, *ein Wunder [des Körpers], was der vollbringt [...] so eine Endorphin- oder Adrenalinausschüttung, [...] ja also wirklich, ganz toll, ja, das war wirklich eine ganz tolle Erfahrung, muss ich ganz ehrlich sagen* (I10, A530–538), nachdem sie selbst überlebt hatte. Diese Schilderung stellt – so meine Annahme – die Tatsache eines schweren Unfalls, eigener Verletzung und schwerer Verletzungen einer anderen Person in den Schatten.

Die aggressive Form der Abwehr[41] zeigt sich bei einer Person, welche drohend gegenüber der Polizei reagiert, die ihn zu vernehmen versucht:

Es ist dann auch die Polizei [...] ins Krankenzimmer gekommen und [...] dann bin ich regelrecht ausgeflippt und habe gesagt, sie sollen sich jetzt, wortwörtlich, aus meinem Zimmer schleichen. Ansonsten werde ich mich an Ort und Stelle vergessen. Sie haben dann gesagt, was ich mir einbilde und ob ich weiß, wer sie sind. [Und ich habe gesagt] ich werde dann kommen, wenn es mir behagt und wenn Sie jetzt nicht sofort das Zimmer verlassen, werde ich handgreiflich werden. I22, A2

Es lässt sich hier natürlich wenig über den Ablauf der polizeilichen Erhebung sagen, dennoch wird vonseiten des Interviewpartners deutlich, dass er aggressiv und drohend reagiert hat, bei dem Versuch ihn zu vernehmen.

Verleugnung der Situation und Verleugnung der Folgen: »Frei von Schuld«

Zu den Abwehrmechanismen zählt der Versuch, sich durch die Verleugnung der Situation und die Verleugnung der Folgen von Schuld frei zu machen. Dadurch wird die Entledigung möglicher Fragen der Verantwortung und Abwehr des Schuldaffektes möglich. Verleugnende Aussagen finden sich an verschiedenen Stellen mehrerer Interviews. I1 hat nach dem Unfalltod eines Fußgängers, den dieser mit seinem Wagen erfasst hat, in einem Schreiben vom Staatsanwalt nach mehreren Wochen erfahren, dass gegen ihn nicht weiter rechtlich vorgegangen wird. Dies wird wie folgt kommentiert:

Wie gesagt, dann heftet man das Ding [Brief vom Staatsanwalt] ein, zumindest war das bei mir so, und in dem Moment, wo ich den Ordner zugemacht habe, war das Thema für mich im Prinzip erledigt. I1, A192.

---

41 Hirsch (2012) spricht in Zusammenhang mit der narzisstischen Aggression darüber, dass sie gegen die gerichtet ist, die auch nur einen vagen Verdacht vorbringen und dass versucht wird, jede Auseinandersetzung bereits im Keim zu ersticken.

6.4 Die Aporie traumatischer Schuld: ... aus den Gesprächen »extrahiert«

Es ist hier deutlich, dass die Instanz Staatsanwaltschaft quasi auch über moralische Fragen von Mitverantwortlichkeit und Schuld »frei spricht«. Zur Verleugnung der Folgen wird I1 dann aber nochmals deutlicher, wenn er meint, es *hört sich dumm an, aber abgehakt die Sache.* (I1, A202) Weiter fällt bei mehreren Interviews auf, dass der Schaden am eigenen Fahrzeug ausführlich geschildert wird, wogegen dem Erleben oder der Tatsache des Todes einer anderen Person vergleichsweise wenig Raum gegeben wird. Dazu ein Auszug aus I2:

Der alte Mann war sofort tot. Ja, so. Ja und dann war am nächsten Tag mit dem Auto das Problem [...]. I2, A235

In etwa fünf Interviews stechen diesbezügliche Bemerkungen hervor, dass über das *kaputte Blech* wesentlich mehr Worte verloren werden als über ein beendetes Leben. Als Verharmlosung und insofern als Verleugnung werte ich auch, wenn eine Interviewpartnerin unter Einfluss von Alkohol einen schweren Unfall verursacht, der Unfallgegner schwer verletzt wurde und sie kommentiert, *dass mit oder ohne Alkohol sowieso so viele Unfälle passieren, und auch beispielsweise Schiunfälle oft ganz grausig sind* (I10, A384) und etwas später, dass *man sich da nicht so reinsteigern darf und sonst ja überhaupt nicht mehr das Haus verlassen dürfte* (I10, A398). Zu diesem Zeitpunkt ist der Unfall mehrere Wochen her und die juristische Klärung steht noch aus. Da der Alkoholeinfluss der Lenkerin einen wesentlichen Beitrag zum Unfall darstellt, ist vermutlich die Frage der Fahrlässigkeit im Verfahren nicht unbedeutend. Insofern gibt es hier meines Erachtens doch eine Lücke zwischen dem eigenen Verhalten und der von ihr angebotenen Alternative im Folgenden. Vorerst eine Vorbemerkung: Der schwer verletzte Unfallgegner von I10 ist ein erwachsener Mann, welcher eine Familie gegründet hat, und lebt seit vielen Jahren weiter weg von seinem eigenen Elternhaus:

Es ist nicht so wichtig, ob der mir verzeiht oder nicht, denn ich werde nur mehr bei der Gerichtsverhandlung mit dem was zu tun haben. Ich sehe den nachher auch nie mehr. Ich glaube, dass es wichtiger ist, dass einem die Eltern vom Unfallopfer vergeben. I10, A605

Verschiebung

Verschiebung meint die Loslösung emotionaler Reaktionen von ihren ursprünglichen Inhalten sowie die Verknüpfung mit anderen Situationen oder Gegenständen. Ein Interviewpartner erzählt, wie er eine Psychologin mit seinen Schilderungen über den Unfall schockieren konnte:

Die [eine Psychologin] wollte mir nämlich helfen, hat mir als erstes gleich gesagt, ich muss darüber reden. Hab ihr dann den Tatunfallhergang Detail für Detail geschildert, auch mit allen grausamen Details, wie mein Auto ausgeschaut hat [...] wie alles voll Blut war, wie das Blut über meinen Schuh drüber geronnen ist, ich habe das total offen ihr gegenüber kommuniziert. Es war ja auch ihr ursprünglicher Wunsch, hat sie mir geäußert, dass wir alles drüber reden können und dann war sie komplett überfordert. I22, A2a

Er berichtet, wie er ihr offen alle *blutigen* Details präsentiert hat, da es, wie er sagte, ihr Wunsch war, dass er über den Unfall spreche, und sie dann überfordert war. Ich gehe davon aus, dass das eigentliche emotionale Befinden mit der Schilderung bestimmter Details die Schockierung bewirken sollte. Die Verschiebung wird dort unterstellt, wo es um die Schilderung der Details in der Situation geht – welche zweifelsohne wesentliche Bedeutung haben –, jedoch nicht gleichzeitig Emotionen angesprochen oder gezeigt werden. Auch die Erzählungen über den Zustand der Autos nach den Unfällen möchte ich unter dem Aspekt der Verschiebung nochmals aufgreifen.

Das ist wirklich ganz furchtbar, dieser Aufprall, das war Wahnsinn. I23, A8
Und weiter: Am nächsten Tag sind wir zur Werkstatt gefahren, wo mein Auto war, mein Gott sah das aus, boah ich hab gedacht, das kann nicht wahr sein. Haben sie die Bilder nicht gesehen? I23, A12

Die Erzählung über den »Zustand des Autos« nimmt bei I23 breiten Raum ein, die Interviewpartnerin zeigt mir ausführlich die Fotos. Umgekehrt jedoch spricht sie sehr wenig über den Tod des Unfallopfers, ein älterer Mann aus dem gleichen Dorf mit dem Detail, dass der tödliche Unfall an dessen Hochzeitstag geschah. Der Abwehrmechanismus der Verschiebung passiert meines Erachtens dort, wo der eigentliche »emotionale Schrecken« über das Auto sichtbar und überwiegend dort abgehandelt wird. Ein anderer Interviewpartner erzählt (nachdem ein Mann von seinem Auto erfasst wurde und verstarb), dass er in anderen Ländern schon so viel gesehen hat, dass er *viel Elend und so ein Kram sah* und *nun abgehärtet sei* und ihn deswegen so ein Unfall mit Todesfolge nicht mehr erschüttert, denn *im Prinzip [reagiert man] schon irgendwo auf gewisse Sachen stumpfsinnig. Die beachtet man nicht.* (I1, A174f.). Und zuletzt noch ein Indiz für die Verschiebung: Eine Interviewpartnerin, die sich ärgert, dass *Autos, die durch Ortsgebiete rasen und die spielenden Kinder gefährden, und zack – so schnell ist es vorbei [durch unverantwortliches Handeln eine erhebliche Gefahr bedeuten]* (I10, A448) – doch letztlich stellte gerade auch sie – insbesondere bei dieser Fahrt unter Einfluss von Alkohol – diese Gefahr dar.

6.4 Die Aporie traumatischer Schuld: ... aus den Gesprächen »extrahiert«

Rationalisierung

Wenn ich 91 bin, fände ich das auch nicht so schlecht. I2, A219

Dies ist eine Argumentation die – davon gehe ich hier aus – rationalisierend ist. Sie wird hier nach dem Erfassen eines älteren Mannes mit dem PKW, welcher an der Unfallstelle verstarb, angewandt. Die Rationalisierung, nach Mentzos (2000) die sekundäre Rechtfertigung von Verhaltensweisen durch Scheinmotive, findet sich in vielen Argumentationen. Im Folgenden werden Interviewauszüge von verschiedenen InterviewpartnerInnen nach dem (mit-)verursachten Unfalltod einer anderen Person aufgelistet:

Es hört sich dumm an, aber ich hatte nun mal Glück. Der war alleinstehend, der war Alkoholiker, das war für mich schon Fakt genug, dass ich die Sache vergessen kann. I1, A222 Und an anderen Stellen: *Halt der polnische Landarbeiter, auch alkoholisiert [...] das hört sich doof an, aber das ist auch eine Erleichterung, weil er eben halt betrunken war. I1, A102.* Sowie: *Da mache ich mir gar keine Gedanken mehr drüber. Wirklich nicht. I1, A18*

Die angewandten Argumentationen lassen sich drastisch verdeutlichen: Es sind Merkmale wie Alter, Nationalität, Familienstand und ggf. Alkoholeinfluss, welche als Argumente der eigenen Entlastung angeführt werden. Ein weiteres Beispiel für rationalisierende Argumentation ist, wenn das eigene Fehlverhalten, unter Alkoholeinfluss einen Wagen gelenkt zu haben, kommentiert wird mit *Fehler passieren und können kaum vermieden werden, so etwas passiert eben, außer durch völlige Einschränkung der Mobilität, ein Mensch ist keine Maschine.* (I10, A390–394) Die Wahl, die jemand vor der Benützung eines Fahrzeuges bzw. präziser, vor dem Genuss von Alkohol hat, wird ausgeblendet. Hier erscheint mir deutlich, was Hirsch (2012) als Leugnung einer Tatschuld unter Berufung auf die Existenzschuld bezeichnet. Die Existenz des Menschen, verbunden mit Schwächen und v. a. der Tatsache, nicht wie eine Maschine funktionieren zu können, wird angeführt und die mögliche Schuld für eine Tat damit geleugnet, noch weiter wird verstärkt: *dann dürfte man ja überhaupt nichts mehr machen, da dürfte man ja nicht einmal außer Haus gehen.* (I10, A392f.)

Intellektualisierung

Die Intellektualisierung als Abwehrmechanismus beschreibt die Tendenz, Emotionales in formaler und affektloser Weise zu behandeln, um emotionale Inhalte zu vermeiden (Mentzos, 2000). Es zeigt sich bei zumindest zwei Interviewten, dass ihre reichhaltige Lebenserfahrung angeführt wird, um der mitverursachten schweren Verletzung oder der Tötung einer anderen Person weniger Bedeutung beizumessen. Dazu ein Auszug aus I25, nachdem er einen Mann bei einer Motorradtour im Ausland unbestimmten Grades verletzt hatte:

Vielleicht hört sich das jetzt abgebrüht an aber, es ist schon so, in den Jahren auf diesen Touren sieht man, hab ich relativ viel gesehen, also an Beinahe-Geschichten und Sachen, die tatsächlich passiert sind, hab Leute abgeholt, denen was passiert ist, hab Motorräder aufgelesen, wieder zusammenge[flickt] damit die Leute weiter fahren konnten [...] abstumpfen ist vielleicht das falsche Wort [...] aber es ist nicht so außergewöhnlich. Es hat mich nicht so besetzt.
I25, A34

In nicht unähnlicher Weise findet sich auch bei I1, dass er viel gesehen *habe, dann stumpft man doch irgendwo ein bisschen ab*. (I1, A184) Insbesondere wird die eigene Lebenserfahrung im Sinne von »viel gesehen und viel erlebt« zu haben angeführt, um der (mit-)verursachten schweren Verletzung oder der Tötung einer anderen Person eher weniger Bedeutung beizumessen.

Projektion von Schuld: »Beschuldigung anderer«

Als Abwehrmechanismus bedeutet Projektion, dass eigene Gefühle, Impulse, Tendenzen unbewusst anderen zugeschrieben werden (Mentzos, 2000). Im Rahmen dieser Arbeit erweist es sich als schwierig projektive Abwehr festzulegen, denn es werden damit natürlich dem Interviewpartner, der Interviewpartnerin auf der Basis der eigenen Erzählung unbewusste Tendenzen oder Impulse unterstellt. Es soll insofern zwar mögliche Projektion identifiziert werden, aber dies nicht die Festigkeit einer Behauptung beanspruchen, sondern die Form einer Hypothese. Was jedoch mit den folgenden Aussagen unterstellt werden kann, ist, dass andere Personen abgewertet oder beschuldigt werden und dies im Dienste eigener Abwehr steht. Eine Interviewpartnerin kommentiert, nachdem sie einen Fußgänger mit ihrem Wagen erfasst hatte und dieser tödlich verletzt wurde, den Versuch der Querung der Straße dieses Fußgängers brüsk: *Was denkt sich so ein Mensch dabei? Hätte der nicht warten können, bis alle Autos weg sind?* (I23, A32). Es wird dem Verstorbenen letztlich beinahe ein Entscheidungsprozess unterstellt, der zu seinem eignen Lebensende führt. Im Sinne der Projektion wären Vorwürfe der Gedankenlosigkeit und Ignoranz mitunter umgekehrt auch an UnfallfahrerInnen und (Mit-)Verursachende durch »Opfer« zu richten. Genau gleich könnte beispielsweise die hinterbliebene Frau des Verstorbenen fragen. Zumindest fällt die Unterstellung, welche dem getöteten Opfer gilt, auf. Auffallend ist auch in anderen Interviews, dass die Beschreibung der anderen VerkehrsteilnehmerInnen in einer Weise erfolgt, welche die eigene Fahrkompetenz – obwohl ein schwerer Unfall geschehen ist – positiv hervorhebt. Dazu I5, ebenso nach dem Tod einer anderen Person:

[...] die sind 60 [km/h] gefahren auf der Landstraße und das war für mein Dafürhalten entschieden zu langsam. [...] Alles 50 – 60-jährige Hausfrauen, die viel Zeit hatten, die wenig Fahrroutine hatten und die wollten halt zum Einkaufen fahren [...] und ich, ich kannte mich doch regional ganz gut aus.
I5, A2

Die Abwehr geschieht über die Einschätzung der anderen FahrerInnen zum Unfallzeitpunkt – über deren Berufskategorie *(Hausfrau)*, deren Alterskategorie *(um die 60)*, über die Einschätzung des Fahrkönnens *(wenig Routine)* oder die Begründung der Autofahrt *(halt einkaufen* und *viel Zeit haben)*. Die eigene Kompetenz baut sich also darauf auf, dass man selbst viel Routine hat, keine Hausfrau ist usw., und der Unfalllenker stellt sich selbst fahrtechnisch in einem besseren Licht dar. Es muss hier offen bleiben, inwiefern die anderen VerkehrsteilnehmerInnen durch ihr Fahrverhalten zu dem Unfall beigetragen haben.

Ungeschehenmachen oder »die überstürzte Progression«

Mentzos (2000) versteht das Ungeschehenmachen als Abwehrform, in welcher ein unerlaubter Impuls kurzfristig bewusst wird und dann sofort in Form eines entgegengesetzten Gedankens oder magisch-symbolischen Aktes ungeschehen gemacht wird. Unerlaubte Impulse, welche ungeschehen gemacht werden sollen, wurden in den Interviews in der Form nicht gefunden. Was allerdings auftritt, ist der Versuch, das »Geschehene« möglichst rasch wieder »ungeschehen« zu machen. Ich verstehe diese Form des intrapsychischen Regulierungsversuches als die rasche Weiterentwicklung im Leben ohne allzu große Bedenken hinsichtlich der Vergangenheit. Mit anderen Worten bewerte ich hier das Ungeschehenmachen als »überstürzte Progression«. Dies zeigt sich meines Erachtens als Versuch, möglichst *rasch in den normalen Alltag zurückzukehren und sich keine Gedanken mehr zu machen* (I1, A186) zu wollen. Formulierungen werden verwendet wie z. B., dass man *sowieso ein positiver Mensch [ist] und immer nach vorne schaut.* (I10, A564) oder, dass man *das Vergangene nicht ändern [kann] und die Vergangenheit lass ich eigentlich immer hinter mir.* (I19, A199) und nach dem Unfalltod einer anderen Person muss man *das eigene Leben leben und das rasch ad acta legen* (I22, A28) oder *da halt jetzt schnell durch.* (I2, A235) Ebenso die Kommentierung einer Gehirnschwellung und des künstlichen Komas ihres Unfallgegners, dass *sie den in künstlichen Tiefschlaf versetzt [haben] für ein paar Tage. Aber [sich] das sofort wieder regeneriert.* (I10, A55) Das Bemühen um die rasche Rückkehr in den Alltag, in die Normalität und die Hinwendung in die Zukunft sehe ich eher als Art Schadensbegrenzung und überstürzte Progression denn als Verarbeitung und Integration des Ereignisses. Diese Aussagen wurden von insgesamt ca. sechs Personen meist nur wenige Wochen nach dem Unfall getroffen.

Verdrängung im engeren Sinne

Zur Verdrängung im engeren Sinne zählt Mentzos (2000) die Amnesie oder die Skotomisierung, das bedeutet das Übersehen bestimmter Inhalte. Dazu fällt ein Interview auf, in welchem eine Unfalllenkerin erzählt, wie es ihr nach der Konfrontation mit dem Schrecken über den möglichen Tod des Unfallgegners ergangen ist:

Als mein Freund bei mir war, habe ich ihn gefragt: >du, wenn der jetzt tot ist, bin ich dann eigentlich ein Mörder?< Und er hat dann gesagt: >naja, eigentlich schon.< Und ich habe mir gedacht: >na Hilfe!<, aber dann bin ich eingeschlafen. I10, A608 Und weiter: [...] ich kann mich an das auch nur mehr so schemenhaft erinnern. Und am nächsten Tag dann ist es mir dann ja eh total gut gegangen eigentlich. I10, A25

Das sofortige Einschlafen nach diesem Gespräch mit dem Freund, die nur schemenhafte Erinnerung in einer Zeit nach dem Unfall, welche nicht vordergründig mit den Verletzungen zu erklären ist, und dann jedoch das »Gutgehen« am darauf folgenden Tag, werte ich hier als Verdrängungsprozesse im engeren Sinne.

Zusammenfassung der Abwehrmechanismen

Die Abwehrmechanismen der Verleugnung, des Ungeschehenmachens und auch der projektiven Rationalisierung sind bei Hirsch (2012) Spaltungsmechanismen,

6.4 Die Aporie traumatischer Schuld: ... aus den Gesprächen »extrahiert«

welche die Schuld durch das Herunterspielen und durch Ausdünnung verringern. Ausdünnend wirken sich Erklärungen über zahlreiche andere aus, welche gleich handeln, sowie über Anonymisierungen der anderen. In Anlehnung an Hirsch sehe ich auch den raschen Vorwärtstrend in den vorangegangenen Aussagen als Ausdünnung von Schuld. Insgesamt sind es in etwa ein Drittel der Untersuchungsteilnehmenden, bei welchen psychodynamische Abwehr deutlich zutage tritt. Etwa sechs Personen rechne ich zu den »durchgängigen AbwehrerInnen« – um diesen Begriff hier einzuführen – da sie die Aussagen, welche ich zur Abwehr zähle, auch an anderen Interviewstellen kaum oder gar nicht relativieren. Dieses Viertel der Untersuchungsgruppe zeigt kaum eine größere Verunsicherung hinsichtlich des eigenen Verschuldens und lässt sich auch nicht auf eine Diskussion um eigene Verantwortlichkeit ein. Teilweise gibt ihnen zumindest die juristische Sichtweise insofern recht, als Verfahren eingestellt wurden oder sie gar nicht erst strafrechtlich verfolgt wurden, teilweise ist die juristische Situation aber noch offen. Es zeigt sich außerdem, dass zumeist ein »Kernabwehrstil« zu finden ist, also ein/e InterviewpartnerIn eher einen Abwehrmechanismus bevorzugt oder sich überwiegend eines Abwehrstiles bedient. Wenige wechseln zwischen unterschiedlichen Selbstschutz- bzw. Abwehrmechanismen. Für die Schuldverarbeitung, welche im Kapitel Anpassung und Zeit zusammengefasst ist, kann an dieser Stelle gesagt werden, dass bei den ca. sechs durchgängigen AbwehrerInnen auch keine »integrierenden« Aussagen zu finden sind. Damit sind Aussagen gemeint, welche auf ein Durcharbeiten der Ereignisse oder eine Integration in das eigene Selbst- und Weltverständnis schließen lassen. Die durchgängigen AbwehrerInnen sprechen aber auch nicht über Belastungen, zumindest nicht über längere innere Auseinandersetzungen, welche zu Belastungen führen würden. Mit anderen Worten, die Abwehr ist funktional, wer die Schuld abwehrt, zeigt sich auch nicht gleichzeitig schuldbelastet.

Personen, welche zwar auch Aussagen im Sinne der Abwehr formulieren, aber weniger durchgängige AbwehrerInnen sind, zeigen dazwischen auch Empathie bezüglich der Opfer und Hinterbliebenen. Sie treffen zumindest Aussagen über ein Bedauern der Situation oder sprechen in der Weise, dass auch Verunsicherung über eigenes Verschulden, Mitschuld oder Verantwortung zutage treten. Sie gestehen ein, nicht gänzlich über die Situation Klarheit zu haben. Bei dieser »Teilabwehr« ist also die Auseinandersetzung mit Aspekten der Verursachung des Todes sowie eine Perspektivenübernahme auch möglich bzw. immer wieder vorhanden. Bei ihnen verstehe ich die Abwehr eher als Regulativ im Sinne eines biphasischen Verlaufes zwischen Abwehr und Konfrontation, und zwar dann, wenn der Zeitpunkt der Befragung auch noch eher ereignisnah liegt. Dies spielt auf den biphasischen Verlauf von Vermeidung und Intrusion innerhalb der Traumaverarbeitung (Horowitz, 2001) an, vergleichbar mit der Beobachtung, dass die Vermeidung traumatischer Inhalte und die Vermeidung des Schuldaffektes durch die psychodynamische Abwehr im Dienste der Regulierung des Durcharbeitens stehen.

Abschließend noch eine Anmerkung zur Formulierung von psychodynamischer Abwehr im Rahmen dieser Interviews: Es erscheint mir nicht unproblematisch, Abwehrmechanismen aufgrund von Textpassagen zu »unterstellen«. Eine jeweilige Zuordnung einer Interviewaussage zu einem Abwehrmechanismus als solcher kann zwar aufgrund der Textstelle versucht werden, Vorsicht ist jedoch hinsichtlich möglicher psychodynamischer oder klinisch-relevanter Auslegungen geboten.

6.4.6 Warum? Attribution, Opferentwertung oder: »Das Finden von Erklärungen«

Die Attribution der Ursache für das Ereignis und das Finden von Erklärungen auf die Frage nach dem »Warum?« nimmt in dieser Untersuchung breiteren Raum ein. Die Attributionsforschung – ganz generell gesprochen – beruft sich stärker auf die sozial-psychologischen Bedeutungen und Folgen, für soziale und interaktionale Prozesse allgemein, als dies in der psychodynamischen Abwehr fokussiert wird. Letztlich ist die Ursachenzuschreibung auch maßgeblich für soziale und interaktionale Prozesse, aber auch für die Übernahme von Verantwortung. Vorerst wird die subjektive Schadensbegrenzung durch Erklärungen über das eigene Verhalten zusammengefasst. Der Weg der Interviewten geht dabei über Erläuterungen und Reflexionen, über das »Was-wäre-wenn«. Die Suche nach Erklärungen zeigt sich v. a. in der Suche nach Zeichen für ein bevorstehendes Unglück oder Handlungsmöglichkeiten währenddessen. Dies tritt als Folge von erschütterten Sinnzusammenhängen auf, also eine Erklärungs*suche*.

In der gefundenen, hier gegebenen Erklärung wird die Erklärungs*art* fokussiert. Bei einer »Was-wäre-wenn«-Erklärung wird eine subjektive Schadensbegrenzung herbeigeführt, sie hat insofern also auch Erklärungs*wert*. Die Aussagen beziehen sich darauf, dass durch eigenes Verhalten in der Situation diese durch ein konkretes, anderes Verhalten zu beeinflussen gewesen wäre. Dazu repräsentative Beispiele aus den Gesprächen:

> *Es war eine Minute, ich hätte länger warten sollen, auf eine Minute, dann wäre er weggewesen [...]. I6, A61*

6.4 Die Aporie traumatischer Schuld: ... aus den Gesprächen »extrahiert«

Wärst du mal schneller gefahren, dann wärst du weg gewesen. I23, A2b

Und in ähnlicher Weise:
Zwei Minuten eher gesehen könnte der Mann vielleicht noch leben. I1, A64

Vielleicht hätte ich an dem Tag 20m vorher stehen bleiben sollen. I21, A128

Die InterviewpartnerInnen bieten hier Vorschläge für ein anderes Verhalten an. Diese Vorschläge sind gezielt, das heißt, sie werden konkretisiert als Alternative und damit auch als scheinbare Wahl. Eine Verantwortungszuschreibung auf das eigene Verhalten wird dabei als Handlungsmöglichkeit in den Blick genommen. Es werden allerdings Verhaltensweisen angeboten, welche keineswegs zum Informationsstand vor dem Ereignis »passen«. Mit anderen Worten, anderes und besseres Verhalten zur Verhinderung des Unfalles wird aus einer Perspektive angeboten, welche vor dem Ereignis keineswegs zur Verfügung stand. Es wird der Mangel an Wissen, dass es zu einem schweren Unfall kommt, in der Fantasie mit anderem Verhalten »aufgefüllt« und eine Wahlmöglichkeit antizipiert. Dies stellt Kontrolle her. Es wird aber auch – dazu im nächsten Punkt – darauf hingewiesen, dass das eigene Verhalten »noch schlechter« hätte sein können. Beispiele hierfür sind, dass man während der Autofahrt *ja auch noch telefonieren hätte können, was zwar den Unfall nicht verhindert* (I1, A56) *hätte, aber noch schlimmer gewesen wäre.*

Sicher wäre es noch schlimmer, hättest du einen Restalkohol oder wärst mit erhöhter Geschwindigkeit [...] weil da tust du dich dann richtig schuldig finden. Mit dem Gewissen müsstest leben, immer. I13, A72

Es wird weiter zu Erklärungen darüber, was beim Ereignis oder seinen Folgen hätte noch schlimmer sein können, ausgebaut. Beispielsweise wird als noch schlimmer angemerkt, dass:

Wenn der jetzt noch ein Jahr im Koma gelegen hätte, dann wäre das kein Unfall mit Todesfolge gewesen und das wäre überhaupt [noch schlimmer gewesen]. I1, A24

Der Tod der anderen Person ist nicht das Schlimmste, oder aber statt des Todes Erwachsener werden Tode von Kindern als noch tragischer gewertet:

Das schlimmste wäre für mich, wenn ich ein Kind zusammenfahren würde. I10, A446 Und auch: Weil ich weiß nicht [...] bei einem Kind, da darf man gar nicht dran denken. I1, A18

Dass der Tod der anderen Person gar nicht das Schlimmste ist, wird mehrfach betont und z. B. damit verstärkt, dass es ein Erwachsener war und *zum Glück kein Kind*. Aussagen darüber, dass es noch schlimmer hätte kommen können, finden sich besonders bei Unfallereignissen, die nicht tödlich ausgegangen sind, aber keineswegs nur dort. Es hätte grundsätzlich noch schlimmer kommen können: *Wenn ich denke, wenn der Junge zwischen Bordstein und Reifen gekommen wäre, das hätte auch passieren können [spricht nicht weiter]. Der Schrecken kommt dann nachher im Kopf. I21, A68, A80 und A116*

Zusammengefasst dienen Erklärungen, was noch schlimmer hätte sein können, der subjektiven Schadensbegrenzung und der Wiederherstellung der Kontrolle. Sie sind auf den Konjunktiv ausgerichtet, auf Mögliches, auf Fiktives, kurz gefasst auf »Was-wäre-gewesen-wenn?«. Auf die Reduzierung von Schuld durch ausdünnende Argumente wie die Verallgemeinerung, dass es alle tun usw. (Hirsch, 2012), wurde bereits hingewiesen. Gleichermaßen sehe ich die Reduktion der Schuld, aber auch von Verantwortung als gegeben, wenn manche InterviewpartnerInnen das Ereignis mit einem potenziell noch schlimmeren kontrastieren. Auch Montada (1995a) betont, dass die Relativierung eines Verlustes durch die Annahme, dass es noch schlimmer hätte kommen können, als Strategie zur Vermeidung von Schuldvorwürfen eingesetzt wird.

Der nächste Fokus liegt auf der Zuschreibung der Ursache des Ereignisses oder den Folgen auf die Opfer. Die Attribution auf Opfer und die damit einhergehende Opferentwertung erfolgt über Einschätzungen und Erklärungen über die Lebens- oder Todesumstände der tödlich verunglückten Person. Der entstandene Schaden oder das Leid der Opfer bzw. das ihrer Hinterbliebenen wird einer Bewertung und entsprechenden Erläuterung unterzogen. Es lassen sich zwei verschiedene Modi der Erklärungen unterscheiden. Zum einen stammen die Erklärungen von den (Mit-)Verursachenden selbst. Dem gegenüber stehen Erklärungen über die Unfallopfer, welche soziale Bezugspersonen den (Mit-)VerursacherInnen anbieten. Letztere entstammen also dem sozialen Kontext. Erklärungen der (Mit-)Verursachenden selbst, welche zur Attribution der Verantwortung gegeben werden, erfolgen vorerst über einzelne Attribute wie Alter: *er war schon ein älterer Herr* (I1, A16), Nationalität: *er war so ein polnischer Landarbeiter* (I1, A102), über geografische Nähe bzw. Anonymisierung: *die war nur auf der Durchreise* (I19, A94), über den körperlichen Zustand, wie dass ein Opfer *etwas datterig* war oder über den Geisteszustand, dass jemand *etwas verwirrt* war. Es fallen dabei jeweils die Zusätze von »nur«, »schon etwas« und »so ein« auf, welche nicht mehr auf beschreibenden, sondern wertenden Charakter hindeuten. Hierzu Beispiele:

6.4 Die Aporie traumatischer Schuld: ... aus den Gesprächen »extrahiert«

Was vielleicht auch noch erleichternd für mich war, dass der Mann auch alleine war. Das ist vielleicht auch noch was anderes, wenn man weiß, da ist vielleicht noch eine Frau und auch noch ein Kind mit 13, 14, 15 Jahren. Dann denkt man vielleicht über die ganze Geschichte noch anders. I1, A220

Es ist ja auch ein anderer Kulturkreis und ist so weit weg. Mich betrifft das irgendwie nur so ein bisschen virtuell. I25, A44

Ein anderer Kulturkreis, die räumliche Distanz, die Anonymisierung durch bestimmte Merkmale und die Annahme, dass diese Art von Tod in einem bestimmten Alter gar nicht so schlecht ist, werden hier als Aussagen über die Unfallopfer bzw. Unfallbeteiligten getroffen. Dabei steigern sich die Erklärungen in den Interviews häufig, und die Argumentationen bauen sich zunehmend auf. Es sei zur Verdeutlichung an dieser Stelle nochmals ein Interviewzitat, welches sich wie zu einem »Finale« steigert, angeführt:

Ich meine, es hört sich dumm an, aber ich hatte nun mal Glück. Der war alleinstehend, der war Alkoholiker und das war für mich schon reine Fakt genug, dass ich die Sache vergessen kann. I1, A222

Hier fällt insgesamt auf, dass die Einschätzung des/der tödlich Verunglückten und die vorgenommenen Bewertungen zunehmend zur Opfer*entwertung* führen.
Das ist nicht böse gemeint, aber, wenn ich mir vorstelle, das wäre ein Familienvater gewesen [...] das wäre noch schlimmer. Also da bin ich froh, dass das nur ein alter Mann war. I23, A38

Die Schuldzuschreibung an Opfer zeigt hier gleich mehrere Dimensionen. Zum einen zeigen sich Schuldzuweisungen im Sinne des Sündenbock-Mechanismus (vgl. Hirsch, 2012; Brinton-Perera, 1992). Als Sündenböcke gelten hier die Älteren, die AusländerInnen und die AlkoholikerInnen. Eine zusätzliche Anonymisierung der Opfer wird durch das Attribut »durchreisend« hergestellt. Zum anderen erfolgt in diesen Interviews die direkte Beschuldigung von Opfern, die beispielsweise *nicht aufpassen, sich nichts denken und einfach auf die Straße rennen* (I23, A20) und dadurch ums Leben kommen. Bei unzureichender Information über Verursachung und Verantwortlichkeit wird eher dem Opfer Schuld zugeschrieben (Montada, 1988). Über Opferbeschuldigung (Blaming the Victim) schreiben auch Hirsch (2012), Auchter (1996), Montada (1995a) und Janoff-Bulman (2002). Letztere fassen zusammen, dass das Wissen um einen schlimmen Ausgang eines Ereignisses die Tendenz, dem Opfer Fehler vorzuwerfen und mehr

Verantwortlichkeit zuzuschreiben, erhöht. Durch die Annahme einer gerechten Welt (Lerner, 1980) neigen wir außerdem eher dazu, einem Opfer mehr Schuld zuzuschreiben, da jede/r bekommt, was er/sie verdient. Die Folgen dieser Zuschreibung sind die sekundäre Viktimisierung, die Abweisung von Unterstützung und die Abwertung des Opfers (Montada, 1988).

Erklärungen anderer aus dem sozialen Umfeld, die (Mit-)VerursacherInnen nach dem Tod von Opfern angeboten werden, verstehe ich als Entlastungsangebote. Hierin werden soziale und interaktionale Aspekte von Attribution deutlich. Entlastet werden sollen dabei einerseits die (Mit-)Verursachenden, wenn beispielsweise angeführt wird, dass *ein Familienvater nicht Motoradfahren sollte* (I5, A8), andererseits bewirkt dies aber auch eine präventive Selbstentlastung, weil Berufskollegen im öffentlichen Verkehr letztlich wissen, dass auch sie vor schweren Unfällen keinesweges geschützt sind. Das soziale Angebot der Umgebung zur Opferbeschuldigung führt zur Reduktion der Sympathie und Solidarität durch die Gemeinschaft und weiter zur Reduktion von Mitgefühl und sozialer Unterstützung für das Opfer (Montada, 1988). Die Bereitschaft der weiteren »faireren« Beurteilung der Situation sinkt im Sinne der »Gerechten Welt«-Hypothese (Lerner, 1980).

Die Antwortmodi auf die Frage nach dem »Warum?« werden im Folgenden zusammengefasst. Die Frage nach dem Warum kommt nahezu in allen Interviews vor, und eine Auseinandersetzung mit ihr findet auch häufig über längere Zeit statt. Das Wort *warum* taucht entsprechend 96 Mal über alle Interviews verteilt auf. Insofern interpretiere ich die Warum-Frage als Zeichen für die Auseinandersetzung mit erschütterten Grundannahmen und Hinweise auf einen Prozess des Durcharbeitens. Zentral hinsichtlich der Beantwortung der Warum-Frage ist die Sinnstiftung. Die Beantwortung der Warum-Frage führt letztlich zu subjektiven Theorien über das Geschehene. Im Grunde erscheinen mir vier Antwortmodi auf die Warum-Frage identifizierbar: die Attribution auf das Schicksal, auf den Zufall als Glück oder Pech, auf eine Form der Sendung durch eine »höhere Instanz« und viertens, dass die Frage in die Nicht-Beantwortung führt. Zu diesen Modi soll je eine kurze Diskussion anhand von Ankerbeispielen aufgegriffen werden.

Die Interpretation eines Ereignisses als schicksalhaft, als unbeeinflussbar, geht mitunter von wenigen oder einem Detail aus. Dazu das Beispiel eines Berufsfahrers, welcher mit seinem LKW ein siebenjähriges Kind erfasst hat. Das Kind war sofort tot, hatte jedoch unmittelbar vor dem Unfall auf einer kleinen Anhöhe gestanden und dem LKW-Fahrer zugewinkt und war dann vermutlich abgerutscht. Der Fahrer erwiderte den Gruß, auch er winkte. Unmittelbar nach dieser »Begeg-

nung« passierte das Unglück, ohne jedoch, dass der LKW-Fahrer die genaueren Umstände einsah. Er formuliert:
> *Da ist das Schicksal passiert, da kannst du das nicht glauben was da passiert [...] wie ich bei dem Kind vorbei fahre, winkt das noch, ich winke ihm zurück, schau noch in den Spiegel und dann ist es [unter] dem LKW. I13, A4 und A6*

Und später erzählt er, dass am gleichen Tag des Unfalles sein erstes Enkelkind seinen ersten Geburtstag feierte:
> *Das Schicksal wird dir in die Wiege gelegt wahrscheinlich [...], das eine Kind muss sterben, das eine hat den ersten Geburtstag an diesem Tag. I13, A36a*

Die Attribution auf etwas Unbeeinflussbares, auf etwas Übergeordnetes – das Schicksal – findet sich, und es sind insbesondere zwei Details, die das Ereignis schicksalhaft erscheinen lassen: das sich gegenseitige Zuwinken vor dem tödlichen Unfall – also eine Begegnungsform – und der erste Geburtstag des eigenen Enkelkindes. Es wird dabei auch eine Verbindung zwischen den beiden Kindern hergestellt. Diese Erklärungen ersetzen nicht die Auseinandersetzung mit eigenen Verhaltensanteilen und der eigenen Verantwortung, reduzieren allerdings die Schuld für das Ereignis, insbesondere da, wo der eigentliche Unfallhergang selbst im Unklaren bzw. im »Uneinsehbaren« bleibt. Noch kurze Auszüge hierfür:
> *Mensch, du warst zur falschen Zeit am falschen Ort, man hätte nichts tun können, das ist eben Schicksal [...] von [da] an geht es mir viel besser. I23, A2*

> *Das sind so gewisse Bereiche im Leben, da wo man nicht einwirken kann. I3, A59*

Grundsätzlich wirkt sich die Annahme einer Mitwirkung des Schicksals eher entlastend für die Betroffenen aus. Dennoch differenziert Interviewpartner 7 deutlich:
> *Im Begriff Schicksal [...] darin unterscheide ich mich auch von den Eltern meiner verstorbenen Freundin: für sie ist es ausschließlich Schicksal, für mich kam noch etwas anderes hinzu, nämlich eben die Auseinandersetzung mit der Frage, inwiefern habe ich zu dieser Katastrophe beigetragen. I7, A48*

Den Attributionsmodus, welchen ich hier als Sendung bezeichne, möchte ich ebenso beispielhaft skizzieren. Es wird formuliert:

Das hat alles was mit mir zu tun und mit meinen Gefühlen. Ich soll da was lernen. I5, A16

[...] dass diese Dinge nicht ohne Grund passieren, dass die bedeutsam sind in einem ganz anderen Zusammenhang. Ich denke, das hat seinen Sinn. Es hat Gründe dafür gegeben [...]. Das ist nichts Wissenschaftliches. I15, A86–88

Diese *Dinge passieren nicht ohne Grund, sie sind bedeutsam in einem ganz anderen Zusammenhang, sie haben einen Sinn,* wird formuliert und betont, dass *das es zu lernen gilt.* Noch expliziter wird eine Auserwählung angenommen, indem gesagt wird:
Wir wissen, dass wir alle Fehler machen und ein paar wenige sind scheinbar auserwählt, dass sie eben diese Fehler machen, die dann zum Tod eines Menschen führen. I18, A40a

Noch ein Interviewzitat zum Bereich der »Vorahnung« sei herausgegriffen:
Für mich war es interessanterweise im Vorhinein schon so, dass ich mir gedacht habe, ich muss möglicherweise eines der beiden [Kinder] wieder hergeben. Ich kann das nicht beschreiben. I3, A74 und A76

Die Sendung durch eine »höhere Instanz«, die Vorahnung, dass etwas passiert, die Auserwählung zeigen vermutlich in manchen Beispielen – absolut nicht in allen – die Abwehr des Schuldaffektes in der Form, dass eine Tatschuld durch die Existenzschuld zu leugnen gesucht wird (Hirsch, 2012). Bei dieser wird eine persönliche Schuld oder Verantwortung auf die Ebene der Existenz des Menschen und seine Schuldhaftigkeit überhaupt verschoben. Wie soll ein Mensch schuldig werden, wir sind doch alle Menschen (Hirsch, 2012; in Anlehnung an Franz Kafka). Allerdings muss ich hier die von Hirsch (2012) formulierte Existenzschuld in die *Existenz-Auserwählung* – in die von den (Mit-)Verursachenden formulierte Exklusivität – übersetzen: »Ich«, meine Existenz, ist durch eine »höhere Instanz« beeinflusst und diese wiederum ausschlaggebend für den Unfall bzw. seine Folgen. Die Tatschuld (in dieser Studie besser die »Verhaltensschuld«) wird also auf die Existenz-Auserwählung verschoben. Es sei an dieser Stelle nochmals betont, dass die Zuschreibung der Verantwortung für ein Ereignis Entscheidungs- und Handlungsfähigkeit voraussetzt (Montada, 1988) und diese bei einem Unfall häufig keinesfalls gegeben sind. Entsprechend ist auch nicht eins zu eins von Tatschuld zu sprechen, dennoch erscheint mir die Interpretation in Anlehnung an den Begriff der Tatschuld sinnvoll bzw. eine Übertragung in »Verhaltensschuld« zu denken. Denn das Prinzip ist wie in der Schuldabwehr die Verschiebung vom Typus von Tat- oder Handlungsversäumnissen auf die Existenz (Hirsch, 2012). Der Modus ist hier die auserwählte Existenz und dann ist der Unfall unausweichlich. Umgekehrt fand sich keine Erklärung, dass das Ereignis gezielt als Verdammnis, Fluch Gottes oder sonst ein Gegenteil von »Auserwählung« anzusehen wäre. Dies erhärtet meine These, dass es sich um eine Abwehr handelt, insofern, als dass in der Erklärung der Auserwählung die eigene Schuldhaftigkeit sinkt; sie würde sich in der Variante des Fluches steigern. An dieser Stelle sei darauf hingewiesen, dass sich bei der Analyse der Metaphern dieses Bild etwas differenziert: Die gegebenen Erklärungen auf das Warum sind eher erläuternd und sinnstiftend, »erhöhend«. Die Bildsprache der Schuld wirkt deutlich »düsterer«. Mit anderen Worten: Die InterviewpartnerInnen sprechen im Sinne der Attribution von Auserwählung, die verwendeten Sprachbilder zeigen jedoch Düsternis. Dazu mehr im entsprechenden Teil der Zusammenfassung über die Bildsprache der Schuld.

Zur Attribution auf den Zufall findet sich Aussagen darüber, Glück versus Pech zu haben. *Die anderen haben in der Regel einfach Glück, dass sie durch den Verkehr durchkommen ohne Unfall.* (I18, A40b) Gegenüber: Ich hatte einfach nur Pech in der Situation: *Zumal ich eh so ein Mensch [bin], ich zieh immer sehr viel [Pech] an.* (I12, A28a) Dieser Modus ist meist dort zu finden, wo dem Ereignis keine andere Bedeutung verliehen werden kann. Diese Zuschreibung ist »profaner und nüchterner« und verleiht eher weniger Sinnstiftung als die beiden bereits genannten Attributionsmodi. Hier wird weder das Schicksal noch die Auserwählung gegen Verantwortungsthemen und Schuld abgewogen. Dieser Modus erinnert am ehesten an die Auslieferung, an die Willkür des Lebens. Es tritt hier etwas weniger Belastungsreduktion auf. Die Folgen sind meines Erachtens, dass die Personen durch die geringe Sinnstiftung auch größerer »Ernüchterung« ausgeliefert bleiben.

Im vierten und letzten Modus führt die Antwortsuche auf die Frage nach dem Warum nicht zu einer Attribution, sondern »ins Leere« bzw. in eine Art Blockade. Die InterviewpartnerInnen formulieren z. B. wie I13: *Warum? Warum und wieso? [bricht ab und schweigt]* (I13, A36b Wortgleich bei I8; A82) Sie brechen dann ab und schweigen. Es zeigt sich hier nicht einfach nur das Freisein von einer Attribution und oder gar eine Anerkennung dessen, was ist, auffallend ist vielmehr die im Raum stehende Verzweiflung.

Nein, [niemand] kann das verstehen, warum man an dem so festhaltet. Die Freundin, die hat immer gesagt, sie versteht das nicht: warum, warum, warum da nicht einfach einmal sagen, ja das war ein Unfall, der jedem passieren kann, aber das geht so nicht. I15, A24

Mit anderen Worten, die Sinnstiftung bleibt aus. Versuche der sozialen Umgebung zur Unterstützung in der Beantwortung lösen bestenfalls Unverständnis, aber auch Aggression aus.

Bei allen vier Modi muss auch der Zeitfaktor berücksichtig werden. Es zeigt sich, dass die meisten Personen im Lauf des Durcharbeitens mehrere Modi erproben und durchlaufen und dann zu einem Antwortmuster im Sinne der Attribution finden. Besonders in der Zeit unmittelbar nach dem Ereignis kann die Warum-Frage nicht beantwortet werden, aber keineswegs nur dann. Der Interpretation, dass der Schuld ausgewichen wird, indem Schuld in Schicksal verwandelt wird (Hirsch, 2012), kann ich mich an dieser Stelle nur teilweise anschließen. Das Bedürfnis nach Sinn und Bedeutung ist zentral und bedeutsam in der Entwicklung des weiteren Lebensentwurfs. Dies gilt besonders nach Traumatisierungen, und die den Unfall (Mit-)Verursachenden erlebten solche häufig ihrerseits. Dazu auch Janoff-Bulman (2002), die die Reaktionen auf das »Why me?« bei Traumaopfern untersuchte und bei nahezu allen die Beantwortung in sinnstiftenden Formulierungen fand: sie sind bei ihr ein Teil guter Bewältigung. Schuldübernahme ohne Handlungsabsicht für ein Ereignis, d.h. ohne Wahlfreiheit im Sinne einer Entscheidung, ist aber vermutlich der wesentliche Punkt, dass der in Schicksal verwandelten Schuld nicht nur ein Ausweichen unterstellt werden kann, sondern eine Auseinandersetzung in Verantwortung dennoch möglich ist. Anders formuliert, erschiene mir der Vorwurf von Abwehr hinsichtlich der Attribution auf das Schicksal bei Unfallereignissen in der gegebenen Form mitunter problematisch, da Schuld hier nicht durch Absicht entsteht. Dieses Thema wird in der Diskussion um Verantwortung noch vertieft.

6.4.7 Argumentationen und »Narrationen« über Verantwortung und Rechtfertigung

Im Folgenden werden die Themen Verantwortung und Übernahme von Verantwortung erörtert sowie Überlegungen zu (Fehl-)verhalten, Strategien der Rechtfertigung und Annahmen, inwiefern die Ereignisse vermeidbar gewesen wären, angestellt. Verantwortung und Rechtfertigung sind stark aufeinander bezogen und miteinander verwoben. Vorerst soll Verantwortung analysiert werden, und ich möchte damit zwei wesentliche Kriterien hinsichtlich der Verantwortung gegenüberstellen. Zum einen werden die Kriterien der Verantwortungsübernahme zusammengefasst, zum anderen der argumentative Prozess der Abwägung von Verantwortung selbst fokussiert. In weiterer Folge werden Rechtfertigungen als

Verantwortungsreduktion berücksichtigt und der Einfluss der angenommenen Vermeidbarkeit des Unfalles erörtert. Ich beginne mit dem narrativen Prozess der Verantwortung.

Der argumentative Prozess der Verantwortung, präziser formuliert der Abwägung von Verantwortung zeigt oft, dass Verantwortungsübernahme nicht per se erfolgt oder abgelehnt wird, sondern häufig Verantwortung erst generiert wird. Sie muss im eigentlichen Sinne manchmal sogar gesucht werden, wie ich vorerst anhand nur eines Interviewpartners zeigen möchte. Es handelt sich um einen Verkehrsunfall in Asien, bei dem der Unfallgegner, ein Radfahrer, vom überholenden Interviewpartner, welcher ein Motorrad fuhr, schwer verletzt wurde. Der Schweregrad der Verletzung, die Folgen, aber auch ein möglicher tödlicher Ausgang bleiben offen, nachdem das Unfallopfer ins Krankenhaus transportiert wird.

Dann hab ich erst herausgefunden, dass da doch was gewesen ist. Weil die Aussage damals war einfach, das hat mit dir nichts zu tun. [...] Dubios. Warum weiß ich nicht. I25, A10

Es wird eine Aussage angeführt, die vorerst darauf hinweist, dass die Situation »nichts mit ihm zu tun hat«, obwohl der von ihm vorher geschilderte Unfallhergang auf einen komplizierten Überholvorgang seinerseits schließen lässt und er auch mit dem schwer verletzten Unfallopfer konfrontiert ist. Für eine Situation, mit der man nichts zu tun hat, übernimmt man auch keine Verantwortung. Dann greift er nach weiteren Schilderungen zu einer Attribution auf das Schicksal:

Ich sehe das auch ein bisschen schicksalshaft, also es ist passiert. I25, A34a

Somit liegt auch die Verantwortung beim Schicksal, um dann aber im gleichen Absatz damit fortzusetzen, dass sein Verhalten und sogar seine Entscheidung im Vordergrund stehen:

Ich bin gefahren und ich habe die Entscheidung getroffen; ja sicher, ganz klar. I25, A34b

Bis er dann nochmals das Verhalten bzw. die Entscheidungen des verunglückten Unfallgegners mit heranzieht und eigenes Verhalten nochmals etwas ausdifferenziert:

Ähm, ich frage mich schon, dass bis wohin, welche Entscheidung habe ich getroffen und welches war vielleicht die falsche Entscheidung, die zusammen mit einer anderen Entscheidung dann zu der Katastrophe geführt hat. I25, A58

In diesem Verlauf von Rechtfertigungs-, Vermeidungs- und Verantwortungsüberlegungen gibt es eine »Narration der Suche« mit entsprechenden Elementen von Unklarheit und Unorientiertheit:
Das ist irgendetwas zwischen Bockmist gebaut haben und Naturkatastrophe irgendwie. Na gut, Naturkatastrophe insofern, als dass es wirklich einfach aus dem Blauen raus passiert ist und ich jetzt irgendwie – mein Anteil an der Sache war nur die überhaupt nicht zu, also weiß, heißt überhaupt nicht, stimmt ja auch nicht, ich hab mir schon überlegt, was ich tue. Aber falsch zu reagieren und das, naja im letzten Moment stellt sich heraus, dass das, was ich vorhatte, genau das herbeiführt, was ich eigentlich vermeiden wollte. I25, A32

Um dann eine Rechtfertigung zur Selbstentlastung – zumindest war es nicht Absicht – zu erstellen und anzufügen:
Es war jetzt eigentlich eine ruhige, alltägliche Situation. Da gab es eigentlich, bis auf die Fehleinschätzung, keine [bricht ab]. Es gab nichts Aggressives, ein Gewaltpotenzial, so ein Gewaltelement war da nicht enthalten. I25, A58

Dann ist die Aussage plötzlich doch die, dass der Unfall zu vermeiden gewesen wäre, und dies löst dann auch Bedauern aus:
Jetzt, wo wir so drüber reden, tut es mir schon sehr leid für den jungen Mann [...] es ist schon bedauerlich. [...] Es hätte v. a., weil es hätte nicht wirklich sein müssen. I25, A60

Kurz gefasst also lesen wir eine ganze Abfolge von Versuchen der Verantwortungszuschreibung, beginnend damit, dass man mit der Sache nichts zu tun hat, über das Schicksal, den Zufall, über das eigene Verhalten, über das Verhalten des Anderen, über die Hinterfragung der eigenen Entscheidung, über die Anwendung von Rechtfertigungsstrategien bis hin zur Frage der Vermeidbarkeit – und dies zu einem Zeitpunkt ca. sechs Jahre nach dem Unfall.

Verantwortung wird gesucht, abgewogen, eingegrenzt, vermieden und, wie ich noch zeigen möchte, überschätzt. Verantwortung wird insofern – so meine These – generiert, teils auch konstruiert. Bevor der weitere Blick den Aussagen der Interviews insgesamt gilt, soll die Generierung bzw. Konstruktion der Verantwortung nochmals unter Berücksichtigung der Fachliteratur erörtert werden. Es findet sich meines Erachtens, was Trappe (2001) beschreibt, wenn er formuliert, dass die »Befriedigung des Kausalitätsbedürfnisses nicht ausreicht, um Unfälle zu kontextualisieren« (S. 3). Die Erklärung des Unfallherganges liefert im besten Fall den objektiven, raum-zeitlichen Verlauf des Geschehens, macht es aber durchaus noch nicht verständlich, so Trappe weiter – und ich ergänze: dann aber auch keineswegs hinsichtlich der Klärung von Verantwortlichkeit im Sinne eines Verantwortungsgefühls für den Unfall und/oder die Konsequenzen. Für was genau sie verantwortlich sind, bleibt insofern für viele eine offene Frage, und das Verantwortungsgefühl ist dann oft nicht an konkrete Fakten »gebunden«. Zur Verantwortungszuschreibung formuliert Montada (1988) Positionen, die zu einer Minderung oder Leugnung von Verantwortung eingenommen werden können. Dazu zählen das Bestreiten der Verursachung, des Handelns, der Regelwidrigkeit, das Bestreiten der Vorhersehbarkeit, Absicht oder Planung – und zuletzt: nicht die Handlung wird bestritten, jedoch die Handlungsfolge. Im Grunde trifft dieses Bestreiten genau jene Merkmale, die zu einer Verantwortungszuschreibung führen (Albs, 1997) und letztlich als Grundlage des Verantwortungsbegriffes gelten. Reichle (1994) schreibt, dass die Urheberschaft für Ereignisse bei der Person, bei den Umständen, beim Zufall – als Abwesenheit von Kontrollinstanzen – oder beim Schicksal – als Sammelbegriff für höhere Instanzen – gefunden werden können, jedoch die Verantwortlichkeitszuschreibung nur hinsichtlich handlungsfähiger Instanzen erfolgt. Insofern bedeutet Zuschreibung der Verantwortung die Bewertung von Verhalten bzw. der Handlung *und* die Bewertung der Person (Albs, 1997, S. 38). Personen, deren Handlungen und Handlungsfolgen werden bewertet, damit es zur Beurteilung von wahrgenommener Schuld kommt. Als Ergebnis dieses Bewertungsprozesses wird persönliche Schuld für eine Handlung und deren Ergebnisse oder Ergebnisfolgen einer Person zugeschrieben oder diese Person wird ent-schuldigt (Albs, 1997).

In den Interviews unterscheiden die wenigsten InterviewpartnerInnen sprachlich zwischen Schuld und Verantwortung. Nicht zuletzt sind sprachliche Formulierungen wie *die Verantwortung zu tragen* wesentlich seltener zu finden, als Formulierungen wie *Schuld zu sein* bzw. *Schuld zu haben*, wobei sich dies umgangssprachlich in Formulierungen wie *Ich bin (die) Schuld* sogar noch verschärft. In dieser Formulierung von Schuld wird die Verantwortung zum existenziellen Thema. Für Kaiser (2004) kann Verantwortung ohne Schuld nicht gedacht werden, womit er die Relationalität der Begriffe anspricht, allerdings wird bei ihm nicht weiter spezifiziert. Verantwortung wird zur Überverantwortlichkeit, zumindest bewerte ich in diesem Sinne die nächsten Sequenzen. Nach dem Tod eines Kameraden durch einen Unfall mit einer Waffe im militärischen Auslandseinsatz zur Friedenssicherung formuliert ein Interviewpartner:

Die Schuld, die liegt einfach bei mir, die hat man. I8, A80

Und dann präzisiert er, aus was sich diese Schuld zusammensetzt:
Das war mein Fehler, ich habe die Waffe durchgeladen, ich hab da abgedrückt.
I8, A84

Die Schilderung zielt hier nicht einfach nur auf ein mögliches (Fehl-)Verhalten
– *es war mein Fehler* – sondern auf Handlung(en): *Waffe durchladen, abdrücken*,
welche zum Tod führten. Allerdings geschieht die Schilderung in einer Form, die
nicht mehr »nur« nach einem Unfall klingt, sondern im Grunde genommen
zumindest nach einer Tötung mit Absicht, einem Mord. Von der Annahme einer
»Täterschaft« zeugt auch folgendes Beispiel nach einem Autounfall:
Man kann nicht immer so leicht sagen, da ist der Täter und da ist das Opfer [...] wenn man einmal selbst in der Rolle vom Täter war, dann ist das anders. I12, A44

Der zentrale Aspekt, den es hier noch zu erläutern gilt, ist die Übersetzung
von (Unfall-)*Verhalten* in *Handlung*. Die Überverantwortlichkeit wird durch die
Unterstellung eigener Handlung(-sabsicht) hergestellt. Handlung und Absicht
sind hinsichtlich der Zuschreibung und Übernahme von Verantwortung zentrale Begriffe (vgl. Albs, 1997; Graumann, 1994; Reichle, 1994; Anscombe, 1976;
Montada, 1988, 1995a; Nida-Rümelin, 2011). Den Schuldvorwurf sieht Albs
(1997) als Ergebnis einer spezifischen Form der Verantwortungszuschreibung,
welche vor dem Hintergrund des Handlungsbegriffes und seinen Voraussetzungen geschieht, also ein Geschehen als Handlung verstanden wird. Verantwortlichkeit kann nicht für Verhalten, jedoch für Handlungen zugeschrieben werden
(Montada, 1988). Auch Graumann (1994) postuliert als Grundlage zur Verantwortungsklärung den Handlungsbegriff. Handlung ist – im Gegensatz zu
Verhalten – eine zielgerichtete, geplante Aktivität (Riedel, 1978). Konstituierend
sind Momente des Abwägens (zwischen Handlungsmöglichkeiten), das Feststellen von Handlungsalternativen sowie die Entschlussfassung. Wer handelt, muss
eine Handlungsalternative festgestellt haben. Die Aspekte von Handeln in diesem
Sinne sind das Bestehen von Handlungsalternativen und deren subjektive Wahrnehmung sowie die erlebte oder zugeschriebene Kontrolle über eine Initiierung
(Albs, 1997). Urteile über Verantwortung, die vor dem Hintergrund von Handlung zu verstehen sind, implizieren innerhalb der Handlungsalternativen einen
Handlungsspielraum (Graumann, 1994). Wer handelt, hat sich entschlossen, eine
bestimmte Handlungsalternative durchzuführen. Diese steht quasi am Ende eines
Nachdenkprozesses über die Qualität und die Auftrittswahrscheinlichkeit von
Handlungsfolgen. Als Ergebnis eines Entscheidungsprozesses kann die Absicht

6.4 Die Aporie traumatischer Schuld: ... aus den Gesprächen »extrahiert«

stehen; auch die Zielerreichung als handlungskonstituierendes Merkmal ist eine Absicht. Der Absicht (intention) kommt auch bei der Wittgenstein-Schülerin Anscombe (1976) eine Schlüsselrolle zu, wobei sie zwischen intentionaler Handlung und Intention in der Handlung unterscheidet. Bei ihr werden Absichten als Handlung ausgeführt. Zu bedenken ist außerdem, dass beabsichtigte Handlungen unbeabsichtigte Wirkungen haben können. Die Un- oder Absichtlichkeit von Handlungsfolgen interagiert vermutlich mit deren Vorhersicht, mit anderen Worten, nur vorhergesehene Folgen können beabsichtigt sein (Albs, 1994). Montada (1988) spezifiziert hier weiter, dass die Klärung der Verursachung nicht die Frage der Verantwortung(-szuschreibung) beantworten kann, sondern Aspekte der Vorhersehbarkeit, Kontrollierbarkeit, Wahl bzw. Absicht und zumutbare Handlungsalternativen mit bedacht werden müssen, um über Verantwortung urteilen zu können. Sind »unbeabsichtigte Folgen vorhergesehen« worden, entspricht das einer Inkaufnahme der Folgen; sind hingegen Folgen eingetreten, die weder beabsichtigt noch vorhergesehen waren, so könnte in der Verantwortungsfrage ein Entlastungsargument gelten (Albs, 1997). Nida-Rümelin (2011) schreibt explizit über die Folgenverantwortung. Es ist zu klären, inwieweit wir überhaupt Verantwortung für Folgen tragen, denn Handlungsverantwortung ist bei ihm nicht gleichzusetzen mit der Folgenverantwortung: Wir sind für Handlungen verantwortlich, nicht für deren Folgen (S. 108). Eine Handlungsbewertung erfolgt also in den Dimensionen: Hatte die Person Handlungsalternativen? Hatte sie Kontrolle über den Beginn sowie den Verlauf des Ereignisses? Waren die Handlungsfolgen vorhersehbar und beabsichtigt? (Albs, 1997, S. 226). Ein Unfall hat keinen Handlungscharakter (Nida-Rümelin, 2011). Am ehesten, so empfiehlt er, gälte unsere Orientierung hierfür an Entscheidungstheorien: Wenn ich Auto fahre, entscheide ich mich höchstens für eine Wahrscheinlichkeit, dass etwas passieren könnte. Nach Nida-Rümelin (2011) ist eine Person für die Unfallfolgen nicht verantwortlich, für die Entscheidung der Teilnahme am Straßenverkehr gegebenenfalls schon. Keine Verantwortlichkeit formuliert auch Reichle (1994), wenn die Inkaufnahme negativer Folgen nicht gegeben ist – mit anderen Worten, wenn zwar eine Handlungsabsicht, aber keine Schadensabsicht bestanden hatte, wenn also negative Folgen der eigenen Handlung für eine Person nicht einfach in Kauf genommen worden sind. Über Unfälle formuliert Trappe: »In der Rede von einer ›Verkettung unglücklicher Umstände‹ weiß die in der Alltagssprache ausgelegte Welt- und Selbstdeutung des Menschen sehr genau um den Umstand, dass es sich bei Unfällen um solche Ereignisse handelt, die auch bei schuldhafter Fahrlässigkeit nie den Charakter einer Handlung im strengen Sinne erhalten« (Trappe, 2001, S. 4). Er sieht in der Unvorhersehbarkeit des Unfalles keine Möglichkeit zur Ableitung einer personalen Tat bzw. Handlung im Sinne der Verfasserin, welche Momente von Freiheit oder von Willentlichkeit enthält. Was innerhalb der Forschungsdiskussion um Verantwortung auf der Basis von Handlung unberücksichtigt bleibt, zeigt sich meines Erachtens am Beispiel der Frage der »Überverantwortlichkeit« – um damit das letztzitierte Interview nochmals aufzugreifen. Der Interviewte übernimmt die Verantwortung für das Geschehene, gerade *indem* er sich selbst Handlung unterstellt, von der ich aber keinesfalls ausgehen würde. Er skizziert den Verlauf des Unfalles, den tragischen Augenblick des Todes des Kameraden, als Handlungsablauf. Er tut dies in einem Abschnitt des Interviews, in welchem er sich selbst mit Schuld belastet und sich mit Schuldvorwürfen quält, in der Unfallschilderung zu einem früheren Zeitpunkt im Interview werden wir allerdings über Fakten informiert, die mindestens mitverantwortlich zu machen wären. Diese werden an dieser Stelle aber ausgeblendet. Was ich damit sagen möchte: Die Verantwortungszuschreibung auf der theoretischen Basis von Handlung entlastet normalerweise dort vom Schuldvorwurf, wo es sich um einen unbeabsichtigten Unfall handelt. In diesem Fall aber wird aus einem bestenfalls (Unfall-)*Verhalten* sogar eine Handlung konstruiert und – so meine Annahme – dem eigenen Schuldvorwurf Nachdruck gegeben. Der Hintergrund scheint mir hier, dass er selbst eine Handlung postuliert, wo man von keiner Handlung ausgehen kann und der Grund, so meine Interpretation, ist die »Identifikation über die Handlungs-Folge«, ist also in der Konsequenz – dem Tod des Kameraden – zu finden. Die Konsequenzen dürfen in der Entstehung des Verantwortungsgefühls nicht unberücksichtigt bleiben. Die Objektivierbarkeit von Handlung basiert auf einem Vorher und einem Nachher in ihrer Abfolge und einer Zusatzvariablen: der Absicht. In der Wahrnehmung des Individuums löst sich die Absichtslosigkeit und zeitliche Abfolge, aber in der Verdichtung der Konsequenz auf und das »bloße« Verhalten wird es nicht mehr nur als solches wahrgenommen. Mir erscheint die Berücksichtigung der Konsequenzen – im Falle dieser Arbeit der Tod einer anderen Person – für die subjektive Wahrnehmung von Verantwortung und Schuld innerhalb der Frage nach dem Tun im Sinne von Verhalten gegenüber dem Tun im Sinne von Handeln noch zu wenig ausreichend differenziert. Ich komme auch zu der Annahme, dass die Objektivierbarkeit von Verantwortung – zumindest hinsichtlich eines sich dann ableitenden Verantwortungsgefühls – in der Literatur überschätzt wird.

Aspekte der Verantwortungs*übernahme*, welche vor dem Hintergrund der Generierung von Verantwortung in diesen Interviews zu finden sind, sollen im Folgenden weiter zusammengefasst werden. Verantwortung wird über die (1) Analyse von Fehlern und Ereignisverkettungen gesucht.

6.4 Die Aporie traumatischer Schuld: ... aus den Gesprächen »extrahiert«

Soll ich dem Lagebericht die Schuld geben? Aber das sind ja auch nur Menschen, die was den erstellen. I4, A57,

wird nach einem Lawinenunglück, zu dem eine Verkettung von Umständen geführt hat, formuliert. Oder auch, wenn formuliert wird, *es gäbe keine Unfälle, wenn nicht Fehler rausgehen würden.* (I18, A36a) Hier werden also Verursachungs- und Fehlerketten in der individuellen Analyse der Verantwortung mitberücksichtigt (vgl. zur Fehlerkettenanalyse innerhalb der Risikoforschung z. B. Reason, 1990). Als Nächstes zeigt sich, dass Verantwortung (2) rollenabhängig ist. Dies verdeutlicht sich in zwei verschiedenen Rollen: Sie ist zum einen an berufliche Kompetenzerwartungen von BerufsfahrerInnen, TourenführerInnen usw. geknüpft: *Ich bin ja verantwortlich, ich bin Busführer. I21, A128* Und in ähnlicher Weise: *Vorher [vor dem Unglück] bist du stolz ein Bergführer [...] dann hast du sowas. I4, A33*

Verantwortung ist aber zum anderen auch an die Elternrolle gebunden.
Dass jedem sowas passieren kann, das wollen die anderen mir ja übermitteln, aber sobald man Kinder hat, nein, nein [bricht ab]. I15, A32

Der Vater eines tödlich verunglückten Sohnes bricht ebenso die Aussage ab, nachdem er sagt:
Wenn man dabei ist, erlebt, wie das Kind verunglückt und auch selber einen gewissen Anteil dran [hat]. I18, A119

Wenn Elternteile beim Thema Verantwortung ihre begonnenen Sätze abbrechen, zeigt sich meines Erachtens, dass mögliche Verantwortung »unaussprechlich« wird. Die Perspektive der Verantwortung unterliegt (3) der Beeinflussbarkeit: Sie wird durch Instanzen wie StaatsanwältInnen, PolizistInnen und GutachterInnen relativiert. Verantwortlich kann man »gemacht« werden:
Die haben mir ja klar gemacht, was ich alles für Fehler gemacht hab, ich habe Fehler gemacht. I18, A40

Und umgekehrt kann Verantwortung auch durch den Erhalt von Bescheiden genommen werden – *da wurde mir klar, dass du gar keine Schuld daran hast* (I1, A198) – und das eigene Verantwortungsgefühl kann infolge auch entsprechend angepasst werden. Neben der Beeinflussbarkeit von Verantwortungsgefühlen – dies zeigt sich im Folgenden auch nochmals – ändern sich Verantwortungsperspektiven und sind somit (4) nicht zeitstabil.

6 (Mit-)VerursacherInnen erzählen ...

Im Nachhinein, durch die Analyse [Gutachter, Lawinenlagebricht, Bergrettung, etc.] habe ich das nicht einmal mehr als Fehler empfunden. I4, A53

Verkehrsjuristisch [...] traf mich keine Schuld, aber jetzt, mit einem gehörigen zeitlichen Abstand und mit einer Reife, sehe ich natürlich den jugendlichen [Name] von damals, und zwar als einen draufgängerischen, eher unvernünftigen Autofahrer. I7, A12

Im Laufe der Zeit kann also eine Abnahme der Verantwortung erfolgen, aber auch ein Mehr an Verantwortung kann übernommen werden. Die Übernahme von Verantwortung ist also veränderlich.

Zur Klärung von Verantwortung spielen Rechtfertigungen eine zentrale Rolle – und damit zum nächsten Thema: die Bedeutung der Rechtfertigung. Rechtfertigungen ermöglichen den (Mit-)Verursachenden das Abwägen und Eingrenzen von Verantwortlichkeiten für das Ereignis. Als zentral für die Rechtfertigung erachte ich die Aussage:

Wenn die Situation wieder kommen würde, würde ich gleich handeln. I9, A28

Darin erscheint vergangenes Verhalten und Handeln, was immer dies zur Konsequenz hatte, als richtig und als akzeptiert, also gerechtfertigt. Handlung und Handlungsfolgen sind innerhalb der Rechtfertigung voneinander trennbar geworden. Dabei führt die Argumentation auch unmittelbar zur Entlastung, wie sich zeigt: *Ich kann gut schlafen, nicht dass ich mir einen Vorwurf machen würde.* (I9, A30) Rechtfertigungen werden häufig über Attribution auf Umstände gefunden, wie die folgenden Beispiele zeigen:

Es war eben halt relativ dunkel schon. Er war komplett in dunkel gekleidet. Man hatte überhaupt gar keine Chance. I2, A46

Wir haben das Beste wollen für sie und die Umstände sind einfach so gewesen, dass das passiert ist. I3, A412

Dies sind Rechtfertigungen über unbeeinflussbare Faktoren (Wetterbedingungen, Lichtverhältnisse, etc.). Rechtfertigungen gelingen aber auch über beeinflussbare Faktoren, wenn das Anführen möglichen schlechteren Verhaltens als Rechtfertigungsstrategie angewandt wird:

Wenn ich telefoniert hätte [beim Autofahren], ich meine, ich hätte es auch nicht verhindern können dadurch, aber ich glaube, dann würde ich mir mehr Vorwürfe machen. I1, A56

Hier wird also die Zuschreibung auf eigene, beeinflussbare Spielräume erweitert, welche man sich wie »heraushandelt«. Die markanteste Form der Rechtfertigung wird bei einer Person über eine Erklärung über den Zustand nach dem Konsum von Alkohol gegeben:

Natürlich ist es blöd und natürlich ist es dumm. Das weiß ich, wenn ich nüchtern bin, auch, aber eben in so einem Zustand macht man so einen Blödsinn. I10, A226

Es zeigt sich, dass der Alkoholeinfluss als Argument zur Rechtfertigung herangezogen wird, dass man sich ohne dessen Einfluss nicht so verhalten hätte. Es wird also nicht umgekehrt angeführt, dass der Konsum von Alkohol unfallursächlich war und darin die eigene Verantwortlichkeit zu finden ist. Mit Rechtfertigungen wird die eigene Verantwortlichkeit eingegrenzt, sie dienen der Verantwortungsreduktion.

Meine Bremsen [...] waren in sehr guten Zustand. Meine Reaktionszeit war in Ordnung, also so, dass ich den Unfall nicht verhindern konnte. Da schaltet man dann ein bisschen ab. I1, A84

Haben die Personen eine Rechtfertigung für ihre Entscheidungen, ihr Handeln oder eine Erklärung, warum sie so gehandelt haben oder gar nicht anders hätten handeln können, unterstützt dies die Selbstentlastung. Rechtfertigungen zielen also auf eine Revision des Schuldvorwurfs (Albs, 1997), wobei Rechtfertigungen die Schuldzuweisung bestreiten, aber nicht die Verantwortung für ein Geschehen (Montada, 1988). Weiter steht hinter Rechtfertigungen häufig der Hinweis, dass anderes Handeln möglich, dies aber möglicherweise nicht angemessen oder zumutbar gewesen wäre (Montada, 1988). Fritsche (2003) betont, dass in der Erforschung der Rechtfertigung eine individuumszentrierte Perspektive nicht ausreicht. Rechtfertigungen basieren nicht auf singulären Akteuren, sondern auf Interakteuren. Er beschreibt die interpersonale Rechenschaftsepisode nach der Ausführung eines Normverstoßes und greift hierzu die Neutralisationstheorie (ursprünglich von Sykes und Matza, 1968) auf und führt sie weiter. Es wird zwischen Neutralisation und Rationalisierung unterschieden. Die Neutralisation ist eine Vorfeldperspektive – vor der Handlung –, die Rationalisierungen im Nachhinein schützen vor Selbst- und Fremdvorwürfen. Als neutralisierend ist beispielsweise zu werten, wenn ich, bevor ich jemandem etwas antue, eine entsprechende Erklärung dafür liefere, weshalb ich dies tue – und im Nachhinein meine Tat durch weitere Erklärungen rationalisiere. Innerhalb der Rechenschaftsepisode nach einem Normverstoß wird dieser von einer anderen Person im Sinne eines Vorwurfs zur Sprache gebracht. Die Reaktion auf diesen Vorwurf kann als Rechenschaft bezeichnet werden (Fritsche, 2003; in Erläuterung von Schönbach, 1998). Dann erfolgt die Bewertung der Rechenschaft durch einen Opponenten. Dies umfasst den Prozess der Rechenschaftsepisode. Es gibt aber auch die intraindividuelle Rechenschaftslegung, welche gänzlich ohne Opponenten möglich ist. Beispiel hierfür ist die Erklärung eigener Misserfolge unter Einsatz externaler Ursachenzuschreibungen, der individuelle Selbstwert bleibt geschützt. Dies bedeutet eine protektive Schuldabwehr durch eigene Rechenschaftslegungen. Das soziale Skript der interpersonalen Rechenschaftsepisode wird auf die intrapersonale Anwendung übertragen. Dies würde auch ein internes »Tribunal« erklären (Fritsche, 2003). Diese Form der intraindividuellen Rechenschaftslegung scheint mir auch zur Reduktion von Verantwortung in den Interviews gegeben, wobei die Neutralisierung insofern in den Hintergrund rückt, als dass sie nicht im Vorhinein gegeben werden kann.

Rechtfertigungen orientieren sich darüber hinaus an Fragen der Vermeidbarkeit des Ereignisses. Grundsätzlich ist die Frage der Vermeidbarkeit eine juristische, welche für rechtliche Urteile maßgeblich ist, wie z. B. die Einschätzung einer fahrlässigen Körperverletzung oder Tötung und das Abschätzen von juristischer Teilschuld. Die subjektive Auseinandersetzung mit der Vermeidbarkeit ist jedoch nicht deckungsgleich mit der juristischen Feststellung der Vermeidbarkeit. Die Annahme der Vermeidbarkeit des Unfalles führt umgekehrt zur mangelnden Rechtfertigung und verstärkt die Verantwortungsgefühle, zumindest den Selbstvorwurf, wie im Folgenden nach dem Gebrauch einer Dienstwaffe mit tödlichem Ausgang deutlich wird:

[...] vielleicht war es gar nicht unbedingt notwendig, dass es [dazu] gekommen ist. Das ist, wo ich mir jetzt Vorwürfe mache. I17, A2b

Unvermeidbare Unfälle lassen sich – grob gesagt – besser rechtfertigen. Die Vermeidbarkeit ist insofern ein zentraler Punkt für die Rechtfertigungsstrategie, als dass unvermeidbare Ereignisse nicht weiter gerechtfertigt werden müssen. Mangelnde Wahlfreiheit – und insofern angenommene Unvermeidbarkeit – ist verantwortlichkeitsreduzierend (Reichle, 1994).

Leicht könnte der Eindruck entstehen, dass Vorbefunde der Attributionsforschung besonders hinsichtlich der Verantwortungsdiskussion sich weder gezielt bestätigen noch widerlegen lassen. Ich sehe darin am ehesten das Problem der Übertragbarkeit von Ergebnissen der Forschungen über Verantwortungszuschreibung und Attribution auf die Situation von Unfällen, insbesondere UnfallverursacherInnen. Über diese fragliche Übertragbarkeit schreibt auch Trappe (2001).

6.4 Die Aporie traumatischer Schuld: ... aus den Gesprächen »extrahiert«

Meine Erklärung hierfür baut darauf auf, dass viele Befunde der Attribution nicht ohne den Kontext, in welchem sie untersucht wurden, betrachtet werden dürfen. Reichle (1994) schreibt über Schuld und Verantwortung in Partnerschaften; Montada über Verantwortungszuschreibung im Kontext von sportlicher Leistung (Montada, 1988) oder das Erleiden von Ungerechtigkeiten (Montada, 1995a); Fritsche (2003) variiert in experimentalen Versuchsreihen prä- und postbehaviorale Argumentationen bei Normverstößen, um nur einige Kontexte zu nennen. All diese Arbeiten führen zu einer Reihe von wesentlichen Ergebnissen und Aufschlüssen über Attribution im engeren Sinne. Hinsichtlich der Übertragbarkeit der Erkenntnisse auf die Komplexität bei der (Mit-)Verursachung des Todes scheint mir aber entweder der Kontext der genannten Untersuchungen nur eingeschränkt übertragbar. Häufig werden in der Attributions- und Verantwortungsdiskussion die eigentlichen Konsequenzen von Ereignissen nicht mitberücksichtigt. Die »Mitwirkung« bei einem Unfall, der den Tod oder eine schwere Verletzung einer oder mehrere Personen zur Folge hat, in welcher Form auch immer – und sei es mitunter nur das »Dabeigewesensein« –, ruft meines Erachtens auch komplexere Formen von Attribution, Verantwortung und Schulderleben hervor. Die Fachdiskussion kann hier nicht an den Konsequenzen des Ereignisses vorbei geführt werden. Dies ist mein erstes Argument für eine »retrospektive Hinzunahme der Konsequenz« in die Diskussion um Verantwortungs- und Schulderleben, welche bislang v. a. auf der Basis der Handlung geführt wird. Merkmale wie der wahrgenommene Grad der Beeinflussbarkeit überhaupt, konkrete Variablen der »Mitwirkung«, wie z. B. ein Naturereignis, Alkoholeinfluss, gefahrene Geschwindigkeit usw. seien in diesem Zusammenhang als mitkonstituierend erwähnt. Mein zweites Argument ist die Berücksichtigung der Variabilität der Verantwortungszuschreibung einer Person, und zwar insofern, als innerhalb der Suche nach Verantwortung interindividuell bereits mehrere Varianten durchgespielt werden und sich nicht nur ein Modus der Zuschreibung festlegen lässt, sondern viele verschiedene Modi »erprobt« werden. Es zeigen sich Argumentationen über Verantwortung: Verantwortung wird gesucht, abgewogen, überschätzt oder eingegrenzt. Dazu tragen die wahrgenommenen Möglichkeiten zur Rechtfertigung wesentlich bei, wobei Unvermeidbares leichter zu ertragen ist. Die Verantwortungsübernahme richtet sich – abschließend – nicht nach der juristischen Schuldfrage: »Freigesprochene« übernehmen trotzdem die Verantwortung oder zeigen sich »überverantwortlich«, juristisch Belangte finden dennoch rechtfertigende Argumente, und die Verantwortung für eine Situation wird zum existenziellen Thema, dem der Schuld. Einige (Mit-)Verursachende orientieren sich jedoch in ihrem Verantwortungsgefühl an der Rechtsprechung.

6.4.8 Die soziale Bedeutung der Schuld: Stigmatisierung und soziales Interesse

Die (Mit-)Verursachenden stehen in einem sozialen Kontext und werden auch zu einem Objekt öffentlichen Interesses. Im öffentlichen und sozialen Kontext werden Verantwortung und Schuld zugeschrieben und/oder von Schuld wird entlastet. Schuld hat eine soziale Dimension, und entsprechend sind gesellschaftlich-soziale Aspekte von Bedeutung. Die Stigmatisierung der (Mit-)VerursacherInnen bedeutet ihre Diskreditierung durch zugeschriebene Merkmale. Das soziale Stigma ist dabei wie eine Zeichnung, ein Brandmal aufgrund von attribuierter Auffälligkeit. Aussagen, welche als soziale Stigmatisierung gewertet werden können, finden sich in fast der Hälfte aller Interviews. Die Interviewten erleben den subjektiven Verlust sozialen Ansehens und der sozialen Achtung. Stigmatisierende Momente finden sich v. a. in der dörflichen Gemeinschaft.

Bei uns im Ort hat einer einmal [zu mir]über den Wirtshaustisch herübergeworfen [zugerufen]: das ist eh einfach, die Leute erschießen, du kannst das eh. I8, A40 bzw. A70

Offene Äußerungen oder *verdecktes Gerede* (I16, A46) werden wahrgenommen. Die (Mit-)VerursacherInnen fühlen sich dadurch exponiert und unangenehm berührt. Das Aufstellen von weißen Kreuzen nach tödlichen Verkehrsunfällen am Straßenrand wird als stigmatisierend hervorgehoben.

Wo dieses Kreuz da steht, das ist immer so eine Mahnung. Eigentlich habe ich das bis jetzt immer so verstanden, das steht da, wo Leute wegen überhöhter Geschwindigkeit oder so was zu Tode gekommen sind. Aber das ist jetzt ja bei mir gar nicht der Fall gewesen. Deswegen finde ich das da völlig deplatziert. I2, A187

Es zeigt sich hier, dass letztlich auch in einem gesellschaftlichen Ritual des Gedenkens – wie hier darüber hinaus auch noch im Sinne der Prävention von Unfällen – subjektiv stigmatisierende Elemente für VerursacherInnen enthalten sein können. Eine gewisse Eigenaktivität zur Stigmatisierung ist im Folgenden formuliert:

Ich hatte den Eindruck, dass ich mich durch diesen Fehler [...] und dadurch, dass jemand da gestorben ist, ich mich aus der Gesellschaft ausgestoßen habe. Das war auch zu der Zeit eine Debatte gerade hier [...], ich bin ja Ausländerin. I11, A6

Stigmatisierung wird antizipiert, häufig auch geteilt und mitunter aktiv formuliert. Damit ist gemeint, dass man *sich selbst aus der Gesellschaft ausgestoßen* hat,

6.4 Die Aporie traumatischer Schuld: ... aus den Gesprächen »extrahiert«

wie formuliert wird, und nicht, dass die Gesellschaft dies tut. Dies könnte auch präventiv verstanden werden, um einer Stigmatisierung durch andere zu entkommen. Ich gehe außerdem davon aus, dass die dahinter liegende Denkfigur die ist, dass man das Recht auf Teilhabe in einer Gesellschaft durch Fehler und die Mitverursachung von Tod verwirkt hat.

Die gesellschaftliche Stigmatisierung, ob diese antizipiert wird oder in konkreter Weise vorliegt, zeigt sich aber auch in einer anderen Variante: in der Betonung der Exklusivität. Die Hervorhebung, auf einer höheren Stufe als andere zu stehen, könnte wie die andere Seite der Medaille »Stigma« fungieren, falls man so formulieren kann. Dazu ein Beispiel:

Denn man stellt sich ja praktisch auf eine etwas erhöhte Stufe und sagt seinem Mitmenschen, schaut her: ich bin schuld, ohne mich hätte es diese Tragödie nicht gegeben, und erhofft sich dadurch in irgendeiner Weise Zuspruch, Absolution, irgend so etwas. I7, A22

Soweit zur Hervorhebung des Individuums und in nicht unähnlicher Weise im Hinblick auf Gemeinschaft, insbesondere in der Bildung von Schicksalsgemeinschaften wie in der Aussage: *Hui, da ist jetzt ein neues Kreuz [...] das ist für mich wie: unsere Gemeinschaft wird immer größer.* (I5, A12)

Die soziale Umgebung wirkt keineswegs ausschließlich ausgrenzend auf (Mit-)VerursacherInnen ein, sondern auch entlastend – somit komme ich zum Thema der Entlastung durch die soziale Umgebung und soziale Instanzen. Das soziale Umfeld bietet Erklärungen an, welche den Unfall oder die Beteiligung der VerursacherInnen am Unfall relativieren. Entlastende Aussagen stammen von Freunden, Verwandten, Nachbarn, also Personen, zu denen eine Form der Beziehung besteht, wenn wie hier formuliert wird, dass diese *[die Nachbarn] sagten, ihr Nachbar [...] hätte gesagt: >So möchte ich auch sterben<.* (I2, A78) Besondere Rollen kommen aber auch Personen in Schlüsselpositionen wie Ärzten, Vorgesetzten, Polizisten, Priestern etc. zu. Diese Schlüsselpersonen fungieren wie entlastende Instanzen. Sehr engagierte soziale Entlastungsversuche unternehmen Personen aus demselben beruflichen Umfeld, wie z.B. andere BuslenkerInnen oder in gleichen Rollen.

Die Freunde und jeder hat gesagt: das war ein Unfall und das kann immer passieren und jeder und die Mütter haben das alle gesagt, weiß eh jeder, wie das ist, eine halbe Sekunde einmal und schon ist es passiert. I15, A16

Insgesamt gehe ich dabei auch von einer präventiven Selbst-Entlastung hinsichtlich zukünftiger Unfälle, die einen selbst betreffen könnten, aus. Das Angebot zur Schuld-Entlastung durch die soziale Umgebung wird keineswegs immer angenommen.

Alle noch so gut gemeinten Äußerungen Dritter von wegen, dich trifft keine Schuld, das prallt ja von einem ab, das will man ja nicht zulassen. I7, A54

Bei der Durchsicht aller Interviews hinsichtlich der Konfrontation mit den Medien und der damit verbundenen Belastungen zeigt sich, dass Unfälle, welche das Ausmaß eines Großschadens erreichen, eher mediale Aufmerksamkeit finden als kleinere Unfälle. Letztere sind wiederum eher durch die schwerwiegenden Folgen für eine Einzelperson, z. B. einen Vater, medienwirksam. Von medialer Berichterstattung ungerecht behandelt fühlen sich gleich mehrere InterviewpartnerInnen. Als unangenehm empfunden wird die unerwartete, überraschende Konfrontation durch Printmedien oder Fernsehen. Ebenso wirkt sich aber die eigene Suche nach Informationen über das Ereignis im Internet, die zur Konfrontation mit Fotos vom Unfall führt, belastend aus. Es wird auch von Beleidigungen durch die Medien berichtet. Unangenehme Konfrontationen bringen öffentlich errichtete Symbole, z. B. das Aufstellen weißer Kreuze an den jeweiligen Unfallstellen mit Todesfolge. Was die Unfallbeteiligten und UnfallverursacherInnen unterstützt, ist, wenn sie von Vorgesetzten oder anderen Schlüsselpersonen von der Presse abgeschirmt werden oder zumindest auf die Konfrontation mit der medialen Öffentlichkeit vorbereitet werden. Nichtsdestotrotz wird auch von positiv empfundenen Berichterstattungen und gegenseitiger Akzeptanz zwischen Verursachern und Medienvertretern gesprochen.

6.4.9 »Angeklagt«: Die Justiz und ihre Bedeutung für VerursacherInnen

Die rechtlichen Konsequenzen des Ereignisses entfalten sich für die Mit-VerursacherInnen meist erst im Laufe der Zeit und umfassen verschiedene Stationen, wie z. B. Einschätzungen durch GutachterInnen, die Anklage durch einen Staatsanwalt und dann entsprechende gerichtliche Prozesse. Die juristischen Tatbestände umfassen Fragen der Verletzung der Aufsichtspflicht (z. B. bei Lehrpersonen), die Fahrlässigkeit als grobe fahrlässige Körperverletzung, die fahrlässige Tötung und Teilschuld bzw. prozentuale Anteile von Schuld sowie die Einschätzungen über die Vermeidbarkeit des Unfalles. Die Dauer der Zeit für die juristischen Verfahren reicht von wenigen Wochen bis zu mehreren Jahren. Angeklagt zu werden ist mit Ängsten, Sorgen, Befürchtungen verbunden und kann besonders für Eltern schockierend sein, wenn sie nach einem Unfall der fahrlässigen Tötung ihres Kin-

6.4 Die Aporie traumatischer Schuld: ... aus den Gesprächen »extrahiert«

des angeklagt sind. Zu großer emotionaler Belastung führen Prozesse, welche bei den (Mit-)VerursacherInnen auf Unverständnis stoßen, wenn beispielsweise der Leichnam eines verunfallten Kindes nach drei Jahren nochmals exhumiert werden soll. Emotional entlastend wirken sich Gutachten insbesondere dann aus, wenn sie zur Einstellung der gesetzlichen Verfahren führen oder Sicherheit hinsichtlich des eigenen richtigen Verhaltens beim Unfall geben. Allerdings erhalten manche einen derart entlastenden Brief erst ca. ein Jahr nach dem Ereignis. Konfrontiert mit den Fakten der Anklage werden von den »Angeklagten« entsprechend unterschiedliche Erlebensweisen geschildert. Dabei kann grob unterteilt werden in die Entlastung vom Schulderleben und in die Belastung durch die Konfrontation mit gesetzlichen Aspekten. Entlastend wirken Gutachten insbesondere dann, wenn sie zu einer Einstellung der gesetzlichen Verfahren führen. Das Schreiben vom Staatsanwalt ist erleichternd, wenn wie hier: *Das Verfahren dann eingestellt wurde* (I1, A14). Auch I23 bekommt durch *»das Gutachten wieder ein Stück Sicherheit«.* (I23, A2a). I4 wird durch das Gutachten juristisch entlastet, und zwar in der Form, dass keine Anklage gegen ihn erfolgt. Allerdings erhält er dieses Schreiben erst ca. ein Jahr nach dem Ereignis. Für ihn ist das einerseits eine große Befreiung *(»Befreiungsschlag«,* I4, A45b) und anderseits kann er erst jetzt zu trauern beginnen. I25, A20 wird bereits durch die Polizei vor Ort entlastet, allerdings beruht das auf unzureichender gesetzlicher Basis. Grundsätzlich wird die Konfrontation mit der Polizei im Allgemeinen eher lobend erwähnt (z. B. I21, A18). Belastung hinsichtlich eines juristischen Verfahrens wird formuliert: *Ich kriegte zwei Wochen danach einen eingeschriebenen Brief von der Staatsanwaltschaft [...] wo einfach drin steht, man wird der fahrlässigen Tötung angeklagt. Und das ist schon [...] ein Schock.* (I22, A14) Insbesondere, wenn die Anklage ein Elternteil im Zusammenhang mit dem Unfalltod des eigenen Kindes wie bei I18 trifft: *Das war der Hammer, die Anklage [wegen fahrlässiger Tötung] und so wie der das formuliert hat, sie müssen sich vorstellen, das war mein Kind.* (I18, A26) Ebenso zu großer emotionaler Belastung führen Prozesse, welche für die (Mit-)VerursacherInnen auf Unverständnis stoßen. Mangelnde Einschätzungsfähigkeit des Gutachters wird von der (Mit-)Verursacherin hinsichtlich der Begründung angenommen, warum der Leichnam eines verunfallten Kindes nach drei Jahren nochmals exhumiert werden soll:

Da haben wir alle [(Mit-)Verursacherin, Eltern des Kindes, Lehrperson] ein Schreiben bekommen, das Kind noch einmal auszugraben – wegen der Knochenbrüche [...] weil der Gutachter der redet immer von theoretisch möglich, dass ich da [...] reingefahren bin mit dem LKW [...]. Aber das geht gar nicht, das kann nicht gehen, weil die Steine so hoch sind. I13, A6

Die Belastung durch Urteile oder langfristige Verfahren wird deutlich. Bei I13 zieht sich das Verfahren beispielsweise bereits über dreieinhalb Jahre hin. Damals – vor dreieinhalb Jahren – wurde ein siebenjähriges Kind mit einem LKW in einer Baustellenzone tödlich erfasst. Die LKW-Fahrerin, aber auch die aufsichtspflichtige Lehrerin, wurden nach dem Unfalltod eines Kindes angeklagt und verurteilt. Mittlerweile wünschen insbesondere auch die Eltern einen Abschluss des Verfahrens und keine Exhumierung ihres toten Kindes. Die Anspannung bleibt bis zum Abschluss der Verfahren. Die Streuung der Zeit für die juristischen Verfahren reicht von wenigen Wochen (Brief, dass keine Anklage erhoben wird, z. B. I2), über sieben bis zwölf Monate (I9: sieben Monate; I5: neun Monate; I4: ein Jahr), bis zu längerfristig, bei I11 bereits eineinhalb Jahre und bei I13 immer noch andauernd nach dreieinhalb Jahren. Zusammenfassend sind folgende Merkmale im Hinblick auf die juristische Situation als belastungsverstärkend einzuschätzen:

➤ Informationsmangel hinsichtlich der Dauer eines Verfahrens, der Zuständigkeiten, des Ablaufs, des Rechtsbeistands etc. sowie widersprüchliche Informationen bzw. Aufträge: Befragung durch die Polizei versus ein vom Anwalt auferlegtes Schweigen
➤ Andauernde, offene Prozesse über Jahre
➤ Nicht nachvollziehbare gutachterliche Willkür und das Gefühl, durch den eigenen Anwalt nicht gut vertreten zu sein.
➤ Unfälle im Dienst oder Beruf, z. B. BerufsfahrerIn, BergführerIn, Bundesheer, Polizei
➤ Tödliche Unfälle mit eigenen Kindern, insbesondere wenn dies auch juristisch belangt wird

6.4.10 Hinwendung zu den Opfern: Kommunikation und Beziehung

Die (Mit-)Verursachenden machen sich häufig Gedanken über die Opfer, Hinterbliebenen und Angehörigen und beschäftigen sich mit der Frage nach einer Kontaktherstellung. Dabei löst bereits die Antizipation eines Kontaktes mit Angehörigen bzw. die konkrete Kontaktaufnahme und Kommunikation mit den Unfallopfern oder Hinterbliebenen verschiedene Ängste und Befürchtungen vor deren Reaktionen aus. VerursacherIn und Opfer bzw. Hinterbliebene sind auf verschiedene Weise miteinander konfrontiert. Eine Bekanntschaft kann bereits vor dem Unfall bestehen, mitunter treffen sich die beiden »Parteien« aber erstmals vor Gericht, oder sie lesen voneinander in Gutachten oder Informati-

6.4 Die Aporie traumatischer Schuld: ... aus den Gesprächen »extrahiert«

onsschreiben, sofern sie sich nicht bereits am Unfallort gegenseitig wahrnehmen. Im dörflichen oder kleinstädtischen Zusammenleben sind auch zufällige Treffen nicht auszuschließen. Es zeigen sich insgesamt verschiedene Versuche von (Mit-)Verursachenden, die Opfer oder Hinterbliebenen zu treffen oder ihnen auszuweichen. Die bloße Erwägung einer Kontaktaufnahme durch (Mit-)VerursacherInnen wirft eine Reihe von Fragen auf, z. B.: *Wie reagieren die Eltern?* (I21, A30) *Was denken die [Angehörigen] über das Ganze, geben sie dir eine Schuld oder so?* (I9, A44) *Sind die sauer auf mich?* (I2, A44). Dabei werden Ängste und Befürchtungen vor deren möglichen Reaktionen ausgesprochen: *Ich traute mich nicht, die Familie anrufen* (I6, A53). Nach dem Unfalltod seiner damaligen Freundin bereitet sich I7 in seiner Fantasie auf entsprechende Reaktionen des Vaters vor:

Ich habe gedacht, wenn jetzt der Vater nach Hause kommt, dann haut der mir eine rein. Ich hatte irgendwie die Erwartung, dass ich jetzt übelsten Vorwürfen ausgesetzt bin. I7, A12 Und: Ich hätte mich nicht gewundert, wenn sie eine Form von Rage oder in ihrer Verzweiflung zu mir grob [gewesen wären] und schlimme Vorwürfe gemacht hätten. I7, A22

Was den (Mit-)VerursacherInnen grundsätzlich fehlt, ist die Einschätzung, was Angehörige über sie denken und sagen würden bzw. wie sie reagieren. Sie haben Erwartungen und Ängste, mit Vorwürfen, Wut oder auch Hass konfrontiert zu werden und es zeigt sich auch Scham und die Anklage hinsichtlich eigener Feigheit: *Ich war zu feige [...] ich habe Angst gehabt, die Leute anzuschauen* (I8, A84a und A96).Und: *Ich habe mich auch nie zum Friedhof oder zum Grab hin getraut.* (I17, A12a) Es fehlt den (Mit-)Verursachenden der Mut, sie sind verunsichert, schieben den Zeitpunkt der Kontaktaufnahme hinaus, und es fehlt ihnen an Unterstützung zum Schritt der Kontaktaufnahme:

Ich habe den Kontakt nicht herstellen können, weil ich einfach selber nicht die Kraft gehabt habe, dass ich [...] denen vor die Augen trete. Ich hab auch von keiner Seite eine Unterstützung gehabt, die gesagt hätte: ok fahren wir hin. I8, A82

Die Unterstützung der Kontaktaufnahme und Kommunikation durch eine dritte, neutrale »Partei« wird, wo diese Möglichkeit überhaupt wahrgenommen wird, als hilfreich erlebt und in Anspruch genommen. Besonders die Abklärung einer Kontaktmöglichkeit und gegebenenfalls Herstellung und Begleitung durch Teams der Krisenintervention, Akutbetreuung, des Opferschutzes der Polizei usw. sind für (Mit-)Verursachende eine große Unterstützung. Viele haben jedoch

von dieser institutionalisierten Unterstützung keine Kenntnis, oder es gab sie zum Zeitpunkt ihres Unfalls noch gar nicht. Noch ein Auszug sei in den Raum gestellt:
> *Dem Pfarrer habe ich gesagt, ich würde gerne die Frau sehen und um Verzeihung bitten. Der Pfarrer hat dann zu mir gesagt: ›das, das tun Sie bitte nicht‹. Und dann war für mich klar, dass ich mich da dran halte. Weil ich war ja auch der Schuldige. I5, A6*

Der Faktor Zeit beeinflusst die Kontaktaufnahme – je mehr Zeit nach dem Unfall vergangen ist, umso schwieriger erscheint dieser Schritt.

Eigene Wege zu einem Kontakt werden gesucht und verschiedene erprobt. *Also mündlich habe ich mich halt nicht getraut [...] dann habe ich halt diesen Brief geschrieben.* (I11, A10) Die Kontaktaufnahmen erfolgen über Telefon, Briefe, Postkarten oder das Senden von Blumen ins Krankenhaus. Dabei liegt der Zeitpunkt dieser Aktionen dem Tag des Unfalles sehr nahe. *Am nächsten Tag hatte ich direkt mit der Familie von dem Mann telefoniert.* (I12, A12) Kriterien, welche ein Gelingen der Kommunikation eher vereiteln und scheitern lassen, sind »überrumpelnde« Anrufe – *erfreut war er nicht, als ich angerufen habe im Krankenhaus* (I10, A45) –, unangemeldete Besuche oder zu häufiges Nachfragen, z. B. bei weiter bestehender Lebensgefahr des Opfers: *Am Anfang habe ich zu viel angerufen. Da hat der Vater gesagt: lieber etwas weniger.* Im Grunde sind alle Kontaktversuche, die »halbherzig« oder anderweitig nicht überzeugend scheinen (z.B. Schreiben einer Postkarte, Hinterlegung von Pralinen im Krankenhaus), wenig kommunikationsfördernd.

Diese halbherzigen Versuche werden auch von den Unfallopfern oder Hinterbliebenen oft nicht angenommen. Auch eine Kontaktaufnahme zur eigenen Gewissensberuhigung der (Mit-)Verursachenden, wie eine Interviewte zugibt, überzeugt Opfer oder Hinterbliebene nicht, sich darauf einzulassen. Oder, der Kontakt wird an die Seite der Opfer bzw. Hinterbliebenen delegiert:
> *Ich habe mir Gedanken gemacht, ob ich zu dieser Familie Kontakt aufnehmen soll. Wenn sie den Wunsch haben, dann müssen sie kommen. Bin gerne bereit mit ihnen zu reden. I22, A4*

Auch im nächsten Beispiel zeigt sich kein großes Interesse an einer wirklichen Hinwendung zu den Hinterbliebenen oder dem Opfer:
> *Vielleicht werde ich mal, wenn ich wieder Zeit und Geld hab, dort [Ort des Unfalles im Ausland] Urlaub machen, dann würde ich schon mal schauen, vielleicht irgendwie was rauszufinden. I25, A18*

6.4 Die Aporie traumatischer Schuld: ... aus den Gesprächen »extrahiert«

Die Frage nach der gelungenen versus misslungenen Kommunikation zwischen VerursacherIn und Opfer bzw. Hinterbliebenen kann an dieser Stelle nur aus der Perspektive der (Mit-)Verursachenden erläutert werden. Prinzipiell zeigt sich, dass Kontakt der (Mit-)Verursachenden zu den Hinterbliebenen als eher schwieriges, belastendes Thema betrachtet wird, was jedoch noch nichts über die eigentliche Qualität der Kommunikation aussagt. Der Kontakt selbst – wo er gesucht wird und zustande kommt – wird von den Mit-(Mit-)Verursachenden grundsätzlich überwiegend als positiv beschrieben. Aus ihrer Perspektive können eine Reihe an Kriterien für gelingende Kommunikation zwischen ihnen und den Hinterbliebenen bzw. den Opfern abgeleitet werden. Zuhören und Erzählen sind wesentliche Bedingungen. Das Erzählen vonseiten der (Mit-)Verursachenden, was passiert ist, dient vielen Hinterbliebenen als Informationsgrundlage für das Ereignis, besonders wenn es sich um Unfälle mit mehreren Betroffenen und komplexe Schadenslagen handelt. In dieser Studie sind diesbezüglich Lawinenunglücke bei geführten Touren die Ergebnisgrundlage. Dies gelingt am besten, wenn es sich um ein organisiertes Informationstreffen handelt, das sehr zeitnah zum Ereignis steht. Nach einem Verkehrsunfall, in welchem zwei Arbeitskollegen in ihrem Auto starben, wird die (Mit-)Verursacherin selbst hinsichtlich der Belegschaft initiativ:

Wieder in der Arbeit hab ich die erst mal zusammengerufen und [...] erzählt, was passiert ist, und hab mich auch bei denen entschuldigt [...] und dass sie die Möglichkeit haben, mir Fragen zu stellen etc. Also mir hat das unglaublich geholfen. (I1, A4)

Wir kennen hier allerdings nur ihre Sichtweise, dass dies gut war. Das Erzählen, was passiert ist, wird – wie bei einem Tourenführer – nicht nur wohlwollend aufgenommen, sondern kann auch zu Spannungen führen: *Da haben wir das erklärt, aber da merkst dann [...] du kommst dann wieder an die Mauer [...] du versuchst das Ganze zu erklären, natürlich kommen dann die Vorwürfe.* (I4, A35b) Wenn an dieser Stelle die Kommunikation nicht abbricht, sondern die Gesprächsrichtung verändert und den Angehörigen zugehört werden kann, sind meines Erachtens bereits grundlegende Kriterien für das Gelingen erfüllt. *Dann bin ich schon draufgekommen, es ist besser nicht zu viel zu sagen und einfach zuzuhorchen, das Blatt wenden, weil wenn er [Hinterbliebener] in seinem Ding drinnen ist, dann geht er nicht davon weg.* (I4, A35c) Bis hierher zeigt sich bereits, dass die Kontakt- und Gesprächseröffnung ganz wesentliche Bedingungen für ein Gelingen der Kommunikation sind. Hier erscheinen mir nicht nur die Fragen der Anbahnung, sondern auch eines Settings zentral.

Auf dieser Basis ist es – so weiter die Ergebnisse dieser Studie – als nächstes hilfreich, sich gegenseitig Emotionen zu zeigen. Hinterbliebene können dabei ebenso Gefühle zeigen – *Der Mann machte die Türe auf, fing an zu weinen und sagte: >Machen Sie sich keine Vorwürfe!<* (I2, A20 und A34) –wie die (Mit-)Verursachenden selbst: *Sie war freundlich, und ich habe angefangen zu weinen und [ich] konnte nicht mehr sprechen.* (I6, A25) Im Grunde können auch negative Emotionen zugemutet werden, dies trifft bei den (Mit-)Verursachenden auf Verständnis. Das erste Beispiel zeigt eine Erfahrung bei einem durch die Krisenintervention begleiteten Informationstreffen: *Zum Schluss wirst du dann ein bisschen schroff hinauskatapultiert, was ich aber versteh, da hab ich keinen Groll auf den gehabt, ist ja klar, er hat seine Frau verloren.* (I4, A37) Und ein weiteres Ankerbeispiel nach dem Tod von zwei Kollegen: *Auf der Beerdigung, da war eine Freundin, die hat ganz laut geschrien [...] die ist halt zusammengebrochen, und [sie sagte] die, die es verursacht hat, die steht hier! Aber das konnte ich alles verstehen, das war mir ganz klar irgendwie.* (I11, A4b) Schroffe Bemerkungen und das Zeigen von Emotionen durch die Hinterbliebenen »halten« die (Mit-)Verursachenden – zumindest im Rahmen dieser Studie und nach ihren Angaben – offensichtlich aus. Ich interpretiere dies so, dass von Hinterbliebenen gezeigte Emotionen als Ausdruck ihrer Trauer und ihrer Schmerzen akzeptiert werden können und nicht als Schuldzuweisung aufgefasst werden, obwohl das genannte Beispiel jener Beerdigung dies nahelegen würde. Dies hat aber auch seine Grenzen. Es gibt auch Beispiele, wo gezeigte negative Emotionen von den (Mit-)Verursachenden nicht so leicht ertragen werden:

Dann hat er zum Schluss einen Satz gesagt, das bleibt dir dann drinnen, er hat gesagt: >Sie tun mir leid!< Wie er das jetzt gemeint hat? Es tut halt weh. Er will auch seine Emotionen los werden wahrscheinlich. (I4, A37)

Insgesamt kann gesagt werden, dass Emotionen wie Wut, Trauer oder Ärger Raum haben, ohne dass die Kommunikation misslingen muss, dass aber die Einbettung in einen begleiteten Rahmen in jedem Fall hilfreich erscheint.

Gesten in der Kommunikation zwischen (Mit-)Verursachenden und Hinterbliebenen haben eine weitere, sehr zentrale Bedeutung. Der Händedruck jeweils eines hinterbliebenen Vaters, nachdem die (Mit-)Verursachenden den Tod des Sohnes mit herbeigeführt haben, ist dabei eine hervorragende Geste. Beide Beispiele: *Das war einfach ein Zeichen, ein Zeichen ohne Worte.* (I4, 125a) Und: *Der Vater geht her und zack, gibt mir die Hand und sagt, ich bin der und der. Die Eltern sind so feine Leute.* (I13, A6) Angehörigen ist es mitunter möglich, ihrerseits Mitgefühl zu zeigen: *Die Reaktion von den Bekannten und auch von der Freun-*

6.4 Die Aporie traumatischer Schuld: ... aus den Gesprächen »extrahiert«

din [Hinterbliebene] war [...] mitfühlend. (I11, A4) Und: *Wie man so groß sein kann? Die Mutter hat zu mir gesagt, ich muss mir keine Sorgen machen [...] die waren so freundlich.* (I6, A1 und A5) Der schwer verunfallte und vom Unfall querschnittgelähmte Freund eines Interviewpartners bietet – als er ihn zum ersten Mal besuchen kann – eine außergewöhnliche Geste an: *Er hat mich gleich angelacht [...] er hat mir da schon gewaltig viel Kraft gegeben.* (I16, A6) Dabei wird deutlich, dass es Gesten von Hinterbliebenen bzw. Opfern sind, die auf die (Mit-)Verursachenden gerichtet sind, die wie ein erstes »versöhnliches Zeichen« wirken. Essenzialisiert in der Aussage: *Viel geholfen hat natürlich auch, [dass] keine Vorwürfe gemacht worden sind.* (I21, A78)

Zusammengefasst betrachtet kann, unter der Geltung einiger Kriterien, die Kommunikation zwischen (Mit-)VerursacherIn und Hinterbliebenen gelingen. Die wesentlichste Voraussetzung dafür ist, wie sich in dieser Untersuchung zeigt, dass eine Kontaktaufnahme durch den/die (Mit-)VerursacherIn bei den Angehörigen als »ernst gemeint« empfunden werden kann. Die Kommunikationssituation wird gefördert, wenn die Beteiligten erzählen können, was passiert ist, und sich gegenseitig Emotionen nicht vorenthalten. Auch Emotionen wie Wut, Trauer oder Ärger haben Raum, ohne dass die Kommunikation misslingen muss. Wichtig dabei ist, dass (Mit-)VerursacherInnen auch den Angehörigen zuhören. Gesten haben eine wichtige Bedeutung und Angehörige zeigen mit einer einfachen Geste, in dieser Arbeit sind es ein Händedruck, eine Haltung der Vorwurfsfreiheit, aber auch ein freundlicher Umgangston, dass ihnen die Kommunikation mit dem/der (Mit-)VerursacherIn möglich ist. Die Reaktionen der Angehörigen oder der Unfallopfer haben für die (Mit-)Verursachenden eine wichtige Bedeutung. Die Frage nach der institutionellen Begleitung und Organisation von Treffen durch Kriseninterventionsteams oder Opferschutzbeamten wurde in Interview 2 (A20, A40 und A50) und Interview 4 (A35a) besonders hervorgehoben. Grundsätzlich werden die Vorabklärung, die Vorfühlung bei den Angehörigen, durch eine »dritte Partei«, wie beispielsweise der Opferschutz oder die Krisenintervention, und dann die Herstellung der Kommunikationssituation durch diese als unterstützend erlebt.

Über diese ersten Hürden und ersten Kontakte hinaus entwickelt sich mitunter eine Art Verbundenheit oder Beziehung zwischen (Mit-)Verursachenden und Opfern bzw. Hinterbliebenen. Dies zeigt sich zum einen als An-denken: *An den [Name] denkst du jeden Tag einmal* (I13, A6), oder auch: *Das zu verdrängen [...] da tötest du ja dein Opfer noch einmal. Mein Opfer hieß [Name], und auf die Art bin ich mit ihm auch verbunden.* (I5, A8) Opfer werden beim Namen genannt. Zum anderen zeigt sich diese Verbundenheit in der Anteilname am Leben oder

der Lebenssituation der Opfer und der Hinterbliebenen. Es wird aus deren Leben erzählt.

Es war wirklich schrecklich, wie viele Menschen den vermisst haben. Er war wie ich verheiratet und hatte ein kleines Kind. [...] seine Frau war auch noch schwanger, da kam noch ein Kind. I5, A6

Umgekehrt sind es aber auch Hinterbliebene, die Gesten des Interesses an den (Mit-)VerursacherInnen zeigen: *Jetzt [...] haben sie noch einmal angerufen, nur um zu hören, wie es mir geht.* (I2, A38) Es findet sich also gegenseitige Anteilnahme bei vormals einander Unbekannten. Trotzdem sind auch »gute« Kontakte zu Hinterbliebenen für (Mit-)Verursachende mitunter belastend.

Mit den Eltern ist es auch schwierig, obwohl sie nicht gegen mich sind. Die sind auch verständnisvolle Menschen. Er [Vater des tödlich verunglückten Kindes] hat gesagt, wo er wohnt, ich soll einmal hinkommen. Ich mag nicht gerne hingehen, weil das ist für mich das schwierigste, dass das Kind [bricht ab]. I13, A6a

In ähnlicher Weise erlebt ein Interviewpartner, nachdem seine Freundin auf der gemeinsamen Fahrt tödlich verunglückt ist, dass er *in den Kreis der Leidensgenossen* (I7, A12a) ihrer Familie aufgenommen wird. Besteht bereits vor dem Unfall eine Bekanntheit, z. B. durch Freundschaft oder eine geteilte Arbeitsstelle oder sind (Mit-)Verursachende, Hinterbliebene und Opfer aus einer Familie, gestaltet sich die Situation häufig komplexer. Es gibt kaum einen Zeitpunkt bzw. ist dieser oft erst nach sehr vielen Jahren, in welchem sich ein/e (Mit-)verursachende/r aus den Beziehungen zurückziehen oder lösen kann. Das im überwiegenden Fall eher wohlwollende Verhalten von Bekannten, Freunden oder Familienmitgliedern bindet Verursachende eher an deren Nähe. Ausnahmen bilden Fälle, in welchen der Unfall zum Schuldvorwurf untereinander wird, wie nach dem Tod eines eigenen Kindes bei einem getrennt lebenden Paar: *[der andere] war halt dagegen [...] wenn dann so eine Anklage da ist [...] mit dem muss ich ja weiterleben.* (I18, A26) Das hier angesprochene »Dagegen Sein« bezieht sich auf die gemeinsame Freizeitaktivität, in deren Ausübung es zum tödlichen Unfall kam. Der Schuldvorwurf und die Anklage innerhalb einer Familie verunmöglicht beinahe ganz, die Trauer zu teilen und langfristig Versöhnung anzudenken. Dies hängt u. a. auch von den unterschiedlichen Rollen und Beteiligungen ab: Ein geteiltes Ereignis führt in den Fällen dieser Studie weniger zu gegenseitigem Schuldvorwurf. Insgesamt dauert es für viele verursachende Familienangehörige oft viele Jahre, sogar Jahrzehnte, bis sie die Themen von Verantwortung und Schuld und die damit verbundenen Belastungen überhaupt ansprechen. Es zeigt sich hier, dass die Schuld innerhalb eines Familiensystems besonders schwer wiegt.

6.4.11 Ausgleich, Wiedergutmachung und das »(Ver-)Geben und Nehmen«

Ausgleich und Wiedergutmachung sind naheliegende Thematiken bei Schuld. In den Interviews finden sich zwei Formen des Auftretens dieser Themen. Zum einen über Handlung, zum anderen über Erwartung bzw. Annahmen. Die VertreterInnen der ersten Variante sprechen Aspekte von Handlungen zum Ausgleich und zur Wiedergutmachung an. Es zeigt sich hier der Wunsch nach Wiedergutmachung: *Wenn es [etwas] gäbe, dass man das wieder gut machen könnte*, (I16, A105) und ein anderes Beispiel lautet: *Es fehlt [...] eine Ausgleichshandlung. Irgendwie so eine Handlung, die das beendet.* (I25, A44) Wiedergutmachung und Ausgleich sind hier als Aktivitäten, als Handlungen gedacht, etwas zu einem Abschluss, zu einer Vervollständigung zu bringen. Handlungen, die gefunden werden, sind beispielsweise das Übernehmen einer Patenschaft:

[...] du hast dem Leben etwas genommen, du musst dem Leben etwas zurückgeben, [...] das leuchtet ein. Du musst jetzt Verantwortung übernehmen. Dann habe ich so eine Patenschaft übernommen [...]. I11, A16a

Oder der Beitritt zur Bergrettung bereits eine Woche nach der tödlichen Schussverletzung des Kameraden: *Bei der Bergrettung [haben] wir retten können. Das ist [...] das, was ich auf positiv gutgeschrieben kriege, das hilft mir so viel weiter.* (I8, A26 und A142) Das Retten von Leben wird zur Handlungsmöglichkeit und wird, wie auf einem Bankkonto, auf die Habenseite gebucht. Das aktive Geben und der Versuch des Zurückgebens des Genommenen scheint hier die Denkfigur der Restauration zu sein. Trotz des darin als plausibel einzustufenden Ausgleiches gelingt dieser bei beiden nicht wirklich, zumindest nicht ganz. Die Patenschaft kann nicht ausgleichen:

Das Problem ist, [...] ich bin diese Patenschaft nicht eingegangen für sie, sondern für mich, das ist mir ganz klar und das finde ich verwerflich. I11, A16b

Die Übernahme der Patenschaft wird sogar zu einer (möglicherweise weiteren) Kläglichkeit herabgestuft. Und auch die Rolle der Lebensrettung bei der Bergrettung bleibt unklar, denn einerseits wird sie als hilfreich erlebt, andererseits fühlt sich dieser Interviewpartner von den »Toten der Berge« verfolgt:

6 (Mit-)VerursacherInnen erzählen ...

Wir haben am Berg Unfälle gehabt oder Tote geborgen, der was mich ein Monat verfolgt hat in der Nacht [...] bis ich dann [...] gesagt habe: ›bitte lass mich in Ruhe, ich habe dir nichts getan, ich habe dich nur geborgen‹. I8, A128

Dies wird an anderer Stelle in dieser Arbeit – im Hinblick auf das Schulderleben – ausführlicher erläutert. Eine weitere Person versucht einen Ausgleich über Handlung herzustellen, wobei sich hier der Angriff auf die eigene Vitalität verdeutlicht:

Ich hab gedacht: oh Gott, er kann jetzt nichts essen, und du kannst jetzt eigentlich auch nichts essen, und hätte ich mal besser da gelegen und nicht er [...] man versucht so irgendwie, das so gut zu machen. I12, A42

Es sei vermerkt, dass dieses überlebende Unfallopfer der 25-jährigen Lenkerin vor dem Unfall nicht bekannt war. Jedes der drei genannten Beispiele ist wie ein Versuch, ausgleichend und wiedergutmachend zu handeln, und hat nur Teilerfolg oder führt auch ins Leere, genauer genommen in die Verwerflichkeit, Verfolgung oder ins Verhungern. Was sich allemal zeigt, ist der Wunsch, dass Ausgleich gelingen möge, aber auch die Vergeblichkeit, wie dies zu leisten wäre. Dass Schuld zulasten eigener Vitalität gehen kann, formuliert Hirsch (2012) eindrücklich auch als Überlebendenschuldgefühl (statt: Überlebensschuldgefühl), und ich möchte hier ergänzen: eigene Lebendigkeit wird hier möglicherweise als Opfergabe darzubringen versucht. Die zweite Variante neben den Handlung(-sversuch)en ist der passivere Modus, die Erwartung, dass ein Ausgleich geschieht. Diese meint die Annahme, dass das Leben oder Schicksal selbst für diesen Ausgleich sorgen wird. *Es war dein Fehler [...] wie kriegst du das zurück, passiert dir irgendetwas, wird dir ein Kind genommen?* (I8, A38) Die Denkfigur des Ausgleichs ist wieder im Geben und Nehmen zu finden, nur diesmal wird dies nicht durch eigene Handlung beeinflusst. Die Verstärkung dieser Erwartung eines Ausgleiches durch das Schicksal zeigt sich in dem Gedanken der »Abbuße«: *Wieder die Gedanken: ›was wird dann mit dir, wirst du es auch büßen‹.* (I16, A103), und dies wirkt hier wie die Erwartung einer ausgleichenden Gerechtigkeit. Das »Leben« wird zur Instanz der Sendung einer ausgleichenden Strafe zur Wiedergutmachung, so meine Interpretation.

In nicht unähnlicher Weise ist das Thema der Vergebung hervortretend. Wieder ist, wie beim Wunsch nach Wiedergutmachung, ein Wunsch nach Vergebung bzw. die Bitte um Verzeihung vorhanden. *Ich habe das Bedürfnis gehabt, die Frau zu sehen und sie um Verzeihung zu bitten.* (I5, A6) der ganz einfach: *Ein Stück Vergebung erhofft man sich [...] von den Angehörigen.* (I4, A131a) Gleichzeitig wird auch die Vergeblichkeit der Vergebung mitformuliert: *Aber die Angehörigen sind da ja auch zu beschäftigt mit sich, oder es geht halt nicht.* (I4, A131b) Der Wunsch nach Vergebung wird im Folgenden mit dem Festhalten an der Schuld kontradiktiert und insgesamt kritisch reflektiert:

Denn man stellt sich ja auf eine etwas erhöhte Stufe und sagt seinem Mitmenschen ›schaut her: ich bin schuld, ohne mich hätte es diese Tragödie nicht gegeben‹ und erhofft sich dadurch in irgendeiner Weise Zuspruch, Absolution [...]. In einer gewissen Form ein Hilferuf nach Anerkennung, nach Wahrgenommen werden, denn man weiß ja auch, dass dann alle noch so gut gemeinten Äußerungen Dritter von wegen, dich trifft keine Schuld, du hast mit dem ja nichts zu tun, das prallt ja von einem ab, das will man ja nicht zulassen. I7, A22 sowie A52–54.

Wieder, wie in der Denkfigur der Wiedergutmachung, tritt auch hier der Gedanke des Ausgleichs auf, und es scheint eine Vergebung – durch genug Bestrafung – möglich zu sein: *Das kann eine Form von Vergebung sein, dass [die] Erkenntnis und Akzeptanz besteht: Jetzt habe ich mich genug bestraft, das Strafmaß ist jetzt erfüllt [...] ich habe meine Strafe gebüßt, und jetzt kann ich als freier Mensch mein Leben weiterleben. Das hat bei mir eine Rolle gespielt, ganz klar, Vergeben in Kombination mit Jetzt-reicht-es, Es-ist-jetzt-genug.* (I7, A40) Das würde bedeuten, dass einem dann vergeben wird, wenn man ausreichend gelitten hat.

Der Wunsch nach Vergebung führt zur Frage, wer eigentlich (wem) zu vergeben hat. Sich selbst vergeben ist eine – wieder eher aktive – Variante, um zumindest nicht der Vergebung, besser Willkür von Hinterbliebenen ausgeliefert zu sein: *Wenn einem die Opfer oder Hinterbliebenen nicht vergeben, dann [kann] man doch sich selbst und/oder Gott [einem vergeben].* (I10, A603) Vergebung steht für einen Interviewpartner, der sein Kind verloren hat, an erster Stelle, und zwar sich selbst und anderen gegenüber – und wo sie nicht gelingt, wird *man aus der Trauer nicht herausfinden.* (I3, A231) Die Erkenntnis, dass es nicht nur Hinterbliebene oder Opfer sind, die vergebend oder Vergebung verweigernd über einen wirken können, befreit aber nicht alle, denn die Selbstvergebung scheint mitunter unaufbringbar:

Ob mir das einmal gelingt [mir selbst zu verzeihen], dass ich das zumindest überleg, ob das vielleicht möglich ist? Ich kann es mir nicht verzeihen. Nein. Niemand anderer tut das natürlich, nur ich selber, I15, A54

sagt eine Mutter nach ca. 30 Jahren der Verletzung – keineswegs des Todes – ihres Kindes. Ich gehe davon aus, dass je schicksalsnaher ein Ereignis betrachtet werden kann, desto eher die Vergebung durch einen selbst oder andere hergestellt und angenommen werden kann. Es ist der »innere Fragenentwurf«, den es in der Vergebung zu beantworten gilt: Bin ich auch Teil eines Schicksals, welches mich in die Lage brachte, den Tod oder die schwere Verletzung einer anderen Person mit zu bewirken? Diese Formulierung ist näher am »natural disaster«. Oder bin ich jemand, der durch Unachtsamkeit oder was auch immer andere traumatisiert oder sie dadurch ihr Leben lassen müssen? Dann ist die Formulierung näher einem »man-made disaster«. Letzteres macht Verursachende zu TäterInnen. Ich möchte den letzten Aspekt nochmals mit Albs (1997) denken: Sie beschreibt, dass Entschuldigungen vor dem Hintergrund der Akzeptanz von Verantwortung geschehen. Eine Entschuldigung ist vielfach Voraussetzung von Vergebung, aber das bedeutet auch, dass es gilt, verantwortlich zu sein. Ist man verantwortlich (zu machen), ist die Bitte um Entschuldigung in Anlehnung an Goffman (1971) erforderlich: emotionale Betroffenheit, welche die Echtheit des Schuldgefühls belegt, Bekräftigung der Regelgeltung und somit Normverletzung und die Akzeptanz der Verantwortung und der Schuld. Es scheint, dass die (Mit-)Verursachenden, die emotionale Betroffenheit zeigen, auch das Gefühl für Verantwortung und Schuld akzeptieren, dass aber der dazwischen liegende Aspekt übersprungen ist, denn eine eigentliche Regelverletzung ist im Unfallcharakter des Ereignisses mitunter nicht zu finden, es sei denn, es ist grobe Fahrlässigkeit nachweisbar. Die Vergeblichkeit von restaurativen Bemühungen liegt meines Erachtens dort, wo Schuld anhaftet und Vergebung erhofft wird, allerdings für etwas, das man im Grunde nicht oder nicht in der Form »getan« hat. Wiedergutmachung, Restauration oder Vergebung zu suchen und zu finden, ist auf diese Weise umso schwieriger. Prozesse der Annahme des eigenen Schattens (Hubbertz, 1992) sind hier sicher mit anzustreben. Hubbertz schreibt von der Verweigerung, sich selbst anzunehmen, als problematisch im Umgang mit Schuld und Verantwortung. Soll der Prozess der Vergebung jedoch kein intrapsychischer, sondern ein interpersoneller sein, erscheint mir ein Aspekt, welcher aus diesen Interviews hervortritt, bemerkenswert zu sein: das sich »gegenseitige Zeigen von Emotionen«. Wie bereits festzustellen war, ist das Zeigen und Zumuten – auch negativer – Emotionen zwischen (Mit-)VerursacherIn und Hinterbliebenen einem gelingenden Kommunikationsprozess zuträglich. Dies lässt sich mit Van de Loo (2009) verstehen, welcher die Rolle der Einfühlung als Voraussetzung für das Gelingen eines Versöhnungsprozesses betont. Einfühlung bzw. Empathie versteht er als verbindende Perspektive, als ein Wahrnehmen der subjektiven Wahrheit der jeweils anderen Person, ohne diese Subjektivität notwendigerweise zu teilen. Dabei gilt bei ihm als »gelungene Einfühlung«, wenn ein/e VerursacherIn den Schmerz des Gegenübers »erträgt« (in den Worten der Verfasserin) und wenn die Angst der Opfer überwunden werden kann, dass aus dieser Einfühlung Sympathie folgen müsste (Van de Loo, 2009). Das Zeigen vorhandener Gefühlslagen scheint mir hierbei der grundlegende Schritt zur Einfühlung.

Abschließend möchte ich noch einen Gedanken zur Vergebung durch Opfer bzw. Hinterbliebene von Pumla Gobodo-Madikizela – im Kontext der Wahrheits- und Versöhnungskommission Südafrikas – anführen. Die Entscheidung eines Opfers zu vergeben kann bedeuten, dass dieses in einer Position der Stärke ist, denn in der Vergebung hält ein Opfer den Schlüssel zu den Bedürfnissen eines/r TäterIn in der Hand. Sobald ein/e TäterIn zu bereuen beginnt, Reue zeigt und einen Weg zur Vergebung sucht, wird das Opfer zum Hüter dessen, was der Ausgeschlossene sucht: die Reintegration in die Gemeinschaft. Mit dieser Position stehen Hinterbliebene auf einer höheren Stufe und können ein Macht- und Triumphgefühl empfinden, wenn ein Mensch Verständnis braucht, die eigene Verantwortung oder Schuld in »sich selbst zu verstehen« (Gobodo-Madikizela, 2006, S. 149).

6.4.12 Zeit und Ritual: Integration, Wachstum oder »keinen Abschluss finden«

Die Verarbeitung traumatisierender Erlebnisse entspricht generell eher einer Anpassung an die neue Situation und erfolgt im besten Fall entweder über eine Integration in das Selbst- und Weltverständnis oder aber die Findung oder Entwicklung neuer, adaptiver Grundannahmen. Trauer ist hierfür ein bedeutender Prozess. Trauer um den Verlust ist vor allem bei den InterviewpartnerInnen zu finden, welche das eigene Kind oder eine nahestehende Person verloren haben. Hier tritt neben den Fragen nach der Mitverschuldung auch ein Trauerprozess in den Vordergrund.

Was hat das für einen Sinn, wenn das zukünftige Leben praktisch nicht mehr da ist. I3, A85a

[Menschen] die das Erahnen können, dass die Trauer fast unverändert [ist], ich erwarte über Jahre hinweg. Ich hoffe, dass das nach einem Jahr etwas leichter wird. I18, A8

Die InterviewpartnerInnen haben aber auch den Verlust eigener körperlicher Unversehrtheit zu betrauern, da sie ja mitunter selbst schwer verletzt wurden bzw. seit dem Unfall motorisch eingeschränkt sind. Grundsätzlich zeigt sich das Trauererleben auf verschiedenen Ebenen, auch auf der körperlichen. Mehrere sprechen von körperlichen Reaktionen, vom *Zusammensinken*, von Gewichtsverlust und

Schlafstörungen. Es zeigen sich mehrere Hinweise für die »komplizierte Trauer« (Znoj, 2004).
Es ist nicht mehr gegangen. Habe absolut nicht alleine geschafft das zu verarbeiten. I4, A41

Mein Leben hat sich auch dahingehend geändert, dass ich natürlich sehr angeschlagen bin, auch Konflikte nicht mehr durchstehen kann, wie früher. I18, A167

Der Prozess der Trauer kommt meist erst zu einem Zeitpunkt in Gang, der nach der juristischen Klärung, dem Erhalt von Gutachten oder dem Abschluss des Verfahrens liegt. Vom Abfallen einer Last, aber auch dem Beginn von Trauer wird besonders dann gesprochen, wenn Verfahren eingestellt werden oder Gutachten »emotional frei sprechen«, wie hier bei I4:
Nach einem Jahr nach dem Unglück [...] ist das Gutachten gekommen [...] da war dann ersichtlich, dass ich nicht die Schuld bin an den ganzen Geschichten [...]. Dann habe ich [geweint], weil einfach der Stein ist dir vom Herzen gefallen [...] ein Jahr später! Da habe ich erst trauern können und dann ist das natürlich gekommen, die Tränen, die zwei Verstorbenen, die ganzen anderen Teilnehmer. I4, A45

Zusammengefasst kann gesagt werden, dass die Schuldbelastung der Trauer im Wege steht, diese zumindest über längere Zeit blockiert. Die Trauer um den Verlust des eigenen Kindes wird beispielsweise durch die gefühlte Mitschuld erschwert, denn die Trauer um den Verlust führt direkt in die empfundene Schuld. Ich gehe davon aus, dass durch Schuld ein Trauerprozess möglicherweise auch gar nicht zugestanden wird.

Der nächste Aspekt ist der Versuch zur Bewältigung. Dieser erfolgt häufig über die soziale Relativierung. Zur Anpassung an die Situation werden sowohl reale als auch fiktive soziale Vergleiche mit anderen gezogen. Als realer Vergleich gilt dabei, dass Geschichten von den Leiden anderer herangezogen werden, wie z. B., wenn gesagt wird:
Am zweiten Tag dachte ich: scheiße verdammt, sei froh du lebst. Dir fehlt eine Haxe. Deinem Onkel fehlen zwei Haxen. Deinem besten Kumpel fehlen eine Hand und eine Haxe. I19, A78–80

Beim fiktiven Vergleich wird nur angenommen, dass jemand anderer die Situation nicht so gut meistern würde.

6.4 Die Aporie traumatischer Schuld: ... aus den Gesprächen »extrahiert«

Bei dem war das viel schlimmer. Der hat ein paar Monate nicht arbeiten können [...] es gibt dann schon Schlimmeres in Dingen auch noch. I2, A138

Die junge Frau hat erzählt, dass drei ihrer Kinder verstorben sind. Zwei noch vor der Geburt und eines dann mit ein paar Monaten. Ich kann das nicht erklären, warum mir das hilft, so was zu hören. I18, A127

Und dann, bei dem Unglück in [...] die haben eine viel prekärere Situation gehabt, da waren beträchtlich mehr Tote, das ist ja noch einmal eine psychische Mehrbelastung, nicht. I4, A124

Die Anpassung über soziale Vergleichsprozesse bedeutet, nicht mehr der oder die Einzige mit dem Leiden zu sein. Die explizite Erwähnung anderer Betroffener und der Vergleich mit ihnen finden sich in dem überwiegenden Teil der Interviews. Gedanken zur Gründung von Selbsthilfegruppen tauchen auf, eine Person hat diese Idee auch umgesetzt. Dieses Ergebnis – die Strategie des sozialen Vergleichs zur Anpassung an traumatische Erlebnisse – bestätigt die Arbeiten von Janoff-Bulman (2002).

Durch eine Traumatisierung stellt sich die Aufgabe der Annahme des Unveränderlichen und der Integration der Ereignisse ohne eine anhaltende Reaktion auf traumabezogene Reizkonstellationen, ohne anhaltende Verleugnung, ohne untergründig damit beschäftigt zu bleiben oder unter Erinnerungsverzerrungen zu leiden (Fischer und Riedesser, 2009). Zu Akzeptanz und Integration gelangen viele Interviewte, zumindest interpretiere ich dies so, wenn das Ereignis zu einem Teil des eigenen Lebens wird.

Das gehört zu meinem Leben jetzt mit dazu. I2, A239

Ja das ist dann halt so [...] der Punkt, wo ich auch sagen kann, das ist jetzt ein Teil von mir, das gehört dazu I12, A42

[Es ist] nicht ganz negativ, es bleibt einfach da [...] ich möchte das nicht vergessen, damit ich nicht noch einmal so einen Fehler mach. I4, A91

Das Ereignis und die Folgen werden nicht geleugnet und nicht vergessen, und es kann wie ein Schutz vor zukünftigen Fehlern wirken. Mehr Wohlbefinden wird möglich. Der relative Abschluss (Horowitz, 2001) zeigt sich in Äußerungen wie:

Zwei Jahre [...] bin ich alle Tage auf den Friedhof gegangen und auf einmal war es gar [Ausdruck für aufgebraucht/abgeschlossen]. I3, A196

Mit anderen Worten: »zu Ende gekocht« (Anm. der Verfasserin). Personen, welche Aussagen der Akzeptanz und Integration treffen – diese finden sich in beinahe der Hälfte der Interviewten – tauchen wesentlich seltener in der Kategorie der psychodynamischen Abwehr von Schuld auf.

Die Veränderungen von Grundannahmen und das posttraumatische Wachstum nach der Erschütterung werden im Folgenden fokussiert. Veränderte Grundeinstellungen beziehen sich insgesamt auf Einstellungen dem Leben, den Mitmenschen und sich selbst gegenüber (Calhoun und Tedeschi, 2006). Neue Lebenseinsichten, neu gewonnene Prioritäten, eine veränderte Wertschätzung des Lebens, Achtung vor der eigenen Stärke und veränderte soziale Einstellungen sind Kernthemen posttraumatischen Wachstums und werden in dieser Untersuchung mehrfach gefunden.

Ich durfte weiterleben, also bin ich dazu verpflichtet, aus diesem Leben möglichst was zu machen. I7, A12a

Und weiter:

Heute glaube ich, dass das Leben als ein Geschenk anzusehen ist, und für dieses Leben bin ich tatsächlich verantwortlich. I7, A26

Mehr Offenheit, Sensibilisierung und »Friedfertigkeit« werden hier neben den genannten Veränderungen zusätzlich angeführt. Im zwischenmenschlichen Bereich wird mehr Perspektivenübernahme, Empathie und Nähe, aber auch mehr Differenzierung formuliert.

Ich merke, dass ich jetzt für das Leid anderer Menschen viel aufnahmefähiger bin. I18, A151

Man kann nicht immer so leicht sagen: da ist der Täter und da ist das Opfer [...] wenn man selbst in der Rolle vom Täter war, dann ist das anders. I12, A44

[...] anderen Weg auf mich selber eröffnet, auf Mitmenschen auch, die Gemeinsamkeiten zu sehen, die Gemeinschaft [...] ich war ein sehr nüchterner Mensch. I11, A40

Hinweise auf posttraumatisches Wachstum – ohne die Aspekte des Verlustes zu leugnen – zeigen sich besonders deutlich an zwei Ankerbeispielen:
So ein Ereignis braucht kein Mensch. Das ist der Horror [...] wirklich die Hölle, aber auch wenn es vermessen klingen mag, rückblickend darf ich auch

konstatieren, dass ich einiges nicht erlebt hätte, wenn es dieses Ereignis nicht gegeben hätte, ich hätte einige Menschen nicht kennengelernt, [...] ich wäre nicht hier [...] Medaillen haben zwei Seiten I7, A12b

Entscheidend ist für mich, gelebt und was begriffen zu haben. Vor dem Hintergrund [...] ist es auch ein Stück weit ein Privileg, so eine schreckliche Erfahrung gemacht zu haben, weil man in Gefühlswelten vorstößt, die den anderen nicht zuteilwerden. I5, A18.

Was hier neben dem posttraumatischen Wachstum zu lesen ist: dass die erlittene Desillusionierung nicht geleugnet wird.
Man lernt da irgendwie die Grausamkeiten vom Leben. I16, A46

Dies erscheint mir insofern bedeutend, als dass sich das Janus-Gesicht posttraumatischen Wachstums (Zöllner und Maercker, 2006) nicht zeigt. Das Janus-Gesicht bedeutet, dass neben der konstruktiven Seite des Wachstums auch die Komponente der Selbsttäuschung und Illusion mit Wunschdenken oder Selbstberuhigung zu finden sind. Ich gehe davon aus, dass die beschriebenen Ereignisse zu gravierend sind, als dass sie sich einer weiteren Illusionierung zuführen ließen. Die Verzerrung wäre und ist innerhalb der psychodynamischen Abwehr zum Schutz vor dem Schuldaffekt möglich (vgl. dazu die »überstürzte Progression«), aber nicht mehr im Sinne des posttraumatischen Wachstums, so meine Interpretation.

Zur Bewältigung trägt das soziale Umfeld wesentlich bei. Freunde, Familie und Angehörige helfen. Viele betonen, dass sie es ohne diese Unterstützung *niemals geschafft hätten*. Die Unterstützung innerhalb des sozialen Netzwerks zeigt sich aber auch kontroversiell und insbesondere wird Einsamkeit ausgedrückt:
Dir kann keiner dabei helfen. Du musst selber damit fertig werden. I1, A134

Unterstützung durch engste Angehörige mildert bei einigen keineswegs das Gefühl des Alleinseins mit der Situation. Überforderung und Hilflosigkeit sind für soziale UnterstützerInnen nicht selten, die »nahe Umwelt« ist häufig mit der Situation überfordert.
Die wenigsten wissen, was zu tun ist in solchen Situationen. Sie sind erfüllt von gutem Willen, möchten irgendwie Hilfe angedeihen lassen, aber sie wissen nicht, was gut [ist] I7, A34b

Die Unterstützung durch Personen am Arbeitsplatz, auch Vorgesetzte mit einbezogen, ist zentral. Die Reaktion des/der Vorgesetzten, des/der ArbeitgeberIn, aber auch der KollegenInnen an der Dienststelle sind für die betroffenen VerursacherInnen besonders wichtig. Dazu I5:

> [Der Chef] hat gesagt: >[Name], Sie müssen jetzt stark sein, saufen Sie nicht, rasieren Sie sich jeden Morgen und am Montag kommen sie ins Geschäft. Und wenn Sie den ganzen Tag bloß Rotz und Wasser heulen, aber Sie kommen am Montag ins Geschäft<. Der hat gleich gewusst, in so einer Situation brauchst du Struktur. I5, A4

Die Bedürfnisse der (Mit-)VerursacherInnen bzw. Aussagen darüber, was sie gebraucht hätten, sollen Auskunft für sinnvolle Unterstützungen und Interventionen geben. Einrichtungen der psychosozialen Versorgung, wie beispielsweise Kriseninterventionsteams und die Unterstützung durch die Dienststelle – letztere ist besonders bei BerufsfahrerInnen bedeutend – werden häufig zur Orientierung für die Intervention gesucht. Eine Zusammenstellung aus den Interviews ergibt dabei, dass mehrere Personen das Bedürfnis hatten, nicht alleine gelassen zu werden, und zwar unmittelbar nach dem Unfall in der akuten Situation. Die Information über den Ablauf, z. B. durch die Polizei, wurde als wichtig eingeschätzt. Viele fühlten sich auch später, z. B. im Krankenaus, völlig isoliert und wie emotional erstarrt, wurden aber von niemandem angesprochen. Sehr viele sprachen über das Bedürfnis nach Sicherheit bei sehr großer Erwartungsangst. Das Sprechen über das Ereignis wurde in unterschiedlicher Weise wahrgenommen. Eine Person gab explizit an, dass sie ein starkes Redebedürfnis hatte und aus der Isolation geholt zu werden wollte, umgekehrt führte das Redebedürfnis zu einer Art Schutzlosigkeit und Inflation. Die Vernetzung mit anderen Betroffenen wird zwar ebenso thematisiert und gewünscht, aber gleichzeitig doch nicht gesucht, besonders in der ersten Zeit. Es scheint hier mehr um ein »Wissen um andere« zu gehen. Formen professioneller Unterstützung werden allerdings gewünscht. Zentral sind dabei die Unterstützung in der Herstellung des Kontaktes zu den Hinterbliebenen und die Begleitung dieser Schritte durch die erste Konfrontation mit den Angehörigen hindurch. Handlungsanweisungen durch Notfallteams werden gewünscht, wenn es sich um Unfälle, wie beispielsweise Lawinenabgänge, handelt. Hier geht es besonders um die Information, Konfrontation und den Umgang mit Angehörigen, das Verhalten an der Unfallstelle und Schritte in den Tagen nach dem Unfall. Ebenso wird der Schutz vor Medien durch Krisenteams oder Vorgesetzte gewünscht. Es wurden explizit mehrmals die Arbeiten von Krisenteams oder Beamten des Opferschutzes (ein Projekt im Raum Kleve, Deutschland) als sehr hilfreich und unterstützend geschildert, wenn diese zum Einsatz kamen. Viele formulierten aber weiter, dass längerfristige Betreuung über die akute Versorgung hinaus dringend gebraucht würde, diese v. a.

aber proaktiv von psychosozialen Fachkräften angeboten werden sollte. *Es braucht einen Anschupfer.* Das heißt, sich Hilfe zu suchen, scheint für viele schwierig zu sein. Das Ermöglichen therapeutischer Begleitung wird ebenso genannt wie – und das erscheint mir zentral – Begleitung während der juristischen Zeit.
Ich konnte mich nicht verteidigen, ich hatte keine Kraft damals. I11, A6

Begräbnisfeiern, Gedenken, gemeinschaftliche Rituale, Andenken an Jahrestagen spielen eine Rolle bei Verlusten, Trauer und Tod. Rituale und Gedenken tauchen in den Erzählungen eher selten auf. (Mit-)Verursachende haben es mitunter besonders schwer, an Begräbnisfeiern teilzunehmen und Abschied zu nehmen. Die Teilnahme, auch bei Bekanntheit zwischen (Mit-)VerursacherInnen und tödlich Verunglückter/m, ist keineswegs immer erwünscht. Der Weg zum Friedhof wird aber auch von vielen InterviewpartnerInnen thematisiert, welche die/den verstorbene/n Unfallbeteiligte/n vorher nicht kannten oder zumindest nicht verwandt sind. Ein sehr problematisches Erlebnis bei der Beerdigung ist hier geschildert:
Auf der Beerdigung, da war eine Freundin, die hat ganz laut geschrieen [...], die ist zusammengebrochen, und [sagte] die, die es verursacht hat, die steht hier! I11, A4b

(Mit-)Verursachende haben es, wie aus I11 hervorgeht, mitunter besonders schwer, an Begräbnisfeiern teilzunehmen und Abschied zu nehmen. (Mit-)VerursacherInnen sprechen von Angst davor oder wollen den Weg zum Friedhof erst zu einem späteren Zeitpunkt einschlagen. Bei Ereignissen im öffentlicheren Raum, wie beispielsweise bei einem Lawinenunglück, oder Ereignissen mit mehreren Todesopfern, werden häufig Gedenkfeiern organisiert. Ein zeitlicher Abstand zum Ereignis ist dabei wichtig. Beispielsweise fand bei einem Interview diese Gedenkfeier mehrere Monate später im Sommer statt, der zeitliche Abstand und die veränderten Umweltbedingungen halfen. Bei Ereignissen im öffentlichen Raum, wie beispielsweise ein Lawinenunglück, oder einem Ereignis mit mehreren Todesopfern, werden häufig Gedenkfeiern organisiert. Im Falle von Interview 4 hat der Tourenführer selbst daran teilgenommen.
Die Gedenkfeier [...] das war ein bisschen schockierend. Ich habe gesagt, ich brauche das, da nicht im Winter stehen und wir sind dann im [Sommer] da rein gewandert. Da habe ich die Mutter von der Verstorbenen gar nicht mehr erkannt. [...] Damals, nach dem Lawinenunglück, [bin ich] zu denen hingefahren und hast ja mehr oder weniger auf die Tischplatte geschaut. Dann sah ich die Eltern [...] und dann fällt dir wieder [alles] runter. [...] es war aber schon auch ein bewegender Moment. I4, A123–125

Eine Gedenkfeier wäre zu unterscheiden von einem Informationstreffen unmittelbar nach dem Lawinenunglück mit den Angehörigen, den Überlebenden, der Organisation und der Tourenführerin. Besonders markant ist das Thema der Rituale und Andenken bei betroffenen Eltern. Es wird da auch deutlich, dass das Ritual nicht Trost spendet, sondern zum Kanossagang wird.
Der regelmäßige Gang zum Friedhof ist [...] ein Kreuzweg für mich, der jedes, jedes Mal mein Versagen vor Augen führt. I18, A155b

Bei einem anderen Elternpaar wurde dies anders erlebt:
Wir haben das Kind zu Hause aufgebahrt, gemeinsam gebetet und geweint und unseren Gefühlen den Schwung gelassen [...] als Ehepaar gemeinsam haben wir [das Kind] dann auch hinausgetragen. I3, A316

Die unmittelbaren Todesumstände, die Ursachenattribution und gegenseitige Schuldzuschreibungen sind meines Erachtens zentrale Parameter. Doch auch nach 20 Jahren ist für viele der Jahrestag noch mit Belastung und Stress verbunden.

Der Faktor Zeit, der Lauf der Zeit, wird abschließend zusammengefasst. Zuerst zu Bedingungen, welche die (Mit-)VerursacherInnen nicht abschließen lassen. Damit ist gemeint, dass nach einer Phase des Durcharbeitens ein relativer Abschluss (Horowitz, 2001) gefunden werden kann, indem die traumatische Situation weder intrusiv wiedererlebt wird noch vermeidend damit umgegangen werden muss. Nicht zu diesem relativen Abschluss finden die Interviewten, solange die juristische Situation noch in Schwebe ist. Dies kann sich bekanntermaßen über mehrere Jahre strecken. Offene Gerichtsverfahren lassen also keineswegs an einen emotionalen Abschluss und die Integration des Ereignisses denken. Besonders deutlich ist dies bei I13, wo nach ca. dreieinhalb Jahren der Leichnam des verstorbenen Kindes zur nochmaligen Untersuchung exhumiert werden sollte, um ein neues medizinisches Gutachten zu erstellen (I13, A6).
Die Lehrperson ist verurteilt, ich bin verurteilt. Drei Jahre bedingt. Und: Dann wollen sie noch den Bauern anklagen, weil da kein Zaun war. I13, A36 und A52b Und: Dann wollen sie das Kind noch einmal ausgraben [...] die Eltern möchten aber auch ihre Ruh haben, weil sie gesagt haben, dass das Kind [dadurch] nicht mehr lebend wird. I13, A6b und A58

Nicht selten sind es die massiven Schuldgefühle über das Mitverursachte und Erlebte, die es auch wie im folgenden Beispiel nach 28 Jahren nicht ermöglichen, zu einem relativen Abschluss zu kommen. Es wird formuliert:

6.4 Die Aporie traumatischer Schuld: ... aus den Gesprächen »extrahiert«

Am letzten Tag meines Lebens werde ich mich auch noch schuldig fühlen, es war einfach eine Katastrophe. Ich kann das nicht sagen, am liebsten wäre ich auch gestorben. I15, A4

Es sei darauf hingewiesen, dass bei I15 kein Todesfall zu beklagen ist, sich möglicherweise ein Ausdruck des Schreckens zeigt und im Grunde die Schuldgefühle selbst es sind, die sich nicht abschließen lassen. Häufig können Vergebungsprozesse durch die anhaltende Schuldzuweisung an sich selbst nicht gelingen. Die fehlende Information über den Ausgang der Situation und über die Folgen halten das Ereignis »offen«, ähnlich ist es, wenn das Unfallopfer weiter leidet.

Bei Interview 25 sind es fehlende Information (A56) und fehlender »Ausgleich«, welche die Situation für ihn offen halten:

Das fehlt irgendwie, so ein Ausgleich. Irgendwie so eine Handlung die das beendet. I25, A44a

Eine weitere Bedingung ist die ungeklärte Situation mit den Hinterbliebenen, welche mehrere InterviewpartnerInnen keinen Abschluss finden lassen – bei einem Interviewpartner selbst nach 23 Jahren.

Es ist 23 Jahre her, aber [es ist] ehrlich gesagt unabgeschlossen. Gerichtlich schon abgeschlossen, aber für mich selber unabgeschlossen, weil da kommen wir wieder auf den Kontakt [...] seine Verwandten, Elternteile, Bruder, wie auch immer. Ich habe mir oft schon gedacht, soll ich jetzt den Kontakt auch noch suchen nach 23 Jahren zu seinen Leuten hin, ich weiß es nicht. [Vielleicht sagen sie] warum kommst du jetzt und warum nicht dazumal, wäre gescheiter gewesen, jetzt ist es zu spät. I8, A46 und A134–138

Er bleibt auch über diese genannten Textstellen hinaus noch länger an diesem Thema und das Nicht-Abschließen-Können wird über die Ausweglosigkeit in der Kontaktaufnahme ausgedrückt: In der unmittelbaren Zeit nach dem Ereignis wollte er die Angehörigen nicht belasten bzw. hatte er Angst (I8, A86, A140b) und nach Jahren ist es zu spät. Fast drei Jahrzehnte später sagt auch I17:

Mir kommt immer vor, ich habe irgendwas versäumt, vielleicht hätte ich mit denen ganz gut reden können und ich hätte dann ein bisschen mehr Seelenfrieden gefunden. I17, A20a-c

Nicht zuletzt ist es die Faktoren Verlust oder Verletzung von eigenen Angehörigen (Elternteil oder Familienmitglied ist VerursacherIn), welche zu einer längeren Dauer bei der Verarbeitung führen. Dies führt zur Frage, wie lange die Dauer der Verarbeitung von traumatischer Schuld ist. Es finden sich Hinweise auf jahrelange innere Auseinandersetzungen und Verarbeitungsprozesse bei sehr vielen Interviews.

Erst einige Jahre später [...] das hat lange gedauert, und zwar ziemlich genau fünf Jahre, I7, A12a

erzählt eine Person, bis sie zu einem anderen Lebensabschnitt fand. Einige Ereignisse mit Todesfolgen liegen zum Zeitpunkt der Interviews ja bereits viele Jahre zurück, und der Ausspruch *am letzten Tag meines Lebens werde ich mich auch noch schuldig fühlen* lässt die innere Zeitperspektive erahnen. Es sind insgesamt in etwa ein Drittel der interviewten Personen, welche über viele Jahre bis Jahrzehnte unter Schuldgefühlen leiden bzw. belastet sind.

Ich habe lange Jahre überhaupt nicht drüber geredet, gar nicht. I15, A8

Anspannung und Angst zeigen sich lange. Mehrere Interviewte weinten bei den Schilderungen, auch wenn die Ereignisse länger zurück lagen.

Erst einige Jahre später [...] das hat lange gedauert und zwar ziemlich genau fünf Jahre. [...] Wohlwissend, dass das Thema nicht ad acta gelegt werden kann, sondern höchstens aufgeschoben. [...] So gingen die Jahre ins Land. I7, A12a

Umgekehrt gibt es eine Reihe von Interviewten, welche sich nicht ausgesprochen lange mit dem Ereignis zu beschäftigen versuchten. Dazu zählen einzelne, welche nach wenigen Monaten die *Sache als abgehakt betrachten (I1, A202)*. Ca. ein Viertel – also sechs Personen – lassen auf wesentlich kürzere Zeiträume schließen, in welchen die Betroffenen wieder in ihren Alltag zurückkehren und sich nicht mehr mit dem Ereignis oder den Folgen auseinandersetzen. Diese sechs Personen sind auch auffallend häufig in der Kategorie der psychodynamischen Abwehr zu finden. Abschließend hierzu noch ein Hinweis auf die Schuldabwehr nach Jahren. Während eines Interviews mit einem Unfalllenker, welcher sehr viele Aussagen zur Schuldabwehr trifft, zumindest so meine Interpretation, machen sich zunehmend Verunsicherungen über die bis dahin getroffene Einschätzung bemerkbar. Ca. sieben Jahren nach einem schweren Unfall mit dem Motorrad, bei welchem eine Person schwer oder möglicherweise auch tödlich verletzt wurde – dies bleibt offen –, ringt der Interviewpartner mit »Fragezeichen« und auftretendem Bedauern.

Wenn ich so reflektiere, ja hast du mal jemand schwer verletzt, Fragezeichen. Und weiter: Jetzt, wo wir so drüber reden, tut es mir schon sehr leid für den

6.4 Die Aporie traumatischer Schuld: ... aus den Gesprächen »extrahiert«

jungen Mann [...] Ich bedauere das schon, und es tut mir wirklich leid [...] Vielleicht gibt es einmal eine Gelegenheit [...] zu spät ist es nie [...] dann vielleicht sogar einen Kontakt aufzunehmen, keine Ahnung. I25, A40, A52 und A60

Dieses Beispiel soll hier verdeutlichen, dass Fragen von Abwehr und Verantwortung sich im Laufe der Zeit verändern können und auch die »Mauer der Abwehr bröckeln« kann. Dieser Aspekt ist meines Erachtens in der wissenschaftlichen Diskussion um Abwehr, Attribution und Verantwortung noch zu wenig berücksichtigt.

7 »Letzte« Ergebnisse: neuer Theoriebezug und Konfliktmediation

Zu den »letzten« Ergebnissen zähle ich zum einen die – bereits angekündigte – theoretische Begründung der Trauma-Schuld und zum anderen die Bedeutung der empirisch gewonnenen Erkenntnisse für ein Konfliktmodell zur Intervention und Mediation.

7.1 Die »Theorie« zur Trauma-Schuld

Die bereits beschriebenen Modi der Verknüpfungen von Trauma und Schuld erklären Schuldgefühle zum einen als den Versuch der Wiederherstellung der Kontrolle, zum anderen als Übernahme der Schuld durch das traumatisierte Opfer und drittens als Schuld des Überlebens von Trauma, während andere starben. Theoretisch betrachtet sind die Erklärungen zur Entwicklung der Schuldgefühle in den genannten Zusammenhängen entweder die, dass das Individuum eine Anpassungsleistung im Sinne der Akkommodation unternimmt oder die psychodynamische Erklärung, in der das Individuum die Überwindung der Situation durch die Introjektion versucht.

Was mir letztlich im Sinne der theoretischen Verankerung aber fehlt, ist eine Erklärung für die Situation der (Mit-)Verursachung des Todes oder Verletzung anderer, die zwar nicht willentlich intendiert, aber dennoch geschehen ist. Diese Form der »Schuld«, in all der Undifferenziertheit des Begriffes, ist als »Empfindung« weder eine »bloße« Anpassungsstrategie noch ein zu einem Introjekt gewordenen Implantat (Hirsch, 2012), aber wohl auch nicht einfach nur überwiegend anders »aufgebürdet«, wie bei der Überlebensschuld im eigentlichen Sinne. Vor keinem dieser Hintergründe lässt sich die »Trauma-Schuld« der (Mit-)Verursachung ausreichend verstehen.

Ein weiteres Kriterium der »Unzulänglichkeit« der Aufklärungen des Zusammenhanges zwischen Trauma und Schuld ist, dass die bisherigen theoretischen Konzepte nicht zwischen *Schuld* und *Verantwortung* unterscheiden. Am Beispiel der Wiederherstellung der Kontrolle: Opfer fühlen sich schuldig, dass sie eine Traumatisierung nicht verhindern konnten, aber fühlen sie sich deswegen auch verantwortlich für die Ursache des Ereignisses? Am Beispiel der Überlebensschuld: Personen fühlen sich schuldig infolge ihres Überlebens, aber zeichnen sie sich explizit verantwortlich für den Tod anderer?

Die Auseinandersetzung mit den offenen Fragen führt mich zu folgenden Überlegungen: Ich möchte die theoretische Begründung der Trauma-Schuld auf zwei Pfeilern aufgebaut vornehmen. Zum einen (1) traumatheoretisch bzw. traumadynamisch und zum anderen (2) auf der Basis des theoretischen Zuganges zur Verantwortung.

7.1.1 Von der Traumadynamik zur Schulddynamik

Die »Trauma-Schuld« als jene Schuld, die ein Individuum aufgrund traumatischer Ereignisse erlebt, muss traumatheoretisch (1) aus der Sicht der Erschütterung des Selbst- und Weltverständnisses betrachtet werden und darüber hinaus (2) über die Traumadynamik hinausgehend, mit der Schulddynamik erklärt werden. Mit anderen Worten, die Traumadynamik, die aus der traumatisch unterbrochenen Handlung erwächst, möchte ich um die zusätzliche Dynamik durch Schuld – die Schulddynamik – erweitern. Theoretisch bewege ich mich hier vom Konzept des »Traumas als unterbrochene Handlung« in die Vorstellung von »Trauma-Schuld als blockierte Handlung« hinein.

Hierfür wird anhand des Verlaufsmodells von Fischer und Riedesser (2009) der theoretische Bezug herzustellen sein. Dies bedeutet für die weiteren Ausführungen, dass im Anschluss an das dialektisch-ökologische Verlaufsmodell der Traumatisierung von Fischer und Riedesser (2009) es im Folgenden gilt die Traumadynamik und Schulddynamik herauszuarbeiten, um die Trauma-Schuld theoretisch zu verankern. Hierfür sollen die traumatische Situation analysiert und das zentrale traumatische Situationsthema der Schulderfahrung herausgearbeitet werden. Theoretisch wird das erschütterte Selbst- und Weltverständnis innerhalb der Schulderfahrung fokussiert, und zwar in Orientierung an die Definition der Traumatisierung als eine zur übergeneralisierten und dauerhaften Erschütterung der Selbst- und Weltbezüge führenden Erfahrung (Fischer und Riedesser, 2009). Auf dieser Basis erfolgt die handlungstheoretische Verankerung der Schulddynamik.

Traumatisches Situationsthema der Trauma-Schuld-Erfahrung

Das zentrale traumatische Situationsthema (ZTST) ist ein Begriff, den Fischer und Riedesser (2009) geprägt haben. Es umfasst die zentrale subjektive Bedeutung, welche die traumatische Situation für die betroffene Persönlichkeit annimmt; letztlich, was die Person »zutiefst getroffen und verletzt hat« (S. 399). Im ZTST liegt auch der Punkt maximaler Interferenz zwischen der traumatischen Situation und dem System der Persönlichkeit. Damit sind neben der aktuellen Traumasituation auch infolge lebensgeschichtlich früherer Belastungsfaktoren gebildete traumakompensatorische Strukturen enthalten. Die traumakompensatorischen Bemühungen, die unternommen werden, um die Aktivierung der traumatischen Erfahrung von Hilflosigkeit, Ohnmacht und schutzloser Preisgabe in Schach zu halten, wurden bereits im Kapitel eins, »Trauma«, erläutert. Im ZTST ist also die Diskrepanz zwischen den objektiven Situationsfaktoren und den subjektiven Erwartungen enthalten. Fischer und Riedesser formulieren in diesem Zusammenhang, dass es zu einer Blockierung der psychischen Informationsverarbeitung und zu einem Bruch von Strukturen des psychischen Netzwerks kommt (2009, S. 74). Aktualgenetisch bedeutet das ZTST, dass der momentane Situationsverlauf betrachtet werden muss. Lebensgeschichtlich sind die bereits erwähnten traumakompensatorischen Strukturen zu berücksichtigen. Die traumatische Situation als elementare Beobachtungseinheit der Psychotraumatologie, die nicht unterschritten werden darf (ebd., S. 69), soll im Folgenden für den/die (Mit-)VerursacherIn eines Ereignisses skizziert werden. In diesem Zusammenhang spricht Lindy (1993) von der traumaspezifischen Bedeutung (traumaspecific meaning), also der individuellen Bedeutungskonstellation eines »objektivierbaren« Ereignisses.

Die traumatische Situation des/r (Mit-)VerursacherIn des Todes anderer muss auf drei Ebenen untersucht werden: 1. Die objektive Analyse der Situation und wie diese wahrgenommen wird. 2. Die subjektive Bewertung der Situation und 3. die lebensgeschichtliche Bedeutung des Ereignisses und der Folgen. Letztlich ergibt sich aus 1. bis 3. das ZTST als der dynamische Kristallisationspunkt, in dem sich vergangene und gegenwärtige traumatische Erfahrungen verbinden und bisweilen unheilvoll potenzieren können (ebd., S. 75).

Die Situation des/r (Mit-)VerursacherIn des Todes anderer wurde bereits beschrieben. Zur objektiven Lagebestimmung der traumatischen Situation zu rechnen wäre nun, dass der/die UnfallverursacherIn häufig mit dem drohenden eigenen Tod oder Bedrohung der eigenen körperlichen Unversehrtheit konfrontiert ist und dies Hilflosigkeit oder Angst auslöst. Darüber hinaus sind UnfallverursacherInnen bereits am Unfallort nicht selten mit dem »Beobachten«

oder Miterleben des Todes oder schwerer körperlicher Verletzung anderer konfrontiert. Nach der Definition von Trauma nach dem DSM-5 der APA (2013) zählen all diese zu den »Traumakriterien«: Es kann theoretisch bereits von einer Traumatisierung des/der (Mit-)VerursacherIn ausgegangen werden. Die objektive Situation gibt außerdem eine »kategoriale Verwirrung« vor: Ein/e UnfallverursacherIn ist Unfall*opfer* und gleichermaßen, aber spielen die Umstände und Folgen des Ereignisses bzw. seiner Interpretation häufig auf den Gegenbegriff, den es nicht gibt, eine/n Unfall*täterIn*, an (Trappe, 2001).

Unfälle werden – in unserer begrenzten Wahrnehmung – nicht als Verkettung von Ereignissequenzen gesehen, sondern meist einfach nur monokausal zu erklären gesucht (Trappe, 2001), doch in der Vereinfachung komplexer Ereignisse liegt ein Trugschluss. Mit anderen Worten, die Interpretation der Ereignisursache als folgernd aus eigener »Handlung« oder »Handlungsunterlassung« und die damit verbundene Bereitschaft der Schuldübernahme per se steht viel stärker im Zusammenhang mit der subjektiven Bewertung der Gegebenheiten als mit den realen Gegebenheiten. Im Sinne Fischer und Riedessers (2009) bedeutet diese subjektive Wahrnehmung einen Versuch der Überschreitung der (potenziell) traumatischen Situation. Der Mangel an alternativen Erklärungen für das Ereignis wird – was später noch zu klären sein wird – mit Erklärungen über eigenes Handeln kompensiert. Wenn für Letzteres wiederum ein Mangel an Rechtfertigung besteht (Warum habe ich so und nicht anders gehandelt?), dann wird die Zuschreibung zunehmend a) subjektiver und b) dem eigenen Verhalten gegenüber hinsichtlich der objektiven Gegebenheiten undifferenzierter. Zur subjektiven Lagebestimmung beim/bei der VerursacherIn zählt meines Erachtens v. a. auch der Grad der wahrgenommenen Ungerechtigkeit (Montada, 1995a) hinsichtlich der Folgen und des Ausganges des Ereignisses. Vereinfacht gesagt: Bin ich durch mein Verhalten »selbst schuld« am Ereignis, bin ich nicht gleichzeitig auch Opfer; bin ich aber gleichermaßen VerursacherIn und »unschuldiges« Opfer, dann habe ich selbst »Ungerechtigkeit erlitten«, und diese führt zu Schwierigkeiten in der Anpassung (Montada, 1995a). Zur subjektiven Lagebestimmung können außerdem Überlegungen zur Attribution der Verantwortung für das Ereignis einfließen (Janoff-Bulman, 2002; Peltzer und Renner, 2004; Shaver, 1985). Diese werden im Kapitel 4.1 systematisiert.

Der psycho-ökologische Bezugsrahmen ist bei Themen von Schuld bzw. Verantwortung kritisch und keineswegs unproblematisch: Schuld führt im sozialen Gefüge zu sehr schwierigen Erfahrungen für ein Individuum. Die »Suche nach dem/der Schuldigen«, Stigmatisierung, Kriminalisierung und drohender Ausschluss aus einer Gemeinschaft sowie Verlust der existenziellen Grundlage sind nur einige Beispiele. Die traumatische Erfahrung ist wiederum nur in dem sozialen Netzwerk der Makrogruppe und deren Einflusssphäre zu verstehen (Fischer und Riedesser, 2009).

Hier soll vorerst nochmals die Frage nach der Zuordnung der Verursachung zu einem Typus aufgeworfen werden: Ist der Tod anderer zwar unintendiert, aber dennoch menschlich herbeigeführt und insofern zur Kategorie der »manmade disaster« zu rechnen? Häufig kann ein Unfall auch als ein von Menschen mitbedingtes oder verursachtes Trauma verstanden werden, ohne jedoch eindeutig in diese Kategorie zu gehören. Anzusiedeln ist der Typus vermutlich irgendwo zwischen »Natur und Freiheit, Physik und Ethik, sowie Sach- und Beziehungsebene« (Trappe, 2001) und entsprechend sind auch verschiedene Grundannahmen erschüttert (Janoff-Bulman, 2002). Besonders bei Traumatisierungen menschlichen Ursprungs wird rasch in Opfer- und Täterkategorien gedacht und objektivierbare Sichtweisen verschwimmen (Herman, 2006). In der dialektischen Sichtweise Fischer und Riedessers (2009) käme hier auch noch die Dialektik eigener innerer »Opfer-Verursacher-Spaltung«, Opfer und irgendwie auch »Verschuldende/r« zu sein, hinzu. Aus der ökologischen Perspektive sehen wir die bereits genannte drohende gesellschaftliche Ausgrenzung oder aber Missachtung der Person, als »Sündenbock« fungieren zu müssen. Andere entlasten dabei eigene Anteile möglicher »Schuld« durch den Modus der Projektion und in der resultierenden »Vertreibung des Sündenbocks«. Die mediale Berichterstattung bedeutet häufig nicht nur ungewollte Konfrontation mit dem Ereignis, sondern bringt nicht selten zusätzliche Schuldzuschreibung. Mit anderen Worten, die sozialen Attributionsschemata oder, wie Fischer und Riedesser es nennen, »die Einflusssphäre der sozialen Makrogruppe« sind in der Trauma-Schuld-Situation zentral. Sogar eine rechtliche »Schuldentlastung« im Sinne eines Freispruchs beispielsweise wird mitunter erst nach Jahren der gerichtlichen Verhandlungen erhalten. In diesem Zusammenhang ist auch die Frage zu stellen, wann die traumatische Situation eigentlich beendet ist. Themen der Schuld und Scham werden jedenfalls als sehr zentral sichtbar.

Die peritraumatische Erfahrung ist im Rahmen des ZTST eine Erfahrung von »Scham und Schuld«. Es gilt aber, dass – und dies wäre aktualgenetisch zu verstehen – die Neigung zu Scham- und Schuldgefühlen als Prädiktor für dissoziative Tendenzen auftreten (Irwin, 1998). In der lebensgeschichtlichen Verschränkung bedeutet dies, dass das Individuum mit all den bisher erlebten Scham- und Schuldsituationen, mit eben allen gemachten Sozialisationserfahrungen der Be- und Abwertung der eigenen Person oder von Selbstanteilen konfrontiert ist. Damit sind nicht zuletzt die Ontogenese eigenen Schuld- und Schamerlebens, die

Über-Ich-Entwicklung, die gesellschaftliche Schuldkultur, die gesellschaftlichen Zuschreibungsphänomene von Schuld impliziert. Im zentralen traumatischen Situationsthema werden letztlich auch frühere Versuche der Bewältigung von dynamischen Konflikten und traumakompensatorischen Bemühungen außer Kraft gesetzt; kompensatorische Sicherheit aus früher »bewältigten« Themen verhaken sich in fataler Weise mit dem gegenwärtigen Situationserleben (Fischer und Riedesser, 2009, S. 73). Und hier wird die Traumadynamik zunehmend zur Trauma-Schuld-Dynamik, besonders in der Gegenläufigkeit von Absicht (niemandem Schaden zufügen zu wollen) und Handlung (durch »meine« Verursachung ist jemand getötet worden).

Von der Trauma- zur Schulddynamik: unterbrochene versus blockierte Handlung

Schuld – im Sinne dieser Arbeit: traumatische Schuld – erachte ich als ein spezielles Phänomen innerhalb der Psychotraumatologie. Ich vertrete hier die These, dass die Traumatisierung bei gleichzeitiger »Realschuld« über die theoretische Konzeption von Trauma als unterbrochene Handlung durch Fischer und Riedesser (2009) hinausgeht. Ausgangspunkt hierfür ist eine Reihe von Beobachtungen aus den Interviews – vorerst zu den theoretischen Überlegungen.

Trauma wird vor dem Hintergrund der Handlungstheorie als unterbrochene Handlung verstanden (Fischer und Riedesser, 2009; Horowitz, 1993, 2001). Die genannten Autoren formulieren, dass »das bewegende Moment [der Traumatisierung] die inhärente Paradoxie von existenziell bedrohlichen Handlungssituationen [ist], die jedoch kein adäquates Verhalten zulassen« (Fischer und Riedesser, 2009, S. 66). Sie schreiben auch von Handlungsbemühungen, emotionalen und kognitiven Bewältigungsversuchen nach Traumatisierung, die in sich zum Scheitern verurteilt sind und darüber hinaus berichten die Autoren von Lebensentwürfen, die um den unbewältigten, traumatischen Erfahrungskomplex herum organisiert sind. Theoretisch betrachtet schließen sich Fischer und Riedesser (2009) an Horowitz an: Handlung gilt als prototypischer Terminator von Stresszuständen, weil Handlungen Ereignisse verändern (Horowitz, 2001, S. 117). Erfolgreiche Handlung beendet das stressreiche (traumatische) Ereignis. Mit anderen Worten, durch die Vervollständigung eines Skriptes (i. S. e. Handlungsplanes) wird das Stresserleben reduziert. Internalisierte Handlungspläne versuchen im Sinne der Vervollständigungstendenz äußere Ereignisse (Traumata) zu einem Ende zu führen. Dies bedeutet, dass durch Anpassungsprozesse wie beispielsweise die Änderung kognitiver Schemata traumatische Reaktionen reduziert werden

(Horowitz, 2001; Janoff-Bulman, 2002; Ehlers und Clark, 2000). Die Vervollständigungstendenz zielt damit auf das Bedürfnis neue Informationen, nämlich traumatische, durch »Umbau« innerer Modelle in den Schemabestand integrieren zu können. Kurz gefasst bedeutet die Vervollständigungstendenz: »[...] the human mind's intrinsic ability to continue to process new information in order to bring up to date inner schemas of the self and the world« (Horowitz, 2001, S. 119). Die Revision des vormals bestehenden Selbst- und Weltverständnisses, von inneren Modellen, Skripts und Konzepten ist unerlässlich, um in Übereinstimmung mit der neuen, traumatischen Realität in Einklang zu kommen. Wie bereits erläutert, zielt die intrusive Wiederholung der traumatischen Erfahrung im Erleben insofern auf die Vervollständigung eines erfolgreichen Handlungsplanes ab, und zwar so lange, bis die Veränderung der Weltmodelle die traumatische Erfahrung zumindest inkludieren kann.

Die unintendierte (Mit-)Verursachung des Todes anderer kann mitunter als Folge einer Fehlentscheidung oder aber einer Fehlhandlung gesehen werden. Diese Frage wird vorerst Handlungsbegriff innerhalb der Psychotherapie sowie Psychotraumatologie – genauer der ätiologieorientierten Theorie von psychischen Störungen (Fischer, 2007) – weitergedacht. In letztgenannter gilt Handlung als Grundbegriff in der Psychotherapie: Die Theorie versteht Störungen u. a. als einen Verlust von intentionaler Handlungsstrategie (Fischer, 2007, S. 593). Dieser Verlust kommt über auslösende, disponierende und aufrechterhaltende Kausalbedingungen zustande. Dieser Grundbegriff von Handlung ist auf der Strukturentwicklung der Person angesiedelt und geeignet, die Spaltung von Erleben (Subjektivität) und Verhalten (Objektivität) zu überwinden. Als psychosomatischer Grundbegriff bringt Handeln den intrasomatischen Teil der Handlung mit dem ökologischen Situationskreis von Wahrnehmen und Handeln in eine systematische Beziehung, was dem dialektisch-ökologischen Denken entspricht. Die wichtigste ätiologische Unterscheidung zur Kontextualisierung von »Störungen« basierend auf diesem Handlungsbegriff sind die Unterscheidung in unterbrochene Handlung (psychotraumatischer Kontext), gehemmte Handlung (Kontext Übersozialisation), enthemmte Handlung (Kontext Untersozialisation) sowie die blockierte Handlung, die den Ausgangspunkt psychotischer Entwicklungen bilden kann.

Fischer und Riedesser (2009) sprechen im Zusammenhang mit der Traumatisierung von einem »Abbruchpunkt« der Handlung, unterbrochen wird der eigene »Rettungsversuch«, also die Kampf- oder Fluchthandlung; es ist aber auch die Erstarrung als unterbrochene Handlung zu verstehen. Auf der Ebene des »Körpergedächtnisses« wird die auf der somatischen Ebene unterbrochene Handlung zum »eingefrorenen« Handlungsfragment. Mit der blockierten Handlung ist nach Fischer (2007) ein blockiertes Handlungsmuster, welches in einer Double-Bind-Konstellation gefangen ist, gemeint. Der Typus »blockierte Handlung« lautet: »Was immer du auch tust, führt zu einer negativen Konsequenz« (Fischer, 2007, S. 553). Dies erfordert eine radikale Gegensteuerung und die Handlungsblockade geht mit einem Verlust des Realitätskontaktes einher, denn »Realität erfahren wir sowohl im pragmatischen als auch im kommunikativen Realitätsprinzip ganz wesentlich über unser Handeln« (ebd.).

Im Folgenden möchte ich einige Befunde aus den Interviews aufgreifen. Bei I15 ist ihr Kleinkind Opfer einer schweren Verbrühung geworden, ihr Kind hat diese überlebt, doch I15 kann auch noch nach 35 Jahren nicht von ihren Schuldgefühlen »abrücken«. Sie gibt an, sich auch noch am Ende ihres Lebens schuldig zu fühlen. Ihr Sohn ist mittlerweile erwachsen und allem Anschein nach längst – bei aller Einschränkung – über diesen schweren Unfall »hinweg«. Sein Mutter nicht. Sie schildert, dass sich *das derart eingebrannt hat, jede Sekunde von dem, wie das war. Alles ist noch da.* Das »Eingebrannt-Sein« in ihrem inneren Bild lässt sich traumatheoretisch als die Verlängerung bzw. Folge des Erstarrens (freeze-reaction) verstehen, und damit als »Einbrennen« des Anblicks und der traumatischen Erfahrung. Allerdings formuliert sie auch: *Wenn ich heute drüber nachdenke, ich kann bis zu einem bestimmten Punkt, dann dann [bricht ab] kann ich nicht mehr weiter denken. Es geht nicht.* Was ich mit dieser Aussage herausgreifen möchte ist, dass sie, obwohl die Situation mittlerweile »gut ausgegangen ist« und die Wiederaufnahme der unterbrochenen Handlung erfolgen hätte können, ab einem gewissen Punkt nicht mehr weiter *denken* kann. Es wird darin nicht mehr das Handeln als unterbrochen und immer noch nicht wieder aufgenommen artikuliert, sondern die »Blockade«, überhaupt an den Schrecken zu *denken*. Es scheint, als ob sie dann den möglichen Tod des Kindes – durch ihr antizipiertes Verschulden – »denken« müsste, was unerträglich ist. Wenn allerdings das »Denken« – und hier im Sinne eines potenziellen Probehandelns – derart in die »Blockade« führt, sehe ich diese Formulierung nicht mehr nur als traumatheoretisch unterbrochene Handlung, sondern darüber hinaus als Hinweis auf die völlige Blockierung ihrer Handlungsmöglichkeit. Die »Schuld« erscheint mir hier als psychosenahe Erfahrung – durch die »Denkblockade«. Es gilt, dass von der Traumadynamik – der unterbrochenen Handlung – zur Schulddynamik die blockierte Handlung zu berücksichtigen ist. Hinzu kommt, dass die Wiederaufnahme der unterbrochenen Handlung zur Vollendung trotzdem immer in die Schuld führt und nicht in die »Überwindung« der Situation. Erhärten möchte ich diese These mit folgenden beiden Befunden: (1) Es gibt einen beachtlichen

7.1 Die »Theorie« zur Trauma-Schuld

Teil an Interviewten – ca. ein Viertel –, welche eine erstaunliche Abwehr des Schuldaffektes und damit einhergehende Abspaltung in Kauf nehmen, und die eine Opferentwertung vornehmen, um ihre vormals bestehende Normalität wiederherzustellen. Wem dies nicht gelingt oder wer nicht derart »verzerrend« vorgeht – vermutlich ebenso ein Viertel –, der zeigt (2) eher schwere Verlaufsprozesse mit lang anhaltender, komplizierter Trauer bzw. Trauer, die oft jahrelang gar nicht »in Gang kommt«, da anhaltend in einer Starre verharrt wird: *auf die Decke starren; es dauert fünf Jahre; erst nach einem Jahr wurde ich emotional freigesprochen; es war ein Befreiungsschlag; etc.*

Zusammengefasst könnte gesagt werden, dass die Schuld der Trauer im Wege steht, diese über längere Zeit blockiert. Wer kann schon trauern, wenn er Schuld an der gesamten Misere hat? Nicht zuletzt ist auch der Abbruch in den Interviews ein entsprechender Hinweis, der nach dem Aufwerfen der Warum-Frage erfolgt. Die Warum-Frage führt meist – nach einer gewissen Zeit – in sinnstiftende oder zumindest attribuierende Erläuterungen. Dies dient der Assimilation der Erfahrung und der Akkommodation des Selbst- und Weltverständnisses. Wenn aber die Warum-Frage auch noch nach Jahrzehnten in die Verzweiflung führt – und nicht in die Leere mit einem »ich weiß nicht warum« führen kann, erscheint mir der Begriff der »Blockade« näherliegend als »Unterbrechung«. Nicht unerwähnt bleiben soll der Gedanke, dass in dieser vorliegenden Form der Traumatisierung die Betroffenen vermutlich zwei Perspektiven subjektiv wahrnehmen und empfinden: ein Trauma*opfer* eines schrecklichen Unfalles zu sein, aber auch, durch die Verursachung ein/e *TäterIn* zu sein. Letztlich vermute ich, dass bei Trauma durch Schuld die Auswegslosigkeit der Wiederaufnahme der unterbrochenen Handlung, da diese ja immer wieder in die Schuld führen würde, die Nähe zur blockierten Handlung aufzeigt. Das klinische Bild wäre beispielsweise die Erstarrung über Jahre, die Genese wäre beispielsweise die Überlebensschuld, das Gar-nicht-trauern-Dürfen, weil man dies selbst verschuldet hat – und die Ätiologie wäre die blockierte Handlung.

In meiner Formulierung von der Traumadynamik zur Schulddynamik soll kein paradigmatischer Wechsel erfolgen, sondern die bereits beschriebene Dynamik der Traumatisierung – in der Formulierung des Traumas als unterbrochene Handlung – vertieft und v. a. theoretisch erweitert werden: Ich möchte die Trauma-Schuld-Erfahrung als *blockierte Handlung* verstehen. Ich gehe davon aus, dass es mehr als in der Handlungs-*Unterbrechung* zu einer Handlungs-*Blockierung* kommt, und zitiere nochmals Fischer und Riedesser, dass es innerhalb der Traumatisierung grundsätzlich auch zu einer Blockierung der psychischen Informationsverarbeitung und zu einem Bruch von Strukturen des psychischen Netzwerks kommt

(2009, S. 74). Ich gehe nun davon aus, dass infolge einer als solche wahrgenommenen oder zumindest subjektiv als solche interpretierten (Fehl-)Handlung, die zu einem Unfall führt, genauer zur Traumatisierung und Schulderfahrung selbst, dann auch jede Wiederaufnahme von Handlung wieder in diese Traumatisierung und Schulderfahrung führen würde. Es ist, mit anderen Worten, die Handlung *vor* der eigentlich traumatisch unterbrochenen Handlung wie Kampf, Flucht oder Erstarren, die zur Katastrophe führt. Dass dieser Handlung vor der traumatisch unterbrochenen Handlung durch die fehlende Intention theoretisch kein Handlungscharakter zugrunde liegt, wage ich an dieser Stelle zu vernachlässigen, da ich die subjektive Bewertung des Individuums und dessen Wahrnehmung einer (Fehl-)Handlung in den Mittelpunkt stelle. Dass genau diese Wahrnehmung durch die Entkoppelung von Wahrnehmung und Handlung einerseits traumatisch »verzerrt« ist und andererseits durch das Kontroll- und Kausalitätsbedürfnis Bewertungen unterliegt, nehme ich als Teil der Trauma-Schuld-Dynamik hinzu.

Was ist der Mehrwert der theoretischen Konzeptionierung der Trauma-Schuld in die blockierte Handlung? Der Identitäts- und Strukturverlust und die Erfahrung eigener Handlungsinkompetenz, welche ich von der Trauma-Schuld-Erfahrung erwarte, kann damit erklärt werden. Denn eine Wiederaufnahme unterbrochener Handlung wird letztlich vom Individuum nur zum Teil versucht, vielmehr wird die Handlung vor der traumatisch unterbrochenen Kampf- und/oder Fluchthandlung psychodynamisch »aufgegriffen«, und zwar als völlige »Blockade«, die dann zur Traumatisierung und Schuld führt. In vorhandene subjektive Bezugssysteme müssten dann nicht nur »traumatische Umwelterfahrungen« assimiliert werden, z. B. die Aufnahme von Informationen in bestehende kognitive Schemata, was bei Trauma aufgrund der »Qualität« der Informationen scheitert, sondern es bleibt nur die Möglichkeit der Akkommodation, in der neue Informationen zu einer Reorganisation der Person führen. In dieser Reorganisation muss das Individuum jedoch Momente von Handlungsverlust, Handlungsblockierung und v. a. Erfahrung von Handlungsinkompetenz überwinden, was letztlich nicht über die Assimilation gelingt. In diesem Versuch sich an das Nicht-Beherrschbare anzupassen, wird das Individuum also im Sinne der Akkommodation tätig und stellt das Gleichgewicht zwischen Umgebung und Individuum nur so wieder her, indem es die eigene Handlungskompetenz negiert. Darin liegt die Blockade. Es geht also in der »Symptombildung« in der Trauma-Schuld um mehr als um die Wiederaufnahme der unterbrochenen Handlung, es geht um die Überwindung der kognitiven wie somatischen Informationsbockaden der Handlung. Das zentrale traumatische Situationsthema (ZTST) gruppiert sich insofern um die Erfahrung eigener Handlungsunfähigkeit. Das Wagnis der Wiederaufnahme von unterbrochener Handlung kann nicht eingegangen werden, da diese wiederum in die eigene Traumatisierung *plus* »den Tod anderer« führen würde. Blockiert ist letztlich der Umgang innerhalb der Dialektik, der Umgang mit dem Widersprüchlichen, den Gegensätzen und Konflikten, der die Problemlösung ermöglicht. Es erfolgt die Negation der Selbstbeziehung (Fischer, 2007) und somit wird der enorme Preis eines übergeneralisierten Identitäts- und Strukturverlusts sowie der Verlust der Identität als handelndes Subjekt innerhalb der Trauma-Schuld »gezahlt«.

In der theoretischen Begründung der Trauma-Schuld wird anhand der Dynamik des Trauma- und Schulderlebens das Verlaufsmodell der Traumatisierung von Fischer und Riedesser (2009) verankert. Damit ist das Aufeinandertreffen von Trauma und Schuld psycho- und traumadynamisch formuliert, aber auch »schulddynamisch« weiterentwickelt. In der theoretischen Bezugnahme auf die Erschütterung des Selbst- und Weltverständnisses durch Trauma liegt aber noch ein weiterer theoretischer Bezugsrahmen zugrunde: die sozial-kognitiven Schemastrukturen mit ihren Bewertungen. Diese gelten auch als Grundlage für Zuschreibungsphänomene von Schuld. Bislang wird außerdem von einem Grundbegriff von Handlung ausgegangen, welcher sich zum Teil in der subjektiven Wahrnehmung einer solchen begründet. Wenn Schuld als Folge auftritt, müssen die Fragen nach der zugrunde liegenden Handlung, Handlungsunterlassung, Handlungsabsicht und Intention, aber auch die Zuschreibung von diesen – kurz in die Diskussion um Verantwortung und Zuschreibung von Verantwortung – eingetreten sein und Begriffe differenziert werden. Dies ist wird im folgenden Kapitel unternommen.

7.1.2 Der Bruch (der Identität) in der Trauma-Schuld-Erfahrung

Die Erschütterung der Selbst- und Weltbezüge sind wesentliches Element jeder Traumatisierung. Häufig sind die VerursacherInnen in doppeltem Sinne selbst von dem Ereignis betroffen: zum einen durch die eigene Traumatisierung durch den Unfall und zum anderen durch die Erfahrung der Schuld, die sie in ihrer subjektiven Wahrnehmung von der Identität eines (Unfall-)Opfers zu einem/r (Unfall-)TäterIn werden lassen. Dazu aus einem Interviewauszug aus der Arbeit von Tobias Trappe: »[...].über die Aussage Ermittlung gegen Sie in Sachen Todesfolge war ich sehr erschrocken« (Trappe, 2001, S. 13). Der/die VerursacherIn gerät in eine Ausnahmesituation. Die bisherige Identität als »unbescholtene/r BürgerIn« ist infrage gestellt. Die sozialgesellschaftlichen (ökologischen) Prozesse bringen nicht selten zusätzliche Schuldzuschreibung und Beschämung.

Schamgefühle beinhalten eine noch stärkere Beeinträchtigung des Selbstwertes als Schuldgefühle (Janoff-Bulman, 2002).

Über die Erschütterung des Selbst- und Weltverständnisses durch Trauma wurde im Kapitel 1.3 bereits geschrieben. Traumata erschüttern die fundamentalen Annahmen über die Welt, über uns selbst und die Beziehung zwischen beiden und führen zu einer Veränderung im Erleben der eigenen Identität. An dieser Stelle soll ein Gedanke weitergeführt werden: Welche Grundannahmen werden durch die Trauma- und Schulderfahrung erschüttert? In der Literatur findet sich die Differenzierung hinsichtlich »man-made« gegenüber »natural« Desastern. Demnach führen diese zur Erschütterung verschiedener Grundkonzepte des Menschen: Erstere führen zur Beeinträchtigung des kommunikativen Realitätsprinzips und letztere zu Folgen für das pragmatische Realitätsprinzip. Demgegenüber steht aber der Ansatz von Janoff-Bulman (2002), welcher davon ausgeht, dass ein gesamtes »Set« an Grundannahmen durch Traumatisierung erschüttert wird. Nicht einzelne Grundannahmen sind betroffen, sondern das gesamte Selbst- und Weltkonzept. In einer eigenen Untersuchung konnte ich Hinweise für beide Annahmen finden, beispielsweise ist der Selbstwert unabhängig von der Art der Traumatisierung erschüttert (Andreatta, 2010). Buber (1958) schreibt vom Erleben der Schuld, dass durch Schuld die Ausgangsposition als unwiederbringlich erlebt und die Zeit irreversibel und somit als Sturz erfahren wird. Und Wachinger (1996) beschreibt Schuld als »Knoten«, als Verwicklungen in Lebensgeschichten, die eine Erschütterung auslösen. Beide letztgenannten Autoren beziehen sich auf das Erleben der Schuld, ohne den Zusammenhang eines Traumas, beispielsweise eines Unfalltraumas, herzustellen. Für das Zusammentreffen von Trauma und Schuld ist die Erschütterung der Selbst- und Weltbezüge noch zu wenig ausdifferenziert beschrieben. Meine Annahme ist, dass in dieser Konstellation mit dem Aufeinandertreffen von Trauma und Schuld die Erschütterung des Selbst- und Weltbildes besonders als Bruch in der eigenen Identität erlebt wird. Das Empfinden des Risses der Erfahrungsbestände (Fischer und Riedesser, 2009) wird gravierend sein und sich – phänomenal betrachtet – als deutlicher Bruch in der eigenen Lebensgeschichte zeigen. Die Erfahrung des »Bruchs« werte ich als zentral für die veränderte Wahrnehmung von Identität. Vermutlich am deutlichsten werden Brüche in Traumata im Zusammenhang mit Schuld, wo Identität, wo Selbstverständnis und vormals bestehende (Innen- und Außen-)Welten radikal desillusioniert und gebrochen werden (Andreatta, 2009). Schuld bedeutet zusätzlich, wie vielfach die Traumatisierung auch, dass das Bedürfnis nach Zugehörigkeit, sozialer Akzeptanz und einer hergestellten sozialen »Harmonie« (Shnabel und Nadel, 2008) nicht mehr erfüllt ist und vermutlich nicht leicht wieder zu erfüllen sein wird. Zumindest bleibt nach Trappe (2001) oft über Jahre die Wahrnehmung des Ereignisses in seiner Unbegreiflichkeit und Unwirklichkeit erhalten, was meines Erachtens auf die Derealisierung und entsprechendes Erleben einer Depersonalisierung hinweist. Die Wahrnehmung eigener Identität [nach Unfallereignissen] ändert sich, auch wenn keine »personale Tat zugrundeliegt« (Trappe, 2001).

7.1.3 Trauma-Schuld theoretisch erweitert auf Basis von Handlung

Ein durch (Mit-)Verursachung erlebtes Schuldgefühl fußt in der durch das Trauma stattfindenden übergeneralisierten Erschütterung der Selbst- und Weltbezüge, muss aber darüber hinaus zur Erklärung seiner Phänomenologie als Zuschreibungsphänomen in einer mehrdeutigen Situation verstanden werden: Der assoziative Bedeutungshof von Schuld, welcher auch das Schuldempfinden prägt, täuscht letztlich über die komplexeren Zusammenhänge von Handlung, Absicht, Verantwortung, Attribution sowie Rechtfertigung hinweg und gibt ein – traumatisch bedingt – zu einfaches Antwortmuster zur Übernahme von Schuld und Verantwortung vor. Die Komplexitätsreduktion in der Schuldübernahme kann aber einer Verantwortungsklärung nicht standhalten. Das Individuum erlebt nicht Schuld, um die Kontrolle wiederherzustellen, sondern die Schuld bedeutet Verzicht auf die Kontrolle durch Handlung. Wäre nämlich die Handlung als »Kontrollinstanz« akzeptiert, würde die Nicht-Intentionalität des Ereignisses erkannt und somit die fehlende Basis des konstituierenden Merkmals, dass überhaupt »Handlung« zum Ereignis geführt hat – und nicht vielmehr ein Unfall –, erkannt werden.

Vor diesem Hintergrund kann theoretische Begründung der Trauma-Schuld auf der Basis der Handlung und Zuschreibung von Verantwortung erfolgen. Der Zugang erfolgt nun zum einen über die Frage, inwieweit sich Individuen für die Folgen von Handlungen verantwortlich zeichnen, zum anderen über die Herstellung des subjektiven Zusammenhanges zwischen der (Unfall-)Ursache oder einer getroffenen Entscheidung und den Folgen. Im Sinne der theoretischen Begründung ist dabei bedeutend, dass (1) Handlung unterstellt wird, wo nicht intentional gehandelt werden kann, und (2) Verantwortung für Folgen übernommen wird, obwohl Folgen nicht absehbar sind sowie (3) der fundamentale Attributionsfehler, dass nämlich zur Zuschreibung der Ursache für negative Ereignisse die Person überschätzt und die Situation unterschätzt wird.

Es gelingt den schuldgefühlsbeladenen Subjekten nicht, den »Freispruch«, welcher im objektivistischen Zugang der Handlungsfolgen-Verantwortung für sie formuliert ist, als bedeutendstes »Entlastungsargument« anzunehmen bzw. sich dieses im Sinne der Anpassung »einzuverleiben«. Subjektiv wird der Zusammenhang zwischen den Folgen (als Folge der Verursachung) und der Verantwortung erstellt und nicht zwischen der Handlung und der damit verbundenen Verantwortung. Die Identitätsstiftung orientiert sich nicht an der Handlung selbst, sondern an der – weniger beeinflussbaren – Folge.

Theoretisch betrachtet wird die Verantwortung »verpasst« – die nämlich keine für Handlungsfolgen ist. Dies geschieht als Konsequenz aus der traumatisch blockierten Handlung und als Konsequenz des traumatisch erschütterten Selbst- und Weltverständnisses, mit dem Versuch dieses vor dem Zusammenbruch zu retten. Der Modus ist die »Verschiebung« von der Handlung zur Folge als identitätsstiftendes Prinzip, der Preis ist die Schuldbelastung. Die Tragik der Situation und das Schuldempfinden täuschen letztlich über die komplexeren Zusammenhänge von Handlung, Absicht, Verantwortung, Attribution sowie Rechtfertigung hinweg. Es tritt im Sinne der Komplexitätsreduktion und der Übergeneralisierung der traumatischen Situation ein zu einfaches Antwortmuster zur Übernahme von Schuld auf. Die Komplexitätsreduktion in der Schuldübernahme kann – oder vielmehr könnte – aber einer Verantwortungsklärung nicht standhalten. Das Individuum erlebt nicht Schuld, um die Kontrolle wiederherzustellen, sondern die Schuld bedeutet Verzicht auf die Handlungskontrolle. Die Identitätsstiftung erfolgt nicht mehr über eigenes Handeln, sondern über die Folgen (des Unfalles). Wäre nämlich die Handlung als »Kontrollinstanz« akzeptiert, würde die Nicht-Intentionalität des Ereignisses erkannt und somit die fehlende Basis des konstituierenden Merkmals, dass überhaupt »Handlung« zum Ereignis geführt hat, erkannt werden.

Im Wesentlichen zusammengefasst:
➢ Es wird einem Unfall nicht unterstellt, im besten Fall ein »Verhalten zu provozieren«, da es ein Unfall war, in diesem Sinne ein »Fehl«-Verhalten, sondern ihm wird ein Handlungscharakter zugrunde gelegt. Dies geschieht, obwohl fast sämtliche Bestimmungsstücke von Handlung fehlen wie Absicht, Intentionalität, Wahl, Handlungsalternativen usw.
➢ Es wird Verantwortung über (Handlungs-)Folgen übernommen, ohne dass (a) wirklich eine Handlung stattfand, und falls einem Ereignis doch eine Wahl oder Entscheidung zugrunde liegt, dann ohne dass (b) die Folgen einsichtig gewesen wären.
➢ Handeln wird als verbindlich und identitätsstiftend betrachtet (Matt, 2002; Albs, 1997; Montada, 1988). Da (auf der Basis der Traumadynamik) die subjektive Verwechslung von Handlung und Verursachung auftritt und

Handlung von ihren Folgen her betrachtet wird, wirken nicht mehr Handlungen, sondern Folgen identitätsstiftend. Bewertungen von Situationen und Personen sind konstituierend und wirken handlungsdispositional und handlungsmotivational: Entweder es wird geschämt, bereut und schuldgefühlt oder es sind die anderen, die sich empören, missachten oder beschämen.

➢ Der fundamentale Attributionsfehler – und damit die Überbetonung der Personattribution – tritt auf, wird jedoch in der Einschätzung und Bewertung nicht als solcher wahrgenommen. In dieser Verzerrung wird die Person über- und die Situation unterschätzt (Meyer und Försterling, 1993).

➢ Die subjektive Wahrnehmung lässt uns nicht in Fehlermodellen denken: In unserer subjektiven Wahrnehmung werden Ursachen für »Fehler« überwiegend im Individuum – im eigenen oder in dem des anderen – gesucht. Aus dem Desastermanagement sind aber noch ganz andere Sichtweisen in der Beschreibung von Fehlermodellen bekannt (z. B. Reason, 1990).

Das Individuum »verkennt« und es geschieht die subjektive Verwechslung von Verursachung und Verantwortung: Auch Reichle (1994) betont, dass die Verursachung eines Ereignisses nicht mit der Verantwortlichkeit für dieses gleichzusetzen ist. Die Zuschreibung der Verantwortung bedeutet die Bewertung von Verhalten bzw. Handlung und die Bewertung der Person, wobei die Bewertung letztlich ein transaktionaler Prozess ist (Albs, 1997, S. 32). Der (subjektive) Zusammenhang zwischen Verantwortung und Verursachung soll im Folgenden vertieft werden.

7.2 Modell der Konfliktregelung zwischen VerursacherIn und Opfer

Im Schlusskapitel wird ein Modell der Intervention nach traumatischer Schuld skizziert. Dieses versteht sich als Entwurf und als Empfehlungsrichtlinie und kann in der Praxis in der Akut- und Krisenintervention der Orientierung und Entscheidung innerhalb der Intervention dienen. Einrichtungen der Akutbetreuung, HelferInnen, aber auch Organisationen stehen vor der Frage effektiver Intervention – und Ausbildungseinrichtungen vor der entsprechenden Frage der Schulung. Somit stellt sich die Frage nach forschungsgeleiteten Richtlinien für die Praxis. Dies veranlasst mich, ein Interventionsmodell zur Kommunikation und Wiedergutmachung vor dem Hintergrund dieser Forschung, aber auch aus eigener Praxiserfahrung in der Akutbetreuung zu entwickeln.

Ein Modell zur Unterstützung von Wiedergutmachung, insbesondere der Begleitung von Wiedergutmachungshandlungen, muss an der Unmöglichkeit dieses Anspruches scheitern. Die Unmöglichkeit liegt bereits in der Begrifflichkeit der Wiedergutmachung, und zwar in dreierlei Hinsicht: Es gibt kein »wieder«, denn der Unfall ist geschehen und tritt nicht wieder auf. Es gibt kein »gut« versus »falsch oder schlecht« im Sinne einer getroffenen Wahl. Und es geht drittens bei einem Unfall nicht um eine Intention, um absichtsvolles Handeln, denn einem Unfall liegt kein Handlungscharakter inne, und damit bestand und besteht nicht die Möglichkeit einer »Machung«. Auch bei der fahrlässigen Tötung liegt zwar mitunter die Inkaufnahme von Folgen zugrunde, aber keine absichtsvolle Handlung. Es kann meines Erachtens nichts »gemacht« werden. Da ich bislang keinen anderen Begriff als »Kommunikation der Wiedergutmachung« gefunden habe, um die Intervention und Konfliktregelung nach Verursachung des Todes anderer, sowohl bei den Hinterbliebenen als auch bei den (Mit-)Verursachenden, zu beschreiben, verwende ich diesen weiter. Was ich erlangen möchte – das Ziel eines Interventionsmodelles – ist die Ermöglichung einer Kommunikationssituation, welche zusätzliche Verletzungen und Schaden vermeidet, die per se nicht scheitert, die gegenseitige perspektivische Einsichten zwischen VerursacherIn und Hinterbliebenen fördert, die die Erschütterung des Selbst- und Weltverständnisses jeweils eingrenzt, die ein erstes Anerkennen der Wirklichkeit ermöglicht und Prozesse der Verarbeitung begünstigt. Dies gilt für beide »Parteien«. Im Mittelpunkt stehen die Konfrontation, die Bedingungen gelingender Kommunikation sowie Fragen der Ermöglichung von Kompensation. Die »Gegenparts« sind VerursacherInnen und Hinterbliebene bzw. Opfer, welche mit dem Schmerz des Verlustes konfrontiert sind. Wir haben eine VerursacherIn-Opfer-Konstellation, die jedoch nicht unmittelbar vergleichbar ist mit einer Opfer-TäterIn-Situation wie in der Kriminologie und bei Prozessen der »Restaurative Justice« (z. B. Sullivan & Tifft, 2006) in welchen häufig ein Opfer-Täter-Ausgleich angestrebt wird. Die Konfrontation der beiden »Parteien« miteinander kann zu einer persönlichen Begegnung führen oder aber indirekt bleiben. Darüber hinaus sind sie in unterschiedlicher Form miteinander konfrontiert: entweder als »Individuen« oder aber als Gruppen von Individuen oder Gemeinschaften. Die Kommunikationssituation ist also entweder »face-to-face« oder »face-to-group«. Beispiele für letzteres sind Unfälle durch geführte Touren, z. B. Lawinenkatastrophen, aber auch technische Katastrophen, die mit »menschlichen Entscheidungen« einhergehen. Letztlich sollen Richtlinien der Intervention gegeben werden, einerseits für Individuen, aber über die individuelle Situation hinausgehend für »Dyaden« oder Gruppen.

Vor diesem Hintergrund soll ein Modell zur Intervention und Begleitung nach

7.2 Modell der Konfliktregelung zwischen VerursacherIn und Opfer

dem (Mit-)Verursachen des Todes anderer eine Reihe von Elementen berücksichtigen. Hierzu zählt die Klärung des Bedarfs eines Treffens und zwar im Hinblick auf die Frage der Bereitschaft und Motivation zu einem Treffen, und ebenso auf die Frage der »Sinnhaftigkeiten« zu einem gewissen Zeitpunkt, um gegebenenfalls emotionale Verletzungen nicht noch zu verstärken. Vorerst soll hierfür eine Matrix skizziert werden, um verschiedene Situationen der Kommunikation zwischen VerursacherIn und Opfer bzw. Hinterbliebenen zu systematisieren.

Die folgende Darstellung dient als Übersicht und Systematisierung der Kommunikations- und Konfliktsituation zwischen Opfer bzw. Hinterbliebenen und (Mit-)Verursachenden, und zwar für »individuelle« Unfälle mit Todesfolgen und komplexen Schadenslagen, welche Gruppen von Opfern und Entscheidungsträgern auf kommunaler Ebene betreffen. Verschiedene Einflussfaktoren, Bedürfnisse, Grundkonflikte und Ziele werden dabei berücksichtigt und in weiterer Folge erläutert.

	VerursacherIn	Opfer Hinterbliebene	Verursacher-Opfer-Beziehung	Gemeinschaft kommunale Ebene komplexe Schadenslagen
Konstellationen: individuell / Gruppe	Verursachung als Privatperson BerufsfahrerIn (LKW, Bahn, Bus etc.) LehrerInnen (Aufsicht)	Verletzt überlebt oder tot? Anzahl der Opfer »Bedeutung« des Opfers für Hinterbliebene	Zwei Individuen: face-to-face Interaktion VerursacherIn trifft auf Familie Bekanntheitsgrad zwischen Verursacher/in und Opfer (z.B. Familienmitglieder oder vor Unfall befreundet)	EntscheidungsträgerIn LeiterIn einer Organisation FührerIn von Gruppen Kommunale LeiterIn »face-to-group«
Bedeutung / „Effekt" d. Unfalles	Verlust der Kontrolle Verlust der sozialen Anerkennung Stigmatisierung Verlust der Existenzgrundlage Juristische Schuld	Verlust von nahestehender Person Existenzgrundlage	Verlust von stabilen Beziehungen Verlust von Vertrauensbasis	Verlust von Sicherheit Verlust von Verbundenheit
Bedürfnislage	Bedürfnis nach sozialer Akzeptanz Bedürfnis nach integrem	Bedürfnis nach individuellem Ausdruck von Trauer	Mediation bzw. Begleitung von Treffen Unterstützung von	Information Stabilisierung der Situation

7 »Letzte« Ergebnisse: neuer Theoriebezug und Konfliktmediation

	VerursacherIn	Opfer Hinterbliebene	Verursacher-Opfer-Beziehung	Gemeinschaft kommunale Ebene komplexe Schadenslagen
	Selbstgefühl Handlungsfähigkeit und Bedürfnis nach Kontrollierbarkeit Bedürfnis nach »Vergebung«	Anerkennung des Verlustschmerzes »Kausalitätsbedürfnis«	Kommunikationssituation Schutz	Verbundenheit Rituale
Einflussdeterminanten auf Konflikt	Eigene Traumatisierung durch Unfall Schuldgefühle: Art, Intensität, etc. Attribution der Verantwortung Rechtfertigung für eigenes Verhalten Psychodynamische Abwehr Rechtliche Situation Bereitschaft zur Konfrontation mit Hinterbliebenen Fähigkeit der Perspektivenübernahme Fähigkeit Emotionen adäquat zu zeigen	Grad der »Schädigung«: Verletzung, Tod, Verlust, etc. Erschütterte Grundannahmen Erfahrene Ungerechtigkeit Attribution der Verantwortung Coping	Zeitpunkt des Versuchs der Konfliktregelung Verhalten des/r VerursacherIn	Art des Ereignisses: Ausmaß der Beeinflussbarkeit durch Menschen Verhalten von Entscheidungsträgern Entschädigungsbemühungen Zeitpunkt des Versuches zur Regelung
Ziel	Wiederherstellung der Kontrolle Wiederherstellung der sozialen Akzeptanz Erhalt oder Wiederherstellung von »Zugehörigkeit«	Finden neuer Lebensbezüge Neufindung oder Erhalt von Grundannahmen	Erhalt oder Neudefinition von Beziehungen Deeskalation Konfrontation begleiten Sekundärschäden verhindern	Wiederherstellung von Vertrauen und Sicherheit Adäquater Umgang mit »öffentlicher« Verantwortung
Konflikt	Überlebensschuldgefühl »falsche« Erwartungen an Hinterbliebene Abwehr des Schuldaffektes Übernahme von Verantwortung	Selbstwahrnehmung als »Opfer von man-made-disaster«	Bedürfnisse sind zu verschieden oder sind konträr	Rechtliche Lage Fehlerkettenanalyse

Tabelle 2: Kommunikations- und Konfliktsituation mit der jeweiligen Unterscheidung der Bedeutung, Bedürfnisse, Einflüsse, Ziele

7.2.1 VerursacherIn: Einschätzung der Situation und psychosoziale Bedürfnisse

Unfälle können im »privaten Bereich« geschehen, beispielsweise im Straßenverkehr in Form der Kollision von zwei Fahrzeugen zwischen Unbekannten oder auch Freizeitunfälle. Von der (Mit-)Verursachung betroffen sein können aber auch BerufsfahrerInnen, TourenführerInnen für Freizeitaktivitäten, ZugführerInnen oder EntscheidungsträgerInnen, beispielsweise auf kommunaler Ebene. Mitunter liegt auch in Naturkatastrophen ein Moment der Entscheidung, z. B. für die Evakuierung von Personen oder die Einschätzung von Naturgefahren. Die (Mit-)Verursachung des Todes oder schweren Schadens anderer geschieht nicht intendiert. Dennoch kann ein Moment der Unachtsamkeit, der »Fehlentscheidung« oder eine Verkettung von unglücklichen Umständen katastrophale Folgen nach sich ziehen. Ein/e (Mit-)VerursacherIn ist einerseits selbst mit dem Schock und der Unvorhersehbarkeit eines Ereignisses konfrontiert, andererseits befindet sich die Person – unabhängig von der juristischen Bewertung z. B. der Teilschuld oder Fahrlässigkeit – in einem Dilemma zwischen »legaler Schuld« und »moralischer Schuld«. Die Verursachenden finden sich plötzlich in einer Situation wieder, in der sie für den Tod anderer beschuldigt werden, mitunter sozial stigmatisiert sind und sich von medialer Berichterstattung ungerecht behandelt fühlen. Neben den rechtlichen Fragen, welche oft einen längeren Zeitraum in Anspruch nehmen, sind es posttraumatische Reaktionen, massive Schuldgefühle bis hin zu suizidalen Gedanken, welche sie belasten. Es gibt auch einige (Mit-)Verursachende, welche den Schuldaffekt abwehren oder die Opfer entwerten. Ein großer Teil von VerursacherInnen unternimmt von sich aus den Versuch, mit den Angehörigen der Verstorbenen in Kontakt zu treten; dieser Kontakt und die Kommunikation gelingen dabei keineswegs immer, und es könnte teilweise von eher »hilflosen Versuchen« der Kommunikation gesprochen werden. Häufig scheint die Motivation dahinter unklar. Damit das Bedürfnis nach Aussprache mit Angehörigen und Vergebung durch Angehörige nicht zu zusätzlichen Konflikten führt, sollen die Kommunikation und Handlungen der Kompensation und Wiedergutmachung besser geplant und angekündigt, gegebenenfalls aber auch andere Formen als die eines Treffens gefunden werden. Dazu wird in einem ersten Schritt die Bedarfslage der (Mit-)Verursachenden fokussiert.

Folgende Übersicht soll über das Befinden der Verursachenden Aufschluss geben und Einblick in deren Bedürfnisse zur psychosozialen Intervention sowie Hindernisse der Kommunikation identifizieren. Diese Faktoren seitens des/r VerursacherIn sollten bedacht und abgewogen werden, bevor ein Treffen zwischen

ihm/ihr und den Hinterbliebenen bzw. dem Opfer geplant bzw. auch davon abgeraten wird oder eine entsprechende Zeitwahl für ein Treffen getroffen wird.
➤ Eigene Verletzung und psychische Traumatisierung bzw. Traumareaktionen durch den Unfall (Peltzer und Renner, 2004; Winter, 1996): Meine Annahme hierzu ist, dass eigene Verletzung zu weniger Bedürfnis nach »Versöhnung mit Hinterbliebenen« führt, da der/die VerursacherIn sich selbst noch deutlicher als Opfer wahrnimmt.
➤ Art und Ausmaß der Schuldgefühle (vgl. Formen von Schuldgefühlen, in dieser Arbeit)
➤ Attribution der Verantwortung: Übernahme von Verantwortung in adaptiver Form (vgl. Verantwortungsübernahme und Rechtfertigung)
➤ Psychodynamische Abwehr des Schuldaffektes (vgl. Abwehr und Attribution von Schuld)
➤ Rechtfertigung für eigenes Verhalten (vgl. Kubany, 1995) und Anwendung von neutralisierenden Erklärungen (Fritsche, 2003)
➤ Motivation für ein Treffen: Verstehen, was Beweggründe für die Konfrontation mit Hinterbliebenen sind (vgl. Hinwendung zu den Opfern: Kommunikation – Wiedergutmachung – Vergebung)
➤ Gefühle, moralisch inadäquat zu sein (Shnabel und Nadel, 2008)
➤ Bedürfnis nach sozialer Akzeptanz und Wunsch nach Zugehörigkeit gelten als starke Indikatoren für die Bereitschaft und den Wunsch zur Wiedergutmachung (Shnabel und Nadel, 2008)
➤ Erwarten oder Erfolgen einer juristischen Verurteilung – so meine Annahme – reduziert den Wunsch nach einem Treffen bzw. einer Wiedergutmachung, da die »Strafe« die Funktion eines Ausgleichs bzw. einer internaler Konfliktregelung übernimmt. Meine Begründung dieser Annahme liegt in der stark ausgeprägten Tendenz zur Selbstbestrafung der VerursacherInnen (vgl. Schulderleben: Schuldaffekte, Versagen, Selbstbestrafung und Suizidalität)
➤ Opferentwertung (vgl. Attribution und Opferentwertung)
➤ Fähigkeit der Perspektivenübernahme hinsichtlich der Opfer bzw. Hinterbliebenen
➤ Fähigkeit, eigene Emotionen in adäquater Weise auszudrücken (vgl. Hinwendung zu den Opfern: Kommunikation)

Zur Einschätzung der Konfliktsituation und Wahl von Interventionsstrategien sollen diese Kriterien im Folgenden denen der Hinterbliebenen bzw. Überlebenden gegenübergestellt werden.

7.2.2 Überlebende und Hinterbliebene: Einflussfaktoren und Bedürfnisse

Unfallopfer oder Hinterbliebene nach einem tödlichen Verkehrsunfall sind mit einer Unbegreiflichkeit und Unwirklichkeit konfrontiert, welche oft über Jahre besteht (Trappe, 2001). Infolge des Unfalls ist die Tatsache des Todes meist völlig unerwartet über sie hereingebrochen. Darüber hinaus wird als Besonderheit eines Unfalles, der durch eine/e VerursacherIn (mit-)ausgelöst wurde, dieser zu einem Teil vermutlich als »menschlich verursachtes« Trauma wahrgenommen. Menschlich verursachte Traumata erschüttern in spezifischer Weise Grundannahmen, und zwar andere als beispielsweise bei Naturereignissen.

Aus dem Projekt über Opfer von fremdverschuldeten Unfällen (in dieser Arbeit) wissen wir, dass viele Opfer offen für die Kommunikation mit den Verursachenden sind, zumindest solange diese auch ihrerseits bereit sind zuzuhören. Opfer fühlen sich umgekehrt emotional verletzt, wenn ein/e VerursacherIn entweder nie Interesse an ihrem Gesundheitszustand zeigt oder aber unangemeldet erscheint oder sie in unangemessener Weise konfrontiert. Diese Ergebnisse treffen jedoch noch keine Aussage für die Hinterbliebenen nach dem Tod von Nahestehenden, da die Studie an Unfallüberlebenden durchgeführt wurde. Respekt, Übernahme von Verantwortung, z. B. nach einem Unfall unter Alkoholeinfluss, und authentisches Interesse vonseiten des/der VerursacherIn werden von Opfern insgesamt geschätzt.

Zur Einschätzung der Situation der Hinterbliebenen und der beeinflussenden Kriterien zur Abwägung eines Treffens zwischen den beiden Parteien müssen bei den Hinterbliebenen wie auch Opfern ganz wesentlich traumatische Reaktionen berücksichtigt werden. Hinterbliebene sind mit der überwältigenden Wirklichkeit und dem Schmerz des Verlustes konfrontiert, und ihre primäre Aufmerksamkeit mag keineswegs auf eine/n VerursacherIn gerichtet sein, sondern auf den Verlust. Das wichtigste Bedürfnis ist demnach ein Ausdruck der Traueremotion, die Klage über den Verlust und der Versuch des Verstehens und Anerkennens des Geschehenen. Menschlich verursachte Traumata führen außerdem zu zentralen Bedürfnissen nach Integrität, Wiederherstellung des Selbstwertes und nach Kontrolle. Gerade auch deshalb spielt die Attribution der Ereignisursache eine sehr wichtige Rolle und ist häufig unmittelbar nach dem Erhalt der Nachricht von bedeutendem Interesse. Viele Hinterbliebene haben das Bedürfnis nach Information, nach Verstehen des Unfallherganges und nach dem Einblick in die Ursache (Trappe, 2001). Montada (1995a) betont weiter, dass die Bewältigung erschwert wird, wenn der erlittene Verlust als ungerecht und unverdient gesehen wird. All dies macht die Hinterbliebenen zu einer Gruppe mit komplexen Bedürfnissen, die in der Situation vulnerabel sind und gleichzeitig häufig auch eine große Offenheit für den Dialog mit Verursachenden aufweisen.

Bedeutende Kriterien zur Einschätzung der Situation sind:
- Grad und Dimension des Schadens (Verletzung, Tod) und des Verlustes
- Art und Grad der Erschütterung der Grundannahmen (Janoff-Bulman, 2002; Kauffman, 2006; Andreatta, 2010)
- Unmittelbare Bewältigung der Situation
- Erwartungen der Opfer, dass der/die VerursacherIn Interesse bekundet (Untersuchung III, Projekt: Opfer von fremdverschuldeten Unfällen)
- Grad der empfundenen Ungerechtigkeit (Montada, 1995a)
- Attribution der Verursachung (Janoff-Bulman, 2002; Peltzer und Renner, 2004; Shaver, 1985)
- Zuschreibung von Rücksichtslosigkeit, Unbedachtheit usw. hinsichtlich des/r Verursachenden
- Grad der angenommenen Mitverantwortung bzw. »Teilschuld« der nahestehenden Person – diese wird infolge des plötzlichen Verlustes häufig idealisiert
- Wahrnehmung des Unfalls als »man-made« und Wahrnehmung des/r VerursacherIn – z. B. auch als Unfallopfer versus »TäterIn«
- In Folge von »man-made disaster« stellen sich Fragen der Selbstachtung, und auch das Erkennen eigener Bedürfnisse (Govier, 1999) wird bedeutsam – Gefühle von Wut, Ärger und ggf. sogar Demütigung durch beispielsweise betrunkene und/oder fahrerflüchtige LenkerInnen
- Angehörige haben häufig den Wunsch, mit ErsthelferInnen in Kontakt zu treten – als Möglichkeit, sich dem Geschehen zu nähern. ErsthelferInnen sind die letzte Kontaktstelle zum Unfallopfer (Trappe, 2001). Hierzu würde ich ggf. auch VerursacherInnen zählen.

Opfer und Hinterbliebene sollen Hauptakteure in der Entscheidung sein, ob ein Treffen zwischen ihnen und dem/r VerursacherIn möglich ist. Dies gilt insbesondere bei »individuellen« Ereignissen. Einem Treffen mit dem/r VerursacherIn zuzustimmen bedeutet meines Erachtens, dass bereits ein innerpsychischer Prozess durchlaufen wurde, sodass eine prinzipielle Bereitschaft überhaupt vorhanden ist. Besonders wichtig erscheint mit die Wiederherstellung der Kontrolle bei Opfern und Hinterbliebenen und insofern die Frage, was Kontrolle und Handlungsfähigkeit schafft.

7.2.3 Die Konfrontation zweier »Parteien«: Kommunikation und Kompensation

Der Begriff des Opfers hat bei (Verkehrs-)Unfällen keinen Gegenbegriff, welcher komplementär läge. Ein/e UnfallverursacherIn ist kein/e »TäterIn«, so Trappe (2001), und er gibt weiter zu bedenken, dass eine (begriffliche) Unschärfe bleibt, die angemessen ist, auch wenn der Opferbegriff dadurch diffuser wird. Unfälle geschehen sehr häufig auf der Basis einer Verkettung. Sie geschehen nicht monokausal, sondern zumeist auf der Basis von Ereignissequenzen. Diese Sichtweise erscheint mir in der Konstellation zwischen den beiden »Parteien« der Verursachenden und der Hinterbliebenen bzw. Opfer wichtig zu sein und sei daher vorausgeschickt. Zur Abwägung eines Treffens zwischen Hinterbliebenen und VerursacherInnen müssen im Vorfeld mehrere Überlegungen angestellt und komplexe Zusammenhänge bedacht werden. Dies ist – bevor es überhaupt zu einem Treffen kommt – essenziell, und es sollte nicht von vorneherein davon ausgegangen werden, dass ein Treffen jedenfalls anzustreben ist. Im Folgenden werden Empfehlungen für Teams der Krisenintervention, der Akutbetreuung, des Opferschutzes, der Notfallintervention u. a. gegeben. Ich verstehe diese Empfehlungen als Entwürfe für Richtlinien zur Intervention und Grundlagen für die jeweiligen Ausbildungen. Sie sollten darüber hinaus als Diskussionsgrundlage für die Fachdienste gelten. Die Fragen, die im Folgenden erörtert werden, sind Fragen nach der Form einer »Konfrontation«, nach der jeweiligen Motivation und den Zielen eines Treffens. Wer möchte dieses Treffen und was ist der beste Zeitpunkt für ein Treffen? Es gibt Situationen, in denen ich von einem Treffen dringend abraten würde und umgekehrt solche, in denen ich ein Treffen sehr empfehlen würde. Fragen des Settings, der Gesprächsführung, der symbolischen Wiedergutmachung werden zu klären sein. Die Unterscheidung zwischen »individuellen« und »komplexen« Schadenslagen wird dabei berücksichtigt.

Welche Form soll die »Konfrontation« haben?

Die Kommunikation zwischen VerursacherIn und Hinterbliebenen kann direkt oder indirekt erfolgen. Indirekte Möglichkeiten sind z. B. das Überbringen von Nachrichten an Hinterbliebene und umgekehrt oder das Überbringen von Nachrichten an VerursacherInnen durch Krisenteams. Dies kann nach dem Modell des Täter-Opfer-Ausgleichs (Matt, 2002) – in Österreich außergerichtlicher Tatausgleich genannt – erfolgen: Ein Vermittler übernimmt die Aufgabe, Nachrichten,

Ansichten und Beweggründe zu übermitteln. Meine Empfehlung ist, alle Anfragen hinsichtlich eines möglichen oder nicht möglichen Treffens bzw. das Übermitteln einer Botschaft durch professionelle Teams oder Einsatzorganisationen durchführen zu lassen. Dies kann – aus meiner Erfahrung – im Zuge der unmittelbar stattfindenden psychosozialen Betreuung erfolgen. Bedürfnisorientiertes Vorgehen ermöglicht dabei auch bereits eine erste Orientierung über Form, Zeitpunkt und Art der Intervention. Die Form der Konfrontation soll möglichst frei gewählt werden, ist jedoch auch durch praktische und gesetzliche Gegebenheiten beeinflusst. Sind beispielsweise Verursacher und Hinterbliebene aus dem gleichen Ort, ist ein zufälliges Aufeinandertreffen oft unvermeidlich. Hier wäre psychosoziale Begleitung anzuraten. Es treffen die »Parteien« mitunter aber auch vor Gericht aufeinander.

Ein persönliches Treffen kann an einem neutralen Ort stattfinden – z.B. in Räumlichkeiten der Krisenteams – oder aber als Kurzbesuch bei den Hinterbliebenen erfolgen. Diesbezüglich hat der Wunsch der Angehörigen die höchste Priorität. Aus den Erfahrungen des Opferschutzes der Polizei in Kleve hat sich gezeigt, dass Hinterbliebene für einen zeitnahen Kurzbesuch der Unfallmitbeteiligten offen sind und dies für beide »Parteien« positive Ergebnisse bringen kann.

Wer möchte das Treffen? Was ist die Motivation und das Ziel?

Zumeist sind es – wie sich in dieser Arbeit gezeigt hat – UnfallverursacherInnen, welche den Kontakt zu Hinterbliebenen oder Opfern anstreben. Die Versuche der Kontaktaufnahme sind dabei häufig etwas »hilflos« in der Gestaltung: Postkarten, Blumen ins Krankenhaus und Pralinen haben sich als weniger hilfreich erwiesen. Von den Hinterbliebenen oder Opfern als »ernstgemeint« eingeschätzte Versuche werden zumeist angenommen, mitunter auch erwartet. Umgekehrt sind es aber auch Opfer oder Hinterbliebene, die einen Kontakt anstreben. Dies ist besonders dann der Fall, wenn Verursachende den letzten Abschnitt der Lebensgeschichte mit dem/r Verstorbenen teilen. Beispiele hierfür wären geführte Touren, Unfälle, welche einen komplexen Verlauf aufweisen, Situationen, in welchen die Person noch einige Zeit überlebte oder aber auch mitunter ein Suizid am Gleis, obwohl hier die Verursachungsfrage keine offene ist.

Aus der Perspektive der Hinterbliebenen sind es andere Motivlagen und Ziele, ein Treffen anzustreben, als aus der Perspektive der (Mit-)Verursachenden: Die Motivation für Hinterbliebene und Angehörige, den Unfallgegner zu treffen, ist häufig der Wunsch, Informationen darüber zu erhalten, was passiert ist, wie der Unfall verlaufen ist und ob der/die Verstorbene gelitten, noch etwas gesagt hat oder ähnliches. Außerdem ist für Hinterbliebene mitunter wichtig, den/die »UrheberIn« zu kennen, um das Ereignis »zu verstehen«; dieses Verstehen bezeichnet Trappe (2001) als ein Kausalitätsbedürfnis, welches jedoch durch die reine Unfallrekonstruktion nicht zu befriedigen ist. Mitunter haben Hinterbliebene aber auch, neben dem eigenen Schmerz, eine grundsätzlich vorwurfsfreie Haltung dem (Mit-)Verursachenden gegenüber und wollen ihm/ihr mitteilen, dass sie auch ihn/sie als Unfallopfer, welches nicht absichtlich den Tod herbeigeführt hat, anerkennen.

Im bedürfnisorientierten Modell der Rekonziliation von Shnabel und Nadler (2008) wird außerdem betont, dass innerhalb von Opfern und – in ihrem Modell – »Tätern« verschiedene Ressourcen bedroht sind, und dass diese Bedrohungsgefühle zur Aufrechterhaltung von Konflikten beitragen. Dabei sollten grundlegende Bedürfnisse hinter der Bedrohung verstanden und befriedigt werden. Erschütterte Bedürfnisse bei Opfern sind Integrität, Status und Macht (power). Was beim »Gegenüber« gesucht wird, ist Wiederermächtigung (Empowerment) durch dessen Übernahme der Verantwortung. Umgekehrt sind die Bedürfnisse eines/r »TäterIn« auf Akzeptanz, Wiederherstellung des moralisch belasteten Images und auf die soziale Wiedereingliederung ausgerichtet. Ich würde diese Kriterien von Shnabel und Nadler (2008) durch den Wunsch nach Vergebung ergänzen. Vor dem Hintergrund der Bedürfnisorientierung – v. a. der verschiedenen Bedürfnisse beider Gruppen – ist bei den genannten Autoren ein Akt des sozialen Austausches elementar. Mit dem Modell von Shnabel und Nadler (2008) nehmen die Autoren eine motivationale Perspektive zur Wiedergutmachung und sozial-emotionalen Rekonziliation ein.

Auf dieser Basis möchte ich mögliche Ziele für ein Treffen formulieren: Verantwortung anerkennen, Kontrolle ermöglichen, ohne den Verlust zu schmälern und ohne in anhaltende Beschuldigung gegenüber dem Verursacher zu gelangen. Die Aufgabe der Hinterbliebenen, in der wir sie unterstützen könnten, ist ihre Einstellung, Werte usw. dem/r VerursacherIn gegenüber zu definieren und ggf. zu deklarieren.

»Kontraindikationen« und dringliche Indikation für ein Treffen

Es gibt eine Reihe von Kriterien, bei welchen ich von einem Treffen abraten würde bzw. dieses als wenig hilfreich und damit »kontraindiziert« einstufen würde. Ein Kriterium hierfür stammt aus den Absichten: Ist die Absicht eine/r VerursacherIn,

»Vergebung« zu erwirken, ohne sich mit eigenen Verhaltensanteilen zu konfrontieren, werden Hinterbliebene nochmals »verletzt«. Als Beispiel dient hier ein junger alkoholisierter Fahrer, welcher Fahrerflucht begangen hatte und in weitere Folge im Krankenhaus »auftauchte«, ohne sich bei den Angehörigen des sich noch im Koma befindenden Opfers vorzustellen. Das Erkennen der jeweiligen Attributionsmuster, Zuschreibungen von Verantwortung und Schuld im Vorhinein ist wichtig. Attribution der Schuld ausschließlich auf den/die VerursacherIn ermöglicht keine gegenseitige Perspektivenübernahme zwischen Verursachenden und Hinterbliebenen und gilt für mich insofern als »Kontraindikation« für ein Treffen. Weiterhin ist meines Erachtens die völlige Idealisierung des/der Verstorbenen für ein Treffen problematisch und führt eher zur Eskalation durch starke Emotionen und Trauerreaktionen. Darüber hinaus ist die Absicht, »Gerechtigkeit« zu erhalten und eine/n Schuldige/n identifizieren zu wollen – wenn dies bereits im Vorfeld offenkundig ist – als Kontraindikation für ein Treffen zu diesem Zeitpunkt zu werten.

Umgekehrt gibt es Situationen, in welchen ich die Organisation eines Treffens eher als dringlich erachte. Dies beispielsweise dann, wenn die beiden »Parteien« aus dem gleichen (kleineren) Ort sind und die Wahrscheinlichkeit sehr hoch ist, dass sie zufällig aufeinandertreffen. Erfahrungen zeigen, dass zufällige Begegnungen auf der Straße, im Kaffeehaus oder sonst irgendwo stark verunsichern, vom zufälligen Verhalten geprägt und insofern ungünstig sind. Bei Personen, die sich beispielsweise über den Kontext ihrer Arbeit kennen, kann ein Treffen ebenso rasch eher indiziert sein. Als weiter – sehr wichtige Indikation für ein Treffen – gelten Ereignisse mit »öffentlichem« Charakter. Hierzu mehr bei den »komplexen Schadensereignissen«.

Wann ist der beste Zeitpunkt für ein Treffen?

Günstig für ein Treffen sind der passende räumliche und zeitliche Abstand zum Ereignis. Zeitnah zum Ereignis sind – besonders bei Hinterbliebenen – das Erleben von Schmerz und Verlust sowie der Ausdruck von Trauer und oft auch Wut vordergründig. Diese Tatsache ist der Grund, warum Teams der Krisenintervention bei Anfragen von Verursachenden von einer Kontaktaufnahme zu den Hinterbliebenen eher abraten. Es wurde bislang außerdem, wenn nicht überhaupt vom Kontakt abgeraten wurde, als Zeitpunkt zumindest ein halbes Jahr bis ein Jahr nach dem Ereignis empfohlen. Aufgrund der Erkenntnisse dieser Arbeit – und zwar sowohl, was die Erhebungen bei den Verursachenden als auch bei den Opfern anbelangt – empfehle ich dringend, einen sehr zeitnahen Kontakt bzw. ein zeitnahes Treffen zu erwägen. Unter zeitnah verstehe ich, dass bereits in den ersten Tagen nach dem Unfall eruiert werden sollte, wie die gegenseitige Einstellung der beiden »Parteien« zueinander ist. Unerwünschte »Impulse« der Kontaktaufnahme seitens der Verursachenden können somit ebenso vermieden werden wie eine unzweckmäßige »Antizipation der Schonung« von Hinterbliebenen bzw. Opfern, die möglicherweise andere Erwartungen oder Vorstellungen haben. Mein Ziel in der Zeitpunktfrage ist nicht, dass ein zeitnahes Treffen unbedingt herzustellen wäre, sondern die Entscheidungskompetenz den Betreffenden zuzumuten und nicht von außen zu entscheiden. Zeitnah heißt insofern auch, dass eine unmittelbare Kontaktaufnahme für eine gegenseitige Information und der Ausdruck von Bedauern oder Ähnlichem angefragt werden kann, was meines Erachtens auch Handlungsfähigkeit für beide Parteien herstellt. Die Zumutbarkeit der Anfrage und ggf. eine erste Kontaktaufnahme bereits unmittelbar nach dem Unfalltag erscheint mir möglich und eine Durchführung angemessen. Es gibt Situationen, in welchen der rasche Kontakt indiziert ist (vgl. Indikation/Kontraindikation).

Individuelle versus komplexe Schadensereignisse

Unterschiedliche Konstellationen von Beziehungen zwischen VerursacherIn und Hinterbliebenen bzw. Opfern sind gegeben. Die »Parteien« können überwiegend aus Einzelpersonen (face-to-face) bestehen oder aber ganze Gruppen bzw. Gemeinschaften (face-to-group) umfassen. Sie können vormals völlig Unbekannte oder aber eigene Familienmitglieder sein. Die Unfälle können im privaten oder im beruflichen Kontext stehen. Für die jeweiligen Konstellationen sind auch unterschiedliche Überlegungen zu einem Kontakt bzw. organisierten Treffen anzustellen.

Grundsätzliche Überlegungen aus den Erkenntnissen dieser Arbeit sind: Bei komplexen Schadensereignissen, bei Unfällen mit Gruppen (z. B. Lawinenunglück, Ausflug etc.) sind v. a. ein Treffen mit Angehörigen und Hinterbliebenen anzubieten, bei welchem die Weitergabe von Informationen im Vordergrund steht. Ein Treffen dieser Art wird zumeist von Teams der Krisenintervention, Akutbetreuung oder auch von Arbeitgebern organisiert. Die Weitergabe von Informationen kann dabei durch Personen erfolgen, welche dem/r VerursacherIn vorstehen, z. B. Vorgesetzte. Es hat sich gezeigt, dass die Anwesenheit z. B. des Tourenführers für die Weitergabe an Informationen, zur Erläuterung von Beweggründen, zur Offenlegung von Entscheidungsstrategien wichtig sind, für diesen selbst aber auch herausfordernd. Dies kann leicht zur Überforderung in der Kommunikationssituation führen. Mitunter erfolgen durch Hinterbliebene rasch Schuldzuweisungen, die auch deutlich emotionalisiert zum Ausdruck gebracht werden. Umgekehrt kann es für den Tourenführer aber auch bedeutsam sein, sich artikulieren zu können und seinen Standpunkt zu formulieren. Die rechtliche Situation ist zu einem so frühen Zeitpunkt keineswegs geklärt. Meine Empfehlung wäre, dass bei komplexen Schadensereignissen – je »subjektiv kritischer« die rechtliche Lage für den/die (Mit-)Verursachende ist – dieser durch Vorgesetzte oder eine andere geeignete Person vertreten wird. Eine Übermittlung von Informationen durch eine/n VertreterIn kann dann trotzdem erfolgen. Trifft ein/e einzelne/r (Mit-)VerursacherIn auf eine Gruppe, beispielsweise von »gleichgestellten« ArbeitskollegInnen, erscheint es günstiger, wenn die Person selbst – im Sinne eigener Handlungsfähigkeit – Zeitpunkt, Ort und Ablauf der Konfrontation mit den ArbeitskollegInnen bestimmt und darin begleitet wird. In dieser Arbeit zeigt sich beispielsweise, dass nach einem Verkehrsunfall, in welchem zwei Arbeitskollegen in ihrem Auto starben, die (Mit-)Verursacherin selbst hinsichtlich der Belegschaft initiativ wurde.

Sind sich VerursacherIn und Hinterbliebene vormals unbekannt und fand das Ereignis im privaten Kontext statt (z. B. Unfall im Straßenverkehr, Freizeitunfall), werden in der Regel die beiden »Parteien« durch verschiedene Teams betreut. In diesem Fall wäre meine Empfehlung, dass die beiden betreuenden Teams hinsichtlich der Übermittlung einer »Botschaft« oder aber Organisation eines Treffens Kontakt zueinander aufnehmen. Die Organisation eines Treffens kann dann für einen Kurzbesuch geplant werden oder auch für einen späteren Zeitpunkt vereinbart. Damit sind dann auch bereits die Begleiter eines Treffens zu einem späteren Zeitpunkt vorbereitet. Gegebenenfalls kann, wenn nur eine »Partei« betreut wird, der Betreuungsbedarf der »Gegenpartei« geklärt und weitere Fragen zur Kommunikation zwischen VerursacherIn und Hinterbliebenen eingeschätzt werden. Sind VerursacherIn und Hinterbliebene innerhalb einer Familie oder im Bekanntheitskreis angesiedelt, ist bereits innerhalb der peritraumatischen Versorgung auf die Beziehungsdynamik zu achten.

Setting und Elemente der Gesprächsführung

Die Organisation eines Treffens kann durch Teams der Krisenintervention (KIT), der Akutbetreuung, des Opferschutzes oder ähnlicher Organisationen angeregt

7.2 Modell der Konfliktregelung zwischen VerursacherIn und Opfer

oder durchgeführt werden. Bei Treffen auf individueller Ebene ist zu empfehlen, dass der Ort entweder ein neutraler (z. B. die Dienststelle) ist oder aber auch ein »Kurzbesuch« bei Hinterbliebenen ermöglicht wird. Ein solcher sollte vorbesprochen und begleitet werden. Für ein Treffen, welches mehrere Tage oder erst viel später nach dem Ereignis stattfindet, empfehle ich die Begleitung jeder »Partei« durch je eine/n KIT-MitarbeiterIn.

Wichtig erscheint mir außerdem, einen »ritualisierten« Ablauf für ein Treffen zu finden. Das Ziel von Ritualen ist u. a. die Emotionsregulierung, die Solidaritätsbekundung und die Sinngebung durch strukturgebende symbolische Sinnsysteme. Die Strukturen sind mit Anfang, Ablauf und Ende gekennzeichnet, die Handlungsmöglichkeiten und Entscheidungen werden vielfach ersetzt (Collins, 2004). Ich würde hier allerdings nicht die Einschränkung der Handlungsmöglichkeit hervorheben, sondern die Einbettung von Handlungen in Strukturen, beispielsweise im Sinne einer »ritualisierten Wiedergutmachungshandlung«. Bei ritualisierten Handlungen, so Collins (2004) weiter, sind Handlungen formalisiert in strukturierte Handlungsketten und weisen Symbolcharakter bzw. einen gemeinsamen Fokus auf. Nachdem ein Verkehrsunfall – wie Trappe (2001) es formuliert – irgendwo zwischen »Natur und Freiheit, Physik und Ethik und Sach- und Beziehungsebene« liegt, erscheint mir die Ritualisierung von Prozessen der Kommunikation und Kompensation auch bedeutend. Zusätzlich sei noch der Ansatz der *Restorative Justice* von Kauffman (2006) erwähnt, welcher besonders die Wiederherstellung erschütterter Grundannahmen in den restaurativen Ausgleichsbemühungen betont. Eben diese sind gerade durch Traumatisierungen stark beeinträchtigt. Die Ergebnisse aus der bereits zitierten Erhebung mit HelferInnen, welche bei (Mit-)VerursacherInnen intervenieren, haben gezeigt, dass Intervenierende bei Einsätzen in Zusammenhang mit Verursachung und Schuld besondere Schwierigkeiten und Herausforderungen erleben (Benin, 2011). Die Helfenden müssen »Verhörsituationen« vermeiden, finden schwieriger einen Gesprächseinstieg, und die Intervention fällt schwer, wenn die Verursachungs- und Schuldthematik von den zu Betreuenden nicht zur Sprache gebracht wird. Dies erschwert die Exploration des Geschehens und gibt auch wenig Anhaltspunkte, über Schuldgefühle und Selbstvorwürfe zu sprechen. Zweifel an der eigenen Kompetenz und Hilflosigkeit in der Intervention entstehen, und die Motivation für »Schuldeinsätze« sinkt. Strukturierte Intervention bei einem Treffen ist somit auch für diese Gruppe zielführend, nicht zuletzt, um auch dem eigenen Anspruch auf »Versöhnung zwischen den Parteien« gerecht zu werden bzw. nicht gerecht werden zu müssen.

Vor dem Treffen sollen die Motivation, aber auch Ängste und Befürchtungen besprochen werden. Viele Verursachende haben die Erwartung, mit Vorwürfen, Wut oder auch Hass konfrontiert zu werden. Gelingende Kommunikation ist gekennzeichnet durch zwei wesentliche Elemente: Zuhören und Erzählen. Das Erzählen vonseiten der (Mit-)Verursachenden, was passiert ist, dient vielen Hinterbliebenen als Information über das Ereignis, besonders wenn es sich um Unfälle mit mehreren Betroffenen und komplexe Schadenslagen handelt. Den Angehörigen zuzuhören und auf ihre Situation aufmerksam zu achten, ist besonders wichtig. Auf dieser Basis ist es möglich und durchaus hilfreich, sich gegenseitig Emotionen zu zeigen. Negative Emotionen können zugemutet werden, diese treffen bei den (Mit-)Verursachenden durchaus auf Verständnis. Auch schroffe Bemerkungen und das Zeigen von Emotionen durch die Hinterbliebenen »halten« die Verursachenden – zumindest im Rahmen dieser Studie und nach ihren Angaben – offensichtlich aus. Gezeigte Emotionen können als Ausdruck der Trauer und des Schmerzes akzeptiert werden, solange nicht Schuldzuweisungen und »Realitätsverzerrungen« erfolgen. Zuhören oder ggf. auch Anteilnahme an der Situation des je anderen – ohne sein eigenes Leid in den Hintergrund treten lassen zu müssen – wäre meines Erachtens nicht nur zielführend, sondern erweist sich auch als möglich. Dies lässt sich mit Van de Loo (2009) belegen, welcher die Rolle der Einfühlung als Voraussetzung für das Gelingen eines Versöhnungsprozesses betont. Einfühlung bzw. Empathie versteht er als verbindende Perspektive, als ein Wahrnehmen der subjektiven Wahrheit der jeweils anderen Person, ohne diese Subjektivität notwendigerweise zu teilen. Dabei gilt bei ihm als »gelungene Einfühlung«, wenn ein/e VerursacherIn den Schmerz des Gegenübers »erträgt« (in den Worten der Verfasserin) und wenn die Angst der Opfer überwunden werden kann, dass aus dieser Einfühlung Sympathie erfolgen müsste (Van de Loo, 2009). Das Zeigen vorhandener Gefühlslagen scheint mir hierbei der grundlegende Schritt zur Einfühlung. Gesten in der Kommunikation zwischen Verursachenden und Hinterbliebenen haben eine weitere sehr zentrale Bedeutung. Sie wirken oft als erstes »versöhnliches Zeichen«, ohne der juristischen Situation – ob Verurteilung oder Freispruch – vorzugreifen. Dass die Situation einem Verursachenden leid tut, ohne dass die Verantwortungsfrage bereits geklärt ist, kann dabei ebenso zum Ausdruck gebracht werden, wie auch, dass Hinterbliebene sich zwar tief getroffen oder verletzt fühlen, aber nicht einer/m »TäterIn« gegenüberstehen. In den im Vorhergehenden genannten Elementen der Gesprächsführung werden Ansätze zur Erwiderung von Initiativen und der Vertrauensbildung zwischen Parteien (vgl. Meyer, 2004) sowie der bedürfnisorientierte Ansatz zur Rekonziliation (Shnabel und Nadler, 2008) in der Intervention berücksichtigt.

Symbolische Wiedergutmachung

Interaktionale Konfliktregelung kann den intrapsychischen Konflikt (z. B. Schuldvorwurf, Schuldgefühle, Angst, Wunsch nach Vergebung) beeinflussen. Mitunter können aber, wo der Kontakt nicht möglich oder gewünscht ist, alternative Wege zur Konfliktarbeit überlegt werden. Rituale zu finden erscheint mir dabei besonders wichtig. Nicht zuletzt ist sogar die juristische Lage eine praktische und symbolische Möglichkeit der Leitung von Aggressionen – und somit mitunter auch ein Schutz vor der Tendenz der Selbstbestrafung. Symbolischer Ausgleich und Wiedergutmachung können meines Erachtens – solange sie von den Verursachenden stammen – als aktive Bemühungen anerkannt werden, erscheinen mir aber aus den Erkenntnissen dieser Arbeit nicht unbedingt immer langfristig wirksam. Symbolische Handlungsmöglichkeiten, welche meist als »Geben und Nehmen« auftreten (»man hat dem Leben etwas genommen und gibt etwas zurück«), scheinen zwar vorerst für die Verursachenden hilfreich, aber das aktive Geben und der Versuch des Zurückgebens des Genommenen als Denkfigur der Restauration basiert auf dem Prinzip der »Wiedergutmachung nach (Fehl-)Handlung«. Da hinter den Unfällen weder »Handlung« noch »Absicht« stehen, sondern ein Geschehen, welches passiert ist, scheinen diese symbolischen Wiedergutmachungen vereinfacht gesagt langfristig nicht zu funktionieren. Es wäre noch zu leisten, Formen für Rituale und ein fundiertes Verständnis für symbolische Kompensationen zu finden.

Literatur

Adam, H. & Aßhauer, M. (2007). Flüchtlingskinder: Individuelles Trauma, Versöhnungsprozess und soziale Rekonstruktion. In I. Fooken & J. Zinnecker (Hrsg.), *Trauma und Resilienz. Chancen und Risiken lebensgeschichtlicher Bewältigung von belasteten Kindheiten* (S. 155–168). Weinheim u. a.: Juventa.
Albs, B. (1997). *Verantwortung übernehmen für Handlungen und deren Folgen.* Hamburg: Kovac.
Amalberti, R. (1993). Safety in flight operations. In B. Wilpert & T. Qvale (Hrsg.), *Reliability and safety in hazardous work systems* (S. 171–194). Hove, UK: Lawrence Erlbaum.
Andreatta, P. & Beck, T. (2006). Die suizidale Überwältigungsreaktion und ihre Bedeutung in der Akutbetreuung. *Zeitschrift für Psychotraumatologie, Psychotherapiewissenschaft und Psychologische Medizin, 3*, 81-95.
Andreatta, P. & Unterluggauer, K. (2012). Schuld, Schuldgefühle und Suizidalität infolge von Schuld. In B. Juen & D. Kratzer (Hrsg.), *Krisenintervention und Notfallpsychologie: Ein Handbuch für KriseninterventionsmitarbeiterInnen und Psychosoziale Fachkräfte* (S. 197–216). Innsbruck: Studia.
Andreatta, P. (2009). Diskontinuitätssprung und Ruptur: Der traumatische Bruch und Wachstum. *Zeitschrift für Psychotraumatologie, Psychotherapiewissenschaft und Psychologische Medizin, 1*, 49–59.
Andreatta, P. (2010). *Die Erschütterung des Selbst- und Weltverständnisses durch Traumata. Auswirkung von primärer und sekundärer Traumaexposition auf kognitive Schemata* (2. Aufl.). Kröning: Asanger.
Andreatta, P. (2012). Körper und Präsenz: Traumaarbeit im komplexen Nachkriegskontext. *Zeitschrift für Psychotraumatologie, Psychotherapiewissenschaft und Psychologische Medizin, 2*, 33-44.
Anscombe, G. (1976). *Intention.* Oxford: Basil Blackwell.
Antonovsky, A. (1997). *Salutogenese: Zur Entmystifizierung der Gesundheit.* Tübingen: DGVT.
APA American Psychiatric Association (1998). *Diagnostische Kriterien des Diagnostischen und Statistischen Manuals Psychischer Störungen* (4. Ausgabe). Washington, DC u.a.: American Psychiatric Association.
APA American Psychiatric Association (2013). *DSM-5 Diagnostic and statistical manual of mental disorders* (5. Ausgabe). Washington, DC u.a.: American Psychiatric Association.

Literatur

Auchter, T. (1996). Von der Unschuld zur Verantwortung. In M. Schlagheck (Hrsg.), *Theologie und Psychologie im Dialog über die Schuld* (S. 41–138). Paderborn: Bonifatius.

Bandura, A. (1982). Self-efficacy mechanism in human agency. *American Psychologist, 37,* 122–147.

Bänninger-Huber, E. (1996). *Mimik – Übertragung – Interaktion: Die Untersuchung affektiver Prozesse in der Psychotherapie.* Bern: Huber.

Baros, W. (2004). Konfliktbegriff, Konfliktkomponenten und Konfliktstrategien. In G. Sommer & A. Fuchs (Hrsg.), *Krieg und Frieden: Handbuch der Konflikt- und Friedenspsychologie* (S. 208–221). Weinheim u.a.: Beltz.

Barrett, K. (1995). A functionalist approach to shame and guilt. In J. Tangney & K. Fischer (Hrsg.), *Self-conscious emotions: The psychology of shame, guilt, embarassment, and pride* (S. 25-63). NY, London: Guilford Press.

Barwinski Fäh, R. (2000). Psychisches Trauma – ein unmögliches Konzept, *Internet-Zeitschrift für Psychotraumatologie, 1* (1). DOI: 10.1055/s-2000-8053

Baumeister, R., Stillwell, A. & Heatherton, T. (1995). Interpersonal aspects of guilt: Evidence from narrative studies. In J. Tangney & K. Fischer (Hrsg.), *Self-conscious emotions: The psychology of shame, guilt, embarassment, and pride* (S. 256–273). NY, London: Guilford Press.

Becker, D. (2009). Die Schwierigkeit, massives Leid angemessen zu beschreiben und zu verstehen. Traumakonzeption, gesellschaftlicher Prozess und die neue Ideologie des Opfertums. In A. Karger (Hrsg.), *Trauma und Wissenschaft* (S. 61-91). Göttingen: Vandenhoeck & Ruprecht.

Benin, S. (2011). *Betreuung bei traumatischen Schuldgefühlen: Interventionsstrategien von Helferinnen und Helfern.* Unveröffentlichte Diplomarbeit, Leopold-Franzens-Universität Innsbruck.

Berger, C., Groh, A. & Großmann, H. (2001). *Psychosoziale Folgen von Verkehrsunfällen: Ergebnisse einer qualitativen Studie.* Hannover: Degener Lehrmittel.

Bergmann, M. & Jucovy, M. (1998). Einleitung. In M. Bergmann, M. Jucovy & J. Kestenberg (Hrsg.), *Kinder der Opfer – Kinder der Täter: Psychoanalyse und Holocaust* (S. 23–56). Frankfurt a.M.: Fischer.

Bergmann, M. (1998). Überlegungen zur Über-Ich-Pathologie Überlebender und ihrer Kinder. In M. Bergmann, M. Jucovy & J. Kestenberg (Hrsg.), *Kinder der Opfer – Kinder der Täter: Psychoanalyse und Holocaust* (S. 322–357). Frankfurt a.M.: Fischer.

Bergmann, M., Jucovy, M. & Kestenberg, J. (Hrsg.). (1998). *Kinder der Opfer – Kinder der Täter: Psychoanalyse und Holocaust* (S. 322–357). Frankfurt a.M.: Fischer.

Berk, L. (2005). *Entwicklungspsychologie* (3. aktual. Aufl.). München u.a.: Pearson.

Berkemann, J. (1984). Handlung in der Rechtswissenschaft. In H. Lenk (Hrsg.), *Handlungstheorien interdisziplinär. Verhaltenswissenschaftliche und psychologische Handlungstheorien,* Bd. 3. (S. 807–847). München: Fink.

Bettelheim (1980). *Erziehung zum Überleben. Zur Psychologie der Extremsituation.* Stuttgart: Dt. Verl.-Anstalt.

Bianchi, H. (1988). *Alternativen zur Strafjustiz: Biblische Gerechtigkeit, Freistätten, Täter-Opfer-Ausgleich.* München u.a.: Kaiser & Grünewald.

Bierhoff, H.-W. (2010). *Psychologie prosozialen Verhaltens: Warum wir anderen helfen* (2. überarb. Auflage). Stuttgart: Kohlhammer.

Bion, W. (1990) Angriffe auf Verbindungen. In E. Bott Spillius (Hrsg.), *Melanie Klein Heute: Entwicklungen in Theorie und Praxis* (S. 110–129). Stuttgart: Klett-Cotta.

Blanchard, E., Hickling, E., Taylor, A., Loos, W., Forneris, C. & Jaccard, J. (1996). Who develops PTSD from motor vehicle accidents? *Behavior Research Therapy, 34* (1), 1–10.

Boehnke, K., Christie, D. & Anderson, A. (2004). Psychologische Beiträge zu einer Kultur des

Friedens. In G. Sommer & A. Fuchs (Hrsg.), *Krieg und Frieden: Handbuch der Konflikt und Friedenspsychologie* (S. 31-41). Weinheim u.a.: Beltz.
Bölter, A., Süß, H., Schuschke, T., Tempka, A., Klapp, B., Draijer, F. & Frommer, J. (2007). Die Posttraumatische Belastungsstörung nach Verkehrsunfällen: Akutsymptomatik, Verlusteinschätzung, Erholungsverlauf und Geschlecht als Prädiktoren. *Zeitschrift für Psychiatrie, Psychologie und Psychotherapie, 55* (3), 195–203.
Boos, A. (2007). *Traumatische Ereignisse bewältigen: Hilfe für Verhaltenstherapeuten und ihre Patienten*. Göttingen u.a.: Hogrefe.
Boss, M. (1980). *Psychoanalyse und Daseinsanalytik*. München: Kindler.
Bowlby, J. (1969). *Attachment and loss*. Bd 1 Attachment. New York: Basic Books.
Brinton-Perera, S. (1992). *Der Sündenbock Komplex: die Erlösung von Schuld und Schatten*. Interlaken: Ansata.
Bryant, R. & Harvey, A. (2000). *Acute stress disorder: A handbook of theory, assessment and treatment*. Washington, DC: American Psychiatric Association.
Buber, M. (1958). *Schuld und Schuldgefühle*. Heidelberg: Schneider.
Calhoun, L. & Tedeschi, R. (2006). The foundations of posttraumatic growth: An expanded framework. In: L. Calhoun & R. Tedeschi (Hrsg.), *Handbook of posttraumatic growth. Research and practice* (S. 1–24). Mahwah u.a.: Lawrence Erlbaum.
Charcot, J.-M. (1874). *Klinische Vorträge über Krankheiten des Nervensystems*, Bd. 1. Stuttgart: Metzler
Clark, D. & Wells, A. (1995). A cognitive model of social phobia. In R. Heimberg (Hrsg.), *Social phobia: Diagnosis, assessment and treatment* (S.69-93). New York: Guilford Press.
Collins, R. (2004). *Interaction ritual chains*. Princeton u.a.: University Press.
Collins, R., Taylor, S. & Skokan, L. (1990). A better world or a shattered vision? Changes in life perspectives following victimization. *Social Cognition, 8* (3), 263–285.
Dalbert, C., Montada, L., & Schmitt, M. (1987). Glaube an eine gerechte Welt als Motiv: Validierungskorrelate zweier Skalen. *Psychologische Beiträge, 29*, 596-615.
Derrida, J. (2000): Das Jahrhundert der Vergebung. Verzeihen ohne Macht – unbedingt und jenseits der Souveränität. *Lettre International, 48*, 10–18.
Diekmann, A. (2004). *Empirische Sozialforschung. Grundlagen, Methoden, Anwendungen* (11. Aufl.). Hamburg: Rowohlt.
Dorn, A. (1976). *Schuld: was ist das? Versuch eines Überblicks*. Auer: Donauwörth.
Drozdek, B., Turkovic, S. & Wilson, J. (2006). Posttraumatic shame and guilt: Culture and the posttraumatic self. In J. Wilson (Hrsg.), *The posttraumatic self: Restoring meaning and wholeness to personality* (S. 333–368). NY, London: Routledge.
Ehlers A. & Clark, D. (2000). A cognitive model of posttraumatic stress disorder. *Behavior Research and Therapy, 38*, 319–345.
Ehlers, A. & Steil, R. (1995). Maintenance of intrusive memories in posttraumatic stress disorder: A cognitive approach. *Behavioral and Cognitive Psychology, 23*, 217–249.
Ehlers, A. (1999). *Posttraumatische Belastungsstörung*. Göttingen: Hogrefe.
Ehlers, A., Steil, R., Winter, H. & Foa, E. (1996). *Deutsche Übersetzung der Posttraumatic Diagnostic Scale (PDS)*. Oxford: Warneford University Hospital, Department of Psychiatry.
Eissler, K. (1984). Die Ermordung von wie vielen seiner Kinder muss ein Mensch symptomfrei ertragen können, um eine normale Konstitution zu haben? In H.-M. Lohmann (Hrsg.), *Psychoanalyse und Nationalsozialismus* (S. 159–209). Frankfurt a. M.: Fischer.
Eklit, A., Shevling, M., Solomon, Z. & Dekel, R. (2007). Factor Structure and Concurrent Validity of the World Assumptions Scale. *Journal of Traumatic Stress, 20* (3), 291–301.

Literatur

Erikson, E. (1973). *Identität und Lebenszyklus*. Frankfurt a. M.: Suhrkamp.
Ermann, M. (2004). *Psychosomatische Medizin und Psychotherapie: Ein Lehrbuch auf psychoanalytischer Grundlage* (4. überarb. und erw. Aufl.). Stuttgart: Kohlhammer.
Fauth, M. (2011). Die Posttraumatische Belastungsstörung als Folge von erlebten Unfällen, technischen Katastrophen und Naturkatastrophen. In M. Zielke (Hrsg.), *Indikation zur stationären Verhaltenstherapie und medizinischen Rehabilitation bei psychischen und psychosomatischen Erkrankungen* (S. 284–295). Lengerich u. a.: Pabst Science Publishers.
Festinger, L. (2012). *Theorie der kognitiven Dissonanz* (2. Aufl.). Bern: Hans Huber.
Fiedler, P. (2008). *Dissoziative Störungen und Konversion: Trauma und Traumabehandlung* (3. vollst. überarb. Aufl.). Weinheim u. a.: Beltz.
Fischer, G. & Nathan, R. (2002). Diagnose der Psychodynamik bei Störungsbildern mit psychotraumatischer Ätiologie. *Internet-Zeitschrift für Psychotraumatologie, 3* (1). DOI: 10.1055/s-2002-20179
Fischer, G. & Riedesser, P. (2009). *Lehrbuch der Psychotraumatologie* (4. aktual. und erw. Aufl.) München: Reinhardt.
Fischer, G. (2007). *Kausale Psychotherapie: Manual zur ätiologieorientieren Behandlung psychotraumatischer und neurotischer Störungen*. Kröning: Asanger.
Fischer, G., van Gisteren, L., Fischer, A. & Mosetter, R. (2008). *Philosophische Grundlagen der Psychotherapiewissenschaft*. Kröning: Asanger.
Fishbein, M. & Ajzen, I. (1975). *Belief, Attitude, Intention, and Behavior: An introduction to theory and research*. Reading, MA: Addison-Wesley.
Flett, G., Blankstein, K. & Holowaty, L. (1990). Depression and Complex Attributions of Blame in Self and Others. *Journal of Social Behavior and Personality, 5* (4), 175–188.
Flick, U. (1995). Stationen des qualitativen Forschungsprozesses. In U. Flick, E. Kardorff, H. Keupp, L. Rosenstiel & S. Wolff (Hrsg.), *Handbuch Qualitative Sozialforschung: Grundlagen, Konzepte, Methoden und Anwendungen* (S. 147–175). Weinheim: Beltz.
Foa, E. (1995). *Posttraumatic stress diagnostic scale (PDS/PSS)*. Manual. Minneapolis: National Computer Systems.
Fonagy, P. (2006). *Bindungstheorie und Psychoanalyse*. (2. Aufl.). Stuttgart: Klett-Cotta.
Frankl, V. (1984). Argumente für einen tragischen Optimismus. In V. Frankl (Hrsg.), *Sinnvoll heilen: Viktor E. Frankls Logotherapie: Seelenheilkunde auf neuen Wegen. Einführung und Erfahrungsberichte* (S. 11–31). Freiburg: Herder.
Freud, S. (1940). *Einführung in die Psychoanalyse*. Ges. Werke 15. London: Imago Publ.
Freud, S. (1972). *Das Unbehagen in der Kultur*. Ges. Werke 14 (5. Aufl.). Frankfurt a. M.: Fischer.
Frey, C. (2001). Die unheimliche Macht des Traumas. Interaktionelle Aspekte in der Betreuung von Folter- und Kriegsopfern. In M. Verwey (Hrsg.), *Trauma und Ressourcen* (S. 109–124). Berlin: Verlag für Wissenschaft & Bildung.
Friebertshäuser, B. & Langer, A. (2010). Interviewformen und Interviewpraxis. In B. Friebertshäuser, A. Langer & A. Prengel (Hrsg.), *Handbuch Qualitative Forschungsmethoden in der Erziehungswissenschaft* (3. vollst. überarb. Aufl.) (S. 437–456). Weinheim u. a.: Juventa.
Friedman, M. (2000). The Truth and Reconciliation Commission in South Africa as an attempt to heal a traumatized society. In A. Shalev, R. Yehuda & A. McFarlane (Hrsg.), *International Handbook of Human Response to Trauma* (S. 399–411). New York: Springer.
Fritsche, I. (2003). *Entschuldigen, Rechtfertigen und die Verletzung sozialer Normen*. Weinheim u. a.: Beltz.
Fromm, E. (1954). *Psychoanalyse und Ethik*. Stuttgart: Diana.
Frommberger, U., Stieglitz, R., Nyberg, E. & Berger, M. (1997). Die psychischen Folgen von Verkehrsunfällen. *Psychotherapie, 2* (1), 45–51.

Galtung, J. (2007). *Konflikte und Konfliktlösungen. Die Transcend-Methode und ihre Anwendung*. Berlin: Homilius.
Glasersfeld, E. (1997). *Wege des Wissens*. Heidelberg: Auer.
Gobodo-Madikizela, P. (2002). Remorse, forgiveness, and rehumanization: stories from South Africa. *Journal of Humanistic Psychology, 42* (1), 7–32.
Gobodo-Madikizela, P. (2006). *Das Erbe der Apartheid – Trauma, Erinnerung, Versöhnung*. Opladen u. a.: Budrich.
Goffman, E. (1971). *Verhalten in sozialen Situationen: Strukturen und Regeln der Interaktion im öffentlichen Raum*. Gütersloh: Bertelsmann.
Goffman, E. (2003). *Stigma: Über Techniken der Bewältigung beschädigter Identität*. Frankfurt a. M.: Suhrkamp.
Govier, T. (1999). Forgiveness and the unforgiveable. *American Philosphical Quarterly, 36,* 59–75.
Graumann, C. (1994). Verantwortung als soziales Konstrukt. *Zeitschrift für Sozialpsychologie, 25* (3), 184–191.
Green, M., McFarlane, A., Hunter, C. & Griggs, W. (1993). Undiagnosed post-traumatic stress disorder following motor vehicle accidents. *Medical Journal of Australia, 159,* 529–534.
Gschwend, G. (2004). *Notfallpsychologie und Trauma-Akuttherapie: Ein kurzes Handbuch für die Praxis*. Bern, Göttingen: Hans Huber.
Habermas, J. (1983). *Moralbewusstsein und kommunikatives Handeln*. Frankfurt a. M.: Suhrkamp.
Haesler, L. (2010). Von der Angst vor Vernichtung, Rache und Vergeltung zum Gewissen: Psychoanalytische Überlegungen zur Entwicklung von Schuldbewusstsein und Verantwortungsgefühl. In J. Körner & B. Müller (Hrsg.), *Schuldbewusstsein und reale Schuld* (S. 41–70). Gießen: Psychosozial.
Hausmann, C. (2003). *Handbuch der Notfallpsychologie und Traumabewältigung: Grundlagen, Interventionen, Versorgungsstandards*. Wien: Facultas.
Heidegger, M. (2006). *Sein und Zeit*. Tübingen: Niemeyer.
Herman, J. (2006). *Narben der Gewalt* (2. Aufl.). Paderborn: Junfermann.
Hermanns, H. (1995). Narratives Interview. In U. Flick, E. Kardorff, H. Keupp, L. Rosenstiel & S. Wolff (Hrsg.), *Handbuch Qualitative Sozialforschung: Grundlagen, Konzepte, Methoden und Anwendungen* (2. Aufl.) (S. 182–188). Weinheim: Beltz.
Hertwig, R. (1993). Frequency-Validity-Effekt und Hindsight-Bias: Unterschiedliche Phänomene – gleiche Prozesse? In W. Hell, K. Fiedler & G. Gigerenzer (Hrsg.), *Kognitive Täuschungen, Fehlleistungen und Mechanismen des Urteilens, Denkens und Erinnerns* (S. 39–71). Heidelberg: Spektrum.
Hickling, E., Blanchard, E., Buckley, T. & Taylor, A. (1999). Effects of attribution of responsibility for motor vehicle accidents on severity of PTSD symptoms, ways of coping, and recovery over six months. *Journal of Traumatic Stress, 12* (2), 345–353.
Hirsch, M. (2009). Zur psychoanalytischen Psychotherapie traumatisierter Patienten. In A. Karger. (Hrsg.), *Trauma und Wissenschaft* (S. 11–28). Göttingen: Vandenhoeck & Ruprecht.
Hirsch, M. (2012). *Schuld und Schuldgefühl: zur Psychoanalyse von Trauma und Introjekt* (5. Aufl.). Göttingen: Vandenhoeck & Ruprecht.
Ho, R., Davidson, G., Van Dyke, M. & Agar-Wilson, M. (2000). The impact of motor vehicle accidents on the psychological well-being of at-fault drivers and related passengers. *Journal of Health Psychology, 5* (1), 33–51.
Hochgruber, C. (2011). *Opfer nach fremdverschuldeten Unfällen*. Unveröffentlichte Diplomarbeit, Leopold-Franzens-Universität Innsbruck.
Hole, G. (1989). Schuld und Schuldgefühle. In W. Pöldinger & W. Wagner (Hrsg.), *Aggression,*

Selbstaggression, Familie und Gesellschaft: Das Mayerling-Symposium (S. 81-99). Berlin u.a.: Springer.
Hopf, C. (1995). Befragungsverfahren. In U. Flick, E. Kardorff, H. Keupp, L. Rosenstiel & S. Wolff (Hrsg.), *Handbuch Qualitative Sozialforschung: Grundlagen, Konzepte, Methoden und Anwendungen* (2. Aufl.) (S. 178-182). Weinheim: Beltz.
Horowitz, M. (1993). Stress-response syndromes: A review of posttraumatic stress and adjustment disorders. In J. Wilson & R. Beverly (Hrsg.), *International handbook of traumatic stress syndromes* (S. 49-60). New York: Plenum Press.
Horowitz, M. (2001). *Stress response syndromes* (4. Aufl.). Northvale u.a.: Aronson.
Hubbertz, K.-P. (1992). *Schuld und Verantwortung: Eine Grenzbeschreitung zwischen Tiefenpsychologie, Ethik und Existenzphilosophie*. Münster, Hamburg: Lit.
Immelmann, K., Scherer, K., Vogel, C. & Schmoock, P. (1988). *Psychobiologie: Grundlagen des Verhaltens*. Weinheim u.a.: Beltz.
Irwin, H. (1998). Affective predictors of dissociation: shame and guilt. *Journal of Clinical Psychology, 54* (2), 237-245.
Izard, C. (1977). *Human emotions: emotions, personality, and psychotherapy*. New York: Springer.
Izard, C. (1994). *Die Emotionen des Menschen. Eine Einführung in die Grundlagen der Emotionspsychologie* (3. Aufl.). Weinheim u.a.: Beltz.
Jäger, Ch. & Bartsch, A. (2009). Prolegomena zu einer philosophischen Theorie der Meta-Emotionen. In B. Merker (Hrsg.), *Leben mit Gefühlen: Emotionen, Werte und ihre Kritik* (S. 113-137). Paderborn: Mentis.
Janet, P. (1894). *Der Geisteszustand der Hysterischen*. Leipzig u.a.: Deuticke.
Janoff-Bulman, R. & Lang-Gunn, L. (1988). Coping with disease, crime, and accidents: the role of self-blame attributions. In L. Abramson (Hrsg.), *Social cognition and clinical psychology: A synthesis* (S. 116-147). New York, London: Guilford Press.
Janoff-Bulman, R. & McPherson-Frantz, C. (1996). The Loss of illusions: the potent legacy of trauma. *Journal of Personal and Interpersonal Loss, 1*, 133-150.
Janoff-Bulman, R. & Thomas, C. (1989). Towards an understanding of self-defeating responses following victimization. In R. Curtis (Hrsg.), *Self-defeating behaviors: Experimental research, clinical impressions and practical implications* (S. 215-234). New York: Plenum Press.
Janoff-Bulman, R. & Wortman, C. (1977). Attributions of blame and coping in the »real world«: Severe accident victims react to their lot. *Journal of Personality and Social Psychology, 35* (5), 351-363.
Janoff-Bulman, R. (1989). Assumptive worlds and the stress of traumatic events: Applications of the schema construct. *Social Cognition, 7* (2), 113-136.
Janoff-Bulman, R. (2002). *Shattered assumptions: Towards a new psychology of trauma* (2. Aufl.). New York: Free Press.
Jaspers, K. (1974). *Die Schuldfrage: Von der politischen Haftung Deutschlands*. München: Piper.
Juen, B. & Kratzer, D. (2012). *Krisenintervention und Notfallpsychologie: Ein Handbuch für KriseninterventionsmitarbeiterInnen und psychosoziale Fachkräfte*. Innsbruck: Studia.
Juen, B. & Kratzer, D. (im Druck). Psychische Traumatisierung: Wie lange dauert die Akutphase? eingereicht bei: *Zeitschrift für Notfall und Rettungsmedizin*, Berlin: Springer.
Juen, B. & Siller, H. (2012). Die Wirksamkeit psychosozialer Unterstützung. In B. Juen & D. Kratzer (Hrsg.), *Krisenintervention und Notfallpsychologie: Ein Handbuch für KriseninterventionsmitarbeiterInnen und psychosoziale Fachkräfte* (S. 217-225). Innsbruck: Studia.
Juen, B., Kratzer, D. & Beck, T. (2012a). Grundlagen der Gesprächsführung in der Krisenintervention. In B. Juen & D. Kratzer (Hrsg.), *Krisenintervention und Notfallpsychologie: Ein Handbuch*

für KriseninterventionsmitarbeiterInnen und Psychosoziale Fachkräfte (S. 47-66). Innsbruck: Studia.
Juen, B., Kratzer, D. & Beck, T. (2012b). Überbringen schlechter Nachrichten. In Juen & D. Kratzer (Hrsg.), *Krisenintervention und Notfallpsychologie: Ein Handbuch für KriseninterventionsmitarbeiterInnen und Psychosoziale Fachkräfte* (S. 67-72). Innsbruck: Studia.
Kagan, J. (1998). Biology and the child. In N. Eisenberg (Hrsg.), *Handbook of child psychology. Bd 3: Social, emotional, and personality development* (S. 177-236). New York: Wiley.
Kaiser, H. (2004, September). *Verantwortung, Schuld und Versöhnung aus ethischer Sicht. Vortragspaper.* Vortrag gehalten auf dem Notfallseelsorgekongress, Kursaal, Bern.
Kant I. (1968). Grundlegung zur Metaphysik der Sitten. In I Kant (Hrsg.), *Werke.* Akademie Textausgabe, Bd. 4 (S. 385-464). Berlin: Walter de Gruyter.
Karger, A. (2009). *Trauma und Wissenschaft.* Göttingen: Vandenhoeck & Ruprecht.
Karger, A. (2012). Verzeihung – Rekonziliation – Versöhnung. In A. Karger (Hrsg.), *Vergessen, vergelten, vergeben, versöhnen? Weiterleben mit dem Trauma* (S. 12-32). Göttingen: Vandenhoeck & Ruprecht.
Kauffman, J. (2006). Restoration of the assumptive world as an act of justice. In D. Sullivan & L. Tifft (Hrsg.), *Handbook of restorative justice* (S. 221- 229). London, NY: Routledge.
Kestenberg, J. (1998). Überlebende Eltern und ihre Kinder. In M. Bergmann, M. Jucovy & J. Kestenberg (Hrsg.), *Kinder der Opfer – Kinder der Täter: Psychoanalyse und Holocaust* (S. 103-126). Frankfurt a. M.: Fischer.
Kleiter, E. (2003). *Konflikt und Versöhnung. Über den empirischen Zusammenhang von Konflikt und Versöhnungsbereitschaft bei Kinder, Jugendlichen und Erwachsenen.* Berlin u. a.: Pabst Science Publishers.
Kogan, I. (1991). Die Entwicklung der Fähigkeit Schmerz zu erleiden. *Zeitschrift für psychoanalytische Theorie und Praxis, 6,* 62-78.
Kohlberg, L. (1996). *Die Psychologie der Moralentwicklung.* Frankfurt a. M.: Suhrkamp.
Köthke, R. (1999). Das Stockholm-Syndrom: eine besondere Betrachtung des Verhältnisses von Geiselnehmer und Geisel. *Praxis der Rechtspsychologie, 9* (1), 78-85.
Kubany, E., Abueg, F., Brennan, J., Hayens, S., Manke, F. & Stahura, S. (1996). Development and Validation of the Trauma-Related Guilt Inventory (TRGI). *Psychological Assessment, 8* (4), 428-444.
Kubany, E., Abueg, F., Owens, J., Brennan, J., Kaplan, A. & Watson, S. (1995). Initial examination of a multidimensional model of trauma-related guilt: Applications to combat veterans and battered woman. *Journal of Psychopathology and Behavioral Assessment, 17* (4), 353-376.
Kukartz, U. (2010). *Einführung in die computergestützte Analyse qualitativer Daten* (3. Aufl.). Wiesbaden: Verlag für Sozialwissenschaften.
Lakoff, G. & Johnson, M. (2008). *Leben in Metaphern: Konstruktion und Gebrauch von Sprachbildern* (6. Aufl.). Heidelberg: Carl-Auer.
Lang, D. (2009). Eine Begriffsanalyse zum Phänomen der Überlebensschuld. *E-Journal Philosophie der Psychologie* 13 (2009) http://www.jp.philo.at/texte/LangD1.pdf.
Lasogga, F. & Gasch, B. (2002). *Notfallpsychologie.* Edewecht, Wien: Stumpf & Kossendey.
Lerner, M. (1980). *The belief in a just world: A fundamental delusion.* New York: Plenum Press.
Lickel, B., Schmader, T., Curtis, M., Scarnier, M. & Ames, D. (2005). Vicarious shame and guilt. *Group Processes and Intergroup Relations, 8* (2), 145-157.
Lifton, R. (1976). *The life of the self.* New York: Schuster.
Lindy, J. (1993). Focal psychoanalytic psychotherapy of posttraumatic stress disorder. In J. Wilson & B. Raphael (Hrsg.), *International handbook of traumatic stress syndromes* (S. 803-809). New York: Plenum Press.

Linley, P. & Joseph, S. (2004). Positive change following trauma and adversity: A review. *Journal of Traumatic Stress, 17* (1), 11–21.
MacLeod, M. (1999). Why did it happen to me? Social cognition processes in adjustment and recorvery from criminal victimization and illness. *Curent Psychology, 18* (1), 18–31.
Marmar, C., Weiss, D., Schlenger, W., Fairbank, J., Jordan, K., Kulka, R. & Hough, R. (1994) Peritraumatic dissociation and posttraumatic stress in male Vietnam veterans. *American Journal of Psychiatry, 151*, 902-907.
Matt, E. (2002) *Verantwortung und (Fehl-)Verhalten: Für eine Restorative Justice.* Münster u. a.: Lit.
Matthiesen, N. (2010). *Wiedergutmachung für Opfer international bewaffneter Konflikte. Die Rechtsposition des Individuums bei Verletzungen des humanitären Völkerrechts. Völkerrecht und internationale Beziehungen.* Berlin: Lit.
Mayou, R., Bryant, B. & Duthie, R. (1993). Psychiatric consequences of road traffic accidents. *British Medical Journal, 307,* 647-651.
Mayring, Ph. (2003). *Qualitative Inhaltsanalyse. Grundlagen und Techniken* (8. Aufl.). Weinheim u. a.: Beltz.
McCann, L., Sakheim, D. & Abrahamson, D. (1988). Trauma and victimization: A model of psychological adaptation. *The Counseling Psychologist, 16* (4), 531–594.
Mentzos, S. (2000). *Neurotische Konfliktverarbeitung. Einführung in die psychoanalytische Neurosenlehre unter Berücksichtigung neuer Perspektiven.* Frankfurt a. M.: Fischer.
Meyer, B. (2004). Spannungsreduktion und Vertrauensbildung. In G. Sommer & A. Fuchs (Hrsg.), *Krieg und Frieden: Handbuch der Konflikt- und Friedenspsychologie* (S. 452-465). Weinheim u. a.: Beltz.
Meyer, W.-U. & Försterling, F. (1993). Die Attributionstheorie. In D. Frey & M. Irle (Hrsg.), *Theorien der Sozialpsychologie* (S. 175–214). Bern u. a.: Hans Huber.
Montada, L. (1988). Verantwortlichkeitsattribution und ihre Wirkung im Sport. In P. Schwenkmezger (Hrsg.), Sportpsychologische Diagnostik, Intervention und Verantwortung. *Bericht über die Tagung der Arbeitsgemeinschaft für Sport: Sport und Psychologie* (S. 13–39). Köln: bps-Verlag.
Montada, L. (1993). Moralische Gefühle. In W. Edelstein, G. Nummer-Winkler & G. Noam (Hrsg.), *Moral und Person* (S. 259–277). Frankfurt a. M.: Suhrkamp.
Montada, L. (1995a). Bewältigung von Ungerechtigkeiten in erlittenen Verlusten. *Report Psychologie, 20* (2), 14–26.
Montada, L. (1995b). Die geistige Entwicklung aus der Sicht Jean Piagets. In R. Oerter & L. Montada (Hrsg.) *Entwicklungspsychologie* (3. überarb. Aufl.) (S. 518–560). Weinheim u. a.: Beltz.
Müller-Cyran, A. (2006). *Die peritraumatische Intervention: Eine deskriptive Darstellung der psychosozialen Notfallversorgung.* Unveröffentl. Dissertation, Ludwig-Maximilians-Universität München.
Müller-Fahrenholz, G. (1996). *Vergebung macht frei: Vorschläge für eine Theologie der Versöhnung.* Frankfurt a. M.: Lembeck.
Neumann, E. (1964) *Tiefenpsychologie und neue Ethik.* München: Kindler.
Nida-Rümelin, J. (2011) *Verantwortung.* Stuttgart: Reclam.
Niederland, W. (1980). *Folgen der Verfolgung: Das Überlebenden-Syndrom, Seelenmord.* Frankfurt a. M.: Suhrkamp.
Nietzsche, F. (2011). *Zur Genealogie der Moral. Eine Streitschrift.* Stuttgart: Reclam.
Norris, F. (1992). Epidemiology of trauma: Frequency and impact of different potentially traumatic events on different demographic groups. *Journal for Clinical Psychology, 60,* 409-419.

Literatur

Osgood, Ch. (1968). Wechselseitige Initiative. In E. Krippendorff (Hrsg.), *Friedensforschung* (S. 357-392). Köln: Kiepenheuer und Witsch.

Paul, C. (2010). *Schuld – Macht – Sinn: Ein Arbeitsbuch für die Begleitung von Schuldfragen im Trauerprozess*. Gütersloh: Gütersloher Verlagshaus.

Peltzer, K. & Renner, W. (2004). Psychosocial correlates of the impact of road traffic accidents among South African drivers and passengers. *Accident Analyses and Prevention, 36*, 367–374.

Price, G. (1990). Non-rational guilt in victims of trauma. *Dissociation: Progress in the Dissociative Disorders, 3* (3), 160–164.

Reason, J. (1990). *Human error*. Cambridge: University Press.

Reemtsma, J. (2002). Das Recht des Opfers auf die Bestrafung des Täters – als Problem. In J. Reemtsma (Hrsg.), *Gewalt spricht nicht: Drei Reden* (S. 47–84). Reclam: Stuttgart.

Reichle, B. (1994). Die Zuschreibung von Verantwortlichkeit für negative Ereignisse in Partnerschaften: Ein Modell und erste empirische Befunde. *Zeitschrift für Sozialpsychologie, 25*, 227–237.

Reiter, M. (2007). *Die strafrechtliche Verantwortlichkeit für Handlungen mit selbstgefährdendem Charakter*: Unveröffentlichte Diplomarbeit, Leopold-Franzens-Universität Innsbruck.

Riedel, M. (1978). Handlungstheorie als ethische Grunddisziplin. Analytische und hermeneutische Aspekte der gegenwärtigen Problemlage. In H. Lenk. (Hrsg.), *Handlungstheorie interdisziplinär* Bd. 2 (S. 139–160). München: Fink.

Roos, J. (1994). Regelverletzungen und peinigende Gefühle. *Psychomed, 4*, 86-90.

Rösch, S. (2005). Bilder von dir: über das Leben nach dem fahrlässig verursachten Tode eines Kindes. In B. Bojack & H. Akli (Hrsg.), *Die Tötung eines Menschen: Perspektiven, Erkenntnisse, Hintergründe* (S. 29-45). Frankfurt: Verlag für Polizeiwissenschaft.

Rosenhan, D. (1973). On being sane in insane places. *Science, 179* (4070), 250–258.

Rudolf, G. (2006). *Strukturbezogene Psychotherapie: Leitfaden zur psychodynamischen Therapie* (2. Aufl.). Stuttgart: Schattauer.

Sachsse, U. (1990). Rache: Destruktive Wiedergutmachung. In E. Herdieckerhoff (Hrsg.), *Hassen und Versöhnen: psychoanalytische Erkundungen* (S. 52-60). Göttingen: Vandenhoeck & Ruprecht.

Scheidt, C. & Wallner, N. (2006). Bindungsorganisation und narrative Kohärenz. Psychische Verarbeitungsformen von Trauma und Verlust aus der Sicht der Bindungsforschung. *Zeitschrift für Psychotraumatologie und Psychologische Medizin, 3*, 53-65.

Scheuer, H. (2010). Was heißt Versöhnung? Täter-Opfer-Verstrickung und Schädigung durch Delinquenz. In H. Kick & G. Dietz (Hrsg.), *Trauma und Versöhnung: Heilungswege in Psychotherapie, Kunst und Religion* (S. 144–154). Berlin: Lit.

Schnyder, U., Moergeli, H., Klaghofer, R. & Buddeberg, C. (2001). Incidence and prediction of posttraumatic stress disorder symptoms in severely injured accident victims. *American Journal of Psychiatry, 158*, 594–599.

Schönbach, P. (1998). Fehden und Rechenschaftsepisoden. In H. Bierhoff und U. Wagner (Hrsg.), *Aggression und Gewalt. Phänomene, Ursachen und Interventionen* (S.63-87). Stuttgart: Kohlhammer.

Seidler, G. (1997). Scham und Schuld: Zum alteritätstheoretischen Verständnis selbstreflexiver Affekte. *Zeitschrift Für Psychosomatische Medizin und Psychoanalyse, 43* (2), 119–137.

Shah, H. & Weber, T. (2013). *Trauer und Trauma: Die Hilflosigkeit der Betroffenen und der Helfer*. Kröning: Asanger.

Shalev, A. (2000). Belastung versus traumatische Belastung. Von homöostatischen Akutreaktio-

nen zur chronischen Psychopathologie. In B. Van der Kolk, A. Mcfarlane & L. Weisaeth (Hrsg.), *Traumatic Stress. Grundlagen und Behandlungsansätze* (S. 97-116). Paderborn: Junfermann.
Shaver, K. (1985). *The attribution of blame: Causality, responsibility and blameworthiness*. New York: Springer.
Shnabel, N. & Nadler, A. (2008). A needs-based model of reconciliation: Satisfying the differential emotional needs of victim and perpetrator as a key to promoting reconciliation. *Journal of Personality and Social Psychology, 94* (1), 116-132.
Sholomskas, D., Steil, J. & Plummer, J. (1990). The spinal cord injured revisited: The relationship between self-blame, other-blame and coping. *Journal of Applied Social Psychology, 20* (7), 548-574.
Siol, T., Schaefer, A., Thomas, W. & Köhle, W. (2003). Posttraumatic stress symptoms in train drivers following serious accidents: A pilot study. *European Psychotherapy, 4* (1), 3-9.
Solomon, E. & Heide, K. (1999). Type III trauma: Toward a more effective conceptualisation of psychological trauma. *International Journal of Offender Therapy and Comparative Criminology, 43* (2), 202-210.
Solomon, G. & Nevo, B. (2008). *Peace education: The concept, principles, and practices around the world*. Mahwah, NJ: Erlbaum.
Solomon, Z., Laror, N. & McFarlane, A. (2000). Posttraumatische Akutreaktionen bei Soldaten und Zivilisten. In B. Van der Kolk, A. McFarlane & L. Weisaeth (Hrsg.), *Traumatic Stress. Grundlagen und Behandlungsansätze* (S. 117-130). Paderborn: Junfermann.
Stefan, C. (2008). Tiefenanalyse tödlicher Verkehrsunfälle. *Zeitschrift für Verkehrsrecht, 163,* 366-368.
Stein, E. (1978). *Schuld im Verständnis der Tiefenpsychologie und Religion*. Freiburg i. Breisgau: Olten.
Stones, E., Yates, F. & Parker, A. (1994). Risk communication: Absolute versus relative expressions of low-probability risk. *Orgnaiszational Behavior and Human Decision Processes, 60,* 387-408.
Strauss, A. & Corbin, J. (1996). *Grounded Theory: Grundlagen qualitativer Sozialforschung*. Weinheim u.a.: Beltz.
Sullivan, D. & Tifft, L. (Hrsg.).(2006). *Handbook of restorative justice*. London, NY: Routledge.
Sykes, M. & Matza, D. (1968). Techniken der Neutralisierung. Eine Theorie der Delinquenz. In F. Sack & R. König (Hrsg.), *Kriminalsoziologie* (S. 360-371). Frankfurt a.M.: Akadem. Verlagsgesellschaft.
Tangney, J. (1995). Shame and guilt in interpersonal relationships. In J. Tangney & K. Fischer (Hrsg.), *Self-conscious emotions: The psychology of shame, guilt, embarrassment, and pride* (S. 114-139). NY, London: Guilford Press.
Tedeschi, R. & Calhoun, L. (1995) *Trauma and Transformation: Growing in the aftermath of suffering*. Thousand Oaks: Sage.
Teegen, F. (2000). Psychotherapie der Posttraumatischen Belastungsstörung. *Psychotherapeut, 45* (6), 341-349.
Tennen, H. & Affleck, G. (1990). Blaming others for Threatening Events. *Psychological Bulletin, 108* (2), 209-232.
Terr, L. (1995). *Schreckliches Vergessen, heilsames Erinnern. Traumatische Erfahrungen drängen ans Licht* (2. Aufl.). München: Kindler.
Thompson, S. (1981). Will it hurt less if I can control it? A complex answer to a simple question. *Psychological Bulletin, 90* (1), 89-101.
Trappe, T. (2001). Die Unwirklichkeit des Todes. Erfahrungen und Überlegungen bei der Beglei-

tung von Verkehrsunfallopfern und ihren Angehörigen. *Internet-Zeitschrift für Psychotraumatologie, 2* (3). DOI: 10.1055/s-2001-16559

Uexküll, T. & Wesiack, W. (1988). *Theorie der Humanmedizin: Grundlagen des ärztlichen Denkens und Handelns.* München: Urban & Schwarzenberg.

Van de Loo, S. (2009). *Versöhnungsarbeit. Kriterien – theologischer Rahmen – Praxisperspektiven.* Stuttgart: Kohlhammer.

Van de Vliert, E. & Prein, H. (1989). The difference in the meaning of forcing in the conflict managment of actors and observers. In M. Rahim (Hrsg.). *Managing conflict: An integrative approach* (S.51-63). New York: Praeger.

Van der Kolk, B. & Van der Hart, O. (1989). Pierre Janet and the breakdown of adaptation in psychological trauma. *American Journal of Psychiatry, 146,* 1530–1540.

Van der Kolk, B. (2000). Die Vielschichtigkeit der Anpassungsprozesse nach erfolgter Traumatisierung. In B. Van der Kolk, A. McFarlane & L. Weisaeth (Hrsg.), *Traumatic Stress. Grundlagen und Behandlungsansätze* (S. 169–194). Paderborn: Junfermann.

Van der Kolk, B., McFarlane, A. & Van der Hart, O. (2000a). Ein allgemeiner Ansatz zur Behandlung der posttraumatischen Belastungsstörung. In B. Van der Kolk, A. McFarlane & L. Weisaeth (Hrsg.), *Traumatic Stress. Grundlagen und Behandlungsansätze* (S. 309–330). Paderborn: Junfermann.

Van der Kolk, B., Van der Hart, O. & Marmar, C. (2000b). Dissoziation und Informationsverarbeitung beim posttraumatischen Belastungssyndrom. In B. Van der Kolk, A. McFarlane & L. Weisaeth (Hrsg.), *Traumatic Stress. Grundlagen und Behandlungsansätze* (S. 241–264). Paderborn: Junfermann.

Velleman, D. (2009). Don't Worry, Feel Guilty. In A. Hatzimoysis (Hrsg.), *Philosophy and the Emotions* (S. 235–248). Cambrige: University Press.

Villa-Vicencio, Ch. (2012). Transitional justice, restoration, and prosecution. In D. Sullivan & L. Tifft (Hersg.), *Handbook of restorative justice* (S. 387-400). London, NY: Routledge.

Wachinger, L. (1996). Der Schuld-Prozess zur Versöhnung. Die Pastoralpsychologische Sicht des Problems. In M. Schlagheck (Hrsg.), *Theologie und Psychologie im Dialog über die Schuld* (S. 9–39). Paderborn: Bonifatius.

Weingardt, B. (2000). *»Wie auch wir vergeben unseren Schuldigern«: Der Prozess des Vergebens in Theorie und Empirie.* Stuttgart: Kohlhammer.

Werner, E. (1997). Gefährdete Kindheit in der Moderne. Protektive Faktoren. *Vierteljahresschrift für Heilpädagogik und ihre Grenzgebiete, 66,* 192–203.

WHO Weltgesundheitsorganisation (2010). *ICD-10 Internationale Klassifikation psychischer Störungen* (7. überarb. Aufl.). Bern: Huber.

Wiedemann, P. (1995) Gegenstandsnahe Theoriebildung. In U. Flick, E. Kardorff, H. Keupp, L. Rosenstiel & S. Wolff (Hrsg.), *Handbuch Qualitative Sozialforschung: Grundlagen, Konzepte, Methoden und Anwendungen* (2. Aufl.) (S. 440–445). Weinheim: Beltz.

Wiedemann, R. (2012). Human Error. In H.-J. Ebermann & J. Scheiderer (Hrsg.), *Human factors on the flight deck: Safe piloting behaviour in practice* (S. 59–86). Berlin u.a.: Springer.

Wilson, J.P. (1989) *Trauma, transforming and healing. An integrative approach to theory, research and post-traumatic therapy.* New York: Brunner & Mazel.

Windemuth, D. (Hrsg.).(2010). Traumatisierung durch Unfälle. *Zeitschrift für Psychotraumatologie, Psychotherapiewissenschaft und Psychologische Medizin,* 3.

Winnicott, D. (2011). *Aggression: Versagen der Umwelt und antisoziale Tendenz* (5. Aufl.). Stuttgart: Klett-Cotta.

Winter, H. (1996) *Posttraumatische Belastungsstörung nach Verkehrsunfällen.* Frankfurt a.M.: Lang.

Literatur

Witte, E. (1994). *Lehrbuch Sozialpsychologie* (2. Aufl.). Weinheim: Beltz.
Witzel, A. (1982). *Verfahren der qualitativen Sozialforschung. Überblick und Alternativen*. Frankfurt a. M.: Campus.
Wolf, D. (2008). *Wenn Schuldgefühle zur Qual werden*. Mannheim: Pal.
Zahn-Waxler, C. & Robinson, J. (1995). Empathy and guilt: Early origins of feelings of responsibility. In J. Tangney & K. Fischer (Hrsg.), *Self-conscious emotions: The psychology of shame, guilt, embarassment, and pride* (S. 143–173). New York, London: Guilford Press.
Znoj, H. J. (2004). *Komplizierte Trauer*. Göttingen u. a.: Hogrefe.
Zöller, B. (Hrsg.). (1997). *Mit Strafen leben? Über Strafen und Bestrafung im Zwischenmenschlichen Bereich*. Basel: Promedas.
Zöllner T., Rabe, S., Karl, A. & Maercker A. (2008). Posttraumatic growth in accident survivors: Openness and optimism as predictors of its constructive or illusory sides. *Journal of Clinical Psychology, 64* (3), 245–263.
Zöllner, T. & Maercker, A. (2006). Posttraumatic growth and psychotherapy. In L. Calhoun & R. Tedeschi (Hrsg.), *Handbook of posttraumatic growth: research and practice* (S. 334–354). Mahwah u. a.: Lawrence Erlbaum.
Zöllner, T., Karl, A., Maercker, A., Hickling, E. & Blanchard, E. (2005). *Manual zur kognitiven Verhaltenstherapie von Posttraumatischen Belastungsstörungen bei Verkehrsunfallopfern*. Lengerich: Pabst Science Publishers.

Internetquellen

Kollinger, Hermann: Bericht von 2004: http://www.fireworld.at/cms/review.php?id=3 Zugriff am 02.01.2014
Kuratorium für Verkehrssicherheit: http://www.kfv.at/unfallstatistik/index.php?id=76 Zugriff am 30.11.2013
News.at: http://www.news.at/a/bergisel-drama-gericht-schuld-stadt-land-44809 Zugriff am 03.01.2014
Rechtswörterbuch, Deutsches: http://www.rechtswoerterbuch.de/recht/v-/vermeidbarkeitstheorie/ Zugriff am 16.12.2013
Statistisches Bundesamt: https://www.destatis.de/DE/ZahlenFakten/Wirtschaftsbereiche/Transport Verkehr/Verkehrsunfaelle/Begriffserlaeuterungen/Getoetete.html Zugriff am 04.12.2013
Unfallrekonstruktion, Begriffe der: http://www.unfallaufnahme.info/begriffe-der-unfallrekonstruktion/index.html Zugriff am 16.12.2013
Vol-online: http://www.vol.at/urteil-im-bergisel-prozess/vol-migrate-120213 Zugriff am 03.01.2014
Zivilrecht, Österreichisches: http://de.wikipedia.org/wiki/Fahrl%C3%A4ssigkeit Zugriff am 26.10.2013

Danksagung

Mein Dank gilt all jenen, die mit mir gegangen sind und mitgehen, die dieses Vorhaben und Projekt unterstützt haben und darauf achteten und achten, was im Leben weiter zu lernen ist. In unterschiedlichster Weise, Großzügigkeit und Freundlichkeit wurde nicht locker gelassen.

Insbesondere gilt meine Achtung und mein Respekt den Menschen, die mit mir über ihre Geschichte sprachen. Sie überwanden sich und öffneten verborgene Winkel, sprachen mutig über ihre Angst und Aspekte ihres Lebens.

Meinen Freunden vom Opferschutz des Polizeikommissariats in Kleve – den Meurs – danke ich für das Finden von Menschen, die sprechen, für das berührende Umsorgt-worden-Sein und die Gespräche seither.

Vielen Mitdenkerinnen und Mitdenkern, Mitleserinnen und Mitlesern sei gedankt. Li, die unglaublich schnell lesen kann und nicht nur dieses Haus mit eingerichtet hat. Karin, die mich herausfordert, ob Gedachtes und Geschriebenes denn wirklich im Feld zu etwas taugt, indem sie es erprobt. Gabriele, die mir Bilder und anderes gerettet hat. Peter, dem es gelang einen Teil der Knochenarbeit zu packen und Konrad, der das auch tat und darüber hinaus jahrzehnte lang geblieben ist.

Meiner Familie, die mich ziehen hat lassen – aber zum Glück nicht ganz los – und da ist, auch wenn ich es oft nicht bin.

Stefan und allen, die zu ihm gehören, möchte ich von ganzem Herzen danken. Ob am Fels oder an der Tränke ist es ein Erlebnis und Geschenk der Verbundenheit.

Meinem Kollegen und Freund Hermes darf ich, nun mit Abschiedlichkeit, innig danken. Neben den Fachdiskussionen, in denen wir uns – zugegebenermaßen – auch herum-schlugen, war die hinreißende Natur Tirols erstaunlich erlebbar, zu jeder Jahreszeit verbunden mit Freude.

Gewidmet denen, die ›Eröffneten‹, und insbesondere auch meiner Lehrerin Julie Henderson, die noch etwas aus mir machen sollte – Ah!

Psychosozial-Verlag

Peter Möhring
Verbrecher, Bürger und das Unbewusste
Kriminologie mit psychoanalytischem Blick

2014 · 209 Seiten · Broschur
ISBN 978-3-8379-2356-8

Täter, Opfer, Einschaltquoten? Die Entstehung von Verbrechen muss individuell, familiär und gesellschaftlich nachvollzogen werden!

Medialer Voyeurismus und Ausgrenzung sind die gängigen Reaktionen auf Verbrechen, obwohl es, so die These des vorliegenden Buchs, eigentlich einer reflektierenden Haltung der Gesellschaft bedürfte. Um diese neue Perspektive auf Straftaten zu ermöglichen, werden im vorliegenden Buch Wege in die Delinquenz – von der sozialen Abweichung, die jedem zu eigen ist, bis zur verurteilten Tat, die Täter und Täterinnen stigmatisiert – anhand kontrastierender Beispiele verstehbar gemacht.

Indem der Autor sozialwissenschaftliche Kriminologie und Psychoanalyse zusammenführt, legt er ein interdisziplinäres prozesshaftes Modell vor, das die Entstehung krimineller Handlungen erklärt. Ethnopsychoanalytische Theorien verdeutlichen unbewusste Zusammenhänge zwischen dem Einzelnen und der ihn umschließenden Gesellschaft. So kann über Zwischenschritte die individuelle mit der familiären und gesellschaftlichen Perspektive in aufschlussreicher Weise verbunden werden.

Anthony W. Bateman, Peter Fonagy (Hg.)
Handbuch Mentalisieren

2015 · 641 Seiten · Hardcover
ISBN 978-3-8379-2283-7

»Mit diesem Meisterstück bieten uns Bateman und Fonagy einen brillanten, enorm hilfreichen Leitfaden […], der schon jetzt als Klassiker für Anfänger und erfahrene Praktiker gelten kann.«

Arietta Slade, Ph.D., Professorin für Klinische Psychologie, New York

Mentalisieren bezeichnet die menschliche Fähigkeit, mentale Zustände wie Gedanken und Gefühle im eigenen Selbst und im anderen zu verstehen. Inzwischen hat sich die Mentalisierungstheorie als entwicklungspsychologisches und klinisch erfolgreiches Konzept etabliert. Die renommierten AutorInnen fassen das Mentalisieren als einen grundlegenden psychischen Prozess und erweitern seinen Anwendungsbereich auf verschiedene therapeutische Settings und eine Vielzahl unterschiedlicher Störungsbilder.

Im ersten Teil des Handbuchs wird die mentalisierungsbasierte Arbeit in der psychodynamischen Psychotherapie detailliert dargestellt. Der zweite Teil stellt effektive Behandlungstechniken vor, die auf die mentalisierende psychotherapeutische Bearbeitung schwerer Störungen zugeschnitten sind. Mit diesem Handbuch liegt nun die bislang umfassendste und systematischste Darstellung des Mentalisierungskonzepts und seiner klinischen Anwendung vor.